Helmut H. Wannenwetsch/Sascha Nicolai (Hrsg.)

E-Supply-Chain-Management

Helmut H. Wannenwetsch/
Sascha Nicolai (Hrsg.)

E-Supply-Chain-Management

Grundlagen – Strategien – Praxisanwendungen

2., überarbeitete und erweiterte Auflage

Bibliografische Information Der Deutschen Bibliothek
Die Deutsche Bibliothek verzeichnet diese Publikation in der Deutschen Nationalbibliografie;
detaillierte bibliografische Daten sind im Internet über <http://dnb.ddb.de> abrufbar.

Prof. Dr. Helmut H. Wannenwetsch lehrt Supply Chain Management, eLogistik, Materialwirtschaft und Produktion an der Berufsakademie Mannheim, University of Coperative Education, und ist Mitglied im Bundesverband Materialwirtschaft und Einkauf, Frankfurt.

Sascha Nicolai hat Betriebswirtschaftslehre mit Schwerpunkt Supply Chain Management studiert und ist derzeit in verantwortlicher Position in der Produktionsplanung und Materialbeschaffung bei der Friatec AG, Mannheim, tätig.

1. Auflage September 2002
2. Auflage November 2004

Alle Rechte vorbehalten
© Betriebswirtschaftlicher Verlag Dr. Th. Gabler/GWV Fachverlage GmbH, Wiesbaden 2004

Lektorat: Susanne Kramer / Renate Schilling

Der Gabler Verlag ist ein Unternehmen von Springer Science+Business Media.
www.gabler.de

Das Werk einschließlich aller seiner Teile ist urheberrechtlich geschützt. Jede Verwertung außerhalb der engen Grenzen des Urheberrechtsgesetzes ist ohne Zustimmung des Verlags unzulässig und strafbar. Das gilt insbesondere für Vervielfältigungen, Übersetzungen, Mikroverfilmungen und die Einspeicherung und Verarbeitung in elektronischen Systemen.

Die Wiedergabe von Gebrauchsnamen, Handelsnamen, Warenbezeichnungen usw. in diesem Werk berechtigt auch ohne besondere Kennzeichnung nicht zu der Annahme, dass solche Namen im Sinne der Warenzeichen- und Markenschutz-Gesetzgebung als frei zu betrachten wären und daher von jedermann benutzt werden dürften.

Umschlaggestaltung: Ulrike Weigel, www.CorporateDesignGroup.de
Druck und buchbinderische Verarbeitung: Wilhelm & Adam, Heusenstamm
Gedruckt auf säurefreiem und chlorfrei gebleichtem Papier
Printed in Germany

ISBN 3-409-22015-1

Vorwort zur zweiten Auflage

Die erste Auflage des Buches wurde von Studenten wie Praktikern sehr stark nachgefragt und ist innerhalb kurzer Zeit verkauft worden.

Die zweite Auflage wurde überarbeitet und durch zusätzliche aktuelle Themen, welche die neuesten Entwicklungen innerhalb der eSupply Chain behandeln, erweitert.

Praktikern sowohl kleiner, mittlerer wie auch großer Unternehmen werden die unterschiedlichen Themen anwendungsorientiert vermittelt. Zahlreiche aussagekräftige Fallbeispiele ergänzen die einzelnen Kapitel.

Das Buch richtet sich an Studierende, Dozenten, Professoren an Universitäten, Fachhochschulen und Berufsakademien. Daneben ist das Buch aber ein Muss für alle Fach- und Führungskräfte im Unternehmen, die mit dem Thema eSupply Chain, eLogistik und eBusiness im Moment oder in Zukunft erfolgreich zu tun haben.

Hilfreich wirkt sich folgende bewährte Konzeption des Buches aus:

- praxisnahe Darstellung und verständliche Formulierungen,
- viele Tabellen, Übersichten und Grafiken,
- Checklisten und Entscheidungshilfen,
- übersichtlich gegliederte Kapitel,
- Fallbeispiele und Praxisanwendungen für kleine, mittlere und große Unternehmen,
- umfassende und aktuelle Wissensvermittlung.

Bedanken möchten wir uns an dieser Stelle bei Frau Claudia Splittgerber, Leitung Programmbereich Wissenschaft, sowie bei Frau Annelie Meisenheimer, Frau Renate Schilling und Frau Susanne Kramer vom Lektorat Wissenschaft für die geschätzte Zusammenarbeit. Für die engagierte Mitarbeit von Frau Dipl.-Ing. Elke Illgner, welche auch bei der Erstellung der zweiten Auflage mit Rat und Tat zur Seite stand, möchten wir nicht vergessen, Dank zu sagen.

Mannheim, Oktober 2004　　　　　　　　　　Sascha Nicolai und Helmut Wannenwetsch

Vorwort

Investitionen in eSupply Chain Management sind Investitionen in die zukünftige Geschäftsfähigkeit des Unternehmens – für kleine, mittlere und große Unternehmen gleichermaßen. Erfahrene eSupply-Manager in Unternehmen bestätigen dies. Für erfolgreiche eSupply-Anwender gilt hierbei der Grundsatz

„E" or not to „Be"

In Deutschland wird der Umsatz im Online-Einzelhandel im Jahr 2002 ein Volumen von über 23 Mrd. Euro erreichen und in 2005 auf über 75 Mrd. Euro anwachsen. Der Umsatz ist damit doppelt so groß wie in Großbritannien und fünfmal so groß wie in Frankreich.

Im Winterhalbjahr 2002 wurden 120% mehr Waren über das Internet bestellt als noch in 2001. Jeder zweite Erwachsene in Deutschland kauft laut GfK-Konsumforschung inzwischen Produkte im Internet. Bertelsmann ist mit fast 50 Mio. Besuchern pro Monat auf den verschiedenen Shop- und Entertainmentseiten eines der weltweit führenden Medienunternehmen im Internet. DaimlerChrysler wickelte im Jahr 2001 rund 10 Mrd. Euro Einkaufsvolumen über Online-Auktionen ab und hatte mit den erzielten Einsparungen die bisherigen Investitionen ins eBusiness refinanziert. Die Firma IBM hatte in den letzten vier Jahren durch ihre Investitionen in umfassende eBusiness-Strategien 6,8 Mrd. Dollar eingespart. Die genannten Zahlen sind bereits in den Unternehmen Wirklichkeit geworden – harte Fakten.

Die Entwicklung ist aber nicht bei den großen Unternehmen stehen geblieben. Zunehmend werden die kleinen und mittleren Untenehmen von den großen Konzernen in das eBusiness beziehungsweise in das eSupply Chain Management einbezogen.

Als Beispiel sei hier der VW-Audi-Konzern genannt, in dessen Marktplatz bereits über 5.500 Serienlieferanten eingebunden sind und mit dem 500.000 Transaktionen allein im Jahr 2001 durchgeführt worden sind.

Lieferanten, vor allem kleine und mittlere Unternehmen, welche die eSupply Chain Management Fähigkeit im praktischen Einsatz nicht nachweisen können, werden immer häufiger aus der Lieferantenliste gestrichen.

Dieses Lehrbuch zeigt praxisnah und unternehmensübergreifend für Klein-, Mittel- und Großbetriebe die eSupply Chain Fähigkeit auf. Dabei wird die gesamte Vernetzung wie eMarketing, Kundenbindung, eDistribution, eProduktion oder Zahlungs- und Sicherheitssysteme übersichtlich dargestellt. Vorteilhaft und ansprechend wirken hier Checklisten, Grafiken, Tabellen, Fallstudien und umfangreiche Praxisanwendungen.

Dieses Buch wendet sich, als einziges bisher auf dem Logistiksektor, neben den Großunternehmen speziell an kleine und mittlere Unternehmen (KMU).

Das Buch richtet sich an Studierende, Dozenten, Professoren an Universitäten, Fachhochschulen und Berufsakademien. Daneben ist das Buch aber ein Muss für alle Fach- und Führungskräfte in Unternehmen, die mit dem Thema eSupply Chain, eLogistik und eBusiness im Moment oder in Zukunft erfolgreich zu tun haben.

Hilfreich wirkt sich folgende bewährte Konzeption des Buches aus:

- praxisnahe Darstellung und verständliche Formulierungen
- viele Tabellen, Übersichten und Grafiken
- Checklisten und Entscheidungshilfen
- übersichtlich gegliederte Kapitel
- Fallbeispiele und Praxisanwendungen für kleine, mittlere und große Unternehmen
- umfassende und aktuelle Wissensvermittlung

In Anlehnung an internationale Standards wird im Buch anstatt E-Supply-Chain-Management der Begriff eSupply Chain Management verwendet sowie verwandte Begriffe analog dazu.

Bedanken möchten wir uns an dieser Stelle bei Herrn Ralf Wettlaufer und Frau Irene Buttkus, Frau Anneliese Meisenheimer und Frau Renate Schilling vom Lektorat Wissenschaft für die engagierte und geschätzte Zusammenarbeit. Für Rat und Tat von Frau Dipl.-Ing. Elke Illgner bei der Erstellung des Buches möchten wir nicht vergessen Dank zu sagen.

Mannheim, August 2002   Sascha Nicolai und Helmut Wannenwetsch

Inhaltsverzeichnis

Vorwort V

Autorenverzeichnis XV

1. eSupply Chain Management als strategisches Managementkonzept 1
   1.1 Wettbewerbsvorteile durch eSupply Chain Management 1
   1.2 Prozessorientierung als Grundverständnis im Wertschöpfungsprozess 3
   1.3 Ganzheitlicher Ansatz des Supply Chain Management 5
   1.4 eSupply Chain Management als Erfolgskonzept 6
   1.5 Collaborative Commerce – Die Zukunft im eSCM 9

2. eSupply Chain Management für Klein-, Mittel- und Großbetriebe 12
   2.1 eSupply Chain-Fähigkeit für Unternehmen 12
   2.2 Analyse des eSupply Chain-Potenzials des Unternehmens 12
   2.3 Controlling der eSupply Chain Fähigkeit 16
   2.4 Qualifikation und Karriere der eSupply Chain Manager und Fachkräfte 18
   2.5 Anforderungen und Einsatzmöglichkeiten bei Klein-, Mittel- und Großbetrieben 21
   2.6 Erfahrungen und Praxisbeispiele der Lieferanten mit eSupply Chain Management 25
   2.7 Einführung und Implementierung von eSCM in Klein- und Mittelbetrieben 29
       2.7.1 Potentielle Wettbewerbschancen durch eSCM 29
       2.7.2 Grundvoraussetzungen für eBusiness/eSCM 31
       2.7.3 Praxisbeispiel: Erfahrungen aus der Sicht des Systemhauses uniMeCo 34

3. eMarketing – Das Internet als Kommunikations- und Distributionskanal 38
   3.1 Grundlagen des eMarketing 38
   3.2 Der eMarketing-Mix 39

	3.2.1 Produktpolitik 39
	3.2.2 Kommunikationspolitik 40
	3.2.3 Distributionspolitik 50
	3.2.4 Kontrahierungspolitik 51
3.3	One-to-One Marketing 52
	3.3.1 Umsetzung des One-to-One Marketing 55
	3.3.2 Methoden des One-to-One Marketing 56
3.4	Erfolgsmessung im eMarketing 57
	3.4.1 Messgrößen und Kennzahlen des Web-Controlling 58
	3.4.2 Ansätze zur Optimierung von Websites 58

4. Praxisinstrumente für eine erfolgreiche eSCM-Realisierung 60

4.1	Prozessorientierter Datenaustausch über Kommunikations-technologien 60
	4.1.1 Electronic Data Interchange (EDI) 61
	4.1.2 Internettechnologien 62
	4.1.3 Extensible Markup Language (XML) 62
4.2	Transaktionsabwicklung über Front-End-Lösungen 63
	4.2.1 Online-Shops 63
	4.2.2 Elektronische Marktplätze 65
	4.2.3 Portale 67
	4.2.4 Intranet-, Extranet-Lösungen 69
4.3	Betriebliche Back-End-Systeme – Von MRP I- über ERP- zu SCM-Systemen 71
	4.3.1 Material Requirement Planning (MRP I)-Systeme 72
	4.3.2 Manufacturing Resource Planning (MRP II)-Systeme 72
	4.3.3 Enterprise Resource Planning (ERP)-Systeme 73
	4.3.4 Supply Chain Management (SCM)-Systeme 73
4.4	eSupply Chain Management-Systeme als Erfolgsinstrument 78
	4.4.1 Supply Chain Design (SCD) 78
	4.4.2 Supply Chain Planning (SCP) 79
	4.4.3 Supply Chain Execution (SCE) 82
4.5	Data Warehouse Technologien zur Steigerung der Dateneffizienz 84
	4.5.1 Analyseinstrumente des Data Warehouse 86
	4.5.2 Business Warehouse als Datenquelle für eSCM-Systeme 89

5. eProcurement..90

- 5.1 eProcurement als Teil des elektronischen Supply Chain Management...90
- 5.2 Vorteile von eProcurement..92
- 5.3 Grundlagen des eProcurement...93
  - 5.3.1 Definition von eProcurement..93
  - 5.3.2 Bedeutung von eProcurement...94
  - 5.3.3 Beschaffungsobjekte im eProcurement.....................................95
- 5.4 eProcurement in der strategischen Beschaffung..................................97
  - 5.4.1 Marktforschung im Internet..98
  - 5.4.2 Elektronische Marktplätze..100
  - 5.4.3 Virtuelle Agenten..106
  - 5.4.4 Wissensmanagement durch Intranet und Internet...................106
  - 5.4.5 Beschaffungsmarketing im Internet..108
  - 5.4.6 Elektronisches Supplier Relationship Management................109
  - 5.4.7 Überblick über virtuelle Handelsplattformen.........................110
- 5.5 Electronic Procurement in der operativen Beschaffung....................113
  - 5.5.1 Operativer Beschaffungsprozess...113
  - 5.5.2 Desktop Purchasing Systeme..113

6. eProduction – Von der Push- zur Pull-Produktion..............................119

- 6.1 Die Produktion im e-Zeitalter..119
  - 6.1.1 Die Entwicklung zur eProduction...120
  - 6.1.2 Plattformstrategie...121
- 6.2 Value Net...122
- 6.3 Informationsmanagement in der Produktion durch CIM..................125
  - 6.3.1 Computer Aided Design and Manufacturing (CAD/CAM)........126
  - 6.3.2 PPS-Systeme..127
  - 6.3.3 Vernetzung von CNC-Bearbeitungszentren durch das Internet..129
- 6.4 Simultaneous Engineering...131
- 6.5 Collaborative Planning, Forecasting and Replenishment (CPFR)........133
- 6.6 SCM- und eSCM-Initiative der SAP AG..136
- 6.7 Manufacturing Executive Systeme (MES)..139
- 6.8 Produktionssynchrone Belieferung durch vernetzte eLogistik..........142
- 6.9 eKanban..145

7. Instandhaltungsmanagement 148
7.1 Abgrenzung 148
7.2 Daten 149
7.2.1 Relevante Branchen 149
7.2.2 Unternehmensgröße 149
7.3 Ziele 150
7.4 Instrumente 150
7.4.1 SAP EBP als eProcurement-System 150
7.4.2 SAP R/3 MM (Material Management) als Materialwirtschafts-System 152
7.4.3 SAP R/3 PM (Plant Maintenance) als Instandhaltungs-System 152
7.4.4 Katalog-System 153
7.5 PM-Integration in EBP 153
7.5.1 Geplante und ungeplante Instandhaltungsmaßnahmen 153
7.5.2 Variante 1: ungeplante Instandhaltung 154
7.5.3 Variante 2: geplante Instandhaltung über EBP 155
7.5.4 Variante 3: geplante Instandhaltung – Nutzung des EBP-Katalogs aus PM 156
7.6 Implementierung 158
7.6.1 Vorgehensweise 158
7.6.2 Kosten-/Nutzen-Verhältnis 161
7.6.3 Herausforderungen 161
7.7 Integration eines Instandhaltungs- und Procurement-Systems 162
7.7.1 Ausgangssituation 162
7.7.2 Optimierung in der Instandhaltungsplanung mit dem EBP 164
7.7.3 Funktionsweise der Komponentenplanung im EBP 164
7.7.4 Zusammenfassung 167

8. eSales und eService – Added Value-Strategien durch eCommerce 168
8.1 eSales im Umfeld von eCommerce 168
8.1.1 Geschäftsfelder, -modelle und Potenziale im eSales 170
8.1.2 Erfolgsfaktoren im eSales 183
8.2 CRM als kundenorientierte Unternehmensphilosophie 184
8.2.1 Philosophie, Ziele und Charakter von CRM 185
8.2.2 eCustomer Relationship Management 186
8.2.3 IT-Unterstützung durch eCRM-Systeme und Data Warehouse-Technologien 187
8.2.4 Radio Frequency Identification (RFID) 189

		8.2.5 Architektur von eCRM-Systemen 191
	8.3	eMass Customization als pullorientiertes Kundenbindungs- und Vertriebskonzept 194
		8.3.1 eMass Customization-Ansätze im eSales 195
		8.3.2 Praxisbeispiel Sportartikelhersteller Nike 197
	8.4	Kundenbindungsstrategien durch eService 197
		8.4.1 Pre-Sales-Service durch eInformation 198
		8.4.2 Sales-Service durch Customer Interaction Center 200
		8.4.3 After-Sales-Service durch Electronic Customer Care 201

9. eDistribution – Distributionsstrategien im eZeitalter 203

	9.1	eFulfillment – eLogistik in der Supply Chain 204
	9.2	Telematiksysteme und Strategien der Sendungsverfolgung 206
		9.2.1 Tracking und Tracing 207
		9.2.2 Barcoding 209
		9.2.3 Transpondertechnologien 210
		9.2.4 Global Navigation Satellite System (GNSS) 211
	9.3	e-basierte Distributionskonzepte 213
		9.3.1 Efficient Consumer Response (ECR) 213
		9.3.2 Quick Response Logistik 216
		9.3.3 Vendor Managed Inventory (VMI) 217
		9.3.4 Co-Management Inventory (CIM) 218
		9.3.5 ePackaging – Anforderungen an Verpackungen von Online-Artikeln 219
	9.4	eStorehousing 220
		9.4.1 Cross Docking (CD) – Lagerkonzept im B2B-Bereich 221
		9.4.2 Lagerkonzepte im B2C-Bereich 223
	9.5	Optimal Shelf Availability (OSA) 226

10. ePayments – Zahlungsverkehr entlang der eSupply Chain 228

	10.1	Transaktionsabwicklung im eSupply Chain Management 229
	10.2	Anforderungen an ePayment-Verfahren im eSCM 230
	10.3	Sicherheitsverfahren im elektronischen Zahlungsverkehr 231
		10.3.1 Secure Socket Layer (SSL) 232
		10.3.2 Secure Electronic Transaction (SET) 233
	10.4	Kategorisierung von Zahlungssystemen im eSCM 235

> 10.4.1 Mikropayments 236
> 10.4.2 Mediumpayments 239
> 10.4.3 Makropayments 241
> 10.4.4 Bewertung und Perspektiven von ePayments im Vergleich 246

11. eSCM-Scorecard – Controlling im eSupply Chain Management 248

    11.1   Status quo im eControlling... 249

    11.2   Anforderungen an das eSCM-Controlling 250

    11.3   Die Balanced Scorecard als Controlling-Instrument im eSCM............. 252
            11.3.1 Historie und Hintergründe... 252
            11.3.2 Begriff und Konzept der BSC 254
            11.3.3 Ursache-Wirkungs-Ketten.. 255
            11.3.4 Vorgehensweise zur Umsetzung einer eSCM-Scorecard............ 257

    11.4   Kennzahlen und Anwendungsbeispiele für eine eSCM-Scorecard 258
            11.4.1 Die Kundenperspektive der eSCM-Scorecard 258
            11.4.2 Die Prozessperspektive der eSCM-Scorecard......................... 261
            11.4.3 Die Lern- und Entwicklungsperspektive der eSCM-Scorecard .. 265
            11.4.4 Die Finanzperspektive der eSCM-Scorecard 267
            11.4.5 Ableitung neuer Strategien durch Kontrolle 270

    11.5   IT-gestützte Umsetzung durch Management Information Systems (MIS).. 271

Literaturverzeichnis 273

Stichwortverzeichnis... 283

Autorenverzeichnis

Prof. Dr. Roland Conrady – Kapitel 3

Prof. Dr. Roland Conrady, Jahrgang 1959, hat an den Universitäten Dortmund und Köln Betriebswirtschaftslehre mit Schwerpunkt Marketing studiert. Nach seiner Promotion am Marketing-Seminar der Universität zu Köln setzte er seine berufliche Laufbahn im Jahre 1990 bei der Deutschen Lufthansa AG fort. Dort hatte er diverse Management-Positionen inne. Prof. Conrady war u.a. als Geschäftsführer der Lufthansa City Center Reisebüropartner GmbH und als Leiter Neue Medien für die eBusiness-Aktivitäten der Lufthansa verantwortlich. Im Jahre 1998 folgte Prof. Conrady einem Ruf an die Fachhochschule Heilbronn, Hochschule für Wirtschaft und Technik, wo er die Forschungs- und Lehrschwerpunkte Luftverkehr, Marketing und eBusiness vertritt. Seit 2001 ist er Leiter des Studiengangs Electronic Business. Darüber hinaus ist er als Miteigentümer einer Unternehmensberatungsgesellschaft und als Aufsichtsrat mehrerer Unternehmen bei der Konzeption und Realisierung innovativer eBusiness-Lösungen aktiv. Ab Wintersemester 2002 lehrt Prof. Conrady Touristik/Verkehrswesen und E-Business an der Fachhochschule Worms. Zahlreiche Veröffentlichungen und Vorträge zum Themengebiet eBusiness.

Herr Emmanuel Galeros – Kapitel 2

Herr Emmanuel Galeros war von 1995–1999 in der Unternehmensberatung und im Softwareengineering tätig, u.a. mit folgenden Projekten: Projektverantwortung für die Softwareentwicklung eines Forschungsprojektes für die BASF AG am Institut für Kunststoffverarbeitung der RWTH in Aachen; Leitung der Softwareentwicklung bei der Heusch Boesefeldt GmbH, Unternehmensgruppe; Aufbau einer Lieferkette beim TÜV Rheinland/Berlin-Brandenburg; Aufbau und Entwicklung eines ERP-Systems, Leitung der Entwicklung bei der AMS GmbH & Co KG; Großhandel für Digitalmedien, Düsseldorf .Seit 1999 Mitglied der Geschäftsführung und Gesellschafter der uniMeCo GmbH in Köln. Die uniMeCo GmbH ist ein Systemhaus mit den Schwerpunkten Enterprise Resource Planning, eBusiness und Enterprise Application Integration. Für folgende Firmen wurden u.a. Projekte im Bereich eBusiness, eSCM und ERP durchgeführt: Deutsche Renault AG, Sanacorp AG, Sanalog GmbH, Weingarten GmbH & Co. KG, http://www.uniMeCo.com

Dipl.-Ingenieurin Elke Illgner – Kapitel 2, 3

Studium des Bauingenieurwesens an der TH Darmstadt. Danach mehrjährige Erfahrung im Projektmanagement in mittelständigen Unternehmen. Seit 1999 als Trainerin im Bereich IT und eBusiness/eCommerce tätig an der Berufsakademie Mannheim, University of Cooperative Education und in folgenden Unternehmen: ABB-TrainingCenter, L'Oreal, DeTeMedien AG, Siemens Trainingcenter, Alstom Power, IHK Rhein-Neckar, BTZ Mannheim.

Dipl.-Oeconom Andreas Kleineicken – Kapitel 5

Studium der Wirtschaftswissenschaft an der Ruhruniversität Bochum und der University of Stockholm, School of Business. Seit 1999 wissenschaftlicher Mitarbeiter am Lehrstuhl für Unternehmensführung und Unternehmensentwicklung. Promotion im Bereich Electronic Procurement. Zahlreiche Veröffentlichungen in Büchern und Zeitschriften zum Thema eBusiness und eProcurement.

Dipl.-Betriebswirt (BA) Michael Lang – Kapitel 6, 9

Studium der Betriebswirtschaftslehre an der Berufsakademie Mannheim, University of Cooperative Education, mit Schwerpunkt Logistik und Produktion. Seit 1998 bei der Pfaff Industrie Maschinen AG in Kaiserslautern im Bereich Information Technology projektverantwortlich tätig bei der Einführung neuer eSupply Chain Technologien.

Dipl.-Betriebswirt (BA) Sascha Nicolai – Kap. 1, 4, 8, 10, 11

Studium der Betriebswirtschaft im Fachbereich Industrie mit den Studienschwerpunkten eLogistik, eBusiness, Materialwirtschaft, Beschaffung und Produktion an der Berufsakademie Mannheim, University of Cooperative Education. Derzeitig in verantwortungsvoller Position im Bereich Beschaffung und Produktionsplanung bei der FRIATEC AG in Mannheim.

Dip.-Kaufmann Wilhelm Schreiner – Kapitel 7

Herr Schreiner ist Manager/Prokurist bei Deloitte, Frankfurt, im Bereich Operations Excellence and Supply Chain Management. Seine Beratungsschwerpunkte liegen im Bereich Beschaffung, Materialwirtschaft und eProcurement, wo er verschiedene Einkaufsoptimierungs- und EBP-Implementierungsprojekte geleitet hat. Herr Schreiner war zuvor mehrere Jahre als Einkäufer im technischen Einkauf der BASF AG beschäftigt.

Prof. Dr. Helmut H. Wannenwetsch – Kapitel 2

Nach der Lehre Studium und Promotion an den Universitäten München und Augsburg. Über zehn Jahre berufliche Erfahrung und verantwortliche Tätigkeit in Klein-, Mittel- und Großbetrieben in den Bereichen Material-Management, Logistik und Projektmanagement im nationalen und internationalen Bereich. Zuletzt war Prof. Dr. Wannenwetsch in der logistischen Programmführung eines großen deutschen Konzerns der Luft- und Raumfahrtindustrie verantwortlich tätig.

Seit 1996 lehrt Prof. Dr. Wannenwetsch an der Berufsakademie Mannheim, University of Cooperative Education, im Fachbereich Industrie. Seine Fachgebiete und Themenschwerpunkte sind Logistik, eSupply Chain Management, Materialwirtschaft, Beschaffung, Produktion und eBusiness. Zahlreiche Veröffentlichungen zum Thema Logistik, Beschaffung, eLogistik u.a. „Integrierte Materialwirtschaft und Logistik", Springer 2002 sowie „E-Logistik und E-Business", Kohlhammer 2002.

Weiterhin bin ich folgenden Herren zu Dank verpflichtet:

Herrn Dr. Volker Knabe, Prokurist, Technical Procurement, BASF AG, Ludwigshafen

Herrn Dipl.-Ing. Theo Kraus, Manager Entwicklung, Knorr Bremse AG, München

Herrn Wolfgang Luckhardt, Prokurist Beschaffung und Vertrieb, Rala GmbH & Co., Ludwigshafen.

Herrn Prof. Dr. Alexander Meier, Berufsakademie Mannheim, University of Cooperative Education

Herrn Dipl.-Kfm. Jochen Treuz, freiberuflicher Trainer und Unternehmensberater im Bereich eBusiness und eCommerce, Senior Consult, Akademie Bad Harzburg

Herrn Rainer Winge, Direktor und Leiter Zentraleinkauf, Südzucker AG, Mannheim, Vorsitzender des Arbeitskreises Logistik, Einkauf und Materialwirtschaft/BME für die IHK Pfalz und Rhein/Neckar

1. eSupply Chain Management als strategisches Managementkonzept

Die angespannte Wettbewerbssituation durch die Sättigung der Märkte, die Intensivierung und Internationalisierung des Wettbewerbs sowie die Verkürzung der Technologie- und Produktlebenszyklen zwingen Unternehmen zunehmend, neue Wege zur Steigerung ihrer Wettbewerbsfähigkeit zu verfolgen. Parallel hierzu reduzieren sich Unternehmen in den letzen Jahren überwiegend auf ihre Kernkompetenzen, was sich signifikant in der Auslagerung von Prozessen abzeichnet. Hieraus entsteht der Bedarf nach neuen Konzepten, die dem steigenden Planungs- und Koordinationsaufwand in Klein-, Mittel- und Großbetrieben gewachsen sind. Ein strategisches Managementkonzept, welches sich diesen Herausforderungen ganzheitlich stellt, ist eSupply Chain Management. Es subsumiert Methoden und Instrumente für eine ganzheitliche Steuerung und Optimierung innerbetrieblicher und unternehmensübergreifender Geschäftsprozesse sowie eine verstärkte Fokussierung des Kunden im Wertschöpfungsprozess. Mit Hilfe des Internet und modernen eBusiness-Technologien können kleine, mittlere und große Unternehmen ihre Prozessperformance hinsichtlich Kosten, Flexibilität und Reaktionsgeschwindigkeit effizient verbessern und nachhaltig Wettbewerbsvorteile erzielen.

1.1 Wettbewerbsvorteile durch eSupply Chain Management

Die interne und externe Vernetzung der Unternehmen gewinnt in Zukunft eine immer größere Bedeutung. Die Unternehmen erwarten sich, laut neuesten Umfragen, von der Vernetzung der Informations- und Kommunikationsflüsse folgende Vorteile:

- sinkende Lagerbestände,
- höhere Kundenzufriedenheit,
- verbesserte Wettbewerbsfähigkeit.

Heute kommunizieren bereits 68% der Unternehmen durch totale Integration d.h. den automatisierten Informationsaustausch zweier Systeme untereinander.

In der externen Kommunikation kommen derzeit noch überwiegend die klassischen Medien wie Telefon, Fax und E-Mail zum Einsatz. Die Nahrungs- und Genussmittelindustrie erreicht mit 48% den höchsten Branchenwert an „klassischer Kommunikation", der Handel erreicht hingegen den höchsten Wert an „totaler Kommunikation" mit 28%.

Sowohl kleine als auch mittlere und große Unternehmen planen, in den kommenden fünf Jahren die Kommunikation zwischen Partnern und Zulieferern zu verbessern. Die Untersuchungen basieren auf einer Online-Befragung der Bundesvereinigung Logistik (BVL).

Dabei sind die folgenden Investitionssummen von den Unternehmen geplant.

- 25% der kleinen und mittleren Unternehmen (KMU) planen Investitionen von mehr als 250.000 Euro im Informations-Technologie(IT)-Bereich.
- 35% der KMU planen Investitionen zwischen 50.000 bis 250.000 Euro.
- Bei den Großunternehmen wollen 58% der Befragten mehr als 250.000 Euro in ihre Netze investieren.
- Weltweit wird für das Jahr 2004 mit einem Umsatz des Informations- und Kommunikationsmarktes (IKT) von 2,16 Billionen Euro gerechnet. Dabei haben die USA einen Anteil von 32,4%, Japan 12,3% und Deutschland ca. 6%. Deutschland ist dabei vor Großbritannien und Frankreich der größte Einzelmarkt Westeuropas.[1]

Durch die Auslagerung und Produktion von Teilen bzw. kompletten Endprodukten wie z.B. Pkws in das Ausland, gewinnt die elektronische Supply Chain immer mehr an Bedeutung. Gerade der Automobil- und Automobilzuliefersektor verdeutlicht hierbei die Globalisierung der Produktion.

Im Jahr 1990 wurden 26,6% der deutschen Pkws im Ausland produziert, im Jahr 2003 sind bereits 44,5% der Autoproduktion deutscher Hersteller außerhalb Deutschlands erfolgt. Nahezu jedes zweite deutsche Fahrzeug wird inzwischen im Ausland gefertigt so die Aussage Bernd Gottschalks, des Präsidenten des Verbands der deutschen Automobilindustrie.

Der VW-Konzern setzte im Jahr 2003 bereits mehr Autos in China ab als in der Bundesrepublik Deutschland. Ein Pkw der Mittelklasse besteht heute aus zugelieferten Teilen mit einem Ursprung aus bis zu 80 verschiedenen Ländern zusammen. Bereits rund 500 der ca. 1.300 deutschen Zulieferfirmen der Autohersteller haben Produktionsstätten in Ost- und Zentraleuropa. Dazu kommen noch in Asien wie z.B. China.

Die Hersteller bauen ihre Autos dabei nur noch im Schnitt zu 35% selbst. Teilweise werden schon komplette Pkws von Systemlieferanten im Auftrag der Hersteller gefertigt. Tabelle 1–1 zeigt die Wirkung der Arbeitskosten auf die Zulieferkosten.

Nach einer Studie von Mercer Management Consulting und dem Fraunhofer Institut werden bis zum Jahre 2015 die Zulifer-Unternehmen ca. 80% Anteil an Entwicklung und Produktion von Autos haben.[2]

---

[1] Vgl. e-procure-online Newsletter Nr. 74 vom 28.06.2004, S. 1
[2] Vgl. Deutsche Autobranche rollt auf der Kriechspur, In: Rheinpfalz Nr. 55, 05.03.2004

	Arbeitskosten – verarbeitendes Gewerbe in Euro pro Stunde	Zulieferkosten in Prozent	Kostenvorteil zu Westdeutschland in Prozent
Westdeutschland	28,5	100,0	0,0
Spanien	15,4	88,5	11,5
Polen	5,4	79,7	20,3
Tschechien	4,2	78,7	21,3
Slowakei	3,3	77,9	22,1

Tabelle 1–1: Auswirkung der Arbeitskosten auf die Zulieferkosten

Dies bedingt eine intensive Zusammenarbeit und einen ständigen Austausch von Informationen entlang der Prozesskette. Eine der wichtigsten strategischen Werkzeuge ist hierbei die internetbasierte bzw. die elektronische Supply Chain.

1.2 Prozessorientierung als Grundverständnis im Wertschöpfungsprozess

Um auf dynamischen Käufermärkten mit einem Höchstmaß an Flexibilität und Schnelligkeit agieren zu können, bedarf es einer durchgängigen Optimierung von internen und externen Wertschöpfungsprozessen. Unternehmen dürfen hierbei jedoch nicht ihre Anstrengungen auf die Optimierung einzelner Funktionsbereiche konzentrieren, sondern vielmehr flussorientiert den gesamten Wertschöpfungsprozess vom Lieferanten bis zum Endkunden ganzheitlich optimieren. Jede Prozessstufe muss durch eine Kunden-Lieferanten-Beziehung miteinander verknüpft werden, um Barrieren sowohl zwischen einzelnen Funktionsbereichen innerhalb eines Unternehmens, als auch zu Lieferanten und Kunden zu überwinden bzw. um einen durchgängigen Material- und Informationsfluss über Unternehmensgrenzen hinweg zu gewährleisten.

Ziele einer prozessorientierten Wertschöpfung
- Schnelle und zuverlässige Belieferung des internen und externen Kunden
- Beschaffung und Herstellung qualitativ hoher Produkte und Dienstleistungen
- Kostenreduzierung in der Beschaffung, Produktion und Distribution
- Reduzierung von Durchlauf- und Auftragsabwicklungszeiten

- Steigerung der Kundenzufriedenheit
- Bestandsreduzierung auf allen Stufen der Wertschöpfung

In der Vergangenheit wurden Geschäftsprozesse wie Beschaffung, Produktion, Lagerung und Distribution in erster Linie aus einer isolierten, unternehmensinternen Sichtweise betrachtet, um speziell einzelne Suboptima zu erzielen. Später begann man die internen Unternehmensprozesse als eine Abfolge aneinandergereihter Aktivitäten zu betrachten, um sie integriert abzuwickeln. So wurden insbesondere Business-Reengineering-Maßnahmen, wie Lean-Management, Pull-Produktion (Kanban) oder Bevorratungsstrategien wie Just-in-Time erfolgreich realisiert.

Die Beschränkung des Grundverständnisses auf die interne Prozessoptimierung führt jedoch zu Informationsdefiziten aus vor- und nachgelagerten Prozessstufen zu Lieferanten, Händlern und Kunden. Diese Informationslücke induziert den (erstmals bei Procter& Gamble diagnostizierten) „Bull-Whip-Effekt" oder auch „Peitscheneffekt" genannt.

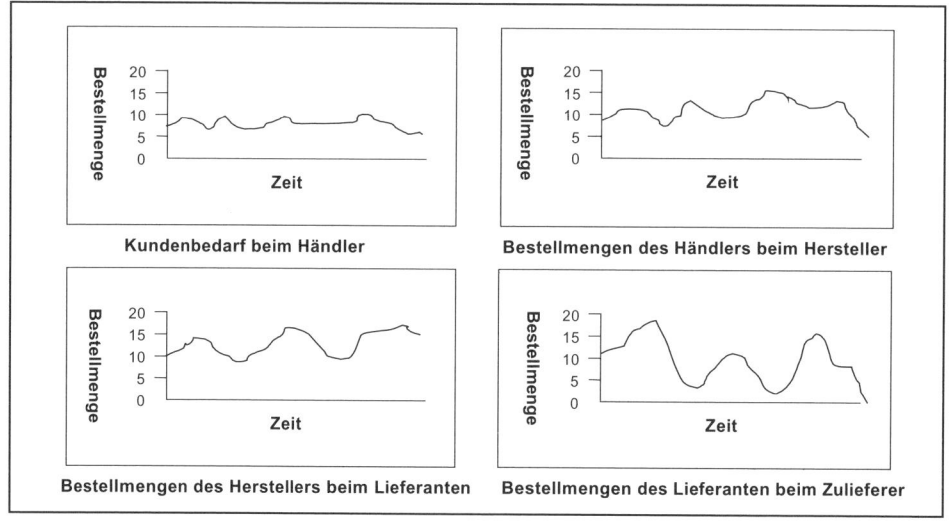

Abb. 1–1: Bull-Whip-Effekt[3]

Der Bull-Whip-Effekt beschreibt die Bedarfsverläufe entlang der logistischen Kette, die sich flussabwärts wie ein Peitschenhieb aufschaukeln lassen. Wie in Abb. 1–1 dargestellt, schaukelt sich die relativ konstante Nachfragekurve beim Handel zu einer stark schwankenden Nachfragekurve beim Zulieferer auf. Je weiter man die Bestellmengen entlang der Supply Chain verfolgt (Kundenkäufe, Handelsbestellungen, Herstellerbestellungen, Lieferantenbestellungen), desto unregelmäßiger werden die Bestellmengen und

---

[3] In Anlehnung an: Von Steinaecker, Kühner (2000), S. 37

desto höher die Kapitalbindung. Dies liegt vorrangig daran, dass jede Stufe bestenfalls den Bedarf kennt, welchen die jeweils nachgelagerte Stufe meldet. Um die in der Regel kostspieligen Fehlbestände zu vermeiden, wird auf jeder Stufe ein Sicherheitsbestand vorgehalten, der die Planungsungenauigkeit abpuffern soll. So führt eine relativ kleine Abweichung des tatsächlichen Bedarf vom geplanten Bedarf des Endkunden zu einer hohen Abweichung bei den vorgelagerten Stufen entlang der Versorgungskette. Die Kapitalbindung in Sicherheitsbeständen führt jedoch gerade in Zeiten kurzer Produktlebenszyklen und dynamischen Käufermärkten zu erhöhten Verlustrisiko.

Zur Vermeidung derartiger Bestandseskalationen muss heute ein unternehmensübergreifendes Grundverständnis aufgebaut werden. Im Kern bedeutet dies eine systematische Verzahnung aller wertschöpfenden Prozesse der beteiligten Unternehmen mit dem Ziel, sich am künftigen Bedarf des Marktes zu orientieren und anzupassen. Vor diesem Hintergrund bildet eine ganzheitliche Prozessorientierung eine Grundvoraussetzung zur Optimierung von Wertschöpfungsprozessen.

1.3 Ganzheitlicher Ansatz des Supply Chain Management

Einen interdisziplinären Ansatz, der den Wertschöpfungsprozess ganzheitlich betrachtet, stellt das Konzept von Supply Chain Management (SCM) dar.

> SCM bezeichnet die integrierte Planung, Simulation, Optimierung und Steuerung der Waren-, Informations- und Geldflüsse entlang der gesamten Wertschöpfungskette vom Kunden des Kunden bis zum Lieferanten des Lieferanten.

Die ganzheitliche Verkettung von vor-, nach- und parallelgelagerten Stufen zu einem Produktions- und Logistiknetzwerk, das alle Beschaffungs-, Produktions-, Lager- und Transportaktivitäten vernetzt abwickelt, wird als Supply Chain (Versorgungskette) bezeichnet. Das Netzwerk entlang der Supply Chain vom Sub-, über den Modul- und Systemlieferanten bis zum Endkunden stellt sich wie in Abb. 1–2 dar.

Win-Win-Beziehung der Partner

SCM strebt nach dem Ziel, ausgewählte Geschäftspartner in eine langfristige, partnerschaftliche Win-Win-Beziehung in das Wertschöpfungssystem des Unternehmens zu integrieren, um durch Abstimmung, Nutzung und Verbesserung der gemeinsamen Fähigkeiten die Wettbewerbsposition der gesamten Logistikkette zu steigern.[4] Konkret sol-

---

[4] Vgl. Pirron, Reisch et al., Werkzeuge der Zukunft, In: Logistik Heute 11/98, S. 60f.

len Bestände, Kosten und Durchlaufzeiten zur Steigerung der Rendite und der Kundenzufriedenheit auf allen Stufen der Kunden-Lieferanten-Beziehung reduziert werden.

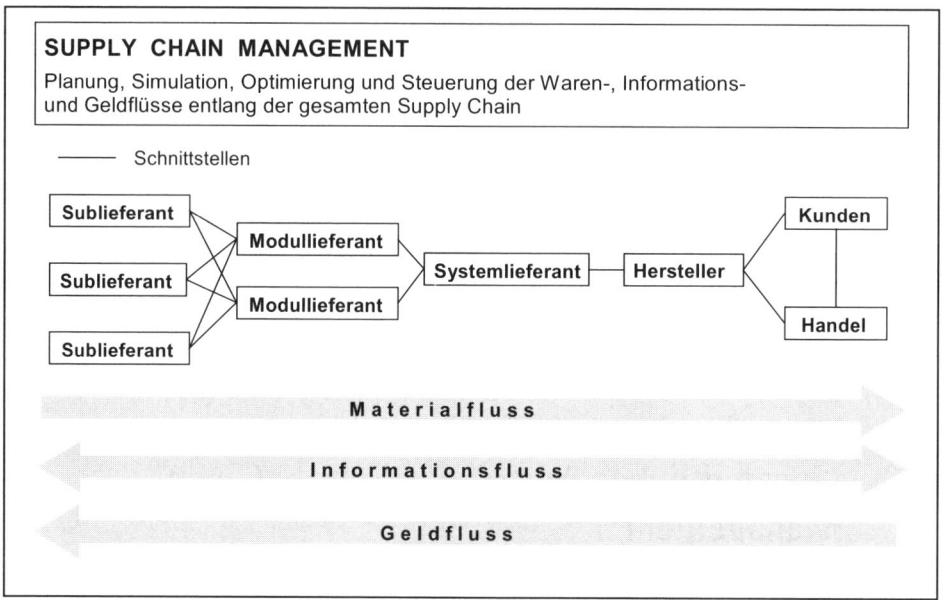

Abb. 1–2: Supply Chain vom Lieferanten bis zum Endkunden[5]

Hierzu müssen alle Lieferanten- und Abnehmerwertketten vom Lieferanten des Lieferanten über den Großhändler bis zum Endkunden in die Planung der Logistikkette integriert werden, um im Sinne eines „erweiterten Unternehmens", gemeinsam Bestände, Produktion, Distribution und Transport zu planen und zu koordinieren.

1.4 eSupply Chain Management als Erfolgskonzept

Eine unabdingbare Voraussetzung bei der Planung, Koordination und Steuerung in der Supply Chain bildet ein durchgängiger Waren-, Informations- und Finanzfluss. Dieser kann nur mit Hilfe moderner eBusiness-Technologien und leistungsfähiger Planungs- und Informationssysteme bewältigt werden.[6] SCM wird vor diesem Hintergrund zu eSupply Chain Management (eSCM).

---

[5] Vgl. Nenninger, Hillek, eSupply Chain Management, In: Lawrenz et al. (2000), S. 3

[6] Vgl. Weiber, Kollmann, Wertschöpfungsprozesse und Wettbewerbsvorteile im Marketspace, In:

eSupply Chain Management als Erfolgskonzept

> eSCM ist eine Bezeichnung für die Planung, Steuerung und Integration sämtlicher Waren-, Informations- sowie Finanzflüsse entlang der Supply Chain, innerhalb eines Unternehmens sowie unternehmensübergreifend mit Hilfe moderner eBusiness-, Informations- und Kommunikationstechnologien.

Der Begriff eSCM subsumiert eine Vielzahl von Unternehmensfunktionen, die ins Internet verlagert werden können, um Geschäftsprozesse zwischen Unternehmen wie auch zu Kunden effizienter zu gestalten und kostenreduzierend abzuwickeln.[7]

eSCM-Anwendungsbereiche in Klein-, Mittel- und Großbetrieben

- eProcurement: elektronische Beschaffung und Online-Lieferantensuche,
  z.B. elektronische Marktplätze, Online-Ausschreibungen
- eProduction: Pull-Produktion (eKanban) nach Kundenwünschen
  z.B. eMass Customization (Produktion auf Kundenwunsch)
- eMarketing: elektronische Produkt- und Unternehmensdarstellung
  z.B. Online-Informationsangebote, Kataloge
- eService: elektronischer Service über das Internet
  z.B. Lieferstatusabfrage von Aufträgen
- eSales: elektronischer Vertrieb von Waren und Dienstleistungen
  z.B. Online Shops für eShopping
- eDistribution: Verteilung und Verfolgung von Waren und Güter
  z.B. Sendungsverfolgung von Lieferungen (eLogistik)

eSupply Chain Management entwickelt sich zu einer interdisziplinären Querschnittsfunktion im Unternehmensnetzwerk.[8] Für einen eSupply Chain-Manager ist daher wichtig, neben eProcurement und eLogistik weitere Funktionsbereiche wie eMarketing-, eSales- sowie eService in das Aufgabenumfeld einzubeziehen.

Vorab soll eine vereinfachte Abbildung und eine kurze Beschreibung der Bestandteile von eSupply Chain Management den systematischen Ausführungen in den nachfolgenden Kapiteln des Buches vorweggenommen werden.

Wie in Abb. 1–3 dargestellt, lässt sich die Wertschöpfungskette in eine interne und externe eSupply Chain segmentieren. Die interne eSupply Chain bildet die innerbetrieblichen Geschäftsprozesse eines Herstellers ab. Die externe Supply Chain repräsentiert das unternehmensübergreifende Netzwerk kooperierender Kunden und Lieferanten.

Bliemel, Fassot (2000), S. 49
[7] Vgl. Baumgarten, Trends und Strategien in der Logistik, In: Baumgarten (2001), S. 21f.
[8] Vgl. Wannenwetsch (2004) S. 15f.

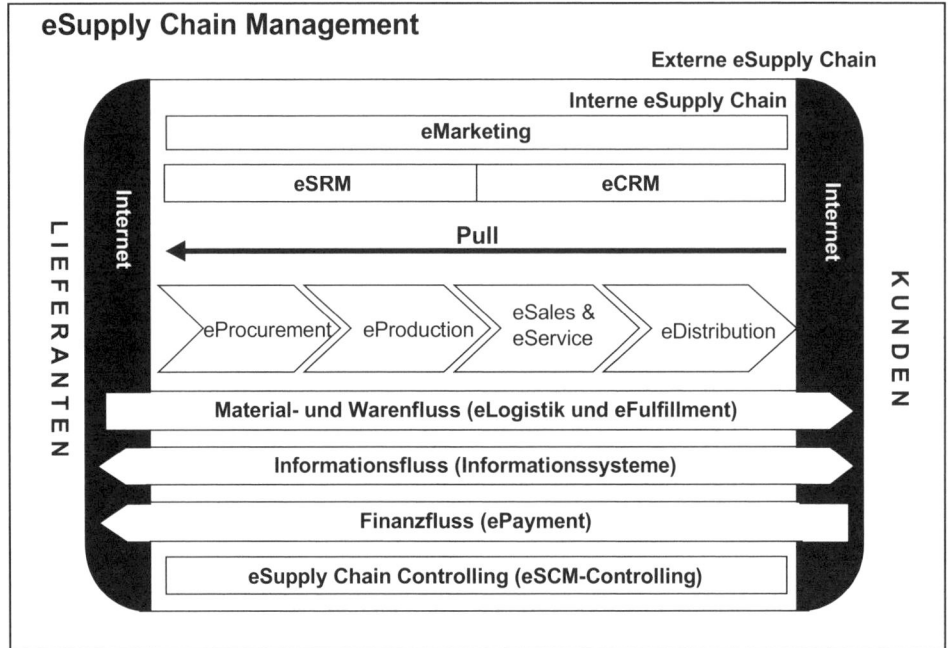

Abb. 1–3: Konzept des eSupply Chain Management

Die Wertströme entlang der eSupply Chain sind über das Internet und Schnittstellen zu Informationssystemen (ERP- und SCM-Systeme) der Supply Chain Partner miteinander vernetzt. Auf diese Weise wird sowohl eine Supply Chain weite Planung und Steuerung durch einem Datenaustausch in Echtzeit über Ressourcen, Bestände und Absatzprognosen, als auch eine effiziente Geschäftsabwicklung über eBusiness-Technologien (z.B. elektronische Marktplätze) sichergestellt. Der Material- und Warenfluss ist durch eine schnelle Auftragsabwicklung (eFulfillment), eine zuverlässige Auslieferung sowie eine transparente Auftrags- und Sendungsverfolgung (eLogistik) gekennzeichnet. Der dazugehörige Finanzfluss (ePayment) zur Begleichung der Waren- und Materialtransaktionen kann analog elektronisch abgewickelt werden.

Die Wertschöpfung des Herstellers wird durch das Kunden-Pull auf dem Markt angestoßen. Dies sind idealerweise Absatzdaten vom Point of Sale (POS) beispielsweise die Verkaufszahlen eines Einzelhändlers als Schnittstelle zum Endkonsumenten. Dementsprechend werden Güter, Waren und Dienstleistungen bedarfsgerecht über das Internet beschafft (eProcurement), eine Leistung produziert (eProduction), das Produktprogramm vertrieben (eSales und eService) und an einen Kunden bzw. an eine nachgelagerte Wertschöpfungsstufe ausgeliefert (eDistribution). Das Kunden-Pull steuert dabei die gesamte Wertschöpfung entlang der eSupply Chain.

Um Bedarf am Markt zu generieren, betreibt der Hersteller neben dem klassischen Marketing ein entsprechendes eMarketing. Durch den Aufbau eines Kundenbeziehungsmanagements (eCustomer Relationship Management) wird dem Kunden ein Mehrwert (Added Value) suggeriert und ein individueller Service geboten, der letztlich die Kundenbindung verstärkt und den Absatz steigert. Ebenso pflegt der Hersteller ein Beziehungsmanagement mit seinen Lieferanten, (eSupplier Relationship Management) um die Effizienz in den Beschaffungsprozessen zu erhöhen.

Um Transparenz über die tatsächlichen Effizienzsteigerungen in den Wertschöpfungsprozessen zu schaffen, muss ein entsprechendes eSCM-Controlling integriert werden.

Zusammenfassend ermöglicht eSCM den Informationsfluss ganzheitlich über das Internet zu steuern, Materialflüsse kostenreduzierend über Online-Transaktionen abzuwickeln sowie dazugehörige Finanzflüsse über Online-Zahlung zu begleichen.

> **Praxisbeispiel: Procter&Gamble**
>
> Führende Konsumgüterhersteller wie Procter&Gamble haben bereits nachhaltige Wettbewerbsvorteile durch eSupply Chain Management erzielt. Durch Kooperationsstrategien und einer ganzheitlichen Vernetzung von Lieferanten und Handelsstufen konnte Procter&Gamble Lagerbestände und Überproduktion erheblich reduzieren sowie Absatzprognosen durch die Einbeziehung des Handels erheblich verbessern. Über Scannerkassen am Point of Sale (Handel) werden Verkaufsdaten direkt an den Hersteller gemeldet. Über die Absatzdaten können effiziente Nachschubstrategien, wie Just-in-Time und Kundenauftrags-Produktion (Pull-Produktion) realisiert werden. Der Materialbedarf wird elektronisch an die Lieferanten weitergeleitet oder über elektronische Marktplätze beschafft. Procter&Gamble orientiert sich somit konsequent an den aktuellen Kundenbedürfnissen am Markt.

1.5 Collaborative Commerce – Die Zukunft im eSCM

Einen Ausblick im eSupply Chain Management verbirgt sich hinter dem jüngsten Terminus im Jargon der elektronischen Geschäftsabwicklung „Collaborative Commerce".

> C-Commerce bezeichnet die vernetzte Zusammenarbeit (eCollaboration) und die Integration von Wertschöpfungspartnern sowie unternehmensübergreifender Geschäftsprozesse auf Basis eines echtzeitgetreuen, internetbasierten und plattformunabhängigen Informationsaustausches.

Dieser virtuelle Zusammenschluss zu einer sogenannten „Trading Community" verändert die Punkt-zu-Punkt-Verkettung zwischen Partnern über Schnittstellen zu einer Many-to-Many-Vernetzung zwischen Hersteller, Lieferanten, Endkunden, Händler, Spediteure etc. über elektronische Plattformen (z.B. elektronische Marktplätze).

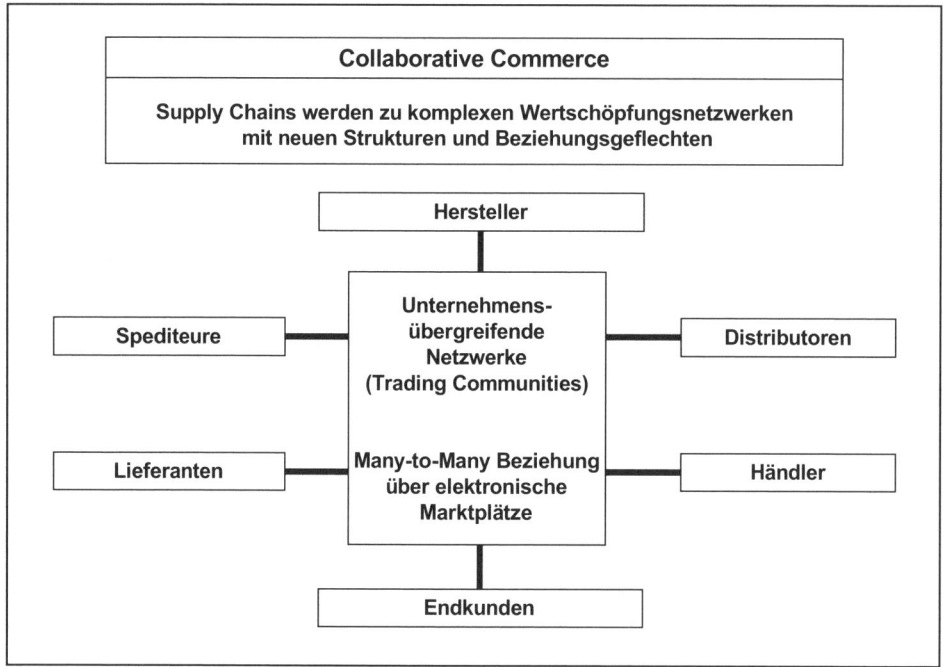

Abb. 1–4: Collaborative Commerce-Szenario[9]

Das Ziel von C-Commerce ist die Öffnung der Grenzen zu allen Unternehmen durch eine flexible und dynamische Einbeziehung externer Partner. So können ebenso kleine und mittelständische Unternehmen mit Hilfe von Internettechnologien ohne hohe Investitionsaufwendungen in elektronische Plattformen integriert werden, um mit Supply Chain Partnern kollaborativ Handel zu betreiben. Dieser Vorstellung nach konkurrieren unabhängige Trading Communities untereinander mit dem Ziel, sich schneller als der Wettbewerb, an Marktveränderungen anzupassen. Entsteht ein neuer Bedarf am Markt, wird gemeinsam mit entsprechenden Lieferanten zeitnah eine Community aufgebaut, bevor kompetitive Supply Chains anderer Unternehmensnetzwerke den Bedarf decken können. Die eSupply Chain passt sich somit lebenszyklusorientiert an den Markt an.

---

[9] In Anlehnung an KPMG, eSupply Chain Management, In: www.kpmg.de vom 02.01.02

Praxisbeispiel: Transora Plattform (www.transora.com)

Ein funktionierendes Beispiel für C-Commerce ist die Transora-Plattform im Konsumgüterbereich, hinter der Procter & Gamble und weitere weltweit führende Unternehmen der Branche wie Coca-Cola, Nestlé oder Unilever stehen. Gemeinsam mit transplace.com bietet Transora in der Konsumgüterindustrie eine Reihe von Mehrwert-Logistikdiensten wie z.B. die Konsolidierung und Bündelung von Ladung über mehrere Player hinweg, das Management des Contracting oder die Unterstützung des Outsourcings der gesamten Logistik. Alle Partner orientieren sich stets am aktuellen Kundenbedarf am Markt und bauen kurzfristig mit Logistikdienstleistern eine Supply Chain auf.

2. eSupply Chain Management für Klein-, Mittel- und Großbetriebe

2.1 eSupply Chain-Fähigkeit für Unternehmen

Das Verhältnis von eBusiness, eCommerce, eProcurement und eSupply Chain Management bei kleinen und mittleren Unternehmen (KMU) könnte allein innerhalb der Unternehmen unterschiedlicher nicht sein. Das eine Extrem der Unternehmen besitzt oft noch nicht einmal einen Internetanschluss. Das andere Extrem hat bereits einen Großteil der Anwendungen, nach entsprechenden Pioniererfahrungen erfolgreich eingesetzt, selektiert schon wieder aus beziehungsweise zieht sich schon wieder aus Teilbereichen zurück.

Zu alldem kommt ein wichtiger Aspekt, den viele Lieferanten oft noch gar nicht richtig wahrgenommen haben. Eine fehlende eSupply Chain Fähigkeit kann im Zuge der weiteren Lieferantenreduzierung bei den Herstellern mittel- bis langfristig ein Ausschlusskriterium für zukünftige Lieferungen darstellen.

Bevor ein Unternehmen Zeit und Kapital in den Bereich eSupply Chain investiert, sollte es zuvor gründlich analysieren, welcher Kosten/Nutzen damit verbunden ist und wie die eSupply Chain Fähigkeit im Unternehmen ausgeprägt ist. Hierbei ist nicht nur das Beschaffungsvolumen zu betrachten. Nicht zu unterschätzen ist die Aufgeschlossenheit der Mitarbeiter gegenüber der eSupply Chain, dies haben bisher genügend Praxisbeispiele gezeigt. Unternehmen, die erfolgreich eSupply Chain Management praktizieren, haben die Integration aller internen Bereiche einschließlich Beschaffung, Logistik, Materialwirtschaft und Produktion umgesetzt. Aus betrieblichen Schnittstellen wurden kommunikative Verbindungsstellen.[10]

2.2 Analyse des eSupply Chain-Potenzials des Unternehmens

Die Produktpalette, der Umsatz des Unternehmens sowie der Umsatz der einzelnen Artikel an bestimmte Hersteller sind wichtige Kriterien für die eSupply Chain Fähigkeit. Anhand von Checklisten wird das Potenzial der Unternehmen dafür ermittelt.

Besonders bedeutsam ist dabei das mögliche Teilespektrum, welches für eine elektronische Beschaffung in Frage kommt. Mit entscheidend für die Lieferanten-Hersteller-

---

[10] Vgl. Wannenwetsch (Hrsg.) (2002), S. 15ff

Kunden-Beziehung sind dabei das Teilespektrum und der Umsatz in Euro. Durch den Umsatz kann eine entsprechende Nachfragemacht, wie auch eine gewisse Abhängigkeit der Lieferanten gegenüber den Herstellern, entstehen.

Checkliste: Teilespektrum und Umsatzanteil				
Anzahl von genormten Standardteilen	-10 Teile	- 100 Teile	- 1.000 Teile	> 1.000 Teile
Gesamtumsatz mit genormten Standardteilen	- 100.000 Euro	- 1 Mio. Euro	1–5 Mio. Euro	> 5 Mio. Euro
Lieferumfang pro Kunde/Hersteller	- 100.000 Euro	- 1 Mio. Euro	1–5 Mio. Euro	> 5 Mio. Euro
Umsatz mit C-Artikeln	- 100.000 Euro	- 1 Mio. Euro	1–5 Mio. Euro	> 5 Mio. Euro
Umsatz mit genormten Standard A- und B-Artikeln	- 100.000 Euro	- 1 Mio. Euro	1–5 Mio. Euro	> 5 Mio. Euro
Kunden- bzw. Herstellerstruktur	- 10 Kunden	-100 Kunden	- 1.000 Kunden	> 1.000 Kunden
Einzelwert pro Artikel	- 10 Euro	- 100 Euro	- 1.000 Euro	> 1.000 Euro
Umsatz mit MRO-Artikeln	- 100.000 Euro	- 1 Mio. Euro	1–5 Mio. Euro	> 5 Mio. Euro
Umsatz mit Büroartikeln	- 100.000 Euro	- 1 Mio. Euro	1–5 Mio. Euro	> 5 Mio. Euro
Umsatz betriebliche Geschäftsreisen	- 100.000 Euro	- 1 Mio. Euro	1–5 Mio. Euro	> 5 Mio. Euro
Höhe der Prozess- und Bestellkosten pro Bestellung	- 25 Euro	- 50 Euro	- 100 Euro	> 100 Euro

Tabelle 2–1: Checkliste – Teilespektrum und Umsatzanteil

Die Checkliste Tabelle 2–2 zeigt auf, wo Kostensenkungspotenziale und Automatisierungen z.B. durch Massenfertigung mit Standardteilen vorhanden sind. Weiterhin ist es wichtig zu wissen, ob wir wenige Kunden/Hersteller mit jeweils hohen Umsätzen oder viele Kunden/Hersteller mit geringen Umsätzen haben. Wenige Kunden/Hersteller senken die Transaktionskosten erhöhen aber das Umsatzrisiko bei Ausfall einzelner Partner.

Checkliste: Fertigungsstruktur und Lieferanten-Hersteller-Kundenstruktur				
Analyse der Fertigungsstruktur	Einzelfertigung	Sonderfertigung	Massenfertigung	Auftragsfertigung
Standardisierbarkeit				
Teileanzahl				
Umsatzanteil				
Anzahl der Kunden				
Umsatz pro Kunde				
Anzahl der Lieferanten				
Umsatz pro Lieferant				
Anzahl der Hersteller				
Umsatz pro Hersteller				

Tabelle 2–2: Checkliste – Fertigungsstruktur und Lieferanten-Hersteller-Kundenstruktur

Checkliste: Messung der Änderungsgeschwindigkeit:				
Änderungsgeschwindigkeit	alle 3 Monate	alle 6 Monate	jedes Jahr	alle 2 Jahre
Preise aller Produkte				
Kataloge				
Anzahl aller Produkte				
Sonderkonditionen				
Rabatte, Boni etc.				

Tabelle 2–3: Checkliste – Messung der Änderungsgeschwindigkeit

Je mehr Änderungen innerhalb der Supply Chain auftreten, desto aufwendiger und kostspieliger gestaltet sich für das Untenehmen die Anpassung und desto schwieriger ist es für die Kunden. Wenn zum Beispiel alle drei Monate die Preise geändert werden, fehlt dem Kunden eine gewisse Berechenbarkeit bzw. eine sichere Kalkulationsgrundlage. Checkliste Tabelle 2–3 nimmt hierauf Bezug.

Die eigene Wettbewerbsposition gegenüber Herstellern und Kunden ist bei Vertragsverhandlungen oftmals der entscheidende Punkt, obwohl nicht immer direkt angesprochen. Bei einer Monopolsituation (einziger Anbieter auf dem Markt) kann der Lieferant seine Preisvorstellungen und Konditionen besser durchsetzen, als wenn dieser einer unter vielen ebenbürtigen Anbietern ist.

Checkliste: Eigene Stellung gegenüber Wettbewerbern				
Monopolstellung	alle Produkte	Mehrzahl der Produkte	wenige Produkte	kein Produkt
Wenige Anbieter auf dem Markt				
Entwicklungs- und Wertschöpfungspartner				
Systemlieferant				
A-Lieferant				
B-Lieferant				
C-Lieferant				

Tabelle 2–4: Checkliste – Eigene Stellung gegenüber Wettbewerbern

Interessant sind die Ergebnisse aus Messungen des eBusiness-Potenzials und der eBusiness-Nutzung aus 15 Fallstudien im Raum Oberösterreich.

Branche	eBusiness-Potenzial	eBusiness-Nutzung
Druckereien	2,9	2,6
Banken	5,4	5,9
Speditionen	5,1	5,3
Versicherungen	3,6	2,4

Tabelle 2–5: Mittelwerte der Messdaten nach Branchen[11]

---

[11] Vgl. Heinrich, Thonabauer, Messung des EB-Potentials und der EB-Nutzung. In: Heilmann

Tabelle 2–5 zeigt, dass Unternehmen unterschiedlicher Größenordnung (KMUs etc.) und unterschiedlicher Branchen ein spezielles eBusiness- beziehungsweise analog ein spezielles eSupply Chain-Potenzial haben. Derjenige Wettbewerber, der sein Potenzial am schnellsten ermittelt und in die Praxis umsetzt, hat Vorteile gegenüber seinen Wettbewerbern. Vor allem Klein- und Mittelbetriebe, welche die neue Internettechnologie beherrschen, können sich vor der Konkurrenz den großen Unternehmen als innovative und entwicklungsfähige Lieferanten präsentieren.

2.3 Controlling der eSupply Chain Fähigkeit

Mit Tabelle 2–6 kann der Lieferant überprüfen, welche der eSupply Chain-Fähigkeiten er schon besitzt bzw. eingesetzt hat.

Wird bereits das eBusiness angewendet, wie z.B. eProcurement, so lässt sich mit Hilfe einer Checkliste die Akzeptanz und Funktionalität der Anwendungen kontrollieren wie das folgende Beispiel zeigt.

- Wie nutzen Lieferanten/Hersteller/Einkäufer das die Kataloge?
- Wird das System vom Anwender akzeptiert?
- An welchen Stellen verlassen die Anwender das System? Warum?
- Wie rentabel sind die eSupply-Aktivitäten?
- Wo treten häufig Fehlermeldungen auf?
- Wo haben wir gehäuft Kundenbeschwerden und Reklamationen?
- Welche Waren und Dienstleistungen werden in welcher Häufigkeit und Kombination geordert?
- Welche Zusatzleistungen werden wie oft nachgefragt?
- Bildet sich ein typisches „Nutzerprofil" heraus?
- Wie lange dauert es, bis sich das System beim Kunden aufgebaut hat?
- Ist das System 24 Stunden/Tag einsatzbereit und beim Kunden verfügbar?
- Besteht eine Hotline für den Kunden bei Anwenderschwierigkeiten?
- Wie positioniert sich die Konkurrenz?
- Wie sieht uns der Kunde im Vergleich zur Konkurrenz?

(Hrsg.), Elektronische Marktplätze, S. 58ff.

Potentielle und realisierte eSupply Chain-Fähigkeit	erfolgreich umgesetzt Nutzen überwiegt	erfolgreich umgesetzt schlechtes Kosten/ Nutzenverhältnis	in Implementierungsphase	in Beobachtungsphase
an Auktionen teilgenommen				
eigener Marktplatz				
elektronischen Katalog erstellt				
Interneteinsatz				
Extraneteinsatz				
Intraneteinsatz				
Teilnahme an elektronischen Ausschreibungen				
Reverse Auktionen durchgeführt				
Internet-Auktionen durchgeführt				
Lieferantensuche durch Internet				
eProcurement				
Qualifiziertes Personal vorhanden				
Ist die Datensicherheit gewährleistet				

Tabelle 2–6: Checkliste – Potenzielle und realisierte eSupply Chain Fähigkeit

2.4 Qualifikation und Karriere der eSupply Chain Manager und Fachkräfte

Neben den begrenzten finanziellen Ressourcen spielt die Motivation und Qualifikation der Mitarbeiter eine wichtige Rolle. ABB Mannheim beispielsweise hat vor der Einführung von eSupply Chain im Unternehmen den Mitarbeitern für einen begrenzten Zeitraum die Internetnutzung kostenlos zur privaten Heimnutzung für 30 Stunden pro Woche zur Verfügung gestellt.[12]

Die Akzeptanz aller Mitarbeiter ist entscheidend für die erfolgreiche Einführung von eSupply Chain Management. Voraussetzung dafür ist aber die Akzeptanz, das Vorleben und der Wille zur Durchsetzung der eSupply Chain durch alle Managementstufen hinweg. Die Mitarbeiter erkennen sehr schnell, ob von den Vorgesetzten nur Lippenbekenntnisse kommen oder ob die Umsetzung von oben nach unten konsequent und mit positiven Vorzeichen getragen und umgesetzt wird. Merkmale der eSupply Chain-Manager wie Projektmanagementerfahrung, Durchsetzungsfähigkeit und Kommunikation mit allen Ebenen sind hier entscheidend.

Die Checkliste Tabelle 2–7 gibt hier einige Hilfestellungen.

Checkliste: Eigene Stellung gegenüber den Wettbewerbern				
Fachwissen des Managements	in allen Bereichen vorhanden	in wichtigen Bereichen vorhanden	in einigen Bereichen vorhanden	nicht bzw. unzureichend vorhanden
Fachwissen der Mitarbeiter	in allen Bereichen vorhanden	in wichtigen Bereichen vorhanden	in einigen Bereichen vorhanden	nicht bzw. unzureichend vorhanden
bisherige Schulungen	ausreichend durchgeführt	überwiegend	teilweise	keine
zukünftige Schulungen	festgelegt	geplant	in Vorbereitung	nein

---

[12] Vgl. Schmitz, Die Säulen des Erfolgs des Beschaffungsportals. In: Wannenwetsch (Hrsg.) (2002a), S. 83ff

Checkliste: Eigene Stellung gegenüber den Wettbewerbern			
positives Image von eSupply Chain	ja	überwiegend	teilweise	nein
Ängste der Mitarbeiter	vor Versagen	vor Veränderungen	vor Verlust des Arbeitsplatzes	vor Verlust von Kompetenz und Status
Information der Mitarbeiter	durch Management	durch Betriebszeitung	durch Schulungen	durch Distributoren

Tabelle 2–7: Checkliste – Eigene Stellung gegenüber den Wettbewerbern

Durch das Internet hat sich das Anforderungsprofil an die Manager und Mitarbeiter wesentlich geändert und erheblich erweitert. Um im Beruf weiter bestehen zu können und darüber hinaus Karriere-Chancen erfolgreich wahrnehmen zu können, bedarf es zusätzlicher Qualifikationen im fachlichen wie im persönlichen Profil.

Folgende Tätigkeits- und Persönlichkeitsprofile gewinnen an Bedeutung beziehungsweise erweisen sich als Schlüsselqualifikationen.

Fachliches Profil	Persönlichkeitsprofil
▪ Informatikkenntnisse	▪ Belastbarkeit, Konfliktlösungsfähigkeit
▪ bereichsübergreifendes und vernetztes Denken	▪ Kreativität Innovativ
▪ strategische Handlungsweise	▪ Einfühlungsvermögen in Mitarbeiter
▪ Kosten/Nutzen Denken	▪ Führungspersönlichkeit
▪ Englische Sprachkenntnisse	▪ Überzeugungskraft, Durchsetzungswille
▪ Bereitschaft zur Weiterbildung	▪ Teamwork
▪ Durchsetzungsfähigkeit	▪ ausgeprägte Kommunikation
▪ fundierte Projektmanagementerfahrung	▪ Lernbereitschaft
▪ Kenntnis der Betriebsabläufe	▪ Begeisterungsfähigkeit
▪ gute Branchenkenntnisse	

Tabelle 2–8: Tätigkeits- und Persönlichkeitsprofile als Schlüsselqualifikationen[13]

---

[13] Vgl. Kranke, Wer ist ein Supply Chain Manager? In: LOGISTIK inside (01/2002), S. 56ff.

Nach einer Umfrage der Industrie- und Handelskammer Oberbayern unter 380 Unternehmen aus Produktion (65%), Handel (18%) und Verkehr (15%) arbeiten Logistiker in nahezu allen Bereichen des Unternehmens, davon in den Bereichen

- Einkauf/Materialwirtschaft 29 %,
- Vertrieb 26 %,
- Logistik 23 %,
- Produktion/Technik 16 %,
- Finanz- und Rechnungswesen 4 %,
- Sonstige 2 %.

Als wichtige neue Schwerpunkte werden dabei Projektmanagement, Schnittstellenmanagement und Supply Chain Management gesehen.[14]

Der Supply Chain-Manager beziehungsweise der eSupply Chain Manager ist dabei kein Einstiegsberuf. Fünf bis sieben Jahre Berufserfahrung, ein kaufmännisches oder kombiniertes technisches Studium mit Schwerpunkt Logistik/Beschaffung/Materialwirtschaft sind gute Voraussetzungen. Zusätzlich sind Kenntnisse im Bereich Marketing, Vertrieb, Key-Account Management und in der Informationstechnologie von Vorteil. Das Jahresgehalt eines Supply Chain-Managers mit fundierter Ausbildung und sieben Jahren Berufserfahrung sollte nicht unter 115.000 Euro betragen, so Steffan Elsässer, Berater bei Cap-Gemini, der sich intensiv mit der Materie befasste.[15]

Der Supply Chain-Manager hat mit allen Bereichen des Unternehmens zu kommunizieren. Er muss deshalb auch die verschiedenen „Kommunikationskanäle und Sprachen" der einzelnen Abteilungen beherrschen. Da viele Neuerungen und Änderungen künftig vom Supply Chain-Manager ausgehen oder hauptverantwortlich getragen werden, ist hier der sichere und sensible Umgang mit Mitarbeitern und Vorgesetzten notwendig. Neuerungen und Änderungen werden im Unternehmen von Mitarbeitern oft mit Zukunftsängsten, Verlust von Aufgaben und Arbeitsplätzen sowie der Angst vor Versagen begleitet. Hier gilt es, schon im Vorfeld die richtigen Weichen zu stellen.

Im Hernstein Management Report (www.hernstein.at) hatte die Einführung der Informationstechnik wie z.B. Internet und Intranet folgende Auswirkungen:[16]

- höhere Arbeitseffizienz (73–92% der Befragten),
- mehr Stress (28–31%),
- längere Arbeitszeit (bis 25% der befragten Manager),
- intensive Nutzung von E-Mails (65%).

---

[14] Vgl. Logistiker finden sich in allen Abteilungen. In: Logistik inside (Ausgabe April 2002), S. 60, www.logistik-inside.de

[15] Vgl. Kranke, Wer ist ein Supply Chain Manager? In: LOGISTIK inside (Ausgabe 01/2002), S. 56ff.

[16] Vgl. Informationstechnik bereitet Managern zusätzlich Streß, FAZ v. 06.08.2001, S. 20, Nr. 180

Zu den wesentlichen Verursachern der Zusatzbelastung zählen E-Mails. Die befragten Manager erhalten und versenden im Durchschnitt rund 30 E-Mails am Tag.

Eine Analyse von 10 Mail-Programmen anhand von 19 Kriterien hat zudem gezeigt, dass weit verbreitete Programme wie „T-Online oder „AOL" zur Bewältigung des Phänomens Informationsüberflutung nur rudimentär ausgestattet sind. Viele Informationen müssen zuerst gefiltert und verdichtet werden, da sie häufig unwichtig sind. Weiterhin hat sich seit der Einführung der Neuen Medien die Qualität der Informationen oft verschlechtert.[17]

Erfolgreiche Praxisanwendungen bei Unternehmen wie bei ABB in Mannheim und Heidelberger Druck in Heidelberg zeigen, dass bei ausreichender Information und Einbeziehung aller Mitarbeiter in den eSupply-Prozess die Anfangsschwierigkeiten und Widerstände weitgehend ausgeräumt werden können. Bei der Firma BASF, Ludwigshafen wurde im Technical Procurement beispielsweise der Einsatz der Internettechnologien durch konkrete Zielvereinbarungen mit einem genauen Zeithorizont festgelegt. So ist der Erfolg messbar und bei den Mitarbeitern später – z.B. bei Gehaltsgesprächen – auch nachvollziehbar.

2.5 Anforderungen und Einsatzmöglichkeiten bei Klein-, Mittel- und Großbetrieben

eProcurement wird nach einer im Auftrag von Oracle durchgeführten Untersuchung des Marktforschers Forsa in Deutschland Normalität. Fast 60 Prozent der 200 befragten Unternehmen aus produzierendem Gewerbe, Handel und Telekom/Medien setzen eine ERP (Enterprise Resource Planning) oder katalogbasierte elektronische Beschaffungslösung ein. Dabei dominieren Standardlösungen wie z.B. von Oracle und SAP. Beschafft wurden Büromaterial, Ersatzteile, DIN- und Normteile, Hilfs- und Betriebsstoffe und ähnliche Produkte.

Bis jetzt setzen 31% der Befragten die eProcurement-Komponente Katalogmanagement ein, die einen automatischen Bestellvorgang ermöglicht. Weitere 18% planen den Einsatz innerhalb der nächsten sechs Monate, 17% innerhalb der nächsten 2 Jahre.

Die Lieferantensuche in Deutschland (nationales Sourcing) wird von 35% der untersuchten Unternehmen bereits realisiert, weitere 34% wollen diese Lösung innerhalb der nächsten 2 Jahre realisieren. Globales Sourcing wird bei 28% der Betriebe praktiziert.[18]

---

[17] Vgl. Aktuelle Studie: Internet und zu viele E-Mails verursachen Stress. In: Logistik inside (Ausgabe 06/April 2002), S. 59
[18] Vgl. e-procure-online Newsletter Nr. 46 vom 27.05.2002

Der Einstieg von Klein- und Mittelständischen Unternehmen in Marktplätze und elektronische Beschaffung scheitert häufig an der Komplexität und an den Kosten (Untersuchung von Manfred Mucha vom Fraunhofer-Institut für Arbeitswirtschaft und Organisation/IAO). Viele der momentan angebotenen Lösungen sind auf die großen Unternehmen ausgerichtet.

Mittelständische Unternehmen bevorzugen aber eine „Out-of-the box-Lösung", welche sich schnell und unkompliziert in die bestehenden Systeme integrieren lässt. Der IAO-Forscher geht davon aus, dass ein Betrieb mit 50-100 Mitarbeitern einen sechsstelligen Eurobetrag investieren muss, um im Business to Business (B2B) Geschäft präsent zu sein. Die endgültige Investitionshöhe ist von der vorhandenen EDV und der gewünschten Lösung abhängig. Mit einer Amortisation kann innerhalb von zwei bis drei Jahren gerechnet werden.

Zu ähnlichen Ergebnissen kommt auch der Bayerische Forschungsverband Wirtschaftsinformatik FORWIN in Zusammenarbeit mit dem Forschungsinstitut für Rationalisierung RWTH Aachen, der sich mit der Supply Chain-Software kleiner bis mittlerer Unternehmen befasst. Danach gibt es kaum kostengünstige und robuste Software-Lösungen für KMU´S auf dem Markt.

Der Forschungsverband entwickelt momentan – nach bereits erfolgreichen Lösungen im Bereich der Produktionsplanung- und -steuerung – spezielle Lösungen für Klein- und Mittelbetriebe. Hierbei wird auf der Grundlage von Microsoft-Office ein PPS-System mit kostengünstiger Software für KMUs entwickelt. Es wird versucht, Standardsoftware und Individualsoftware (Branchenlösungen) im Komponenten- und Baukastenprinzip miteinander zu verbinden und gleichzeitig deren Nachteile auszuschließen.[19]

Nach Ergebnissen von FORWIN bieten Firmen wie die SAP AG (my-SAP.com) und Wassermann AG (SCM Software Way) Lösungen an. Allerdings sind diese mehr für die größeren mittelständischen Unternehmen geeignet als für die kleinen Betriebe.

Bei Customer Relationship Management (CRM) und Enterprise Resource Planning-Software (ERP) will die Firma Microsoft (MS-CRM „Great Plains Siebel Front Office") Business Applikationen für Betriebe unter 500 Mitarbeitern anbieten. Auch die Firma SAP kombiniert SCM mit CRM und positioniert sich für die Mittelbetriebe. Allerdings wird den momentan 24 CRM-Anbietern ein Ausleseprozess auf fünf bis sieben unabhängige Anbieter vorausgesagt.[20]

---

[19] Vgl. Friedrich, Mertens, Eversheim, Kampker, Der CW-SCM-Ansatz. Eine komponentenbasierte Supply-Chain-Management-Software für kleine und mittlere Unternehmen. In: Wirtschaftsinformatik 44 (2002)2, S. 117–130; friedrich@forwin.de, mertens@wiso.uni-erlangen.de, w.eversheim@wzl.rwth-aachen.de, kk@fir.rwth-aachen.de

[20] Vgl. Meding, Microsoft mischt auf. In: Logistik inside (Ausgabe 06/April 2002), S. 30ff. und Ausgabe vom 11.06.2002: Unternehmenssoftware: SAP kombiniert SCM mit CRM

Die Zeit arbeitet allerdings gegen die kleinen und mittleren Unternehmen. Ein Grund dafür ist zum Beispiel der hohe Kostendruck bei den Automobilproduzenten, der Zulieferer schon jetzt zur Einführung von eSupply Chain Strategien zwingt, um dadurch Kostensenkungspotenziale der Hersteller freizusetzen.

> **Praxisbeispiel: Volkswagen AG**
>
> Die Volkswagen AG besitzt 50 Fertigungsstätten, die den Bedarf in 150 Ländern decken. Bei den Herstellern fließen die Informationen und Aufträge von Kunden, Händlern und Importeuren zusammen. Informationen über Fahrzeugaufträge werden direkt, am besten elektronisch, an die System- und Teilezulieferer übermittelt. Ziel ist die gemeinsame Planung und Neuentwicklung mit de eSCM Lieferanten. Momentan werden 60–80% der Fahrzeugentwicklungen von den Entwicklungspartnern durchgeführt.
>
> Das Hauptproblem sind dabei die hohen Kosten der Fahrzeugdistribution sowie die Produktion ohne Kundenauftrag. Allein im Jahre 1998 betrug der Wert der unverkauften Fahrzeuge in Europa rund 27 Mrd. Euro. Die durchschnittliche Reichweite der Fahrzeugvorräte beträgt in Europa 50 Tage. Zwei Drittel aller Fahrzeuge werden auf Halde gefertigt. In Zukunft ist eine Produktion auf Kundenwunsch vorgesehen.
>
> Der Sportwagenhersteller Porsche will in seinem neuen Werk in Leipzig nur sechs Tage vom endgültigen Kundenauftrag (Order Freeze) bis zur Auslieferung an den Kunden benötigen. Pro Jahr sollen hier 25.000 Stück des Offroad Fahrzeuges Cayenne produziert werden.[21] Diese Ziele sind mit einer optimierten eSCM über die gesamte Wertschöpfungskette möglich.

> **Praxisbeispiel: BMW-Werk Leipzig – modernstes Automobilwerk der Welt**
>
> In Leipzig wird mit einem Investitionsvolumen von ca. 1,3 Mrd. Euro im Jahr 2004 eine der modernsten Autofabriken der Welt entstehen. Es sollen dann ca. 5.500 Mitarbeiter bei BMW in Leipzig beschäftigt sein, die 650 Fahrzeuge pro Tag herstellen. Um flexibel auf Kundenwünsche reagieren zu können, wurden beispielsweise die Zulieferer auf dem Werksgelände angesiedelt. BMW errichtete auf eigene Kosten für die Lieferanten ein Versorgungszentrum, „Supplier Park" genannt. Im Supplier Park montieren die Zulieferer die Fahrzeugmodule wie z.B. Sitze, Türen, Cockpit, Achsen und liefern sie anschließend direkt an die angrenzende Montagehalle.
>
> Ungefähr 70% des gesamten Materials kommen zukünftig aus diesem Versorgungszentrum. Im Supplier Park wird auch die „Late Configuration" durchgeführt – der Bereich mit dem größten Variantenspektrum wie z.B. das Cockpit mit den Varianten Klimaanlage, CD-Radio und Navigation.

---

[21] Vgl. Gillies, Der Spurwechsel eines Sportwagenbauers. In: LOGISTIK inside (Ausgabe 09), 17.05.2002

Mit dem selbstfinanzierten Versorgungszentrum bleibt BMW bezüglich des Lieferantenwechsels flexibel. Wenn die Lieferanten die Investitionen in die Hallen und Infrastruktur mitgetragen hätten, wäre ein späterer Wechsel zu anderen Lieferanten schwieriger geworden. Mit Hilfe von eSupply Chain werden 15% des Materialvolumens Just-in-Sequence direkt an das Band geliefert. Damit einhergehend wird die Durchlaufzeit für ein individuelles BMW-Auto auf 18 Tage reduziert – beinahe doppelt so schnell wie bisher. Ein weiterer Zusatzvorteil für den Kunden: Bis zu sechs Tage vor Auslieferung des Fahrzeuges sind noch Auslieferungswünsche möglich und der Kunde erhält den Auslieferungstermin nicht mehr auf die Woche bezogen sondern auf den Tag genau mitgeteilt.[22]

Ein weiteres Problem sind die hohen Varianten in der Fahrzeugproduktion. Aufgrund von mehreren tausend Varianten allein bei einem Fahrzeugtyp sind hier detaillierte Absatzprognosen sehr schwierig.

> Während es bei DaimlerChrysler beispielsweise in den 50er Jahren nur fünf verschiedene Fahrerhäuser gab sind jetzt bei der Actros-Baureihe über 400 verschiedene Varianten möglich. Wenige Fahrzeuge sind aufgrund der vielen Varianten identisch. Ein BMW Produktionsleiter stellte fest: Im Jahr 1998 haben wir genau „1,2" identische Fahrzeuge produziert.[23]

Die Automobilhersteller reagieren mit verstärktem Einsatz von eSCM. So bündeln die Automobilhersteller ihre Bedarfe auf gemeinsamen Marktplätzen. DaimlerChrysler, Ford und GM schließen sich zum Marktplatz COVISINT zusammen. Der Supply On-Marktplatz wurde von Robert Bosch, Continental, INA, ZF Friedrichshafen und SAP gegründet. Ziel ist es, ergänzend zu den Automobilherstellern, eine gemeinsame Kommunikations- und Transaktionsplattform zwischen der Automobilzulieferern, den System-, Modul- und Unterlieferanten zu schaffen. Für kleine und mittlere Unternehmen ist aber das Vorhandensein und der Einsatz von Internet in seiner jeweiligen Ausprägung Voraussetzung, um zukünftig von den Herstellern beziehungsweise von den System- und Modul-Lieferanten wahrgenommen zu werden und Aufträge zu erhalten.

---

[22] Vgl. Gillies, Die modernste Autofabrik der Welt. In: Logistik inside (Ausgabe 09) vom 17. Mai 2002, S. 24ff.

[23] Vgl. Zeier, Evaluation der betriebstypologischen Anforderungsprofile auf Basis des SCM-Kern-Schalen-Modells in der Praxis für die Branchen Elektronik, Automobil, Konsumgüter und Chemie/Pharma., In: Mertens(Hrsg.) zeier@forwin.de www.forwin.de

2.6 Erfahrungen und Praxisbeispiele der Lieferanten mit eSupply Chain Management

Nach Unternehmensumfragen beurteilen nicht alle Lieferanten Teilprozesse des eSupply Chain Management positiv. Die Lieferanten, sowohl Klein- und Mittelbetriebe als auch größere Unternehmen, befürchten, dass durch die Verlagerung von Prozessen auf internetgestützte Marktplätze zur Kosten- und Produktoptimierung eine weiter zunehmende Transparenz der Lieferanten stattfindet. Durch die Tendenz zu „Gläsernen Prozessen" sehen die Lieferanten eine große Gefahr, ihre Wissens- und Wettbewerbsvorteile zu verlieren. Bei Verhandlungen sehen die Lieferanten sich dadurch in einer schlechteren Situation.

Die Hersteller sehen dagegen die vollständige Transparenz als ein wichtiges Kriterium, um mit den Lieferanten partnerschaftlich zusammenarbeiten zu können.[24]

Bei der Teilnahme an Reverse Auctions wird bemängelt, dass es hier vorrangig nur um eine Reduzierung des Preises geht. Wichtige und von Herstellern immer wieder propagierte Kriterien wie Service, partnerschaftliche Zusammenarbeit, Flexibilität, Zuverlässigkeit, Win-Win-Situationen etc. haben dabei nicht mehr den angekündigten Stellenwert.

- Über 65% befürchten einen weiteren Druck auf die Gewinnmargen.
- Über 50% haben Angst vor einem Verlust von Wissens- und Wettbewerbsvorteilen und
- 45% haben mangelndes Vertrauen gegenüber dem Wertschöpfungspartner.

Die Umfrage wurde unter 60 mittelständischen Unternehmen mit einem Umsatz über 50 Mio. Euro durchgeführt.

Dessen ungeachtet sind 70–80% der Unternehmen, seien es Klein-, Mittel- oder Großbetriebe, der Meinung, dass die Bedeutung des eProcurement in den nächsten Jahren zunimmt und von ausschlaggebender Bedeutung ist. Dies zeigt sich auch in den zukünftigen Plänen zur Realisierung von eSCM-Strategien wie der elektronischen Beschaffung.

Die Umfrage wurde vom Bundesverband Materialwirtschaft, Einkauf und Logistik e.V. (BME) in Zusammenarbeit mit der BrainNetInformation GmbH bei 195, meist mittelständischen Firmen, mit einem durchschnittlichen Einkaufsvolumen von 71 Mio. Euro im Jahr, durchgeführt.[25]

---

[24] Vgl. e-procure-online Newsletter Nr. 47 vom 10.06.2002 und Strattmann, Gläserne Prozesse bei den Lieferanten. In: Beschaffung Aktuell (Ausgabe 6/2002), S. 39

[25] Vgl. www.bme.de, Mittelstand will erhebliche Mittel in die Ausbildung investieren. In: Beschaffung Aktuell (Ausgabe Mai 2002), S. 25

Instrument	bereits realisiert	Realisierung in den nächsten 2 Jahren
Restposten-Versteigerung	6 %	16 %
Reverse Auction	10 %	23 %
eAusschreibungen	19 %	44 %
Desktop-Purchasing	21 %	48 %
eMarktplätze	23 %	50 %

Tabelle 2–9: Pläne zur Realisierung von eSCM-Strategien

„Der Mittelstand wird vom E-Business abgehängt" so die Meinung von Harald A. Summa, Geschäftsführer des Verbandes der deutschen Internetwirtschaft. Gründe hierfür liegen u.a. in den hohen Kosten bei der Einführung, zuwenig eBusiness Beratungsstellen sowie teuren Beratungsgesellschaften. Eine zentrale Rolle spielt bei den KMUs die Logistik und die Bezahlung. Viele kleine und mittlere Firmen können nach Aussagen von Harald A. Summa ihr Angebot im WEB darstellen, sind jedoch überfordert, wenn die Bestellungen eingehen und die Waren bundesweit, europaweit oder sogar weltweit in kürzester Zeit ausgeliefert werden sollen.[26]

Je größer das Unternehmen, desto weiter fortgeschritten ist die Entwicklung im eSupply Chain Management. Allerdings besteht noch ein großer Schulungsbedarf vor allem bei den kleinen Unternehmen. Nach Umfragen in Betrieben unter 10 Mitarbeitern werden über 4 Tage Schulung pro Jahr eingeplant, bei den großen Unternehmen und Konzernen reduziert sich der Schulungsaufwand auf 2 Tage pro Jahr.[27]

Ein weiteres Problem, das von mittelständischen Firmen oft erst im Ansatz erkannt wird, ist der Datenschutz und die Wirtschaftsspionage. Der Schaden durch Wirtschaftsspionage wird von Experten auf 10 Mrd. Euro jährlich geschätzt. Gefahr droht durch Virenattacken, Datenklau, Hackerangriffen und Ausfall der Systeme.[28] Interessant für Klein- und Mittelbetriebe war hier die BMWi Security Road Show 2001. Sie fand im Rahmen von Veranstaltungen der Industrie- und Handelskammern und der BMWi-Kompetenzzentren für Elektronischen Geschäftsverkehr statt und wird von der DIHK-Medieninitiative MediaMitGmbH durchgeführt. Ziel ist hierbei das Erkennen der Internet-Sicherheit im Unternehmen als Voraussetzung und Notwendigkeit einer mittelständischen IT-Struktur (www.sicherheit-im-internet.de).

---

[26] Vgl. e-procure-online Newsletter Nr. 42 vom 15.04.2002 und www.eco.de
[27] Vgl. www.bme.de, Mittelstand will erhebliche Mittel in die Ausbildung investieren. In: Beschaffung Aktuell (Ausgabe Mai 2002), S. 25
[28] Vgl. e-procure-online Newsletter Nr. 41 vom 02.04.2002

Darstellung abgestufter Implementierungsphasen

Wichtig sind für Klein- und Mittelbetriebe die Fragen, „wo muss man beim Thema Internet und eSupply Chain dabei sein", „wo kann man dabei sein" und „wo sind Kosten und Nutzen genau abzuwägen".

Eine eigene Internetadresse sollte jedes Unternehmen haben. Die eingehenden Informationen und Nachrichten sollten auch mehrmals täglich abgerufen und sofort beantwortet werden.

Bei der Beschaffungsmarktforschung, bei der Lieferanten-, Hersteller und Kundensuche sind die reinen Internetkosten noch verhältnismäßig gering – wohl aber kann sich der Suchprozess als ziemliche zeitintensiv gestalten.

Der nächste Schritt könnte die eigene Homepage sein, auf der das Firmenprofil, Ansprechpartner sowie Produktstruktur und Lieferservice dargestellt werden. Die Kosten sind abhängig von der Aufmachung, der Produktstruktur sowie von Sonderwünschen der einzelnen Firmen.

Wenn Zahlungsbedingungen und vor allem Preislisten von den Interessenten abzurufen sind, so müssen diese ständig aktualisiert werden. Die Kosten der laufenden Aktualisierung sollten mit dem Softwarehaus, sofern diese nicht selber durchgeführt werden, vorher vereinbart werden.

Daran anschließend erfolgt die Möglichkeit, Produkte im Internet beim Unternehmen bestellen zu können. Neben den Zahlungsbedingungen (per Nachnahme, Vorauskasse, 14 Tage nach Lieferung etc.) sind auch die Sicherheitsrichtlinien zu beachten. In dieser Stufe sollte aber schon vorher ein Konzept sowie Preisvergleiche mit mehreren System- und Softwarehäusern durchgeführt worden sein.

Gerade bei kleinen und mittleren Unternehmen kann es sinnvoll sein, nicht alles selber zu machen, sondern vom Wissen der Spezialisten zu profitieren. Die bisherige Praxis bestätigt dies.

Plattformen, Auktionen bzw. Reverse Auktionen können auch von speziellen Anbietern zeitweise gemietet werden. Mit dem zunehmendem Ausleseprozess der Anbieter und der allmählichen Erkennung des Markt- und Nachfragepotenzials des Mittelstandes werden auch für KMU-Unternehmen einfach zu handhabende und bewährte eSupply Chain Systeme zur Verfügung stehen. Vielversprechend sind einfach zu bedienende und modular aufgebaute Systeme.

Bei der Auswahl des Softwarehauses kann die Checkliste Tabelle 2–10 behilflich sein.

Checkliste: Auswahl Softwarehaus
■ Bisherige Referenzen?
■ Erfahrungen mit ähnlicher Branche und Produktstruktur?
■ Festpreis oder Zirkapreis?
■ Kosten für Schulungen?
■ 7 Tage- oder 24 Stunden-Service?
■ Was kosten Wartung und Aktualisierung?
■ Wie viel Beschäftigte hat die Firma?
■ Wie lange ist die Firma bereits auf dem Markt?
■ Wie zufrieden sind ehemalige Kunden?
■ Welche zusätzlichen Kosten kommen noch dazu?
■ Muss zusätzlich Hardware gekauft werden?
■ Sind betriebliche und organisatorische Änderungen notwendig?
■ Wie lang ist der Anfahrtsweg der Firma?
■ Was kosten nachträgliche Beratung und Schulungen?

Tabelle 2–10: Checkliste – Auswahl Softwarehaus

Es ist unschwer zu erkennen, dass der Einstieg von kleinen, mittleren und großen Unternehmen große Einspar- und Wettbewerbspotenziale und Chancen bringt. Damit verbunden sind aber gleichzeitig Anlaufkosten, Lernprozesse und oft im Detail noch nicht feststellbare Risiken.

Nachfolgend wird anhand der Praxiserfahrungen eines Softwarehauses der gesamte Prozess der eSupply Chain Einführung detailliert und anschaulich erläutert.

2.7 Einführung und Implementierung von eSCM in Klein- und Mittelbetrieben

> **eBusiness** ist eine generelle Bezeichnung für die Durchführung von Geschäftstätigkeiten in einem Unternehmen auf Basis von Internettechnologien.

Dies beinhaltet die Unterstützung von Prozessen und Beziehungen mit Geschäftspartnern, Kunden und Mitarbeitern mit dem Ziel, die Wirtschaftlichkeit des Unternehmens zu steigern. eBusiness setzt sich aus Lösungen für die Bereiche Produktion, Beschaffung, Logistik, Marketing, Vertrieb, Service, Verwaltung, etc. zusammen. Alle Lösungen haben zum Ziel:

- Kostenreduzierung,
- Steigerung der Wirtschaftlichkeit und des Images sowie
- Erhöhung der Wettbewerbschancen im nationalen und internationalen Wettbewerb.

> **eSupply Chain Management** umfasst nach unserem Verständnis die integrierte Planung, Simulation, Optimierung und Steuerung der Waren-, Informations- und Geldflüsse entlang der Wertschöpfungskette von den Rohstofflieferanten bis hin zum Endverbraucher.

Am Beispiel des Systemhauses uniMeCo in Köln wird die Einführung und Implementierung von eSCM in Klein- und Mittelbetrieben dargestellt.

2.7.1 Potentielle Wettbewerbschancen durch eSCM

Aufgrund unserer Erfahrungen ergeben sich durch den erfolgreichen eSupply Chain-Einsatz folgende Wettbewerbschancen:

- Nutzung sämtlicher Potenziale entlang der Wertschöpfungskette durch die Minimierung von Medienbrüchen,
- durchgehende, unternehmensübergreifende Abbildung von Geschäftsprozessen,
- Verbindung aller beteiligten Unternehmen mit Hilfe der Internettechnologien zu einem Netzwerk sowie direkte Kommunikation im Netzwerk,
- schnellstmögliche Bearbeitung eines Auftrages und bessere Reaktionsmöglichkeiten bei Angebots- und Nachfrageschwankungen mit Hilfe des permanenten Austausches von Daten und Informationen,
- Effizienzsteigerung der Geschäftsprozesse, Verbesserung der betrieblichen Abläufe, Senkung von Transaktionskosten,

- Steigerung von Umsatz und Performance, Konzentration auf die Kernkompetenzen,
- schnellere und flexiblere Lieferfähigkeit sowie Reduzierung der Lagerhaltung und der Kapitalbindung,
- Erweiterung des Beschaffungsmarktes, Wissenszuwachs,
- Differenzierung von Mitbewerbern, Stärkung der Wettbewerbsposition, Imagegewinn,
- Ergänzung der Produkte mit Services, Erhöhung der Kundenbindung.

Dadurch ergeben sich folgende in der Praxis nachgewiesene Potenziale:

- Steigerung der Liefertreue um 40%,
- Reduzierung der Lieferzeiten um 30%
- Reduzierung der Durchlaufzeiten in der Produktion um 10%,
- Reduzierung der gelagerten Bestände um 20%,
- Steigerung der Kapazitätsauslastung um 10%,
- Reduzierung der Einkaufskosten um 8–10%,
- Reduzierung der Vertriebskosten um 3–5%.

Der Aufwand für die Steuerung der Supply Chain wächst dabei um ca.15%.[29]

Der Kommunikationsfluss im Vergleich

Abb. 2–1 zeigt den Kommunikationsfluss im herkömmlichen System. Der Informationsfluss geht hier vom Endkunden über den Einzelhändler, Großhändler, Hersteller, Systemlieferanten bis zum Unterlieferanten. Dieses System ist zeit- und kostenaufwendig und verursacht lange Reaktionszeiten.

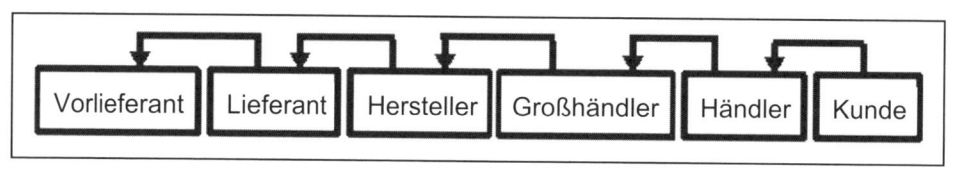

| Vorlieferant | Lieferant | Hersteller | Großhändler | Händler | Kunde |

Abb. 2–1: Kommunikationsfluss in der traditionellen Lieferkette

Abb. 2–2 zeigt den Informationsfluss im eSCM-System. Der Kommunikationsfluss im eSCM-System erfolgt vom Hersteller zeitgleich über die gesamte eSupply Chain sowohl an die Lieferanten wie auch an die Händler und Kunden. Somit können Informationen über Änderungen, Bestellungen oder Reklamationen schneller fließen und umgesetzt werden.

---

[29] Vgl. Wildemann, Hämmerling, „Neue Konzepte müssen her", In: CYbiz, Heft 10/2001 S. 24ff.

Einführung und Implementierung von eSCM in Klein- und Mittelbetrieben 31

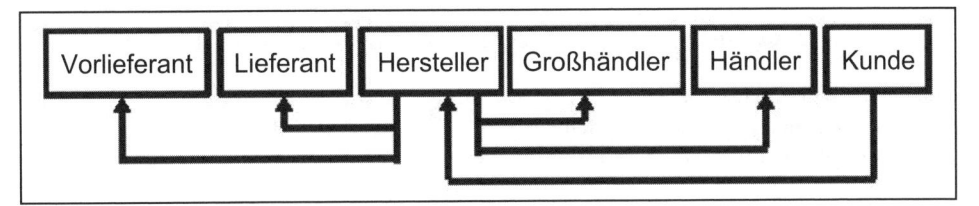

```
┌─────────────────────────────────────────────────────────────────────┐
│  Vorlieferant → Lieferant → Hersteller → Großhändler → Händler → Kunde │
└─────────────────────────────────────────────────────────────────────┘
```

Abb. 2–2: Kommunikationsfluss mit eSCM

Wird die Lieferkette gestört, beispielsweise durch einen Produktionsausfall bei einem Zulieferer, werden alle Teilnehmer des Netzwerkes sofort informiert und können einen Alternativ-Produktionsplan anstoßen, der die Folgen der Störung mit einem Alternativ-Lieferanten umgeht.

2.7.2 Grundvoraussetzungen für eBusiness/eSCM

Der Einsatz von eBusiness bzw. eSCM im Unternehmen erfordert die Erfüllung folgender Voraussetzungen.

- Alle Mitarbeiter, für die ein Internetzugang im Rahmen der Aufgaben sinnvoll ist, sind in einem Intranet vernetzt.
- Die Mitarbeiter haben einen Internetzugang und können über ein E-Mail-Programm Mails senden und empfangen.
- Sie verfügen über einen Browser und können Webseiten über diesen aufrufen.
- Der Betrieb sollte über eine Internetseite verfügen, die Ihren Mitarbeitern, Kunden und Geschäftspartnern zumindest als Informationsquelle zur Verfügung steht.

Vorgehensweise bei der Realisierung von Projekten im Bereich eBusiness/eSCM

eBusiness/eSCM sind komplexe Themen, die eine intensive Vorbereitung und Analyse ihrer Strukturen und Anforderungen erfordern. Zur reibungs- und problemlosen Einführung hat sich die Einhaltung der in der folgenden Tabelle 2–11 dargestellten Schritte in der Praxis bewährt. Der notwendige Zeit- und Kostenaufwand wurde anhand einer bereits erfolgreich durchgeführten Implementierung in einem Unternehmen zugrunde gelegt.

Das nachfolgende Beispiel basiert auf einem Unternehmen mit 150–250 Beschäftigten und gilt als grober Richtwert für die Kostenschätzung. Individuelle Sonderfaktoren wie Vernetzung mit ausländischen Produktionsstätten oder umfangreiche Hardwarekosten können die Kosten natürlich erhöhen. Die Kosten sind in Euro angegeben und sind als Minimum zu verstehen, also „Min. 640" bedeutet „Kostenaufwand mindestens 640 Euro".

Aktion	Verantwortung	Zeit in PT*	Kosten in TS**
Definition eines eBusiness-Verantwortlichen in Ihrem Unternehmen mit Entscheidungskompetenz	Geschäftsleitung		
Auswahl des Systemhauses nach den Kriterien: ■ technisches Know-How ■ Kommunikationskultur ■ Supportleistungen ■ Weiterentwicklung	Geschäftsleitung eBusiness-Verantwortlicher		
Definition des Projektzieles	Geschäftsleitung eBusiness-Verantwortlicher Systemhaus	Min 1 PT	Min 640 €
Ist-Analyse ■ Analyse der vorhandenen IT-Strukturen ■ Analyse der vorhandenen Geschäftsprozesse	eBusiness-Verantwortlicher Systemhaus	Min 5 PT	Min 3.200 €
Wirtschaftlichkeitsbetrachtung ■ Ermittlung der Kostensenkungspotenziale durch den Einsatz von eBusiness/eSCM ■ Abschätzung der Gesamtkosten ■ Einbettung der Projektziele in ihre langfristigen geschäftlichen Ziele ■ Erarbeitung Ihrer eBusiness-Strategie	eBusiness-Verantwortlicher Systemhaus	Min 5 PT	Min 640 €

Aktion	Verantwortung	Zeit in PT*	Kosten in TS**
Realisierungsplan ■ Planung der Integration Ihrer Lösung ■ Ausarbeitung des Lösungsweges und Gliederung in Teillösungen ■ Zeitplanung ■ Definition von Meilensteinen ■ Planung der Mitarbeiterintegration ■ Planung von Qualitätssicherung und Test ■ Abnahmeplan	eBusiness-Verantwortlicher Systemhaus	Min 5 PT	Min 3.200 €
Suche nach den anderen erforderlichen Partnern	eBusiness-Verantwortlicher Systemhaus		
Entwicklung und Präsentation eines Prototypen	Systemhaus Designer	Min 5 PT	Min 3.200 €
Entwicklung und Implementierung der Lösung	eBusiness-Verantwortlicher Systemhaus Designer	Min 20 PT	Min 12.800 €
Integration der Lösung	eBusiness-Verantwortlicher Systemhaus	Min 2 PT	Min 1.280 €
Dokumentation der Lösung	eBusiness-Verantwortlicher Systemhaus	Min 5 PT	Min 3.200 €
Abnahme der Lösung	eBusiness-Verantwortlicher Systemhaus	Min 2 PT	Min 1.280 €
Schulung der Mitarbeiter	Systemhaus	Min 2 PT	Min 1.280 €

Aktion	Verantwortung	Zeit in PT*	Kosten in TS**
Inbetriebnahme der Lösung	eBusiness-Verantwortlicher Systemhaus	Min 2 PT	Min 1.280 €
Gesamt Zeit- und Kostenaufwand		**Min 55 PT**	**Min 34.560 €**

*) PT = Personentag, mit 8 Stunden Arbeitszeit definiert, **) TS = Tagessätze: 640 bis 1.200 Euro pro Tag

Tabelle 2–11: Vorgehensweise bei der Realisierung von eBusiness/eSCM-Projekten

Bei der Einführung von eBusiness beziehungsweise eSCM haben Unternehmen mit folgenden Kosten als Untergrenze zu rechnen.

Kosten eSupply Chain Einführung	
Kleinbetrieb	ab 35.000 Euro
Mittelbetrieb	ab 70.000 Euro
größere Mittelbetriebe	ab 110.000 Euro

Wird in Ihrer Lösung zusätzliche Software von Drittanbietern oder Hardware integriert, so sind diese Kosten zu berücksichtigen. Eventuell müssen auch zusätzliche Kosten für den Internet Service Provider eingeplant werden.

2.7.3 Praxisbeispiel: Erfahrungen aus der Sicht des Systemhauses uniMeCo

Folgende Daten liegen dem nachfolgenden Praxisbeispiel zugrunde:

- Branche: Handel – Mitarbeiter: 150
- Projektziel: Optimierung der Lieferkette
- Besondere Schwierigkeiten: Dokumentation der Geschäftsprozesse nicht vorhanden
- Projektlaufzeit: 7,5 Monate
- Mitarbeiter im Projekt: 4 Mitarbeiter
- Amortisierung: 11 Monate nach der Einführung

Aktion	Zeit in PT*
Definition des Projektzieles	3 PT
Ist-Analyse ■ Analyse der vorhandenen IT-Strukturen ■ Analyse der vorhandenen Geschäftsprozesse	20 PT
Wirtschaftlichkeitsbetrachtung ■ Ermittlung der Kostensenkungspotenziale durch den Einsatz von eBusiness/eSCM ■ Abschätzung der Gesamtkosten ■ Einbettung der Projektziele in Ihre langfristigen geschäftlichen Ziele ■ Erarbeitung Ihrer eBusiness-Strategie	10 PT
Realisierungsplan ■ Planung der Integration Ihrer Lösung ■ Ausarbeitung des Lösungsweges und Gliederung in Teillösungen ■ Zeitplanung ■ Definition von Meilensteinen ■ Planung der Mitarbeiterintegration ■ Planung von Qualitätssicherung und Test ■ Abnahmeplan	15 PT
Suche nach den anderen erforderlichen Partnern	
Entwicklung und Präsentation eines Prototypen	20 PT
Entwicklung und Implementierung der Lösung	272 PT
Integration der Lösung	5 PT
Dokumentation der Lösung	10 PT
Abnahme der Lösung	3 PT
Schulung der Mitarbeiter	5 PT
Inbetriebnahme der Lösung	2 PT
Summe PT	**365 PT**

PT: Personentage

Tabelle 2–12: Praxisbeispiel

Bei der Einführung und Durchführung von eBusiness und eSCM Projekten hat sich die Berücksichtigung folgender Regeln und Grundsätze bewährt.

- Die Entscheidungsfindung, ob und wann Sie mit der Einführung von eBusiness/eSCM anfangen wollen, sollte nicht nur Ihre aktuelle Kundenstruktur berücksichtigen, sondern die komplette Zielbranche mit den dazugehörigen Konkurrenten.
- Stellen Sie einen Zeitplan für die Umwandlung Ihres Unternehmens zum eBusiness-Unternehmen auf.
- Planen Sie eine Integrationsphase für Ihre Mitarbeiter ein, um einen reibungslosen Ablauf zu gewährleisten und die Akzeptanz zu erhöhen.
- Planen Sie die Umwandlung zum eBusiness-Unternehmen in kleinen Schritten, damit technische Weiterentwicklungen und erweiterte Anforderungen in die Lösung eingearbeitet werden können. Ein weiterer Vorteil: Die Kosten bleiben überschaubar.
- Verbinden Sie Ihre eBusiness-Strategie mit Ihrer Geschäftsstrategie.
- Beginnen Sie rechtzeitig mit der Einführung von eBusiness/eSCM, da Lösungen ihre Zeit brauchen und Sie zu einem späteren Zeitpunkt unter Umständen nicht mehr die Zeit für die Einführung einer kostenreduzierenden, zeit- und prozessoptimierenden Lösung haben könnten.
- Klären Sie Unklarheiten direkt, da Veränderungen am Konzept während der Entwicklung in der Regel zeit- und kostenintensiv werden.
- Achten Sie auf die Einhaltung der vereinbarten Meilensteine bzw. auf rechtzeitige Information über Verzögerungen.
- Integrieren Sie die Lösung in Ihr Unternehmen. Funktioniert das System nicht, wie angekündigt, verliert es sehr schnell an Glaubwürdigkeit und Akzeptanz bei Mitarbeitern, Kunden und Lieferanten.
- Schulen Sie Ihre Mitarbeiter, um ihnen die Chance zu geben, ohne Berührungsängste mit dem neuen System umgehen zu lernen.

Für die erfolgreiche Einführung von eSupply Chain Projekten sind folgende Partner von Bedeutung.

- **Die Hardwarelieferanten**
  Die Hardwarelieferanten tragen die Verantwortung für die Installation und die Wartung der Geräte und des Netzwerks, die Installation des Betriebssystems und anderer Systemsoftware (z.B. Sicherheitssoftware, Internetzugangssoftware).
- **Der Internet Service Provider**
  Der Internet Service Provider verbindet das Unternehmen mit dem Internet und stellt ausgewählte Dienste (z.B. Einwahlleitung, Standleitung) zur Verfügung.
- **Die Web Designer**
  Die grafische Gestaltung der Benutzeroberfläche trägt dazu bei, die Benutzerführung intuitiv zu gestalten und die Akzeptanz der Benutzer zu erhöhen.

- **Das Systemhaus**
  Das Systemhaus (z.B. http://www.uniMeCo.com) ist für die Koordination und Realisierung des Projektes verantwortlich. Hierzu gehören z.B.
  - Bedarfsanalyse und Machbarkeitsstudie, Strategieberatung, Prozessanalyse,
  - Methodenberatung, Konzepterstellung, Projektmanagement, Entwicklung, Implementierung und
  - Integration, Qualitätssicherung und Test, Inbetriebnahme, Dokumentation und Schulung.

3. eMarketing – Das Internet als Kommunikations- und Distributionskanal

3.1 Grundlagen des eMarketing

„eMarketing" ist ein zentraler Bestandteil des eBusiness. Verschiedenen empirischen Untersuchungen zufolge sehen die verantwortlichen Manager europäischer und amerikanischer Unternehmen Optimierungsmöglichkeiten durch eBusiness insbesondere in den betrieblichen Funktionsbereichen Marketing und Vertrieb.[30]

> Der Begriff eMarketing bezeichnet alle auf die aktuellen und potenziellen Absatzmärkte ausgerichteten Aktivitäten eines Unternehmens, bei denen zur Erreichung der Unternehmensziele digitale Informationen über Telekommunikationsnetzwerke auf Basis des Internet-Protokolls ausgetauscht werden.

Der Begriff der „Information" wird dabei sehr weit gefasst: Hier sind Informationen über Unternehmen und Produkte, die Kommunikation mit potenziellen und aktuellen Kunden und auch Bestellungen von Waren subsumiert.

Das Internet weist gegenüber klassischen Medien wie Fernsehen, Hörfunk, Zeitschriften und Zeitungen eine Reihe ausgeprägter Stärken[31], aber auch einige Schwächen auf.

Stärken	Schwächen
■ „Rund-um-die-Uhr"-Verfügbarkeit ■ Multimedialität ■ Große Reichweite ■ Direktmarketing ■ Schnelle Aktualisierung von Informationen ■ Personalisierung von Angeboten ■ Effiziente Werbeerfolgskontrolle ■ Geringe Kosten	■ Hohe Start up Kosten ■ Technische Voraussetzungen auf der Nutzerseite ■ Nutzer-Autonomie beim Informationsabruf ■ Geringe Zahlungsbereitschaft der Nutzer für Informationen und Services ■ Sicherheitsbedenken ■ Hohe Preis- und Angebotstransparenz

Tabelle 3–1: Stärken und Schwächen des Internet im Bereich Marketing

---

[30] Siehe stellvertretend Cap Gemini Ernst & Young (2001)
[31] Vgl. Evans/Wurster (2000), o.S.

Studien zum Verhalten der Internet-Nutzer belegen ebenfalls die Relevanz des Internet für das Marketing von Unternehmen. Eine Studie der Boston Consulting Group[32] unter 12.000 europäischen Internet–Nutzern hat gezeigt, dass sich 88% aller Internet-Nutzer vor dem Kauf von eines Produktes im Internet informieren, von denen wiederum 37% schon vor dem Bildschirm eine Kaufentscheidung fällen. Besonders deutlich ist dieses Verhalten in der Computer-, Reise-, Elektronik- und Unterhaltungsbranche zu beobachten. Das Internet prägt daher die Kaufentscheidung maßgeblich – auch wenn sie „offline" umgesetzt wird.

3.2 Der eMarketing-Mix

3.2.1 Produktpolitik

Im Rahmen der Produktpolitik sind internetbasierte Produktinnovationen, Produktvariationen und Produktdifferenzierungen zu betrachten.

Um **Produktinnovationen** handelt es sich bei ausschließlich für das Internet entwickelten Produkten. Dies sind beispielsweise Online-Spiele, Software-Produkte für den Online-Gebrauch und elektronische Magazine ohne „physisches Pendant" (sog. „e-Zines"). Zudem weist das Internet beachtliche Stärken in allen Phasen des Produktinnovationsprozesses auf.[33]

Um **Produktvariationen** handelt es sich bei „Value Added Services" um die eigentliche Kernleistung herum. Dies können beispielsweise multimediale Installations-/Verwendungshinweise, Kundenschulungen, Finanzierungsangebote o.ä. sein. Einen hohen Kundennutzens stiften auch die Bewertungen von Produkten durch bisherige Käufer. Hier werden zusätzliche Informationen zum Produkt gegeben, die zudem noch eine höhere Glaubwürdigkeit aufweisen als Produktinformationen des Anbieters (als prominentes Beispiel seien die Leserrezensionen von www.amazon.de genannt oder die Seiten www.ciao.de bzw. www.dooyoo.de). Gelegentlich wird auch die Möglichkeit geboten, in geschlossenen Diskussionsrunden mit anderen Fachleuten über bestimmte Themen zu diskutieren (z.B. in einer „virtual community"[34]).

Produktdifferenzierungen findet man bei der Entwicklung von Online-Varianten bestehender Produkte. So existiert derzeit fast von jedem Printmedium eine Online-Variante (z.B. www.focus.de, www.stern.de, www.spiegel.de oder www.wiwo.de).

---

[32] Vgl. Boston Consulting Group (2001), o.S.
[33] Vgl. Conrady (2002), S. 18ff.
[34] Vgl. Hagel/Armstrong (1997), o.S.

Eine weitaus interessantere Form der Produktdifferenzierung ist das Angebot individualisierter Produkte an die Kunden. Hierdurch wird eine Befriedigung der unterschiedlichen Bedürfnisse einzelner Kunden in bisher nicht gekanntem Ausmaß möglich. Dieser Aspekt wird unter einer Vielzahl von Begriffen diskutiert, die im Grunde den gleichen Sachverhalt bezeichnen: „One-to-One Marketing", „Mass Customization", „Individualisierung", „Personalization" und „Built-to-Order". Der **„One-to-One-Ansatz"** wird in den nächsten Jahren eine maßgebliche Bedeutung im eMarketing spielen.

3.2.2 Kommunikationspolitik

Im Rahmen der Online-Kommunikation sind drei Themenbereiche zu diskutieren. Erstens geht es um die Frage, welche Formen der Online-Kommunikation für welche Zwecke eingesetzt werden können. Zweitens ist zu diskutieren, wie Internet-Auftritte in Form von Websites gestaltet sein sollten (in beiden Fällen fungiert die Website als Kommunikations- und Distributionsmedium). Drittens ist zu klären, mit welchen Formen der (Online-)Werbung eine bestehende Website optimal vermarktet werden kann (hier ist die Website das Werbeobjekt).

3.2.2.1 Formen der Online-Kommunikation

1. E-Mails und E-Mail Newsletter

E-Mail ist elektronische Post.[35] Per E-Mail lassen sich Textnachrichten, aber auch Bild- und Datendateien schnell übermitteln. E-Mails sind eine außerordentlich effiziente Kommunikationsform, da sie sehr kostengünstig erstellt und versandt werden können. Damit empfiehlt sich dieses Instrument des eMarketing auch für mittlere und kleinere Unternehmen. Vor einer exzessiven E-Mail Aussendung ist jedoch zu warnen.[36]

Bei der Gestaltung von E-Mails bzw. E-Mail Newslettern sollten folgende **Gestaltungsempfehlungen** berücksichtigt werden:

- Die E-Mail-Adresse („mailto-link") sollte auf der Webseite einfach zu finden sein.
- Statt eines anonymen und nicht vorselektierten „info@xyz.de" empfiehlt sich, unterschiedliche Adressaten mit Namen und Zuständigkeiten anzubieten (siehe z.B. www.lufthansa.com).
- Auf eingehende E-Mails muss schnell reagiert werden. Studien belegen, dass Kunden i.d.R. eine Reaktion innerhalb von 24 Stunden erwarten.
- Selbstverständlich sollten keine unaufgeforderten E-Mails versendet werden. Ganz davon abgesehen, dass dies rechtlich nicht zulässig ist, verursachen derartige

---

[35] Vgl. Matejcek (2002), S. 154ff.
[36] Vgl. Forrester Research Inc. (2002), o.S.

"Spamming-Mails" Imageschäden am Unternehmen. Statt dessen sollte zumindest das „Opt-in-Verfahren" angewandt werden. Opt-in E-Mails sind E-Mails an Kunden, die freiwillig erklärt haben, den Service oder die Marketingnachrichten zu erhalten. Wird nach dem Abonnement von E-Mails noch eine weitere Bestätigung abgefordert, dass man die E-Mails künftig auch wirklich beziehen möchte, handelt es sich um das sogenannte „Double Opt-in".

- Es sollte das Abonnement eines E-Mail-Newsletters angeboten werden, der den Kunden regelmäßig über Themen informiert, die ihn wirklich interessieren. Die Highlights des Newsletters sollten schon in der Betreffzeile der E-Mail genannt werden und die E-Mail sollte am Beginn einen kurzen Vorgeschmack auf die wesentlichen Inhalte bieten.
- E-Mail Newsletter sollten personalisiert sein, d.h. es sollten nicht die gleichen Newsletter-Inhalte an alle Abonnenten verschickt werden. Vielmehr sind verschiedene Inhaltskategorien anzubieten, aus denen sich der Abonnent die ihn interessierenden heraussucht. So wird sichergestellt, dass Newsletter auch auf Dauer gelesen werden.
- Selbstverständlich sollte es sein, dass die Abbestellung eines E-Mail-Abonnements einfach möglich ist und auch tatsächlich funktioniert.

2. Mailinglisten

Bei Mailinglisten[37] handelt es sich um elektronische Briefe, die an eine Liste von Empfängern geschickt werden. Sie sind für alle eingetragenen Empfänger lesbar. Im Vergleich zu Newslettern sind Mailinglisten dialogorientiert, d.h. die Empfänger können nicht nur die eingegangenen Nachrichten lesen, sondern auch antworten.

3. Usenet/Newsgroups

Newsgroups sind die „schwarzen Bretter" des Internet. Laut Umfragen nutzen 38% der Internet-Nutzer mindestens einmal pro Woche eine oder mehrere Newsgroups. Newsgroups existieren zu einer Fülle von Themen. Für Unternehmen sind Newsgroups in dreierlei Hinsicht interessant. Erstens sind sie ein Forum für „weiche Werbung". Unternehmen können hier Ihre Erfahrungen anbieten, um Probleme der Teilnehmer zu lösen. Zweitens können Unternehmen mittels Newsgroups unentgeltlich Marktforschung betreiben, man hat hierdurch „die Hand am Puls des Marktes". Drittens können Newsgroups auf der eigenen Website betrieben werden.

4. Diskussionsforen

Diskussionsforen im Internet funktionieren ähnlich wie Newsgroups, sind jedoch stärker kommerziell ausgerichtet und werden oftmals von Herstellerfirmen oder Community-Betreibern betrieben. Ein gutes Modell ist die Drivers Lounge von Volkswagen (www.volkswagen.de). Hier erhalten registrierte Volkswagen-Fahrer mittels Fahrgestellnummer ihres KFZ Informationen rund um ihr eigenes Auto. Zudem haben sie die Mög-

---

[37] Vgl. Bernecker (2002), S. 242–358

lichkeit zu Diskussionen mit anderen Fahrern des gleichen Modells. Dadurch kann ein kontinuierlicher Dialog zum Kunden aufrecht erhalten werden.

5. FAQs

Frequently Asked Questions (FAQs) sind eine Sammlung der wichtigsten wiederkehrenden Fragen (und Antworten) einer Newsgroups. Damit wird verhindert, dass immer wieder die gleichen Fragen durch Neueinsteiger gestellt werden.

6. Chatrooms

Als Chatroom bezeichnet man einen virtuellen Raum, in dem sich Internetnutzer zum Austausch und zu Gesprächen via Internet treffen können („Echtzeitkommunikation").

7. Communities

Communities sind „virtuelle Gemeinschaften". Sie gelten als wichtiges Instrument der Kundenbindung über das Internet. Teilnehmer von Communities tauschen ihre Erfahrungen und Meinungen aus, diskutieren diese kontrovers, holen sich Rat und treten in Interaktion. Das Ziel einer Community ist es, ein Gemeinschaftsgefühl unter den Nutzern aufzubauen und dadurch einen Mehrwert durch Informationsgewinn zu erzielen.[38]

8. Integration von Call Centern und Websites

Zunächst sind hier „Call me back-Buttons" sichtbarer Ausdruck der **„Multi Channel Management"**-Philosophie, bei der es um die möglichst geschickte Verzahnung unterschiedlicher Kommunikations-Kanäle geht. Nachdem der Internet-Nutzer auf den Call me back-Button geklickt hat, erfolgt der Rückruf eines Call Center-Mitarbeiters, um die offenen Fragen und Probleme des Internet-Nutzers im persönlichen Gespräch zu klären. Darüber hinaus ist es auch möglich, dass sich ein Call Center-Mitarbeiter – oder hier wohl besser als Customer Care Center-Mitarbeiter bezeichnet – auf einen Internet-Dialog aufschaltet und dem Internet-Nutzer z.B. bei einer schwierigen Navigation hilft. Zudem ist es technisch möglich, einen LiveChat mit einem Customer Care Center-Mitarbeiter auf der Website abzuhalten. Dies wird z.B. bei www.landsend.de angewandt (Informationen zum technologischen System finden sich z.B. in www.humanclick.com).

9. Automatisierte Kundenkommunikation mit Avataren

Zukunfträchtig dürfte auch die automatisierte und dennoch menschlich wirkende Kommunikation mit Hilfe von Avataren (Kunstfiguren) und Robotic Systemen sein. Ein sehr gutes Anschauungsbeispiel liefert www.finanzen.net. Hier beantwortet die Kunstfigur Victoria in sehr charmanter Weise die eingehenden Anfragen von Internet-Nutzern. Hinter Victoria verbirgt sich die Software der Firma Kiwilogic (www.kiwilogic.de).

---

[38] Vgl. Stolpmann (2000), S. 103ff.

3.2.2.2 Die Gestaltung von Websites

Die Gestaltung von Websites ist ein komplexer sehr schwieriger Prozess, in dem Fachleute verschiedener Disziplinen, Multimedia-Designer, Online-Redakteure, Verkaufs- und Marketingprofis und Systementwickler eng zusammenarbeiten müssen.

In Abb. 3–1 sind 10 Tipps für die Gestaltung von Websites aufgeführt (siehe auch www.kommdesign.de, www.sozialnetz-hessen.de/ergo-online und www.beuth.de zu den Grundsätzen der Dialoggestaltung (DIN EN ISO 9241, Teil 10), die sehr gut auf das Webdesign übertragen werden können).

1. Kundenperspektive statt Anbieterperspektive! ☐
2. Mehrwert für den Nutzer schaffen! ☐
3. Integrierte Kommunikation betreiben! ☐
4. Corporate Design und Markenpolitik umsetzen! ☐
5. Konventionen beachten! ☐
6. Navigation einfach und zielorientiert gestalten! ☐
7. Individualisierung ermöglichen! ☐
8. Interaktionspotenzial des Internet ausschöpfen! ☐
9. Systemunterstützung durch Content Management Systeme schaffen! ☐
10. Rückwärtige Organisation anpassen! ☐

Abb. 3–1: Checkliste für die Gestaltung von Websites

Zu 1: Kundenperspektive statt Anbieterperspektive!

In jedem Fall ist zu berücksichtigen, dass sich die Website-Entwicklung grundsätzlich an der Kundenperspektive ausrichten sollte. Schon die Primärnavigation sollte sich an den Bedürfnissen des Nutzers orientieren (siehe www.zeiss.de – hier ist die Navigationslogik an den Problemlösungen für die Kunden ausgerichtet). Im Entwicklungsprozess der Website sollte regelmäßig Feedback vom Kunden eingeholt werden.[39]

Zu 2: Mehrwert für den Nutzer schaffen!

Man sollte sich vor Augen führen, dass kein Nutzer aus Langeweile eine Website besucht. Der Nutzer erwartet konkrete Vorteile vom Besuch einer Website, schließlich wendet er Zeit und Geld dafür auf. Zunächst ist somit zu klären, welches das (idealer-

---

[39] Zur Gestaltung von Websites siehe insbesondere die Empfehlungen von Nielsen (2001), www.useit.com, Greenspun (1997) und Jaspersen (2002), S. 101–120

weise) einzigartige Nutzenversprechen der Website ist. Dies könnte die besonders aktuelle hochwertige Information, das preisgünstige Angebot oder die einfache Suche nach Anbietern u.v.a.m. sein. Dieser Nutzen sollte klar und deutlich kommuniziert werden. Hohen Kundennutzen stiften beispielsweise www.hrs.de und www.ebay.de.

Zu 3: Integrierte Kommunikation betreiben!

Die verschiedenen Kommunikationsmedien sollten aufeinander abgestimmt sein und sich in ihrer Wirkung gegenseitig verstärken („Multi Channel Management"[40]). So sollten in den klassischen Medien Hinweise auf tiefergehende oder hochaktuelle Informationen, die sich auf der Website befinden, gebracht werden. Umgekehrt sollten beispielsweise gedruckte Kataloge oder Rückrufe von Mitarbeitern über das Internet angefordert werden können.

Zu 4: Corporate Design und Markenpolitik umsetzen!

Eigentlich sollte es eine Selbstverständlichkeit sein, dass das CD des Unternehmens auch im Internet adäquat umgesetzt wird – leider zeigt die Praxis jedoch, das dies nicht immer der Fall ist. Idealerweise bedient man sich eines sog. „Style Guides", der Vorgaben zu Farbwahl, Schrifttype, Logo, Layout usw. enthält. Besonders gelungen ist die Umsetzung der Markenpolitik z.B. bei www.milka.de, www.jaegermeister.de oder www.joop.com.

Zu 5: Konventionen beachten!

Hinsichtlich Layout, Wortwahl, Icons, usw. sollte zur einfacheren Orientierung der Nutzer auf die üblichen Konventionen zurückgegriffen werden. So empfiehlt es sich beispielsweise, die E-Mail-Funktionalität durch ein Brief-Pictogramm zu symbolisieren.

Zu 6: Navigation einfach und zielorientiert gestalten!

Eine gute Navigation ist von außerordentlicher Bedeutung für Website-Nutzer. Einer Studie der Firma Netsmart unter amerikanischen Internet-Nutzern zufolge sind Hauptfrustrationsquellen „difficult navigation", „could not find information", „too many clicks to find info", und „confusing homepage".

Eines der grundlegenden Probleme besteht darin, dass in den meisten Fällen die Informationen nicht hinreichend strukturiert sind. Hier sollte nicht an einer gründlichen Konzeption gespart werden.

Empirische Untersuchungen zur **Usability** (Gebrauchseignung) von Websites belegen die herausragende Bedeutung einer intuitiven Navigation. So hat die Firma Modalis Research Technologies, Inc. erforscht (siehe den Web-Usability-Report[41]), dass

---

[40] Vgl. Hurth (2001), S. 463–469
[41] Leider steht dieser wertvolle Report nicht mehr im Internet zur Verfügung.

- die Attraktivität einer Website sehr eng mit der „Usability" der Website korreliert.
- die Usability von 7 Komponenten bestimmt wird: Intuitive Navigation, funktionelles Design, Effizienz für unterschiedlichen Erfahrungsstand der Nutzer, minimalistisches Design, robustes Fehlermanagement, Hilfe und Dokumentation, Statusanzeige (z.B. in Form einer Bread Crumb Navigation).
- intuitive Navigation und Hilfe/Dokumentation die bei weitem wichtigsten Einzelkriterien sind – sie bestimmen die Website-Attraktivität zu 70%.
- intuitive Navigation zum größten Teil logische Progression („Streamlining") bedeutet. Hier würde der Nutzer quasi wie von einer unsichtbaren Hand zum Ziel geführt. Als Beispiel eines gelungenen Streamlining siehe die Benutzerführung in www.amazon.de.

Zu 7: Individualisierung ermöglichen!

Das Internet besitzt gegenüber den anderen Kommunikationsmedien das Potenzial zu individueller Informations- und Angebotsdarbietung bei gleichzeitig hoher Reichweite des Mediums.

Zu 8: Interaktionspotenzial des Internet ausschöpfen!

Das Internet weist ein deutlich höheres Interaktionspotenzial als alle anderen Medien auf. Dieses Potenzial sollte in Form der unter 9.2.2.3. behandelten Möglichkeiten ausgeschöpft werden.

Zu 9: Systemunterstützung durch Content Management-Systeme schaffen!

Eine permanente Aktualisierung, die fast unabdingbar ist, kann nur dann mit zufriedenstellender Wirtschaftlichkeit gewährleistet werden, wenn Content Management-Systeme (CMS) eingesetzt werden. Mit CMS wird die Erstellung und Verwaltung von Informationen auf Websites unterstützt.[42]

Zu 10: Rückwärtige Organisation anpassen!

Die Generierung wertvoller Inputs wird nur dann gelingen, wenn alle relevanten Organisationseinheiten ihren Beitrag leisten. Sofern eine Sensibilisierung der relevanten Organisationseinheiten für die Notwendigkeit einer aktiven Mitarbeit an den Webinhalten nicht gelingt, werden die Potenziale des Internet nicht ausgeschöpft.

3.2.2.3 Online-Werbung

Von hoher Bedeutung im Rahmen des Online-Marketing ist die Vermarktung einer Website. Schließlich nützt die beste Website nichts, wenn sie dem Internet-Nutzer nicht bekannt ist. Grundformen der Vermarktung von Websites sind die sog. Online-Werbung

---

[42] Vgl. www.contentmanager.de

und die auch als „Cross Media Marketing" bezeichnete Offline-Werbung. Offline-Werbung bezieht sich auf die Vermarktung von Websites in den „klassischen" Werbemedien (Zeitschriften- und Zeitungsanzeigen, Werbebriefe, Broschüren, TV und Radio). Wie Internet-Nutzer auf Websites aufmerksam werden gibt Tabelle 3–2 wieder.

■ Suchmaschinen	65,2 %
■ Berichte in Zeitschriften	60,4 %
■ Hinweise/Banner im Internet	52,5 %
■ Andere Quellen	50,6 %
■ Fernsehen	50,0 %
■ Berichte in EDV-Zeitschriften	47,0 %
■ Radio	28,2 %

Tabelle 3–2: Wie werden User auf Online-Angebote aufmerksam?[43]

Im Bereich der Online-Werbung sind also zunächst Suchmaschinen-Einträge zu nennen.[44] Entgeltliche Formen der Online-Werbung sind Werbebanner (mit etwa 55% der Werbeausgaben), Sponsoring (etwa 27%), Interstitials (etwa 4%) und E-Mails (etwa 2%).[45] Die Ausgaben für Online-Werbung werden in Europa über die nächsten Jahre kontinuierlich steigen. Die relevanten Formen der Online-Werbung (im engeren Sinne) sind in Abb. 3–2 dargestellt.

1. Textlinks

Die einfachste Form der Vermarktung einer Website ist die Einfügung eines Textlinks auf einer fremden Website. Nach Anklicken des Links gelangt der Internet-Nutzer auf die beworbene Website.

2. Werbebanner

Werbebanner sind kleine Werbeflächen auf Websites. Für die Größe von Werbebannern haben sich mittlerweile Standardformate[46] entwickelt und interaktive Banner haben sich

---

[43] Quelle: Typologie der Wünsche Intermedia 2000/2001, Trend/Burda Avertising Center, Legende: Zustimmung „regelmäßig" und „gelegentlich"

[44] Vgl. Krause (1999), S. 313 ff. und www.searchenginewatch.com.

[45] Vgl. www.iab.com (die restlichen 12% entfallen auf diverse Sonderformen der Online-Werbung.) Zur Definition der relevanten Online-Werbebegriffe siehe www.adresource.com. Zu Werbebannern siehe auch www.virtualpromote.com. Eine vergleichende Analyse der Wirksamkeit von Werbebannern und Interstitials findet sich in www.emarketer.com.

[46] Vgl. Zeff/Aronson (1999) und www.werbefomen.de

etabliert. Sie ermöglichen Interaktionen im Banner, was allerdings eine Anbindung an Datenbanksysteme voraussetzt. Eines der größten Probleme bei der Schaltung von Bannern ist die sehr niedrige „click through rate". Die „click trough rate" bezeichnet das Verhältnis angeklickter zu gezeigten Bannern, hier werden häufig Werte in der Größenordnung unter 1% beobachtet.

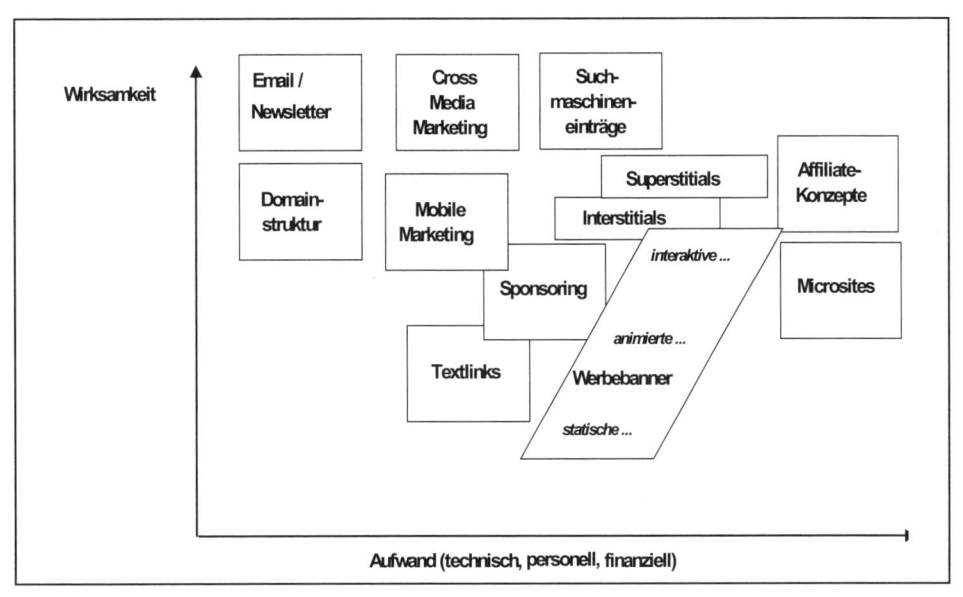

Abb. 3–2: Formen der Online-Werbung

4. Interstitials – Pop ups

Interstitials sind kleine Browserfenster, die entweder „automatisch" oder aktiv durch den Internet-Nutzer geöffnet werden und sich über die ursprünglich betrachtete Webseite schieben (sogenannte „pop up windows"). Interstitials wird eine sehr hohe Werbewirkung attestiert – empirische Untersuchung belegen etwa doppelt so hohe Recall- und Recognition-Werte von Interstitials wie bei Werbebannern (www.emarketer.com). Durch den massiven Einsatz von Pop up.-Fenstern sind viele Internet-Nutzer inzwischen sehr verärgert, da sie diese aktiv wegklicken müssen. Daher wird diese Funktionalität von den Internet-Nutzern zunehmend blockiert, d.h. das Öffnen der Pop up-Fenster wird durch sogenannte Pop up-Blocker verhindert.

5. Affiliate-Konzepte

Affiliate-Konzepte bezeichnen die Integration von Verkaufsfunktionalitäten der eigenen Website in die Partner-Website (des sog. Affiliate). Dabei werden die Funktionalitäten dem Design der Partner-Website angepasst. Affiliates unterstützen damit die Verkaufsanstrengungen der eigenen Website, im Gegenzug erhalten sie i.d.R. eine (umsatzabhängige) Provision.[47]

6. Sponsoring

Sponsoring bezeichnet die Finanzierung redaktioneller Inhalte und Funktionalitäten von Websites durch einen Sponsor. Der Sponsor wird dabei in Form eines Banners, eines Buttons oder eines Textlinks genannt.

7. E-Mails

E-Mails genießen als Form der Vermarktung von Websites einen Sonderstatus, da dem werbetreibenden Unternehmen die E-Mail-Adresse der Internet-Nutzer bekannt sein muss. Häufig werden E-Mail-Adressen gesammelt, indem der Internet-Nutzer die Website eines Unternehmens aufsucht und dort einen E-Mail-Newsletter abonniert oder dort Waren bestellt. Eine andere Form der Nutzung von E-Mails zur Vermarktung der eigenen Website ist das Sponsoring von E-Mail Newslettern, bei denen auf die eigene Website gelinkt wird.

8. „Neue Werbeformen"

Darüber hinaus existiert eine Reihe neuer Werbeformen, zu denen die Software Alexa (www.alexa.com), Bildschirmschoner, Bookmarks, Toolbars und Cursor zählen.[48] Auch ist hier das „Viral Marketing" zu nennen.[49] Neben diesen Formen der Online-Werbung im engeren Sinne existieren Formen der Online-Werbung im weiteren Sinne. Die Chance einer Website, von der Zielgruppe gefunden zu werden, hängt in sehr hohem Maße auch von der Platzierung in Suchmaschinen und von der Bezeichnung der URL (Uniform Resource Locator = Internet-Adresse) ab.

9. Suchmaschinen

Suchmaschinen[50] geben dem Internet-Nutzer Hinweise auf relevante Websites, nachdem dieser einen Suchbegriff in die Suchmaschine eingegeben hat. Verschiedene Studien belegen die hohe Bedeutung von Suchmaschinen und Portalen für das Auffinden der gewünschten Websites. Die eigene Website sollte daher in den relevanten Suchmaschinen angemeldet werden. Die Relevanz einer Suchmaschine bemisst sich primär nach deren Marktanteil. Suchmaschinen mit den höchsten Marktanteilen im deutschen Markt sind derzeit Google, Yahoo, Altavista, Lycos, Web.de und Fireball (vgl. www.w3b.de). Eine der leistungsfähigsten Suchmaschinen ist Google geworden. Google zeichnet sich durch extreme Schnelligkeit und sehr wertvolle Suchergebnisse aus. Für ein Unternehmen ist es relevant, eine gute bessere Positionierung in der Ergebnisliste der Suchmaschinen zu erreichen (siehe www.suchfibel.de und www.search.de).

---

[47] Vgl. ausführlich Doege (2002), S. 263–310
[48] Vgl. Zeff/Aronson (1999), S. 59ff. und www.iaconline.de
[49] Vgl. Godin (1999) und www.electronic-commerce.org
[50] Zu den verschiedenen Typen von Suchmaschinen siehe Krause (1999)

10. Domainname

Von hoher Bedeutung für das Auffinden einer Website ist auch deren Domainname oder URL. Es ist nachgewiesen, dass Internet-Nutzer häufig eine freie URL-Eingabe versuchen. Bei Markenartikelherstellern bzw. Markenprodukten ist dies der Regelfall. Folgende **Empfehlungen**, die gerade auch bei kleineren und mittleren Unternehmen umgesetzt werden können, sind für die Bezeichnung von URLs anzuführen.[51]

- Der Website-Betreiber sollte alle relevanten URLs belegen. Relevanzmaßstab ist die Wahrnehmung der eigenen Zielgruppe. Alle Begriffe, unter denen die Zielgruppe das eigene Unternehmen oder die Produkte erwarten könnte, sollten daher belegt werden.
- Für das eigene Unternehmen wichtige URLs, die sich im Besitz anderer Unternehmen befinden, sollten beschafft werden – sei es in der Form, dass auf Herausgabe geklagt wird (sofern geschützte Markennamen missbräuchlich durch Fremde genutzt werden) oder indem eine außergerichtliche Einigung erfolgt.
- URLs sollten aussagekräftig sein (d.h. einen Hinweis auf Inhalte und Funktionalitäten der Website geben) und einen werbenden Charakter aufweisen. In Anbetracht der mittlerweile unüberschaubaren Anzahl vermarkteter URLs werden sie nur dann wahrgenommen, wenn sie Interesse wecken und Nutzen versprechen.
- Unterschiedliche Zielgruppen eines Unternehmens haben zumeist auch unterschiedliche Erwartungen an Funktionalitäten und Inhalte der Website des Unternehmens. Demgemäss sollte die Bezeichnung einer URL zielgruppenspezifisch sein.
- Die Eingabe einer zielgruppenspezifischen URL muss aus Gründen der Glaubwürdigkeit und der Navigationsoptimierung („Minimum-Click-Prinzip") auf unterschiedliche Seiten der Website führen. Hier sollte dann eine den jeweiligen Zielgruppenerwartungen entsprechende Gestaltung der Website vorzufinden sein (vgl. das gelungene Beispiel von www.volkswagen.de und www.lupo.de).

„Offline-Werbung" bezeichnet die Vermarktung von Websites mit Hilfe klassischer Kommunikationsmedien (Zeitschriften- und Zeitungsanzeigen, Werbebriefe, Broschüren, aber auch TV und Radio). Es ist naheliegend und durch diverse Studien belegt, dass Internet-Nutzer Kenntnisse über Websites aus klassischen Kommunikationsmedien erlangen (siehe Tabelle 3–2).

Die im Rahmen klassischer Kommunikationsmaßnahmen genutzten Medien sollten auch zur Bekanntmachung der eigenen URL(s) genutzt werden. Darüber hinaus sollten die Online-Aktivitäten in die Kommunikationsstrategie des Unternehmens integriert werden. Die URL sollte wie die Telefonnummer ein Bestandteil der Firmenadresse sein.

---

[51] Vgl. Conrady (2000), S. 48–52

3.2.3 Distributionspolitik

Das Internet stellt einen neuen Distributionskanal mit vielen Vorteilen gegenüber klassischen Distributionskanälen dar.[52]

- Das Internet ermöglicht Direktvertrieb und reduziert damit die Abhängigkeit von bestehenden Absatzmittlern. Hierdurch werden die Möglichkeiten einer effektiven Vertriebssteuerung optimiert.

- Das Internet ermöglicht Vertriebskostensenkungen, sofern hohe Umsatzvolumina über diesen Kanal abgewickelt werden. Der Aufbau eines Online-Direktvertriebs erfordert hohe Start up-Investitionen, einzelne Kauftransaktionen hingegen verursachen kaum Aufwand. Bei steigenden Umsatzvolumina werden die Stückkosten der Online-Distribution ab einem bestimmten Punkt unter die Stückkosten der „Offline-Distribution" sinken.

- Das Internet ermöglicht globalen Vertrieb und damit die Erschließung neuer Märkte.

- Das Internet ermöglicht verbesserten Kundenservice, da zeitliche Begrenzungen durch Ladenschlussregelungen entfallen. Zudem können bestimmte Produkte sofort ausprobiert und ausgeliefert werden. Dies ist bei allen digitalisierbaren Produkten (z.B. Musik, Verlagsprodukte, Software, Finanzdienstleistungen, Tickets für Flugreisen usw.) der Fall, da hier keine physische Logistik erforderlich ist. Digitale Distributionsmöglichkeiten führen daher zu starken Kostensenkungseffekten.

Da die Stärken des Internet bei digitalisierbaren Produkten besonders stark zum Tragen kommen, ist es erklärbar, warum der Anteil digitalisierbarer Produkte an allen Online-Umsätzen überdurchschnittlich hoch ist. Die Finanzdienstleistungs- und Reise-/Tourismusbranche weisen daher weit überdurchschnittliche Online-Umsätze auf.

Bei Produkten, die auf herkömmlichem Wege zum Abnehmer transportiert werden müssen, kommt der Logistikfunktion eine hohe Bedeutung zu. Kostenintensität und hohe Ansprüche der Abnehmer an logistische Servicequalität lassen die Logistik zum strategischen Erfolgsfaktor im eCommerce werden. Die bei globalen Logistikunternehmen zu beobachtende Rückwärtsintegration entlang der eCommerce-Wertschöpfungskette (siehe Hermes, FEDEX, UPS) oder auch die strategische Allianz von Deutscher Post und IBM (ECS) ist daher nur folgerichtig. Hier wird eine hohe Logistikkompetenz zur Erschließung von Wettbewerbsvorteilen im eCommerce genutzt.

Wertschöpfungsprozesse im Bereich der akquisitorischen und physischen Distribution werden bei der Internet-Distribution neu gestaltet. Es ist anzunehmen, dass der klassische Handel einerseits von Aufgaben im Bereich des aktiven Verkaufens und der physischen Distribution entlastet wird – was bei einer direkten Belieferung des Online-Bestellers durch den Hersteller der Fall wäre. Hier könnte der Handel künftig verstärkt

---

[52] Vgl. Conrady/Orth (2001), S. 62ff.

Aufgaben im Bereich des Kundendienstes übernehmen. Andererseits ist zu erwarten, dass Unternehmen, die heute schon ansatzweise Handelsfunktionen wahrnehmen (wie z.B. Tankstellen, Videotheken und Sonnenstudios) Aufgaben im Bereich der physischen Distribution auch für andere Produktkategorien übernehmen. Infolgedessen ist zu erwarten, dass sich neue Vergütungsstrukturen im Distributionsbereich entwickeln werden. Hier scheinen insbesondere transaktionsbasierte Modelle vielversprechend.

3.2.4 Kontrahierungspolitik

Online-Medien bewirken auch im Bereich der Kontrahierungspolitik fundamentale Änderungen.

1. Erhöhung der Preistransparenz

Die sehr einfache und komfortable Möglichkeit, Angebote auf einer Vielzahl von Websites in sehr kurzer Zeit einzusehen und sich „auf Mausklick" auch die Preise unterschiedlicher Anbieter anzeigen zu lassen, führt zu einem drastischen Anstieg der Transparenz von Angeboten und Preisstellung verschiedener Anbieter. Häufig erfolgt sogar eine Sortierung der Angebote verschiedener Anbieter nach dem Kriterium „Preis". Die preisgünstigen Angebote werden somit an erster Stelle genannt. Künftig wird das Auffinden verschiedener Anbieter und die anschließende Identifikation des preisgünstigsten Anbieters von sog. „Shopping Robots" (siehe z.B. www.evenbetter.com) erledigt. Auch der Spielraum zur internationalen Preisdifferenzierung wird daher eingeschränkt.

2. Senkung des Preisniveaus

Die Steigerung der Preistransparenz führt letztlich zur Identifikation und Präferenz der preisgünstigsten Anbieter. Dies ist mit zweierlei Konsequenzen verbunden. Zum einen erfolgt eine Stärkung der Wettbewerbsposition preisgünstiger Anbieter, da diesen nun ein größerer Teil der Nachfrage zufließt. Zum anderen werden höherpreisige Anbieter die Abwanderung von Kunden nicht dauerhaft hinnehmen wollen. Sie werden daher ihre Preise senken (müssen), wollen sie nicht dauerhaft auf Nachfrage im Internet verzichten. Es ist zu vermuten, dass sich in manchen Branchen eine Angleichung der internationalen Preisstellung – und zwar auf niedrigerem Niveau – vollziehen wird. Empirische Befunde belegen ein geringeres Preisniveau im Internet.[53]

3. Entstehung von Preissenkungsspielräumen

Durch den Einsatz von Online-Medien entstehen Spielräume zur Senkung der Preise. Diese resultieren aus den geringeren Kosten im Bereich der Marketingkommunikation und in der Distribution. Die eingesparten Kosten können in Form niedrigerer Preise an die Kunden weitergegeben werden. Hier muss allerdings angemerkt werden, dass außer-

---

[53] Vgl. Modahl (2000), S. 82ff.

ordentlich starke „Economies of Scale" wirksam werden. Diese Stückkostendegressionseffekte führen dazu, dass Online-Anbieter in aller Regel erhebliche Anstrengungen unternehmen, die Online-Verkäufe zu steigern.

4. Stärkere (personelle) Preisdifferenzierung

Der beschriebenen Gefahr eines sinkenden Preisniveaus stehen Möglichkeiten der Realisierung höherer Preise gegenüber. Von grundlegender Bedeutung sind in diesem Zusammenhang die technische Möglichkeiten eines validen Monitoring von Informationsaufnahmeverhalten und Kaufverhalten der Internet-Nutzer. Den Anbietern stehen damit Informationen zur Verfügung, aus denen sie Rückschlüsse auf die Preisbereitschaft von Konsumenten ziehen können. Eine personelle Preisdifferenzierung wird darüber hinaus durch neue Preisfindungsmodelle erleichtert (www.ricardo.de und www.priceline.com).

5. Dynamische Aspekte der Preispolitik (Preispolitik im Zeitverlauf)

In einer Vielzahl von Branchen sind Marktbedingungen und Kapazitätsauslastungen permanenten Veränderungen unterworfen. Im Idealfall müssten hier permanente Preisanpassungen erfolgen, was z.B. beim Aktienhandel oder in der Airlinebranche auch tatsächlich zu beobachten ist.

Schon seit geraumer Zeit existieren Informationssysteme, die eine sekundenschnelle Anzeige aktueller Preise ermöglichen. Erst durch Online-Medien wird es allerdings möglich, die permanent aktualisierten Preise auch den Endverbrauchern anzuzeigen. Bei dynamischen Webseiten, d.h. bei aus Datenbanken generierten Informationen, verursacht die Anzeige veränderter Preise keine zusätzlichen Kosten.

6. Konditionenpolitische Aspekte (Rabatte)

Da es „auf Mausklick" möglich ist, eine andere virtuelle Einkaufsstätte aufzusuchen, existieren in Online-Medien zunächst einmal geringe Wechselbarrieren. Die in der traditionellen Welt herrschenden Kundenbindungsmöglichkeiten, wie persönliche Betreuung, günstige Lage der Einkaufsstätte, attraktive Sortimentsgestaltung usw. funktionieren in Online-Medien so nicht. In jüngster Zeit gewinnen daher monetäre Kundenbindungsprogramme im Internet an Bedeutung (siehe beispielsweise www.webmiles.de, www.netcentives.com oder die Yahoo Points in www.yahoo.com).

3.3 One-to-One Marketing

Beim „One-to-One Marketing" wird ein hoher Individualisierungsgrad des Marketing-Mix bzw. der Marktleistung erreicht und gleichzeitig werden permanente Interaktionen mit dem Kunden gepflegt. Abb. 3–3 zeigt das „One-to-One Marketing" als ein neues Marketing-Paradigma im Kontext aktueller Marketing-Paradigmen.

One-to-One Marketing

```
Individualisierungs-
grad der Leistung
                                          Synonymer Begriff im
                                          E-Business:
                                          „One-to-One-Marketing"

            Differenziertes Marketing    Individual-Marketing
    hoch    Fokus:                       Fokus:
            Individualisierte Produkte   Kundenindividuelles
            auf Basis einer              Marketing-Mix und Pflege
            Marktsegmentierung           der Kundenbeziehungen
                                         über permanente Interaktionen

            Undifferenziertes            Relationship-Marketing
            Massenmarketing
    niedrig Fokus:                       Fokus:
            Standardisierte Bearbeitung  Aufbau einer individuellen
            des Massenmarktes            Kundenbeziehung über
                                         permanente Interaktionen
                                         mit dem Kunden
                                                                       Interaktionsgrad
                                                                       der
                                                                       Anbieter-Kunden-
             niedrig                     hoch                          Beziehung
```

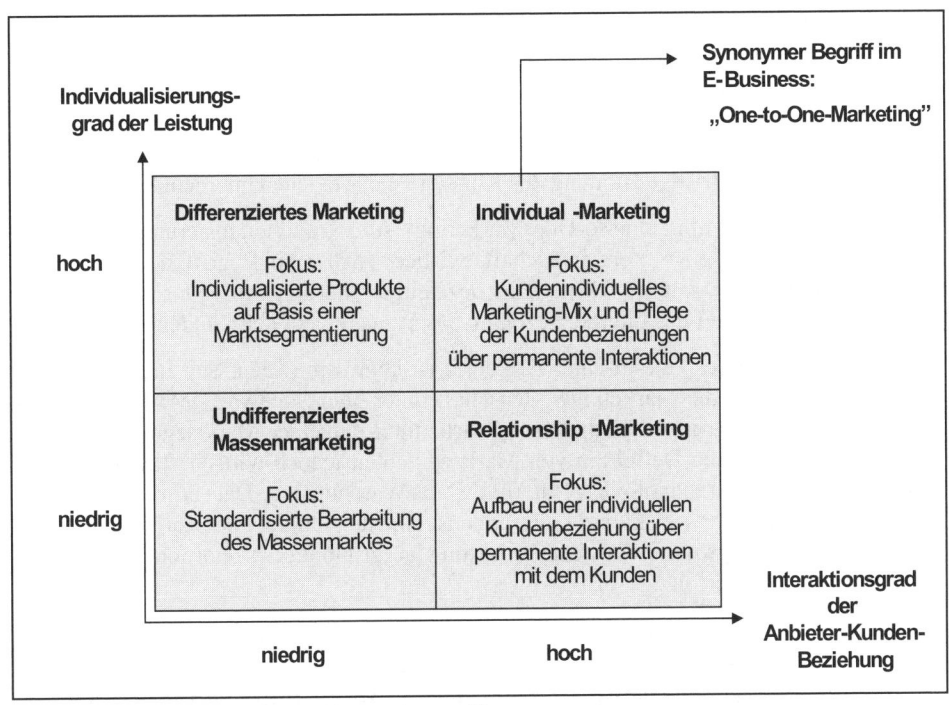

Abb. 3–3: Aktuelle Marketing-Paradigmen[54]

Abb. 3–4 stellt die Unterschiede von Massenmarketing und One-to-One-Marketing gegenüber.

- Das One-to-One Marketing wird der Individualität einzelner Kunden gerecht.
- Basis der Marktbearbeitung sind Profile von Kunden, d.h. der Kunde stellt kein anonymes Wesen mehr dar.
- Dem einzelnen Kunden wird eine maßgeschneiderte Marktleistung geboten, d.h. Kunden erhalten maßgeschneiderte Produkte auf individualisierten Distributionskanälen mit individualisierten Preisen.
- „Zwei-Wege-Kommunikation", d.h. es findet eine echte Kundeninteraktion statt.
- Zielrichtung ist die Realisierung von „Economies of Scope" statt gemeinhin angestrebter „Economies of Scale". Economies of Scope ergeben sich, wenn aufgrund einer vertieften Kundenkenntnis weitere Umsatzpotenziale mit eben jenen Kunden erschlossen werden können.
- Eine vertiefte Kundenkenntnis ermöglicht, den „Share of Customer" zu erhöhen. So könnten z.B. vom Konsumbudget des Kunden Peter Müller statt heute 60 US$ pro Monat 120 US$ pro Monat abgeschöpft werden – wenn es gelingen sollte, dem Kun-

---

[54] In Anlehnung an Meffert (1998)

den Müller nicht nur Bücher, sondern auch CDs und DVDs zu verkaufen (siehe beispielhaft die Aktivitäten der Firma Amazon, www.amazon.de).
- Beim One-to-One Marketing konzentrieren sich die Anbieter auf die profitablen Kunden.
- Und last but not least: Das Ziel des One-to-One Marketing ist die Customer Retention, d.h. die langfristige Bindung des Kunden an das eigene Unternehmen.

Synonyme Begriffe zum „One-to-One Marketing" sind „Individualisierung" und „Personalisierung". Eine enge Verwandtschaft existiert auch zum Begriff des „Customer Relationship Management" (CRM). CRM bezeichnet allerdings in etwas weiterer Fassung, also nicht nur auf das Internet bezogen, das Management der Kundenbeziehung.

Der Grundgedanke des One-to-One Marketing ist keineswegs neu. Seit mehreren Jahrzehnten befasst sich die Marketingwissenschaft unter dem Stichwort „Marktsegmentierung" mit einer zielgruppenspezifischen Bearbeitung einzelner Marktsegmente. Bisher waren einer sehr feinen Definition von Marksegmenten jedoch wirtschaftliche Grenzen gesetzt. Durch neue Technologien (Internet, Data-Warehousing, Data Mining, E-Mails, usw.) können nunmehr sehr kleine Zielgruppensegmente gebildet und bearbeitet werden, ohne dass eine progressive Kostenentwicklung aufgrund überproportional steigender Komplexitätskosten erfolgt.

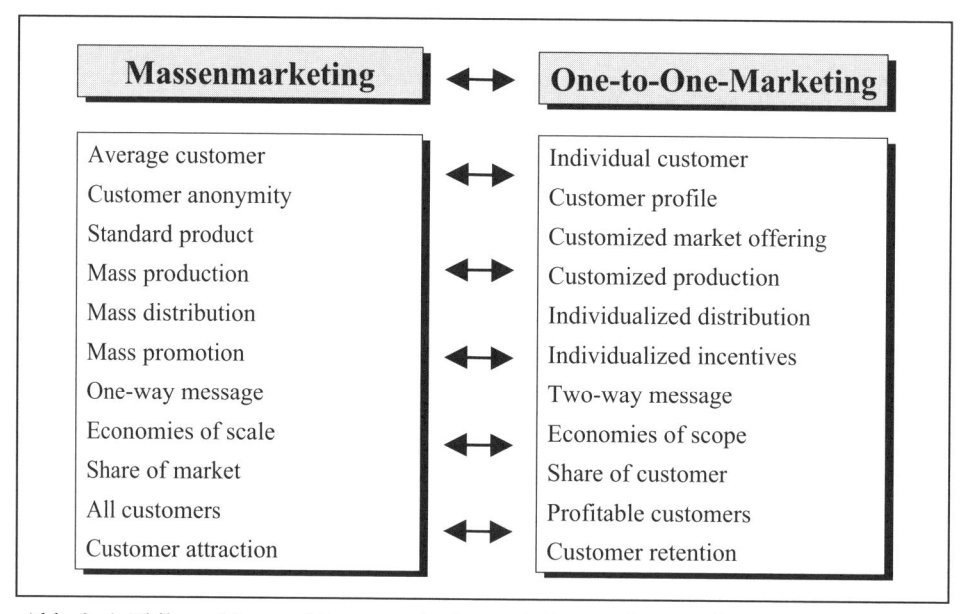

Massenmarketing	One-to-One-Marketing
Average customer	Individual customer
Customer anonymity	Customer profile
Standard product	Customized market offering
Mass production	Customized production
Mass distribution	Individualized distribution
Mass promotion	Individualized incentives
One-way message	Two-way message
Economies of scale	Economies of scope
Share of market	Share of customer
All customers	Profitable customers
Customer attraction	Customer retention

Abb. 3–4: Philosophie von Massenmarketing und One-to-One Marketing

Das Internet ist wie kein anderes Medium für One-to-One Marketing geeignet. Es ermöglicht eine vergleichsweise kostengünstige und valide Sammlung einer Vielzahl kundenrelevanter Informationen. Es stimuliert die Internet-Nutzer, sich zu artikulieren und zu reagieren (Interaktion) und es ermöglicht eine kostengünstige individualisierte Bearbeitung sehr großer Adressenkreise mit einem individualisierten Marketing-Mix.

Das One-to-One Marketing wird in Zukunft deutlich an Bedeutung gewinnen, da erkannt wurde, dass hierdurch die Kundenbindung erhöht werden kann und damit positive Wirtschaftlichkeitseffekte verbunden sind.[55]

3.3.1 Umsetzung des One-to-One Marketing

Die Umsetzung des One-to-One Marketing erfolgt in vier Prozessschritten. Das in Abb. 3–5 beschriebene Vorgehen wird auch als „IDIC-Framework" bezeichnet (siehe auch www.1to1.com).

Customize Product and Service
- Individualisierung von Produkten und Services (Mass Customization)
- Individualisierung von Preisen und Distribution

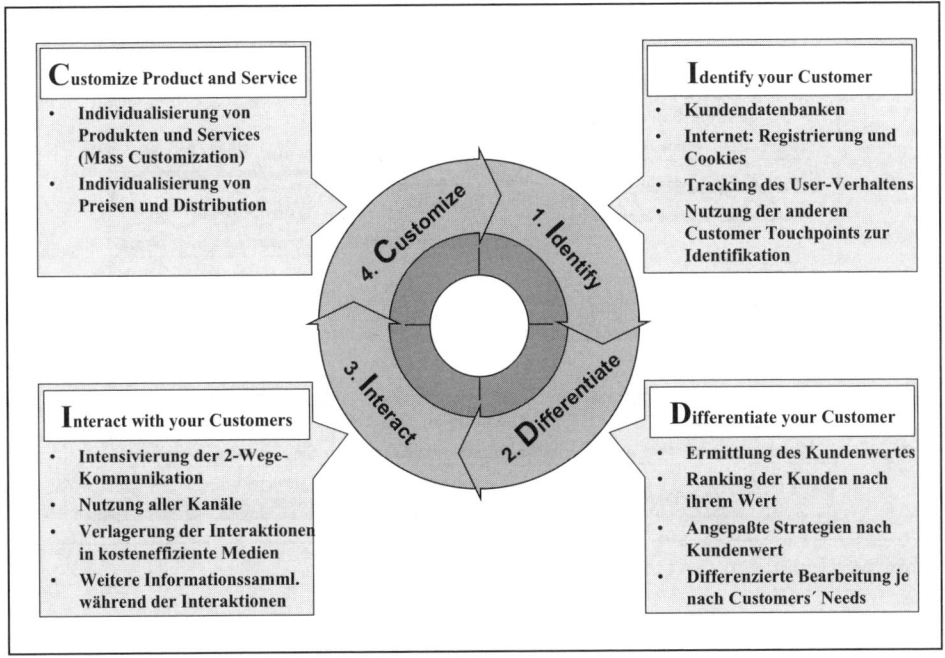

Identify your Customer
- Kundendatenbanken
- Internet: Registrierung und Cookies
- Tracking des User-Verhaltens
- Nutzung der anderen Customer Touchpoints zur Identifikation

Interact with your Customers
- Intensivierung der 2-Wege-Kommunikation
- Nutzung aller Kanäle
- Verlagerung der Interaktionen in kosteneffiziente Medien
- Weitere Informationssamml. während der Interaktionen

Differentiate your Customer
- Ermittlung des Kundenwertes
- Ranking der Kunden nach ihrem Wert
- Angepaßte Strategien nach Kundenwert
- Differenzierte Bearbeitung je nach Customers' Needs

Abb. 3–5: Der Personalisierungskreislauf[56]

---

[55] Vgl. Bernecker (2002), 343ff.
[56] In Anlehnung an Peppers/Rogers/Dorf (1999)

I – **I**dentify customers uniquely

D – **D**ifferentiate them by value and needs

I – **I**nteract with them effectively and individually

C – **C**ustomize the enterprise's behavior (products, information, appearance, etc.) based on the previous interactions

3.3.2 Methoden des One-to-One Marketing

Abb. 3–6 gibt einen Überblick über die verschiedenen technologischen Methoden One-to-One Marketing umzusetzen. Für die Zukunft ist davon auszugehen, dass Unternehmen eine größere Anzahl der zur Verfügung stehenden Methoden nutzen werden.[57]

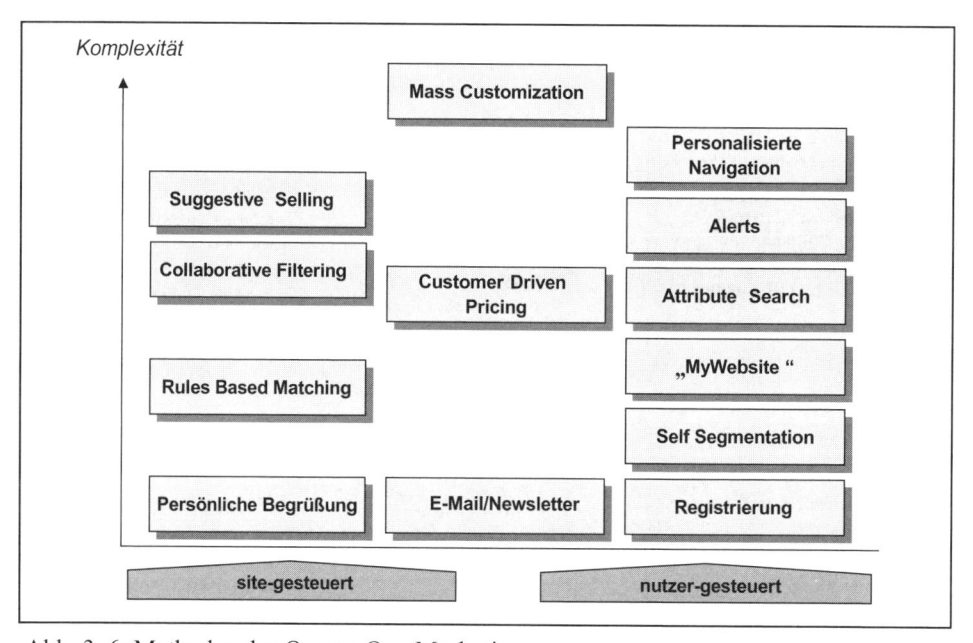

Abb. 3–6: Methoden des One-to-One Marketing

---

[57] Vgl. Ergebnisse eines Hochschul-Forschungsprojektes, in Conrady/Schuckert (2002)

> **Fallstudie: www.reflect.com**
>
> Perfekt umgesetzt wird das Konzept der Mass Customization durch reflect.com, der Mass Customization-Tochter von Procter&Gamble (P&G). Reflect.com bietet individualisierte Kosmetik- und Pflegeprodukte. Damit kann sich nicht nur jede Frau den Traum ihrer eigenen Kosmetiklinie erfüllen (die Produkte tragen auch ein individualisiertes Label), sondern P&G kann mit der Kombination aus Online-Store und Wellness-Beratung im Internet auch der immer stärkeren Macht des Handels entgegentreten. Die eigene Kosmetiklinie kennt mangels Vergleichbarkeit keine Sonderangebote und ist nur im Internet erhältlich. Damit schafft es reflect.com quasi, Haarshampoo im Abonnement zu verkaufen. Aus Kundensicht stehen bei diesem Produkt jedoch die individuellen Dienstleistungen im Vordergrund. Das Angebot basiert auf einer umfangreichen Pflege- und Gesundheitsberatung, die in Form interaktiver Fragebögen über die Web-Site abgewickelt wird. Nach der ersten Bestellung ist natürlich ein Feedback und damit eine Optimierung des Produkts möglich. Damit gelingt es P&G zum erstenmal, wirklich intensive Beziehungen zu seinen Endkunden aufzubauen, und damit natürlich auch viel über deren Bedürfnisse und Wünsche zu lernen, was wiederum nicht nur der Anpassung von reflect.com, sondern auch anderer Kosmetiklinien des Konzerns (z.B. Oil of Olaz, Boss Perfume etc.) zu Gute kommt.[58]

3.4 Erfolgsmessung im eMarketing

Erfolgsmessungen im eMarketing werden auch als Web-Controlling bezeichnet. Das Web-Controlling[59] zielt darauf ab, Aktivitäten von Internet-Nutzern und monetäre und nicht-monetäre Erfolge kommerzieller Websites im Internet zu kontrollieren und Entscheidungshilfen für die Optimierung der Website zu liefern.

Das Web-Controlling weist eine Reihe charakteristischer Merkmale auf, die gegenüber herkömmlichen Methoden des Marketing-Controlling als **Stärken** zu werten sind:

- hoher Informationsgehalt,
- hohe Validität (Gültigkeit),
- hohe Reliabilität (Zuverlässigkeit),
- hohe Aktualität,
- geringe Kosten.

---

[58] Vgl. Piller (o.J.)
[59] Vgl. zu den folgenden Ausführungen Conrady (2001), S. 254–257

3.4.1 Messgrößen und Kennzahlen des Web-Controlling

Die wichtigsten Messgrößen und Kennzahlen des Web-Controlling sind:

- **Hits**: Anzahl einzelner abgerufener Elemente von einer Webseite, z.B. einzelne Grafiken oder Textbausteine.
- **Page Impressions (Seitenabrufe)**: Anzahl der Zugriffe auf eine Webseite, unabhängig von der Menge der darin eingebundenen Elemente.[60]
- **Ad Impressions (Werbekontakte)**: Anzahl der Seitenabrufe mit einer bestimmten Werbeeinblendung (zu beachten: Die Anzahl der Ad Impressions ist meist geringer als die der Page Impressions, da AdServer meist unterschiedliche Werbebanner auf einer Webseite einblenden).
- **Ad Clicks**: Zahl der Clicks auf ein Werbemittel (z.B. auf einen Werbebanner), das meist zur Website des Werbetreibenden gelinkt ist.
- **Click Through Rate**: Verhältnis von Ad Clicks zu Ad Impressions.
- **Visits (Besuche)**: Zusammenhängende Seitenabrufe durch einen Nutzer in einem bestimmten Zeitraum (in einer Session). Besuche gelten häufig dann als beendet, wenn in mehr als 30 Minuten kein Element mehr abgerufen wird.
- **Stickiness (Verweildauer)**: Verweildauer pro Visit (in Minuten).
- **Visitors**: Anzahl der Personen, die eine Website aufgesucht haben. Besucht die gleiche Person eine Website zweimal hintereinander, so werden zwei Visitors gezählt.
- **Unique Visitors**: Unterschiedliche Personen, die eine Website aufgesucht haben. Um die „Uniqueness" der Besucher zu ermitteln, müssen diese anhand bestimmter Kriterien eindeutig identifizierbar sein (z.B. durch Namen, Kundennummern, E-Mail-Adresse). Die Anzahl der Unique Visitors ist niedriger als die der Visitors.
- **Registered Users**: Personen, die sich durch eine Eingabe persönlicher Daten registriert und damit identifizierbar gemacht haben. Das Website-Nutzungsverhalten identifizierbarer Nutzer ist sehr detailliert erfassbar. Das Website-Nutzungsverhalten stellt eine wichtige Informationsgrundlage zur Erstellung präziser Kundenprofile dar.
- **Stammnutzer einer Website**: Meist registered users, die als „Wiederholungskäufer" regelmäßig Käufe auf einer Website tätigen.
- **Transaction Rate**: Verhältnis Kauftransaktionen zu Visits.
- **Ordervolumen**: Umsatz pro Kauftransaktion.
- **Käufe, Bestellungen**: Anzahl und Umsatz von Verkäufen über eine Website.

3.4.2 Ansätze zur Optimierung von Websites

Abb. 3–7 stellt die wichtigsten Messgrößen und Kennzahlen mit beispielhaften Werten in einem Stufenmodell dar. Diese dienen der Gewinnung detaillierter Erkenntnisse über

---

[60] Zur Messung der Page Impressions siehe www.ivw.de

wirksame Steuerungseingriffe zur Steigerung des Website-Erfolges. So werden in folgenden Fällen unterschiedliche Steuerungseingriffe empfehlenswert sein.

- **Zu hohe TKPs**: Eine Belegung kostengünstigerer Werbeträger ist hier zu empfehlen. Dabei muss jedoch auch die CTR beachtet werden, da eine Zielgruppenerreichung ohne Streuverluste höhere TKPs rechtfertigt.
- **Zu niedrige CTR**: Eine Optimierung der Online-Werbemittel sollte hier erfolgen. So sollten z.B. Banner einen stärkeren Aufforderungscharakter haben, indem Sonderangebote mit aufmerksamkeitsstarken Werbebotschaften beworben werden.
- **Zu niedrige TR**: Hier empfiehlt es sich, den Shop besser auffindbar zu machen, Kaufanreize zu schaffen, den Kaufprozess zu optimieren und Kaufbedenken zu eliminieren (z.B. Sicherheitsbedenken abbauen, Umtauschhinweise bringen).
- **Zu niedriges OV**: Weitere Kaufvorschläge in Form von „Suggestive Selling" und „Cross Selling" sollten unterbreitet werden.
- **Zu hohe k_{KG}**: Hier empfiehlt es sich, Website-Treue durch One-to-One Marketing und Bonusprogramme aufzubauen, Markteintrittsbarrieren gegenüber der Konkurrenz zu schaffen und Wechselkosten zu erhöhen. Alle Maßnahmen sind auf die Ausschöpfung des „Customer Lifetime Value" zu richten.

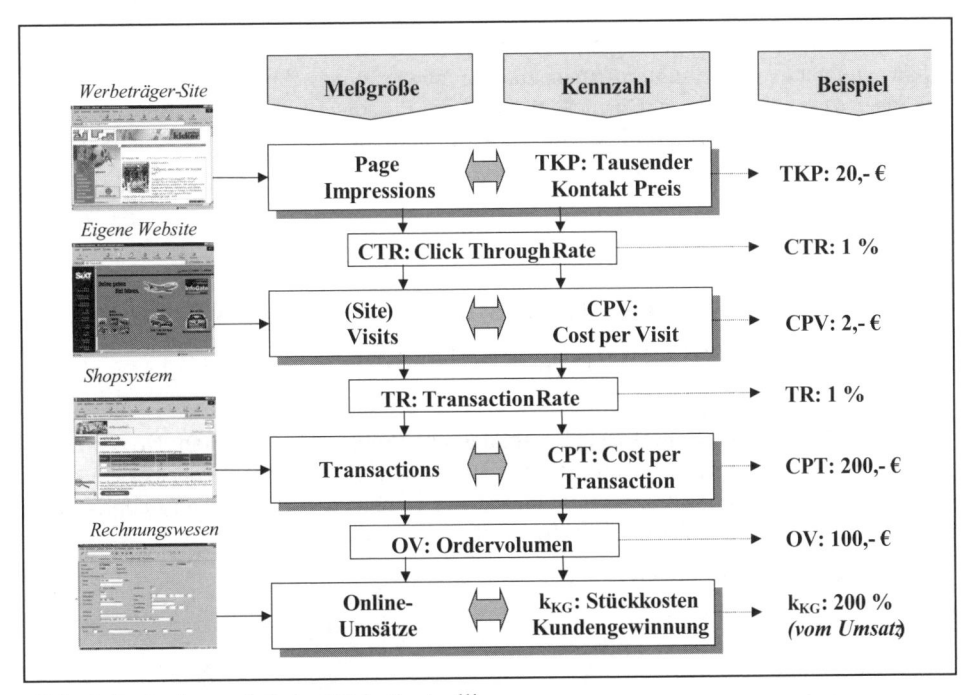

Abb. 3–7: Stufenmodell des Web-Controlling

4. Praxisinstrumente für eine erfolgreiche eSCM-Realisierung

Für eine erfolgreiche Realisierung von eSupply Chain Management in kleinen, mittelständischen und großen Unternehmen ist die Implementierung leistungsfähiger Informations- und Kommunikationstechnologien (IuK-) nicht nur unabdingbar, sondern IuK-Technologien stellen die eigentlichen Enabler für eSupply Chain Management dar. Denn nur durch die Erfassung, Verarbeitung, Aufbereitung und Speicherung und insbesondere durch den Transfer von geschäftsrelevanten Daten zwischen eSupply Chain Partnern kann die Koordination der Material-, Informations- und Finanzflüsse gewährleistet werden. Obwohl diese Technologien zum tragenden Element für die Realisierung von eSCM werden, dürfen diese nicht als Selbstzweck betrachtet werden. Denn die Ausgangsbasis muss nach wie vor das Businessmodell bzw. die Strategie der Unternehmung bilden, selbst wenn die modernen Technologien neue Business-Strategien ermöglichen.

Im Verlauf dieses Kapitels werden sowohl standardisierte Kommunikationstechnologien zum Datenaustausch als auch Front-End-Informationstechnologien zur Transaktionsabwicklung sowie Back-End-Systeme zur unternehmensübergreifenden Planung, Steuerung und Koordination der Logistikkette vorgestellt. Als Praxisinstrumente der Supply Chain unterstützen sie unternehmensinterne sowie unternehmensübergreifende Geschäftsprozesse und dienen Business-to-Business-Prozessen (B2B) sowie Business-to-Consumer-Prozessen (B2C). Die Speicherung und Aufbereitung geschäftsrelevanter Daten werden hierbei durch Data Warehouse Technologien unterstützt.

4.1 Prozessorientierter Datenaustausch über Kommunikationstechnologien

Für den elektronischen Datenaustausch entlang der eSupply Chain werden Kommunikationstechnologien eingesetzt. Durch einheitliche Datenübertragungsstandards sichern sie u.a. den Transfer von Auftrags-, Lagerbestands-, Rechnungs- oder Prognosedaten zwischen Geschäftspartnern über Datennetze, wie

- Wide Area Network (WAN),
- Local Area Network (LAN),
- Internet,
- Intranet,
- Extranet.

4.1.1 Electronic Data Interchange (EDI)

Die beleglose elektronische Übertragung von Auftrags-, Bestell- und Rechnungsdaten ist keine völlig neue Strategie vieler Unternehmen, denn bereits in den achtziger Jahren wurde Electronic Data Interchange (EDI) eingesetzt. EDI wird definiert als elektronischer Datenaustausch kaufmännischer Geschäftsdaten mittels Computer-Computer-Dialog in einem standardisierten Format.[61]

EDI setzt sich aus zwei Komponenten zusammen, dem Kommunikationssystem, das die Datenfernübertragung (DFÜ) im Sinne einer Point-to-Point Anbindung der Partner über Protokolle ermöglicht, und dem Konvertierungssystem, welches die Daten in standardisierte Nachrichtenformate konvertiert.[62] So verfolgt EDI neben der reinen DFÜ das Ziel, Daten in einheitliche Datenformate zu konvertieren, um eine automatische, datenbruchfreie Weiterverarbeitung der Informationen in den Empfängersystemen der beteiligten Unternehmen zu gewährleisten. Beispielsweise haben Unternehmen wie DaimlerChrysler ihre Zulieferer in ein derartiges System eingebunden, um automatische Lieferabrufe zu tätigen. Der Austausch von Informationen zwischen heterogenen Systemen muss über ein neutral strukturiertes Format erfolgen, wie z.B.

Datenaustauschstandards

- **EDIFACT:** Abkürzung für Electronic Data Interchange for Administration, Commerce and Transport, ein branchenübergreifendes Datenaustauschformat
- **ODETTE:** Abkürzung für Organization for Data Exchange by Teletransmission in Europe, ein automobilbranchenspezifisches Austauschformat

Alternative EDI-Nutzung für nicht-EDI-betreibende Unternehmen

Eine EDI-Alternative für nicht-EDI-betreibende Unternehmen bieten sogenannte Clearingstellen. Diese empfangen die EDI-Daten (z.B. Bestelldaten), konvertieren sie und stellen sie dem Empfänger in einem neutralen Format bereit (z.B. in Form eines Fax oder einer E-Mail). Zum Beispiel offeriert das EDI-Clearing Center der Deutschen Post AG eine derartige Dienstleistung, um es kleinen und mittleren Unternehmen (KMU) zu ermöglichen, ohne hohe Investitionskosten an EDI zu partizipieren.

Durch die Nutzung von Web-EDI, welches EDI-Anwendern ermöglicht Geschäftspartner durch WWW-Formulare einzubinden, offeriert sich eine weitere Variante in der Einbindung von nicht-EDI-Betreibern. Mit Web-EDI können verschiedene Daten über eine Internetseite in ein Web-Formular eingegeben und im Anschluss in normgerechte EDI-Nachrichten konvertiert und weitergeleitet werden.[63]

---

[61] Vgl. Bullinger, Berres (2000), S. 29
[62] Vgl. Werner (2000), S. 146
[63] Vgl. Schmitz, IuK-Systeme als Bausteine der E-Informationslogistik, In: Wannenwetsch, (2002a), S. 36

4.1.2 Internettechnologien

Eines der wesentlichen Forschungsergebnisse im Laufe der Entwicklungsgeschichte des Internet war das 1982 entwickelte, einheitliche Netzwerk-Protokoll TCP/IP (Transmission Control Protocol/Internet Protocol). Es ermöglicht heterogenen Computersystemen untereinander Daten zu transferieren, indem es die Daten in standardisierte Pakete zerlegt und diese an „Telefonnummern", sogenannte IP-Adressen, versendet.

Die Internet Architektur ist in vier Schichten gegliedert, deren Transportschicht (TCP/IP) die Übertragung der Daten von einer bestimmten Anwendung an eine andere bestimmte Anwendung innerhalb des Internet sichert (Point-to-Point). Zu den meist verwendeten Übertragungsprotokollen dieser Schicht, welche auf der Anwendungsschicht Usern sogenannte Dienste bereitstellen, gehören u.a.

Internet-Protokolle/Online-Dienste im Internet

- **HTTP:** Hyper Text Transfer Protocol bezeichnet ein Protokoll für die Übertragung von Hyper Text Markup Language-Dokumenten (HTML) zur Darstellung von Web-Content aus dem World Wide Web. Der Dienst wird deshalb als WWW bezeichnet.
- **SMTP:** Simple Mail Transfer Protocol bezeichnet das Senden und Empfangen von elektronischer Post. Electronic Mail ist einer der meist genutzten Dienste im Internet.
- **FTP:** Kurzbezeichnung für File Transfer Protocol, welches die Übertragung verschiedener Datenformate über weite Strecken im Internet ermöglicht. FTP bezeichnet sowohl den Dienst, als auch das Protokoll.

Aufgrund dieser weltweit einheitlich definierten Standards dient das Internet als geeignete Plattform, um die heterogene Struktur von IuK-Systemen kooperierender Geschäftspartner kostengünstig miteinander zu verknüpfen. Vor diesem Hintergrund fungiert das Internet als Infrastruktur für den kollaborativen Datentransfer im eSCM.

4.1.3 Extensible Markup Language (XML)

XML ist eine weltweite, branchenunabhängige Metasprache für das Definieren von Dokumententypen und gilt als Erweiterung der Seitenbeschreibungssprache HTML. Sie geht jedoch über die Layoutbeschreibung hinaus, da sie ergänzend die Struktur eines beliebigen Dokumententyps (Document Type Definition) definieren kann. Diese Ergänzung bietet dem elektronischen Datenaustausch eine völlig neue Perspektive in Bezug auf den kollaborativen Informationsfluss entlang der eSupply Chain. Vergleichbar mit dem EDI-Datentransfer werden bei der prozessorientierten Übertragung von Daten zusätzliche Informationen transferiert, die den Empfängeranwendungen beschreiben, um welchen Datentyp es sich handelt und wie mit den übertragenen Daten verfahren werden soll. Die Anwendungsbereiche im eSCM liegen insbesondere im Austausch von Datenbankinhalten, elektronischen Artikelkatalogen und ERP-Systemdaten (z.B. Bestelldaten) um ein neutrales Datenformat zwischen Partnern zu sichern.[64] Ferner erhöht XML die Flexibilität bei der temporären Einbindung von kurzfristigen Geschäftspartnern und KMU, was mit EDI nicht gleichermaßen möglich ist.

4.2 Transaktionsabwicklung über Front-End-Lösungen

Bisher wurden Datenaustauschstandards vorgestellt, die es ermöglichen Daten und Informationen über Point-to-Point Anbindungen innerhalb der Supply Chain auszutauschen. Der folgende Abschnitt soll sich nun mit Informationstechnologien zur Abwicklung prozessorientierter Transaktionen zwischen eSupply Chain-Partnern befassen. Dazu dienen eine Reihe von Geschäftsmodellen, die als Kommunikations- und Transaktionsplattformen die Prozesskette ganzheitlich unterstützen sollen. Da diese Informationstechnologien einen direkten Kontakt mit externen Geschäftspartnern, wie Kunden und Lieferanten ermöglichen, werden diese Applikationen auch als Front-Ends bezeichnet.

Als Geschäftsmodelle dienen hierbei internetbasierende Front-End-Lösungen, wie elektronische Marktplätze, Portale, Intranet- und Extranet-Lösungen sowie Shopsysteme. Sie unterstützen sowohl Beschaffungsprozesse (eProcurement) als auch Vertriebsprozesse (eSales) zu Geschäftskunden (B2B) und Endkonsumenten (B2C).

Kennzeichnend für diese Informationstechnologien ist die Integration der Back-End-Systeme über Schnittstellen, um einen validen und echtzeitgetreuen Informationsaustausch zu gewährleisten. Back-Ends bezeichnen in diesem Zusammenhang bestehende Informationssysteme (ERP-Systeme) und Datenbanken, die der Unterstützung und Datenversorgung aller Geschäftsprozesse (Einkauf, Vertrieb, Produktion, Finanzen) dienen.

4.2.1 Online-Shops

Eine Vielzahl von Unternehmen hat inzwischen virtuelle Kaufhäuser, sogenannte Online-Shops, errichtet. Dabei handelt es sich um ein elektronisch aufbereitetes Produktangebot auf einer Website, dass überwiegend von Endkonsumenten (B2C) für Shoppingzwecke genutzt wird. Vereinzelt kann es jedoch auch Beschaffungszwecken von

---

[64] Vgl. Ollmert, Extensible Markup Language, In: Thome, R., Schinzer, H. (2000), S. 209–227

Unternehmen (B2B) dienen. Erfolgreich vertriebene Produkte sind im B2B-Bereich insbesondere Bücher, CDs, Hard- und Software, Lebensmittel, Textilprodukte und Reisen.

Kennzeichen von Online-Shops[65]

Online-Shops sind durch eine One-to-Many-Geschäftsbeziehung zwischen einem Anbieter und vielen Nachfragern gekennzeichnet. Dies gilt ebenso für Shop-Verbund-Systeme, den sogenannten Shopping Malls, die mehrere Shops zu virtuellen Shoppingzentren zusammenfassen. Weitere Kennzeichen sind:

- elektronische Produktkataloge mit Visualisierungen,
- Suchmöglichkeiten und Zusatzinformationen zu Produkten,
- Warenkorbfunktion (virtuellen Einkaufskorb) zur Ablage der ausgewählten Produkte,
- automatische Auflistung der Waren und Rechnungsbeträge,
- breite Auswahl von Zahlungssystemen,
- multimedial aufbereitetes Shoppingangebot,
- Abbildung der Allgemeinen Geschäftsbedingungen (AGBs),
- Auftragsbestätigung via E-Mail,
- Authentifizierung des Kunden über Benutzerkennworteingabe oder Cookies,
- kundenspezifisches Produktangebot (One-to-One Marketing, Cross-Selling),
- Schnittstellen zu Back-End-Systemen für Echtzeit-Warenverfügbarkeitsprüfungen, sowie zur Vermeidung von Medienbrüchen und Redundanzen bei der Abwicklung.

Praxisbeispiel: Dell

Der Computerdirektvertrieb Dell (www.dell.de) vertreibt über eine Online-Shop-Lösung kundenspezifisch konfigurierbare PCs und Notebooks für ein Vielzahl von Kundenwünschen. Über eine grafische Visualisierung von Standardprodukten verschiedener Leistungs- und Preiskategorien kann ein PC ausgewählt und anschließend über ein Katalogsystem aus einer Vielzahl von Zusatzkomponenten (Grafikkarte, Festplatte, Modem) individuell zusammengestellt werden. Nach der Bestellung und Begleichung der Ware erfolgt eine elektronische Auftragsbestätigung. Die Kundendaten werden direkt in das ERP-System von Dell transferiert und zur Auftragsabwicklung weitergeleitet (Vertrieb, Produktion, Beschaffung). Innerhalb kürzester Zeit erhält der Kunde seinen persönlichen Wunsch-PC frei Haus geliefert.

---

[65] Vgl. Amor (2000), S. 321–345

Abb. 4–1: Online-Shop des Computerherstellers DELL

4.2.2 Elektronische Marktplätze

Ein Geschäftsmodell, welches dem kollaborativen Austausch von Waren, Gütern und Dienstleistungen im eSupply Chain Management in einer ganzheitlichen Sichtweise gerecht wird, sind Elektronische Marktplätze (EM). Sie stellen einen virtuellen Handelsraum für wirtschaftliche Transaktionen dar und unterstützen sämtliche Vorgänge der Koordination von Austauschprozessen.[66] Elektronische Marktplätze werden primär als Transaktionsplattformen für den elektronischen Handel zwischen Unternehmen (B2B) eingesetzt. Angebotene Produkte sind hier insbesondere C-Artikel, wie Büromaterialien, jedoch auch produktionsnahe A- und B-Artikel, wie Drehteile oder Rohstoffe.

Nutzenpotenziale von EMs für Klein-, Mittel- und Großbetriebe[67]

- Potenzielle Transaktionspartner können schnell und kostengünstig gefunden werden.
- Transaktionen können ortsunabhängig, kosten- und zeiteffizient abgewickelt werden.
- Preisverhandlungen durch die Nutzung von Ausschreibungen und Auktionen.
- Senkung der Einstandspreise durch verbesserte Preis- und Anbietertransparenz.

---

[66] Vgl. Kollmann, Elektronische Marktplätze, In: Bliemel, F. et al. (2000), S. 126
[67] Vgl. Dunz, Grundlagen des E-Business, In: Wannenwetsch (2002a), S. 18f.

Kennzeichen von Elektronischen Marktplätzen

Charakteristisch für EM ist eine Many-to-Many-Geschäftsbeziehung, da eine Vielzahl von Anbietern und Nachfragern in diesen virtuellen Handelsräumen zusammentreffen. Über EM können somit alle eSupply Chain-Partner, wie Kunden und Lieferanten integriert werden, um untereinander Transaktionen abzuwickeln. Weitere Kennzeichen sind:

- Integration von Herstellern, Kunden, Lieferanten und Dienstleistern,
- Schnittstellen zu Back-End-Systemen (ERP-Systeme),
- Anbindung von Logistikdienstleistern und Speditionen,
- Ausschreibungs- und Auktionsmöglichkeiten (Reverse Auctions),
- Anfragemöglichkeiten und Suchfunktionen (Beschaffungsmarktforschung),
- elektronische Artikelkataloge und Visualisierungen,
- Realtime-Lieferterminzusagen,
- verschiedene Zahlungsmöglichkeiten (z.B. auf Rechnung oder Purchasing Cards).

Differenzierung von Elektronischen Marktplätzen[68]

- **Offene Marktplätze** offerieren sich allen Marktteilnehmern, um einer Vielzahl von Unternehmen und Konsumenten kostengünstig eine weltweite Markttransparenz und einen vereinfachten Zugang zu neuen Märkten und Ressourcen zu verschaffen (Beispiel: C-Artikelmarktplatz: www.trimondo.de).
- **Geschlossene Marktplätze** stellen dagegen Transaktionsplattformen dar, die nur einer geschlossenen Teilnehmergruppe Zutritt gewähren, um untereinander Prozesse abzuwickeln (Beispiel: Marktplatz der Automobilindustrie: www.convisint.com).
- **Horizontale Marktplätze** sind branchenübergreifende Transaktionsplattformen auf welchen eine Vielzahl von Gütern und Dienstleistungen ausgetauscht werden (Beispiel: Branchenunabhängiger C-Artikelmarktplatz: www.mondus.de).
- **Vertikale Marktplätze** bieten ausschließlich Güter, Waren und Dienstleistungen einer bestimmten Branche an (Beispiel: Chemiebranchenspezifischer Marktplatz: www.chemfidence.de).

Praxisbeispiel: Supply On AG

Die elektronische Marktplatz-Lösung von SupplyOn (www.supply-on.de) ist eine branchenspezifische Transaktionsplattform der Automobilindustrie. An ganze Reihe namhafter Automobilzulieferer, wie u.a. Bosch, Continental, INA und ZF partizipieren an der kollaborativen Form des Handels. Über Abrufe bei den Zulieferern hinaus kann nach neuen Partnern recherchiert, Angebote eingeholt bzw. abgegeben sowie an Online-Auktionen teilgenommen werden. Zur Auftragsabwicklung werden ergänzend Logistikdienstleiter mit der Auslieferung der Waren beauftragt. Des weiteren kann der gesamte Informationsfluss von der Liefersteuerung bis zum Eintreffen der Ware beim Kunden über eine Web-EDI-Lösung abgebildet werden.

---

[68] Vgl. www.beschaffungswelt.de vom 16.05.02

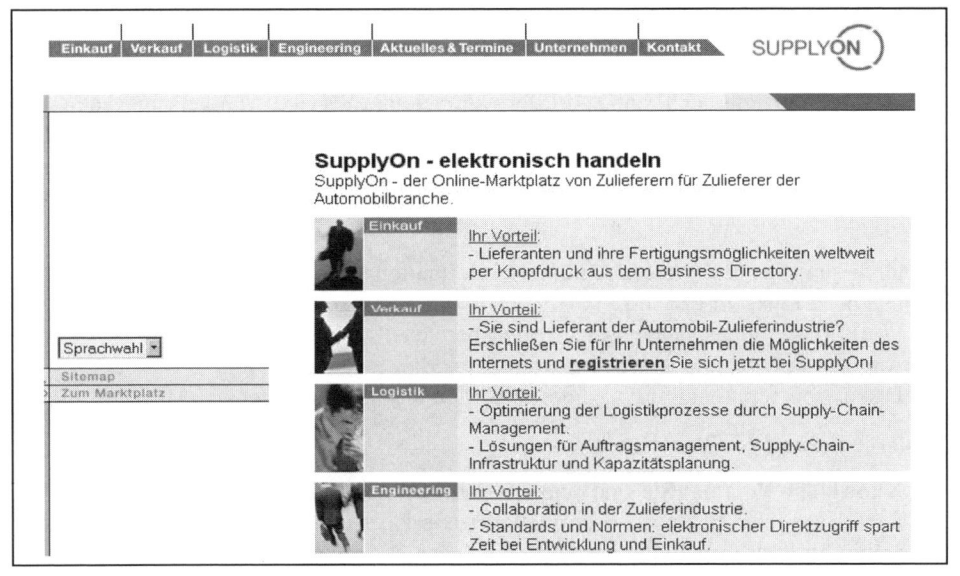

Abb. 4–2: Elektronische Marktplatz-Lösung von SupplyOn

4.2.3 Portale

Unter einem Internetportal versteht man gemeinhin eine Website, die als Eingangstür ins Internet von möglichst vielen Besuchern genutzt werden soll. Den Nutzern wird ein einfacher und unkomplizierter Austausch von Wissen und Informationen ermöglicht.[69] Im Gegensatz zu Elektronischen Marktplätzen werden hier keine direkten Transaktionen abgewickelt, sondern verschiedene nutzerfreundliche Funktionen und Dienste angeboten, wie u.a. Suchmaschinen, E-Mail-Dienste, News und Börsenkurs-Abfragen, die gleichzeitig als Lockangebot für das Portal verstanden werden. Die Grenzen zu elektronischen Transaktionen sind jedoch fließend, denn oft können Shopsysteme oder EM angehängt sein. Informationsangebote stellen im B2C-Bereich insbesondere Wissensarchive, aktuelle News, Zeitschriftenartikel, Bilderarchive dar. Ein B2B-ausgerichtetes Portal beinhaltet häufig gemeinsame Arbeitsbereiche, Workflow Engines für die verteilte Gruppenarbeit, Aufgabenlisten, Dokumentenmanagement (Technische Datenblätter) oder Liefer-, Konditions- und Produktinformationen kooperierender Partner.

---

[69] Vgl. IT-Glossar, In: www.competence-site.de vom 20.01.02

Kennzeichen von Portalen

Portale ermöglichen eine Many-to-Many-Geschäftsbeziehung, bei der mehrere Interessenten über ein zentrales Front-End Informationen und Services von verschiedenen Anbietern oder Geschäftspartnern beziehen können. Im Hinblick auf eSCM-Strategien kann demnach ein Portal sowohl als Kundenbindungsinstrument im Endkundengeschäft (B2C) eingesetzt werden, als auch im Sinne eines Business Portals (B2B) als Information-Broker online zur Verfügung gestellt werden. Weitere Kennzeichen sind:

- umfangreiches und nutzerfreundliches Informationsangebot,
- nützliche Links zu Partnern,
- Workflow-Engines, gemeinsame Arbeitsbereiche,
- Anbindung von eShops oder elektronischen Marktplätzen,
- Diskussionsforen und Servicedienste (E-Mail, Chat, Newsgroups).

Differenzierung von Portalen[70]

- **Knowledge-Portale:** Sie sind dem Bereich Informationslogistik zuzuordnen und liefern zielgruppenspezifische Informationen, Services und Dienste (Beispiel: Wissensarchiv für IT-Informationen: www.competence-site.de).
- **Transaktionsportale:** Diese Portalart fungiert als elektronische Transaktionsplattform für Ausschreibungen und Auktionen (Beispiel: Marktplatz für Chemie und Life-Science-Industrie: www.cc-chemplorer.com).
- **Collaborative Portale:** Sie fokussieren auf die unternehmensübergreifende Zusammenarbeit durch die Bereitstellung entsprechender IuK-Infrastrukturen (Beispiel: Business-Portal von der MVVEnergie AG: www.mvv-business.de).

Praxisbeispiel: MVV Energie AG

Das umfassende Collaborative Portal „MVV Business" (www.mvv-business.de) des Energiedienstleisters MVV spricht Kunden aus Industrie, Gewerbe und Kommunen sowie die Geschäftspartner des MVV-Konzerns an. Es unterstützt Projekte von der Entwicklung bis zur Umsetzung. Über die Extranet-Lösung, genannt MVV Workplace, sind sensible Daten ausschließlich involvierten Geschäftspartnern zugänglich.

Zum einen können somit berechtigte Kunden in ihren Datenbestand einsehen und zum anderen Großprojekte im Verbund standortübergreifend bearbeitet werden. Darüber hinaus erhalten Geschäftskunden einen komfortablen Überblick über die individuellen Leistungsangebote der MVV. Hierbei findet der Kunde bei jeder Produktgruppe einen Ansprechpartner mit Bild, Telefonnummer und E-Mail-Adresse, so dass eine schnelle und direkte Kontaktaufnahme gesichert ist.

---

[70] Vgl. o.V. Internet-Marktplätze und Portale: Hype oder Erfolgskonzept, In: www.webagency.de vom 11.02.02

Abb. 4-3: Business Portal der MVV Energie AG

4.2.4 Intranet-, Extranet-Lösungen

Weitere Informationstechnologien, die als IT-Instrumente im eSupply Chain Management zum Einsatz kommen, sind Intranet- und Extranet-Lösungen. Als Informations- und Transaktionsplattformen unterstützen sie sowohl unternehmensinterne als auch unternehmensübergreifende Geschäftsprozesse. Zu den Online-Angeboten gehört grundsätzlich das firmenspezifisch vertriebene Produktprogramm und jegliche Form von Daten und Diensten, welche der Optimierung von Geschäftsprozessen dienen.

Intranet

Bei einem Intranet handelt es sich um ein unternehmensinternes TCP/IP-basiertes Netzwerk, in dem Informationen für eine geschlossene Benutzergruppe über Browser-Software zugänglich gemacht werden.[71] Ein Intranet-Front-End eröffnet eine Art betrieblicher Marktplatz, auf dem jeder Mitarbeiter eines Unternehmens Zugriff auf prozessorientierte Informationen bezüglich Geschäftspartnern und Lieferanten aber auch internen Prozessinformationen beziehen kann. Ergänzend können eProcurement-Lösungen über gespeicherte elektronische Produktkataloge von Lieferanten in ein Intranet integriert werden, um nachhaltig Beschaffungskosten zu reduzieren.

---

[71] Block, Einführung in das Internet und Internettechnologien, In: Strub (1999), S. 53

Extranet

Bei einem Extranet handelt es sich um eine Erweiterung des Intranets um externe Geschäftspartner, die im Rahmen einer geschlossenen Benutzergruppe jeweils gegenseitig beschränkten Zugriff auf das firmeneigene Intranet haben. So können sämtliche Informationen zwischen eSupply Chain-Partnern ausgetauscht und untereinander Transaktionen abgewickelt werden.[72] Zum Beispiel kann ein Mitarbeiter via Extranet-Benutzerkennwort beim Lieferanten eine Bestellung abgeben oder ein Außendienstmitarbeiter Kundendaten im firmeneigenen Intranet orts- und zeitunabhängig abfragen.

Kennzeichen von Intranet/Extranet

Kennzeichnend für Intranet/Extranet-Lösungen ist eine One-to-Many-Geschäftsbeziehung, da ein Unternehmen vielen Mitarbeitern und Geschäftspartnern einen virtuellen Kommunikations- und Transaktionsraum bietet. Weiter Kennzeichen sind:

- Kommunikationsmöglichkeiten (E-Mail, Chats),
- zentrales Informationsverzeichnis (Telefonbücher, News, Produktinformationen),
- Anbindung von eProcurement- und eSales-Lösungen (elektronische Produktkataloge),
- geschlossener Benutzerkreis und Datennetze mit hohen Sicherheitsstrukturen.

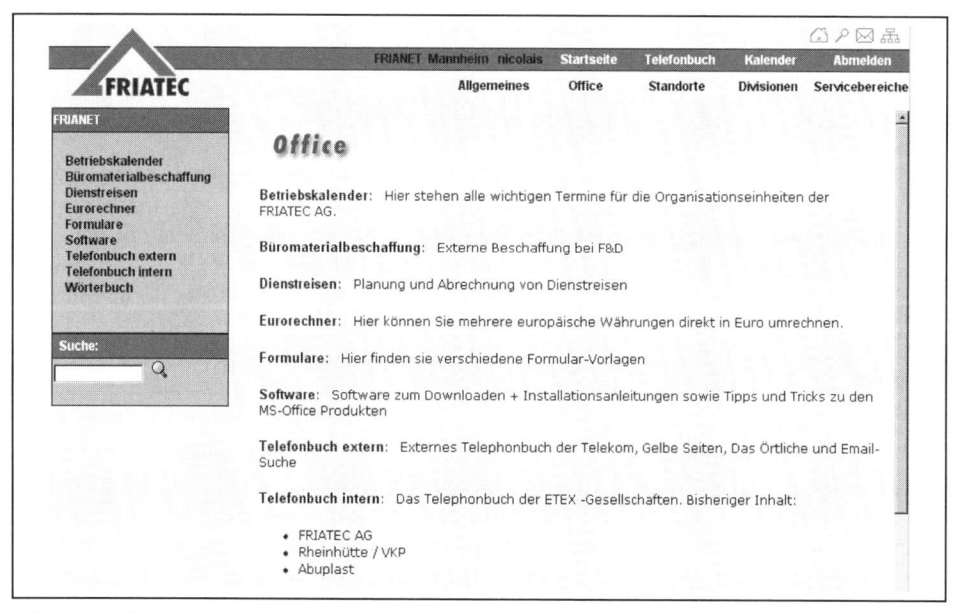

Abb. 4–4: Intranet-Lösung der FRIATEC AG

---

[72] Vgl. Amor (2000), S. 45

> **Fallbeispiel: FRIATEC AG**
>
> Der Industriebetrieb FRIATEC AG konnte durch die Intranet-Lösung „Frianet" erhebliche Prozessoptimierungen in den administrativen Geschäftsabläufen erzielen. Zum umfangreichen Informations- und Serviceangebot für die Mitarbeiter zählen u.a. Online-Buchungen von Weiterbildungskursen, Reisekostenabrechnungen, Telefonverzeichnisse mit Bild, Firmennews sowie konzernweite Produktinformationen. Über ein Extranet partizipieren ebenso Außendienstmitarbeiter an diesen Diensten. Ergänzend ist die Büromaterialbeschaffung über eine eProcurement-Lösung im Intranet realisiert worden, die nachhaltig Beschaffungskosten senkt und den operativen Einkauf erheblich entlastet.

4.3 Betriebliche Back-End-Systeme – Von MRP I- über ERP- zu SCM-Systemen

Für eine effiziente Auftragsabwicklung im eSCM sind Schnittstellen zwischen Front-End-Systemen und betrieblichen Informationssystemen, den sogenannten Back-End-Systemen, erforderlich. Als informatorisches „Nervensystem" der eSupply Chain dienen diese Systeme der Planung, Steuerung und Koordination aller Geschäftsprozesse im und zwischen Unternehmen. Im Folgenden wird in Anlehnung Abb. 4–5 sukzessive die Entwicklung von betrieblichen Informationssystemen beschrieben.

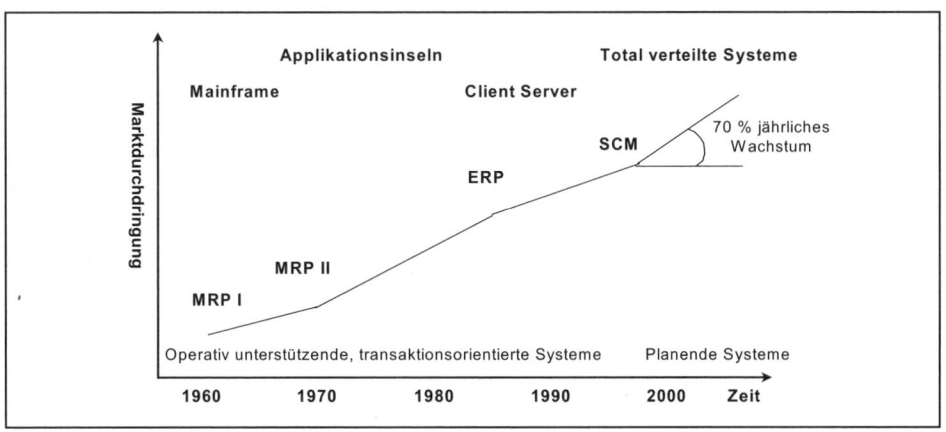

Abb. 4–5: Marktdurchdringung betrieblicher Unterstützungssysteme[73]

---

[73] Quelle: Von Steinaecker, Kühner, Supply Chain Management – Revolution oder Modewort?, In: Lawrenz et al. (2000), S. 42

4.3.1 Material Requirement Planning (MRP I)-Systeme

Auf der ersten Stufe dieser Entwicklung, die gekennzeichnet war von Initiativen zur Optimierung isolierter, funktional ausgerichteter Aufgaben, wurden Karteikartensysteme durch Datenbanken ausgetauscht sowie einfache Planungen in Tabellenkalkulationsprogrammen bewältigt. Parallel hierzu etablierten sich neben diesen Eigeninitiativen die erste Generation von betrieblichen Softwareapplikationen, die sogenannten MRP I-Systeme (Material Requirement Planning). Bei MRP I-Systemen wurden ausgehend von einem geplanten Bedarf an Enderzeugnissen (Programmplanung) über Stücklistenprozessoren die entsprechenden Bedarfe an Halbfertigerzeugnissen, Rohstoffen und Zukaufteilen abgeleitet. Jedoch beschränkte sich die Planung der benötigten Materialien ausschließlich auf eine Mengen- und Terminplanung. Eine Verfügbarkeitsprüfung von benötigten Ressourcen, wie Maschinen-, Personen-, Finanz- oder Transportkapazitäten wurde vernachlässigt, weshalb durch MRP I nicht garantiert werden konnte, dass ein erstellter Produktionsplan durchführbar war.[74]

4.3.2 Manufacturing Resource Planning (MRP II)-Systeme

Deshalb wurden in den achtziger Jahren Softwareanwendungen, wie Manufacturing Resource Planning-Systeme (MRP II-Systeme) entwickelt, welche das MRP I-Konzept um eine Kapazitäts- und Terminplanung sowie um die Integration weiterer Funktionsbereiche, wie Beschaffung, Fertigung und Lager ergänzte. So konnte durch die informatorische Verknüpfung auf Prozessdaten aus dem operativen Tagesgeschäft, wie u.a. Lagereingangs- und -ausgangsdaten, offene und geplante Fertigungsaufträge und offene Beschaffungsaufträge zugegriffen werden. Ein Ressourcenabgleich bezüglich Personal, Maschinen und Materialien wurde durch den Einsatz von Produktionsplanungs- und steuerungssysteme (PPS) erreicht, die neben Materialbeständen fertigungsrelevante Ressourcen wie Taktzeiten und Maschinenkapazitäten über Arbeitspläne berücksichtigten. Die Schwäche bei den MRP II-Systemen liegt in der sequenziellen Ausführung der Planungsstufen (Materialbedarfsplanung, Kapazitäts- und Terminplanung). Dies induziert lange Planungszyklen und führt bei kurzfristig auftretenden Ressourcenengpässen (Lieferverzug, Maschinen- und Personalausfälle) häufig zu obsoleten Planungsergebnissen.[75]

---

[74] Vgl. Bartsch, Bickenbach (2001), S. 26

[75] Vgl. Holland, Supply Chain Optimization Systems in der Materialwirtschaft, In: Walther, Bund (2001), S. 84f.

4.3.3 Enterprise Resource Planning (ERP)-Systeme

Auch die Erweiterung des MRP II-Konzeptes durch die Entwicklung der sogenannten Enterprise Resource Planning-Systeme (ERP-Systeme) Mitte der 80er Jahre, welche weiterer Unternehmensfunktionen wie Rechnungswesen, Einkauf und Personalwesen integrierten, stellten keine grundsätzliche Lösung der dargestellten Probleme dar. Die Schwächen der ERP-System äußerten sich weiterhin auf der Planungs- und Dispositionsebene. Jedoch wurde durch die Einbeziehung weiterer Bereiche eine vollständige Integration des innerbetrieblichen Informationsflusses erreicht. ERP-Systeme bilden somit die kompletten, internen Geschäftsprozesse eines Unternehmen ab.

Vorteile aus der Konsolidierung funktionsspezifischer Daten

- Konzernweit integrierte Zugriffsmöglichkeiten und Auswertungsmöglichkeiten
- Vermeidung von redundanten Datenerfassungen

Inzwischen haben fast alle Unternehmen ERP-Systeme von bekannten Softwareherstellern wie SAP, BaaN, Peoplesoft, J.D.Edwards und Oracle eingeführt. Deshalb kennzeichnen ERP-Systeme den derzeitigen Stand implementierter Informationssysteme.[76] Den Anforderungen im eSCM werden ERP-Systeme jedoch nicht gerecht, da diese Systeme ausschließlich auf die Optimierung der internen Prozesse fokussieren.[77]

4.3.4 Supply Chain Management (SCM)-Systeme

Als Konsequenz aus der Beschränkung der ERP-Systeme auf die internen Prozesse wurden in den neunziger Jahren Supply Chain Management-(SCM)Systeme entwickelt. Diese werden in den folgenden Abschnitten ausführlich vorgestellt, mögliche Softwareanbieter sowie entstehende Investitionsaufwendungen werden skizziert.

4.3.4.1 Begriff und Charakterisierung von SCM-Systemen

Bei einem SCM-System handelt es sich um ein Anwendungssystem, das die Planung, Optimierung und Steuerung der gesamten Logistikkette unterstützt – also des Geld-, Informations- und Materialflusses.[78] Die Logistikprozesse werden dabei durch eine kurzfristig flexible, integrierte, simultane und am Kundenwunsch orientierte Planung

---

[76] Vgl. Holland, Supply Chain Optimization Systems in der Materialwirtschaft, In: Walther, Bund (2001), S. 85ff.

[77] Vgl. Baumgarten, Trends und Strategien in der Logistik – Die Entwicklung und die Zukunft der Logistik, In: Baumgarten (2001), S. 15

[78] Scheer, Ein Logistikkonzept, das die MRP-II-Philosophie ablöst, In: Logistik Heute (3/99), S. 13

und Steuerung nicht nur innerhalb eines Unternehmens optimiert, sondern von dem Kunden des Kunden bis zum Lieferanten des Lieferanten.[79]

Nutzenpotenziale von SCM-Systemen[80]

- Reduzierung der Kosten durch verbesserte Planungsmöglichkeiten
- Optimierung des Informationsfluss über die gesamte Supply Chain
- Transport und Liegezeiten verkürzen
- Kostenoptimale und durchführbare Pläne
- Optimale Reaktionsfähigkeit durch Echtzeitdaten von allen Supply Chain Partnern

Im Vergleich zur ERP-Planung werden demnach über die internen Prozesse hinaus ergänzend externe Prozesse zu Lieferanten und Kunden optimiert. Die wesentlichen Unterschiede in den Planungsansätzen zwischen ERP- und SCM-Systemen werden in Tabelle 4–1 abgebildet.

ERP- und SCM-Systeme im Vergleich		
Planungs-	**ERP**	**SCM**
-ziel	Optimale Unternehmensplanung	Optimale Supply Chain Planung
-methode	Sukzessiv/ sequenziell	Simultan, restriktionsorientiert
-zyklus	Tage/ Wochen	In Echtzeit
-schwächen	Keine Echtzeitrestriktionen Lange Planungsdauer	
-ergebnis	Obsolete Pläne	Optimal machbare Pläne

Tabelle 4–1: Planungsansätze in ERP- und SCM-Systemen im Vergleich

4.3.4.2 Ganzheitliche Planungssystematik von SCM-Systemen

SCM-Systeme verändern die traditionelle MRP II-Planungslogik durch ergänzende Module und leistungsfähige Optimierungsalgorithmen unter Berücksichtigung von Restriktionsaspekten (Constraints) zur Lösung komplexer Planungsprobleme. Die Planung wird hierbei über spezielle SCM-Planungsmodule abgewickelt, die seitens der ursprünglichen SCM-Systemanbieter, wie u.a. I2 und Manugistics als Advanced Planning und Scheduling- Systeme (APS-Systeme) bezeichnet wurden. APS-Systeme bzw. SCM-Systeme sind reine Planungssysteme, welche die Supply Chain rechnergestützt in einem Modell

---

[79] Seidl, Supply Chain Management Software – Einsatzmöglichkeiten und Nutzenerwartungen, In: Pfohl (2000), S. 168
[80] Vgl. Wannenwetsch (2002b), S. 30ff.

erfassen. Während klassische Planungen sequenziell durchgeführt und separate, unkoordinierte Pläne für die Bereiche Produktion, Beschaffung und Distribution erstellt wurden, ermöglichen APS-Systeme simultan den Material- und Kapazitätsbedarf gegen tatsächlich verfügbare Kapazitäten abzugleichen. Dabei wird der Ressourceneinsatz über die gesamte Supply Chain optimiert. Von der die MRP II kennzeichnenden Sukzessivstufenplanung wird zu einer simultanen Mehrfachressourcenplanung gewechselt.

Durch die SCM-Systeme können „What-If-Fälle" (z.B. ein Produktions- oder Lieferengpass) simuliert werden. Hierzu greifen die Planungsmodule über Schnittstellen zu ERP-Systeme auf Realtime-Prozessdaten aller Partner zu, simulieren die Veränderung über die Versorgungskette und transferieren entscheidungsunterstützend bedarfskonforme Daten in die ERP-Systeme zurück. Die hohen Geschwindigkeiten werden durch den Einsatz moderner Speichermechanismen erreicht, die einen Großteil planungsrelevanter Daten resistent im Hauptspeicher (Cache) vorhalten.

ERP-Systeme werden demnach nicht durch SCM-Anwendungen abgelöst, sondern als sogenanntes „Backbone" genutzt, indem die Stamm- und Bewegungsdaten aus ERP-Lösungen aller Supply Chain Partner über Schnittstellen integriert werden. ERP-Systeme dienen weiterhin operativen, transaktionsorientierten Aufgaben wie der Auftragserfassung und Fertigungsabwicklung, während die SCM-Systeme ausschließlich als Planungsinstrument eingesetzt werden.

Praxisbeispiel: SCM bei Aventis Pharma

Das Pharma Unternehmen Aventis zieht erste Bilanz aus der SCM-System Implementierung SAP Advanced Planner & Optimizer (SAP APO) mit Hilfe des Beratungsunternehmen Camelot ID Pro AG. Da Aventis bereits früh über hoch integrierte interne Datenflüsse durch das konzernweite ERP-System SAP R3 verfügte, konnten hohe Nutzenpotenziale durch die Vernetzung mehrerer Produktionsstätten in Deutschland über SAP APO erzielt werden. Nur drei Monate nach dem Produktiveinsatz im strategischen Standort Frankfurt konnten folgende Nutzenpotenziale erwiesen werden.[81]

- Simultane Produktionsablaufplanung von Ressourcen über mehrere Standorte unter Berücksichtigung der pharmazeutischen Produktionsrestriktionen.
- Höhere Transparenz und Aktualität über den Informations- und Materialfluss durch Echtzeitintegration der Supply Chain Planungs- und Abwicklungssysteme.
- Geringere Rüstzeiten und höhere Produktivzeiten an den Anlagen durch den Einsatz von Optimierungsalgorithmen.
- Höhere Umschlagshäufigkeit der Bestände bzw. geringere Lagerbestände.
- Höhere Reaktionsgeschwindigkeit und Flexibilität durch die Verkürzung des Planungszyklus von zwei Wochen auf zwei Tage und Echtzeitdatenverfügbarkeit über mehrere Standorte.

---

81 Vgl. Projektbericht von Camelot IDPro AG, In: www.camelot-idpro.de vom 20.02.02

4.3.4.3 Softwaremarkt und Anbieter

Inzwischen partizipieren eine ganze Reihe von SCM-Softwareanbietern aktiv an der Gestaltung dieses neuen Wachstumsmarktes, der laut Angaben des US Marktforschungsinstituts International Data Corp. von 13 Mrd. US$ 1998 auf 22,9 Mrd. US$ im Jahr 2003 anwachsen soll.[82] Die Entwicklungsinitiativen im Bereich der SCM-Software lassen sich im wesentlichen in zwei Herkunftsbereiche aufgliedern. So drängen einerseits große ERP-Anbieter, wie u.a. SAP, BaaN, Oracle und Peoplesoft durch Erweiterung ihres Angebots um Add-On-Pakete in den SCM-Markt, was sich jüngst in den Aufkäufen von SCM-Anbietern (Kauf von Red Pepper durch Peoplesoft) oder Eigenentwicklungen (SAP APO) wiederspiegelt. Andererseits versuchen traditionelle SCM-Anbieter, wie z.B. I2 Technologies, ihre Marktstellung durch Erweiterungen in Richtung eCommerce und Kooperationen zu ERP-Anbietern (z.B. I2 Technologies mit Oracle) zu behaupten.

Eine umfassende Analyse des SCM-Softwaremarktes ist einer Studie der Fraunhofer Institute Produktionstechnik und Automatisierung (IPA) und Materialfluss und Logistik (IML) zu entnehmen. Die Ergebnisse werden in Bezug auf die Unterstützung von SCM-Planungsfunktionalitäten nach Anbietern in der Matrix dargestellt (siehe Tabelle 4–3).

4.3.4.4 Implementierungs- und Amortisationszeiträume

Wie oben beschrieben wurde, bauen SCM-Systeme über Schnittstellen auf Datenbasen bereits eingeführter, kosten- und zeitintensiver ERP-Implementierungen auf, was den Implementierungszeitraum von SCM-Systemen vergleichsweise niedrig erscheinen lässt. Ergänzend sind die Kosten einer Einführung gegenüber ERP-Systemen relativ erschwinglich. Der durchschnittliche Amortisationszeitraum, die Einführungszeit sowie die Investitionskosten für die Implementierung von SCM-Systemen im Vergleich zu ERP-Systemen stellen sich wie in Tabelle 4–2 dar.

	Return on Investment	
	SCM-Systeme	ERP-Systeme
Kosten	100 bis 500 Tsd €	>500 Tsd €
Einführungszeit	6 – 9 Monate	12 – 36 Monate
Amortisationszeitraum	6 – 12 Monate	2 – 5 Jahre

Tabelle 4–2: Amortisationszeiträume von SCM- und ERP-Systemen im Vergleich[83]

---

82 Vgl. Polster, Goerke, Strategischer Nutzen des Supply Chain Management, In: Beschaffung Aktuell (1/02), S. 32

83 Quelle: SCM Competence & Transfer Center, In: www.iml.fhg.de/%7Escm-ctc/marktstudie.html vom 10.02.02

Betriebliche Back-End-Systeme – Von MRP I- über ERP- zu SCM-Systemen

	Strategische Planung	Netzwerkplanung	Produktionsplanung	Feinplanung	Bedarfsplanung	Bestandsplanung	Distributionsplanung	Transportplanung	Controlling	Available-to-Promise
Aspentech	●	●	●	●	●	●	●	●	●	●
Baan	●	●	●	●	●	●	●	●	●	●
BLLB	○	◐	◐	◐	●	●	○	○	●	○
debis	○	●	○	○	●	●	●	○	●	●
DMC-KGC	●	●	●	●	●	●	●	◐	●	●
DynaSys	◐	●	●	●	●	●	◐	○	○	●
I2	●	●	●	●	●	●	●	●	●	●
ICON	○	◐	●	●	●	●	◐	○	○	●
JBA	◐	●	●	●	●	●	●	●	●	◐
Logility	●	●	●	●	●	●	●	●	○	◐
Manugistics	●	●	●	●	●	●	●	●	●	●
Numetrix	●	●	●	●	●	●	●	◐	●	●
PeopleSoft	○	●	●	●	●	●	●	●	●	●
SAP	◐	●	●	●	●	●	●	◐	●	●
SCT	●	●	●	●	●	●	●	●	○	●
SKYVA	○	●	●	●	○	◐	○	○	○	●
Symix	●	●	●	●	○	○	●	●	●	●
Synquest	●	●	●	●	●	●	●	●	●	●
TRW	●	●	●	●	●	●	●	○	●	●
Wassermann	●	●	●	●	●	●	○	○	◐	●

● Funktion wird unterstützt
◐ Funktion wird teilweise unterstützt
○ Funktion wird nicht unterstützt

Tabelle 4–3: Funktionsumfang von SCM-Systemen nach Anbietern[84]

---

[84] In Anlehnung an Quelle: Studie des Fraunhofer IML im Auftrag des Landes Nordrhein-Westfalen (2000): Logistik und E-Commerce Konzepte für Ballungszentren, S. 65

4.4 eSupply Chain Management-Systeme als Erfolgsinstrument

Ein eSCM-System ist eine modular aufgebaute Softwarelösung, die insgesamt als eine einheitliche Lösung zu verstehen ist. Es werden Gestaltungs- sowie verschiedene Planungs- und Ausführungsmodule mit unterschiedlichen Funktionen differenziert. Vor dem Hintergrund der Unterstützung eines inner- oder überbetrieblichen Logistiknetzwerkes werden diese Module auch als „eSCM-Funktionalität" verstanden. Die einzelnen Module sind funktionsorientiert auf verschiedenen Ebenen angesiedelt. Grundsätzlich lässt sich der Aufbau von eSCM-Systemen in die folgende Ebenen einteilen.[85]

Ebenen und modulare Bestandteile von eSCM-Systemen

- **Supply Chain Design (SCD)**
  SCD beinhaltet ein Modul zur Erfassung eines eSupply Chain Modells.
- **Supply Chain Planning (SCP)**
  SCP beinhaltet die Planungsmodule von SCM- bzw. APS-Systemen.
- **Supply Chain Execution (SCE)**
  SCE beinhaltet Ausführungsmodule, die nicht Module eines SCM-Systems sind, sondern durch operative, transaktionsorientierte ERP-Systeme und eBusiness-Front-End-Lösungen wie elektronischen Marktplätzen abgedeckt werden.

Die Fraunhofer Institute IPA/IML haben hierzu ein eSCM-Modell definiert, welches in Abb. 4–6 abgebildet und anschließend ausführlich erläutert wird.

4.4.1 Supply Chain Design (SCD)

Die Designebene, die auch als Konfigurationsebene bezeichnet wird, stellt die benötigten Basisinformationen und Restriktionsvorgaben für die untergeordneten Planungs- und Ausführungsebenen bereit. Ziel ist ein realitätsnahes eSupply Chain Modell abzubilden.

Strategische Netzwerkgestaltung

Aufgabe der strategischen Netzwerkgestaltung ist eine außerhalb der operativen und taktischen Planung durchgeführte langfristige Gestaltung einer optimalen Logistikkette. Ausgerichtet an gemeinsamen Netzwerkzielen sollen mit Hilfe von What-If-Simulationen kostenoptimale Entscheidungen hinsichtlich Investitions-, Verteilungs- und Rationalisierungsmaßnahmen sowie Standortentscheidungen getroffen werden.[86]

---

[85] Vgl. Von Steinaecker, Kühner, Supply Chain Management – Revolution oder Modewort?, In: Lawrenz et al. (2000), S. 42

[86] Vgl. Pirron, Reisch et al.: Werkzeuge der Zukunft, In: Logistik Heute (11/98), S. 62–65

eSupply Chain Management-Systeme als Erfolgsinstrument 79

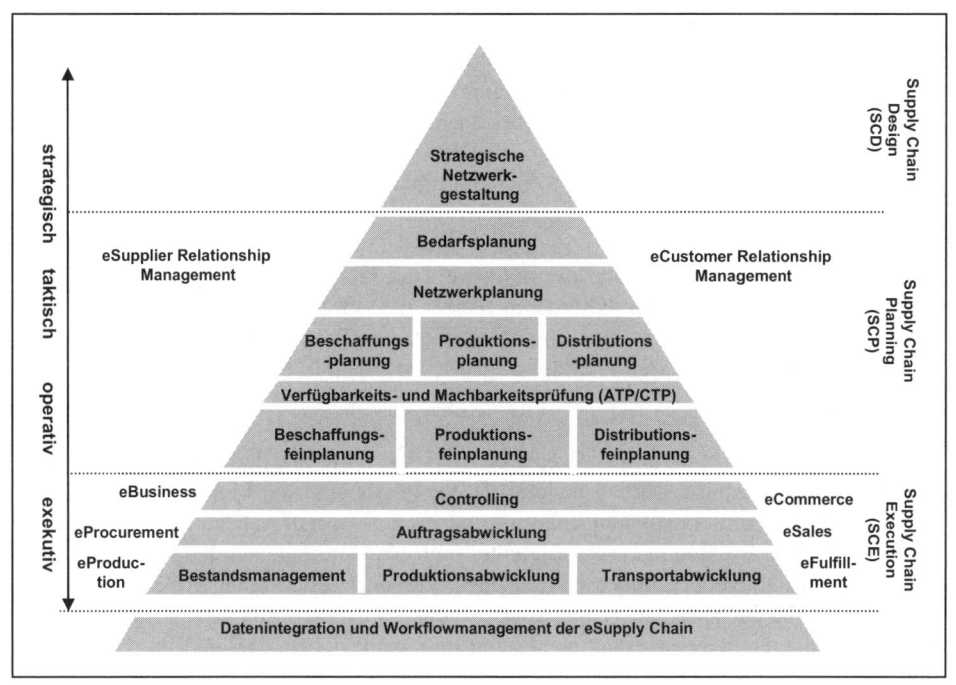

Abb. 4–6: Ebenen und Module von eSCM-Systemen[87]

4.4.2 Supply Chain Planning (SCP)

SCP umfasst alle strategischen, taktischen und operativen Planungsmodule zur Steigerung der Produktivität entlang der gesamten Logistikkette. Realisiert werden diese Planungen durch den Einsatz von APS- bzw. SCM-Systemen (vgl. SCM-Systeme). Bei der Implementierung der Planungsmodule ist es für Unternehmen jedoch nicht zwingend alle Module zu integrieren. Oftmals erweist sich der gezielte Einsatz einzelner Module bzw. eines Programmpaket als vorteilhaft. Die Module werden nachfolgend vorgestellt.[88]

Bedarfsplanung

Das Modul der Bedarfsplanung befasst sich mit der Prognose der zukünftigen Absatz- und Bedarfsmengen verschiedener Produkte und Produktgruppen, um nachfolgende Pla-

---

[87] In Anlehnung an Quelle: eManager-Spezial des Fraunhofer IPA (April 2002), S. 15
[88] Vgl. Polster, Goerke, Strategischer Nutzen des Supply Chain Management, In: Beschaffung Aktuell (1/02), S. 28–32 und SCENE SCM-Network des Fraunhofer IAO, In: www.scene.iao.fhg.de/scm vom 20.01.02

nungsstufen an den Bedürfnissen des Marktes auszurichten. Um eine solide Basis für die Planung zu gewährleisten, fließen hierzu neben Absatzzahlen vergangener Perioden aktuelle Trendentwicklungen, Marktforschungsdaten, Produktlebenszyklen sowie Forecasts und geplante Verkaufsförderungsmaßnahmen von Abnehmern ein. Die großen Datenmengen aus unterschiedlichen Quellen werden durch Data Warehouse Technologien aufbereitet, um einen effizienten Zugriff auf die benötigten Daten zu erzielen.

Netzwerkplanung

Die Netzwerkplanung unterstützt die optimale Zuordnung vorhandener Kapazitäten in der Supply Chain. Durch eine unternehmensbezogene und -übergreifende Grobplanung werden alle benötigten Kapazitäten in der Beschaffung, Produktion und Distribution zur Erfüllung der prognostizierten Aufträge abgeglichen.

Beschaffungsplanung

Die Beschaffungsplanung ist durch eine enge Verzahnung mit der Bedarfsplanung und der Distributionsplanung gekennzeichnet. In der Praxis sind die Module Beschaffungsplanung und Distributionsplanung häufig unter einem Begriff subsumiert. Ziel ist eine Optimierung von Beständen durch effiziente Nachschubstrategien entlang einer mehrstufigen Lagerstruktur der Supply Chain. Teilaspekte sind bestandssteuernde Größen, wie u.a. dynamische Sicherheitsbestände sowie intensive Bestandsanalysen. Hierzu werden Einflussparameter, wie Lagerhaltungskosten und -kapazitäten, Beschaffungs-, Produktions- und Transportlosgrößen sowie Servicelevels betrachtet.

Beschaffungsfeinplanung

Dieses Modul beinhaltet die Beschaffungsplanung am lokalen Standort. Ziel ist die Umsetzung der übergeordneten Beschaffungsplanung in der werkseigenen Planung.

Produktionsplanung

Aufgabe der Produktionsplanung ist die Erstellung eines abgestimmten Produktionsplans hinsichtlich optimaler Kapazitätsauslastung sowie Bestandskosten und den prognostizierten Bedarfsmengen und -zeitpunkten aus der Bedarfsplanung. Durch eine simultane und engpassorientierte Ressourcenplanung von Personal-, Rohstoff-, und Maschinenkapazitäten werden Produktionsaufträge grob terminiert und auf die Werke verteilt.

Produktionsfeinplanung

Die Feinplanung generiert durchführbare, reihenfolgedeterminierte und optimierte Produktionsaufträge auf lokaler Werksebene. Aus den Vorgaben der übergeordneten Produktionsplanung, wie grobterminierte Produktionslose und -termine sowie deren Ressourcenbedarf, werden unter Berücksichtigung der Anlagenstammdaten, Rüstzeiten und Maschinenkapazitäten exakte Produktionsfolgen ermittelt.

Distributionsplanung

Aufgabe dieses Moduls ist die Planung von Lagerung, Kommissionierung und Verteilung von Produkten in Abhängigkeit betrieblicher Einflussfaktoren (Produktions-, Bestands-, Lager-, Auftragskapazitäten) sowie Kunden- und Marktanforderungen. Bei einer mehrstufigen Distributionsstruktur werden alle Lagerstufen als Kundenlager betrachtet. Die Steuerung der Bestände orientiert sich somit am Pull der nachgelagerten Stufe bis hin zum Endkundenbedarf beim Handel. Vor diesem Hintergrund hat die Distributionsplanung die Aufgabe die einzelnen Nachschubzeitpunkte und die Liefermengen zur Wiederauffüllung der Lagerbestände zu bestimmen. Dieses sogenannte (Continious) Replenishment Planning wird bereits heute im Rahmen von Efficient Consumer Response-Strategien (ECR) zwischen Industrie und Handel und bei Vendor Managed Inventory (VMI) zwischen Lieferanten und Herstellern angewendet. Taktische Entscheidungsgrößen bieten hierbei die Ergebnisse aus der Bestandsplanung, der Servicelevelgrad, Wiederbeschaffungszeiten sowie optimale Produktions- und Transportlosgrößen.

Distributionsfeinplanung

Die Planungsgrundlage der Distributionsfeinplanung sind die Resultate aus der Distributionsplanung. Die Aufgabe des Distributionsfeinplanungsmoduls liegt insbesondere in der Gewährleistung einer optimierten Abwicklung der geplanten Transporte entlang der Supply Chain. Die Planung fokussiert hierbei das Ziel, das richtige Produkt, zum richtigen Zeitpunkt, am richtigen Ort in der richtigen Menge und Qualität (5 r's) unter kostenoptimalen Gesichtspunkten zu Verfügung zu stellen. Teilaspekte sind die Unterstützung von Efficient Consumer Response-(ECR-) und Vendor Managed Inventory- (VMI-)Strategien sowie Distributionsstrategien wie Just-in-Time-Anlieferungen.

Available-to-Promise (ATP)

Im Vordergrund dieses Moduls steht die Zusicherung von schnellen und zuverlässlichen Lieferterminen in Echtzeit. Available-to-Promise-Anwendungen (ATP) ermöglichen Warenverfügbarkeitsprüfungen über alle Lagerstufen durch Schnittstellen zwischen SCM-System und den ERP-Systemen aller Partner. Endkunden können somit machbarkeitsgeprüfte Lieferterminzusagen schon bei der Bestellung zugesichert werden. Realisiert wird dies durch Optimierungsalgorithmen, die unter Beachtung restriktiver Vorgaben eingehende Kundenanfragen mit Realtime-Bestands- und ausgelasteten Produktionskapazitätsdaten abgleichen.

Capable-to-Promise (CTP)

Als eine Erweiterung der ATP-Anwendungen sind die Capable-to-Promise-Anwendungen (CTP) zu verstehen. Sie ermöglichen eine Überprüfung, inwieweit ein Eilauftrag eines Kunden zu einem gewünschten Liefertermin in die laufende Produktion eingelastet oder mittels einer Umplanung der Produktionspläne zugesichert werden kann.

4.4.3 Supply Chain Execution (SCE)

Funktionen auf der exekutiven Ausführungsebene, wie die Beschaffung von Materialien, die Auftragsabwicklung von Bestellungen, die Transport-, Bestands- und Lagersteuerung sowie Kontrollaufgaben sind Bestandteile von SCE. Zur Unterstützung und Abwicklung der exekutiven Aufgabenbereiche liefert SCE Kommunikations-, Visualisierungs-, eBusiness- und eCommerce-Lösungen. Diese transaktionsorientierten Module werden über vorhandene ERP-Systeme, ergänzt durch Front-End-Lösungen wie u.a. elektronische Marktplätze, abgedeckt. Zur Steigerung der Reaktionsgeschwindigkeit sowie zur visuellen Überwachung aller transaktionsnahen Prozesse wird ein eSupply Chain Monitoring über grafische Oberflächen ermöglicht. Die transaktionsorientierten Module von eSCM-Systemen werden folgend erläutert.[89]

Controlling

Die Aufgabe des Controlling ist die Überwachung der Aktivitäten entlang der eSupply Chain, die Meldung von Planabweichungen sowie das Einleiten notwendiger Korrekturmaßnahmen über ein eSCM-Monitoring. Diese eSCM-Funktionalität wird jedoch meist in separaten, zum Teil sehr umfangreichen Management Information Systemen (MIS) und Controlling-Subsystemen in Verbindung mit Data Warehouse Technologien bewältigt, die den Regelkreis der Planung, Durchführung und Kontrolle schließen.

Auftragsabwicklung

Aufgabe der Auftragsabwicklung ist die Steuerung, Koordination und Unterstützung der Presales-, Sales- und Aftersales-Phase. Der Auftragserfassung dienen neben klassischen Kommunikationskanälen wie Telefon und Fax, auch die Anbindung von eCommerce-Lösungen, wie Online Shops und elektronische Marktplätze. Diese werden durch Warenverfügbarkeitsprüfungen (ATP/CTP) sowie Online-Produktkonfiguratoren (eMass Customization) ergänzt. Die Vertriebsaktivitäten können hierbei durch eCustomer Relationship Management-Systeme unterstützt werden.

Bestandsmanagement

Die Aufgabe des Bestandsmanagements ist die technische Unterstützung der Beschaffungsvorgänge durch die Anbindung von eProcurement-Anwendungen über Schnittstellen zu bestehenden ERP-Systemen. Teilaspekte sind die Unterstützung bei der Lieferantenauswahl auf elektronischen Marktplätzen, die Anbindung von eProcurement-Lösungen und die Unterstützung von Just-in-Time-Beschaffung. Die Beschaffungsvorgänge können hierbei durch eSupplier Relationsship-Systeme unterstützt werden.

---

[89] Vgl. Studie des Fraunhofer IML im Auftrag des Landes Nordrhein-Westfalen (2000): Logistik und E-Commerce Konzepte für Ballungszentren, S.65–70

Produktionsabwicklung

Die Produktionsabwicklung beschäftigt sich mit der Umsetzung der Produktionsfeinplanung. Konkret sollen die Produktionsaufträge kapazitätsgerecht in die Produktion eingelastet und fertige Aufträge zurückgemeldet werden. Teilaspekte sind Pull-Produktion (Kanban), PPS-Systeme sowie die automatische Betriebsdatenerfassung (BDE).

Transportabwicklung

Hierbei handelt es sich um die technische Unterstützung der Distributionsvorgänge bzw. der Lager- und Transportprozesse durch Warehouse-Systeme. Neben der physischen Abwicklung von Kundenaufträgen sollen hier insbesondere die Messung von Intransitbeständen ermöglicht sowie Vorgaben aus der Distributionsplanung über Nachschubstrategien realisiert werden. Im eCommerce müssen darüber hinaus Logistikdienstleister eingebunden werden, die eine schnelle Auslieferung der Waren ermöglichen (eFulfillment). Teilaspekte sind die Versandterminierung, Festlegung der Transportrouten und Transporteure, Auswahl von Transportmitteln unter Beachtung von Kapazitätsrestriktionen sowie die Kontrolle über die Einhaltung des Servicelevels (Servicelevel-Monitoring und Sendungsüberwachung durch Tracking & Tracing).

Datenintegration

Die Datenintegration ist weniger ein modularer Bestandteil eines eSCM-Systems, sondern vielmehr die Bezeichnung für die Bereitstellung und Aufbereitung der zur Planung benötigten Daten über Data Warehouse Technologien und Schnittstellen zu operativen Transaktionssystemen wie ERP. Die Kopplung der ERP-Systeme aller Partner über das Internet ermöglicht den erforderlichen echtzeitgetreuen Workflow zur unternehmensübergreifenden Steuerung der Logistikkette. Die Vernetzung der eSupply Chain fokussiert hierbei die Anbindung und Integration der heterogenen IT-Systeme (Enterprise Application Integration) zum Austausch verteilter Informationen. Teilaspekte sind die Nutzung von Data Warehouse Technologien, Front- und Back-Integration wie Internetportale, Intranet- und Extranet-Technologien, Elektronische Marktplätze sowie ERP-Systeme und Standards im elektronischen Datenaustausch, wie u.a. XML.

Zusammenspiel von SCE und SCP im eSupply Chain Management-System

Im Vertriebsmodul des ERP-System wird ein Auftrag über ein Online-Shop erzeugt (SCE). Daraufhin wird die Anforderung an die Planungsmodule des APS-Systems (SCP) weitergegeben, welches die Verfügbarkeit der bestellten Waren (ATP/CTP) in Echtzeit über die gesamte eSupply Chain hin überprüft, um eine sofortige Liefertermzusage an das Vertriebsmodul des ERP-Systems zurückzumelden. Über die Schnittstelle zur Front-End-Lösung (eShop) kann dieser Liefertermin dem Kunden noch bei der Online-Bestellung zugesichert werden. Das Zusammenspiel zwischen den Planungssystemen (APS- bzw. SCM-System) und den Transaktionssystemen (ERP-System und Front-End-Lösungen) im eSCM-System wird in Abb. 4–7 vereinfacht dargestellt.

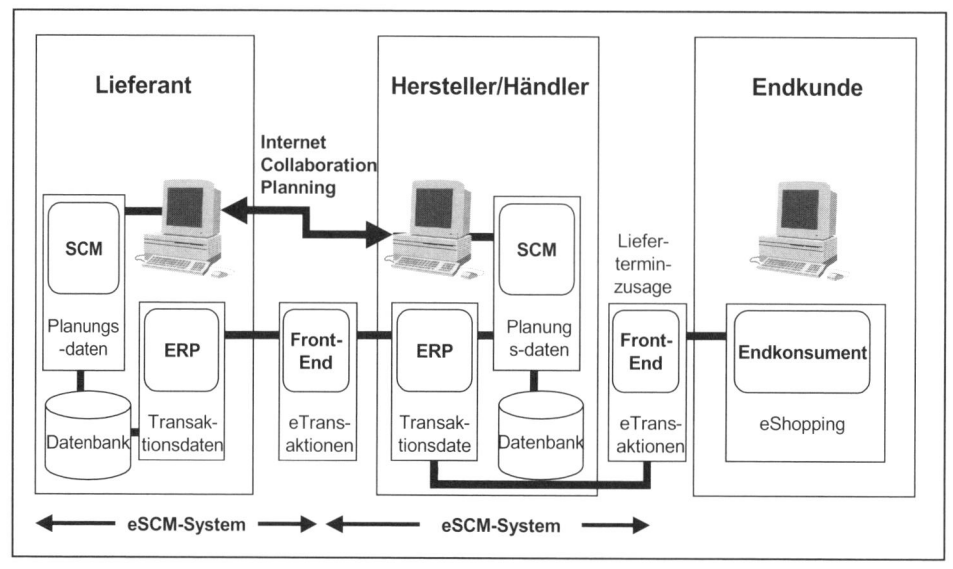

Abb. 4–7: Zusammenspiel von SCM-, ERP-Systemen und Front-Ends

4.5 Data Warehouse Technologien zur Steigerung der Dateneffizienz

Geschäftsprozesse von Unternehmen werden zunehmend durch die Einbindung von IuK-Technologien digitalisiert abgewickelt. Explosionsartig entstehen dabei einerseits große Datenmengen in verschiedenen Formaten und andererseits heterogene Systemlandschaften durch die Implementierung verschiedener Insellösungen. Hieraus resultiert der Bedarf nach Instrumenten, die eine Konsolidierung und Homogenisierung der verteilten Datenmengen vollziehen. Diesen Anforderungen werden sogenannte Data Warehouse Technologien gerecht. Ein Data Warehouse bezeichnet gemeinhin ein von operationalen Systemen getrenntes Datenbanksystem, in welchem unternehmensweit Daten aus unterschiedlichen Subsystemen, ergänzt um externe Datenquellen, einheitlich transformiert, archiviert und anwenderorientiert aufbereitet werden.[90] Es stellt eine Ansammlung strategisch relevanter Unternehmensdaten dar, die periodisch aktualisiert werden, um verschiedenen Anwendern (Vertrieb, Einkauf) über Analyseinstrumente wie OLAP und Data Mining einen direkten und unkomplizierten Zugriff auf aufbereitete Daten zu ermöglichen. Ziel ist die Optimierung von eSupply Chain weiten Informationsflüssen.

---

[90] Vgl. Werner (2000), S. 148

Data Warehouse Technologien zur Steigerung der Dateneffizienz

Komponenten des Data Warehouse (DW)

- Datenbank (Datenbasis + Metadaten)
- Transformationsprogramme zur Übernahme der internen und externen Daten
- Archivierungssysteme zur Datenspeicherung und -ablage
- Data Marts als Teilbereich des DW für themenspezifisch aufbereitete Daten

Den Dateninput stellen neben internen Datenquellen aus operativen Systemen (wie u.a. ERP-Systemen und elektronisch generierte Daten aus dem Internetgeschäftsverkehr) externe Datenquellen (wie z.B. Fremd ERP-Systeme oder Marktforschungsdaten) dar. Diese werden, wie in Abb. 4–8 dargestellt, in eine separate Datenbank (Data Warehouse) transferiert und in ein einheitliches Datenformat transformiert. Themenspezifische Daten werden verdichtet in Data Marts abgelegt, um jederzeit selektierte und aufbereitete Informationen für Analysezwecke (Data Mining) und Reportings (OLAP) verfügbar zu halten. Über Schnittstellen zu Back-End-Systemen wie eCRM-, eSCM- oder Controlling-Systeme werden diese Daten auch über Direktzugriffe genutzt.

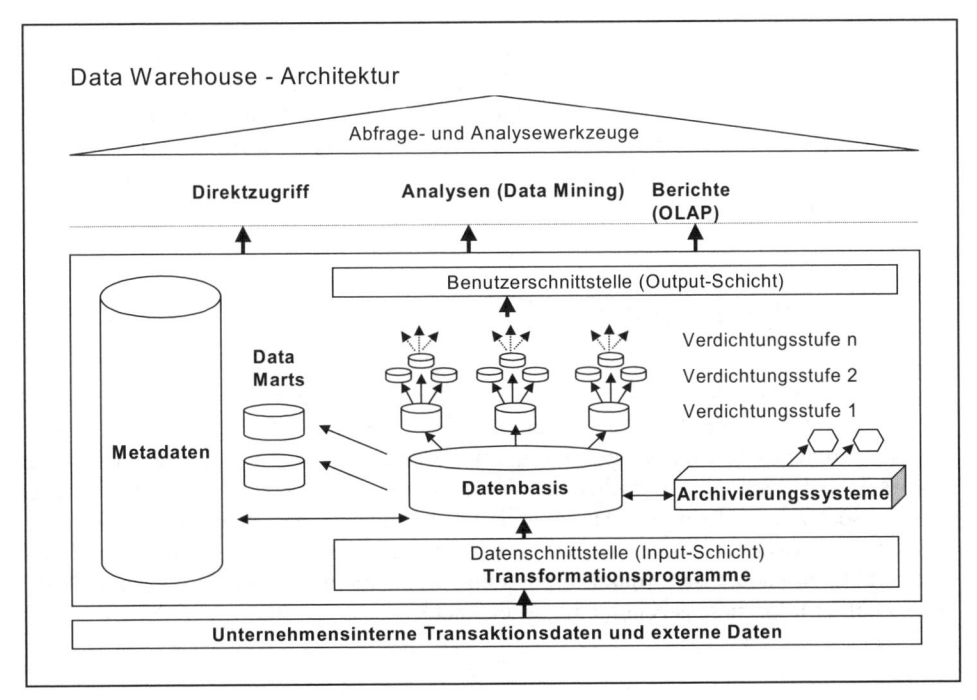

Abb. 4–8: Data Warehouse Architektur

Nutzenpotenziale des DW für Klein-, Mittel- und Großbetriebe
- Einheitliche Datenbasis unternehmens- und funktionsübergreifender Datenbestände
- Analysen von bisher intransparenten Zusammenhängen (Business Intelligence)
- Schneller und anwenderfreundlicher Zugriff auf themenspezifische Daten
- Verbesserte Informationsversorgung für Entscheidungsträger
- Optimierte Datenquellen für eCRM- und eSCM- und Controlling-Systeme
- Ad-hoc Analysen zu spezifischen Fragestellungen (Kunden-, Prozessanalysen)

Praxisbeispiel: Deutsche Post AG

Der Expressdienst der Deutschen Post AG hat täglich 10 Mio. Paketversendungen zu überwachen. Hierbei werden monatlich rund 5.000 Klagen über verlorengegangene oder beschädigte Pakete verzeichnet. Aus allen Vorgängen entsteht eine riesige Datenmenge von ca. 50 Gigabyte pro Monat.

Um jederzeit Informationen über die gesamte Prozesskette zu erhalten, wurde ein Data Warehouse-Projekt gestartet, welches alle Daten (Abrechnung, Verkehrsdaten, Absatz/Umsatz) aus den operativen DV-Systemen der beteiligten Unternehmensbereiche konsolidiert und analysiert. Ziel des Projektes ist es, feststellen zu können, warum ein bestimmtes Paket nicht termingerecht angeliefert wurde und an welcher Stelle der Prozesskette es hängen geblieben ist. Für den Expressdienst ermöglicht dies Schwachstellen durch redundante Fehler aufdecken zu können und diese mittelfristig zu beseitigen.

4.5.1 Analyseinstrumente des Data Warehouse

Zur Auswertung und Aufbereitung der im Data Warehouse verwalteten und vorgehaltenen Datenbestände sind Analysewerkzeuge, wie OLAP und Data-Mining, erforderlich. Vor dem Hintergrund einer steigenden, intransparenten Datenmenge ermöglichen diese Analysetools Beziehungen zwischen den Daten zu erkennen und entscheidungsrelevante Geschäftsdaten zu extrahieren. Man spricht in diesem Zusammenhang auch von dem Begriff „Business Intelligence", was das Auffinden geschäftsrelevanten Wissens in Form von Strukturen und Mustern durch die intelligente Kombination menschlichen Kalküls mit moderner Informationstechnologie bezeichnet.[91]

---

[91] Vgl. Gentsch, Wie aus Daten Wissen wird, In: www.sapinfo.net vom 22.02.02

4.5.1.1 Online Analytical Processing (OLAP)

OLAP bezeichnet die Analyse und Aufbereitung von multidimensional vorliegenden Daten. D.h. OLAP ermöglicht die im Data Warehouse oder Data Mart vorliegenden Daten hinsichtlich verschiedener Dimensionen zu verdichten. Als Dimensionen werden betriebswirtschaftliche Bezüge wie Regionen, Produkt- und Kundengruppen, Absatz, Vertriebskanäle oder Deckungsbeiträge verstanden.[92] Zum Beispiel könnten über ein Excel-Sheet die Dimensionen Region, Produktgruppe und Zeitraum gegenübergestellt werden, um Aussagen über den Erfolg von Verkaufsförderungsmaßnahmen anzustellen.

Häufig werden die Dimensionen von OLAP-Modellen anhand sogenannter Würfel visualisiert. Dieser wird in der Abb. 4–9 dargestellt.

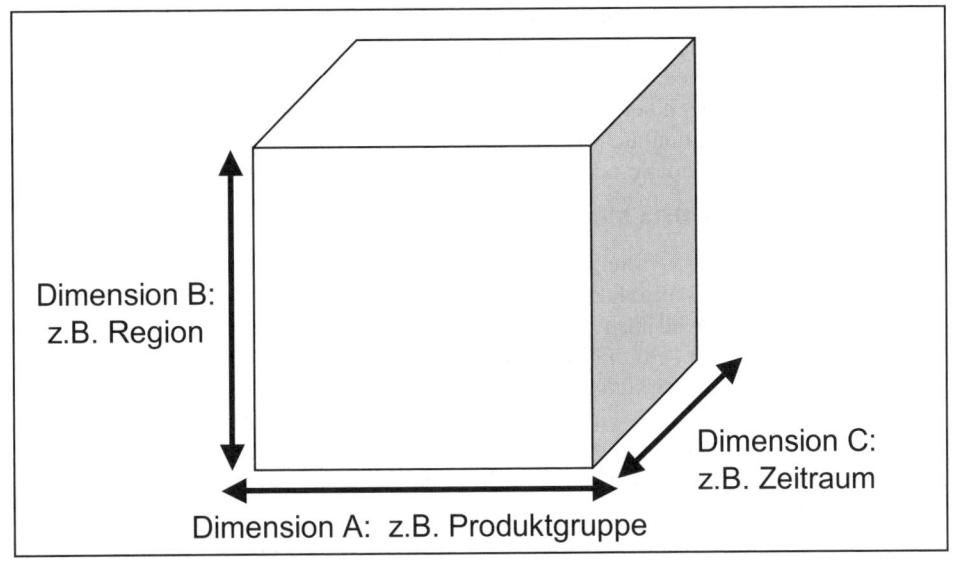

Abb. 4–9: Dimensionenmodell des OLAP-Würfels[93]

Die Wahl der Dimensionen des Würfels stellt somit die Analysekriterien dar, die je nach Fragestellung aufgebrochen oder aggregiert werden. Beispielsweise sind Vergangenheitsdaten aus ERP-System nach bestimmten Kriterien mehrdimensional nach Produktgruppen, Regionen und Zeiträumen auswertbar, um sie bei der Bedarfsplanung im SCM-System zu berücksichtigen. Zusammenfassend leiten sich folgende Nutzenpotenziale ab.

---

[92] Wilde, Data Warehouse, OLAP und Data-Mining, In: Hippner et al. (2001), S. 10
[93] Vgl. Schmitz Iuk-Systeme als Bausteine der E-Informationslogistik, In Wannenwetsch (2002a), S. 40

Nutzenpotenziale von OLAP für Klein-, Mittel- und Großbetriebe

- Aufdeckung von Interdependenzen in den Prozessen
- Einfache Darstellung komplexer Sachverhalte
- Beschleunigung der Analyse- und Reportingerstellung
- Optionale Verdichtung betriebswirtschaftlicher Bezüge (Umsatz/Region/Zeitraum)

4.5.1.2 Data Mining

Der Begriff des Data Mining beinhaltet eine Vielzahl von Analysemethoden, mit deren Hilfe Unternehmen entscheidungsrelevante Informationen aus implizit vorher unbekanntem Datenbeständen des Data Warehouse extrahieren können (künstliche Intelligenz). Es identifiziert Muster und Interdependenzen zwischen Datengruppen, um Aufschlüsse über Fragestellungen zu ermöglichen wie z.B. „Wie ist die Qualität eines Produktes, wenn die Rohstoffe von einem bestimmten Lieferanten geliefert und anschließend auf einer bestimmten Maschine weiterverarbeitet werden?" Die Analyseergebnisse sind jedoch kein Resultat einer einzelnen Abfrage, sondern Ergebnis eines Prozesses, der von der Aufgabendefinition, über die Selektion und Bereitstellung selektierter Datenuntermengen bis hin zur Generierung und Präsentation interessanter Datenmuster reicht.[94]

Analysemethoden von Data Mining[95]

- Klassenbildung: Herausfiltern bestimmter Verhaltensweisen einer Gruppe
  z.B.: Produktpräferenzen beim Online-Shopping
- Regressionen: Suche nach konstanten Werten
  z.B.: Online Besuchsdauer wiederkehrender Besucher
- Zeitreihen: Auswirkungen der Vergangenheit auf die Zukunft
  z.B.: Auswirkungen von Verkaufsförderungsmaßnahmen
- Clustering: Kundengruppenzuweisung anhand von bestimmten Merkmale
  z.B.: Zuweisung zu „Englische Literaturinteressenten"
- Assoziation: Analyse von gemeinsam auftretenden Ereignissen
  z.B.: Warenkorbanalysen (gemeinsam gekaufte Produkte)
- Sequenzierung: Analyse von Assoziationen innerhalb eines Zeitraumes
  z.B.: Saisonalorientierte Warenkorbanalyse

---

[94] Vgl. www.data-mining.de vom 06.02.02
[95] Vgl. Schmitz, Iuk-Systeme als Bausteine der E-Informationslogistik, In Wannenwetsch (2002a), S. 41

4.5.2 Business Warehouse als Datenquelle für eSCM-Systeme

Wird das Data Warehouse Konzept auf eSCM-Systeme übertragen, spricht man auch von einem Business Warehouse. Die Planungsmodule (SCP) der eSCM-Systeme benötigen zur Planung die Daten aus operativen Abwicklungssystemen (SCE) der eSupply Chain Partner. Die Aufbereitung der Daten sowie eine einheitliche Datenbasis bilden aufgrund der teilweise heterogenen IT-Systemlandschaften der Partner eine Grundvoraussetzung. Gerade hierzu eignen sich Business Warehouse Technologien, welche die planungsrelevanten Workflowdaten aus den operativen Subsystemen, wie Front-End-Systemen (eMarkets, eShops), ERP-Systemen, Fremd ERP-Systemen der Partner einheitlich transformieren, nach bestimmten Regeln konsolidieren und periodisch updaten. Somit beziehen APS- bzw. SCM-Systeme die Daten nicht direkt aus den ERP-Systemen sondern greifen auf die aufbereiteten Daten über eine zentrale Datenbank zu. Die Echtzeitplanung wird hierbei über Live Cache-Technologien realisiert, welche planungsrelevante Daten im Hauptspeicher aktuell vorhalten. Die Systemarchitektur des Data Warehouse in Verbindung mit Planungssystemen (Supply Chain Planning) und operativen Transaktionssystemen (Supply Chain Excecution) wird in Abb. 4–10 visualisiert.

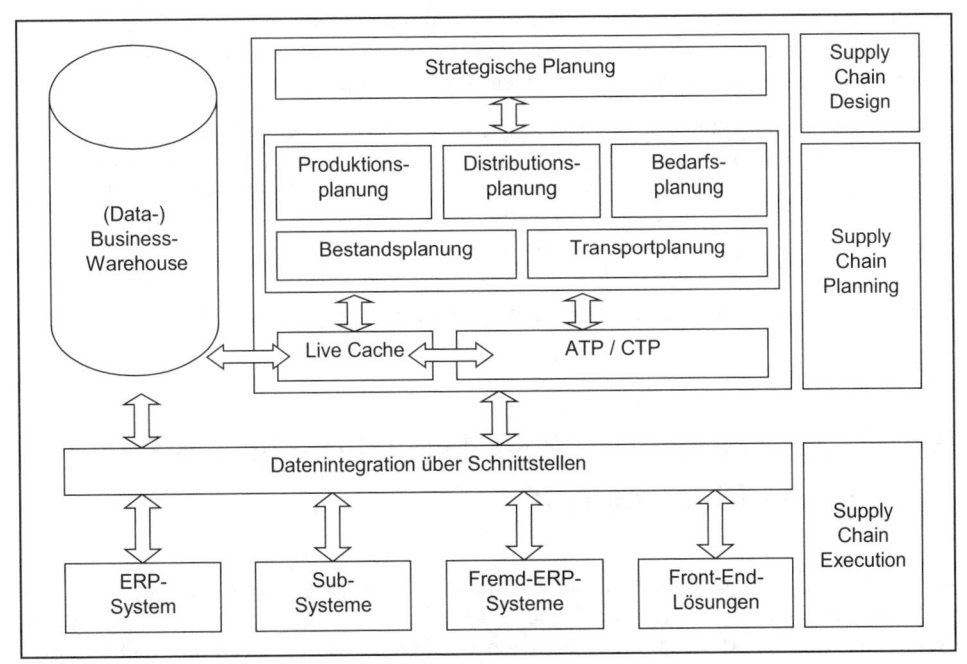

Abb. 4–10: Systemarchitektur von eSupply Chain Management-Systemen

5. eProcurement

Der Einbezug der Internettechnologie in die Beschaffungsprozesse – Electronic Procurement – ist ein wesentlicher und wichtiger Bestandteil des eSupply Chain Management. Obwohl sich diese Begeisterung für die Einsatzmöglichkeiten der Internettechnologie bei der betrieblichen Leistungserstellung nach einem fast grenzenlosen Optimismus in gewissem Maße relativiert hat, wird die Internettechnologie den Wertschöpfungsbeitrag der Beschaffungsfunktion als Teil des Supply Chain Management nachhaltig steigern.

So ist die Internettechnologie in der Lage, die Transparenz und ablauforganisatorische Effizienz der Beschaffungsprozesse zu steigern. Die Beschaffungsfunktion kann insbesondere von operativen Aufgabenstellungen befreit werden und zu einem strategischen Erfolgsfaktor des Unternehmen avancieren. Die wichtige strategische Aufgabe der Beschaffungsfunktion wird daher in Zukunft u.a. die unternehmensinterne sowie -übergreifende Koordination von Forschungs- und Entwicklungs- sowie Produktionsaktivitäten sein. Die Beschaffungsfunktion nimmt demzufolge zunehmend die Funktion eines Schnittstellenmanagement wahr. Electronic Procurement kann in hohem Maße dazu beitragen, eine unternehmensübergreifende Wertschöpfungskette, die Lieferanten, Vorlieferenten, Unternehmen und Abnehmer umfasst, endlich in die Tat – sprich in die unternehmerische Praxis – umzusetzen. Die Internettechnologie ist die Basis für die Etablierung eines wirklichen elektronischen Supply Chain Management.

Vor diesem Hintergrund wird zunächst Electronic Procurement als wichtiger Teil der elektronischen Supply Chain dargestellt. Dann werden die mit Electronic Procurement verbunden Vorteile beschrieben. Anschließend wird auf die Grundlagen von Electronic Procurement eingegangen. Darauf folgend werden die Einsatz- und Anwendungsgebiete von Electronic Procurement dargestellt. Dabei wird sowohl auf den strategischen als auch auf den operativen Bereich der Beschaffung eingegangen. Abschließend werden Aspekte des elektronischen Supplier Relationship Management angesprochen.

5.1 eProcurement als Teil des elektronischen Supply Chain Management

Supply Chain Management ist das aktive Managen der Supply Chain (Versorgungskette) eines Unternehmens mit dem Ziel, die Märkte bzw. die Kunden entsprechend ihren Wünschen mit attraktiven Waren und Dienstleistungen zu versorgen und dadurch den Unternehmenserfolg zu steigern. Eine typische Supply Chain umfasst

- Hersteller/Rohstoffproduzenten,

- Lieferanten und Vorlieferanten,
- das eigene Unternehmen,
- Zwischenhändler in Form des Groß- oder Einzelhandels sowie
- Endkunden.

Innerhalb dieser Supply Chain werden sowohl Waren und Dienstleistungen als auch Informations- und Geldströme gemanagt. Abb. 5–1 stellt die Supply Chain grafisch dar.

← Beschaffung	Absatz →
Hersteller → Vorlieferant → Lieferant → **Unternehmen** → Grosshandel → Einzelhandel → Endkunde	
↔ Informationsströme ↔	
↔ Güter und Dienstleistungen ↔	
↔ Geldströme ↔	

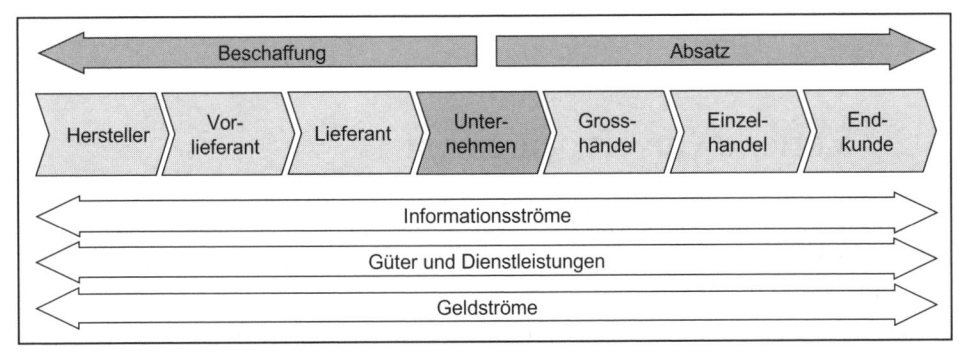

Abb. 5–1: Supply Chain Management

Eine effiziente Supply Chain ist ein wichtiger Wettbewerbsfaktor und Basis von nachhaltigen Konkurrenzvorteilen. Oft kann aber die optimale Ausgestaltung der Supply Chain in der Unternehmenspraxis nicht beobachtet werden. Eine mögliche Ursache einer ineffizienten Supply Chain liegt oft im Bereich der Beschaffung begründet. Probleme wie

- eine unübersichtliche Lieferantenbasis,
- die mangelnde Abstimmung von Beschaffungsaktivitäten innerhalb des Unternehmens oder
- kostenintensive und langwierige Beschaffungsprozesse

verhindern Kostensenkungen und Effizienzsteigerungen für das Gesamtunternehmen. Die Nutzung von Electronic Procurement bietet wirkungsvolle Möglichkeiten, die traditionelle Wertschöpfungskette in ein elektronisch basiertes unternehmensübergreifendes Wertschöpfungsnetz, d. h. eine effiziente elektronische Supply Chain, zu transformieren. Die elektronische Vernetzung der Supply Chain-Akteure bewirkt

- die Prozessoptimierung der Beschaffungsaktivitäten,
- die Transparenzsteigerung innerhalb der Beschaffungskette,
- den kostengünstigen und aktuellen Informationsaustausch,
- schnelles Feedback über veränderte Kundenbedürfnisse und Geschäftsprozesse,
- verbesserte Planungs-, Koordinations- und Kontrollmöglichkeiten sowie

- die engere Verbindung zwischen dem Unternehmen und seinen Lieferanten und Vorlieferanten.

Die Effekte einer optimierten elektronischen Supply Chain bestehen in[96]

- Reduktionen von Prozess-, der Lagerhaltungs- und Betriebskosten,
- Zeitersparnis bei der Auftragsabwicklung
- Erhöhung der Kundenzufriedenheit und
- Verbesserung des Frühwarnsystems.

5.2 Vorteile von eProcurement

Die Anwendung und Nutzung von Electronic Procurement ist mit umfangreichen Vorteilen für die beschaffenden Unternehmen verbunden.[97] Dies verdeutlichen auch Beispiele aus der Unternehmenspraxis.

- DaimlerChrysler hat im Jahr 2001 in über 510 Online-Bieteverfahren – neben Materialkosteneinsparungen und Prozesskostensenkungen – die Durchlaufzeiten im Einkauf um bis zu 80% reduziert. Durch Desktop Purchasing Systeme erwartet man weitere Prozesskostensenkungen um 50%.
- General Electric spart jährlich 600 Mio. US$ ein, da 30% der Beschaffung online abgewickelt werden.
- das Electronic Procurement-System von IBM brachte in den ersten beiden Jahren der Anwendung Einsparungen in Höhe von 6,5 Mrd. US$.
- Glaxo SmithKline konnte die Einstandspreise für Rohstoffe und Dienstleistungen mittels Online-Auktionen um 12% senken.
- SAP senkte die durchschnittlichen Kosten für eine Beschaffungstransaktion von 166 € auf 29,60 €.

Ein Nutzen von Electronic Procurement ergibt sich dabei sowohl für den operativen als auch für den strategischen Bereich der Beschaffung. Abb. 5–2 stellt die Nutzenpotenziale von Electronic Procurement im Überblick dar.

---

[96] Vgl. Schinzer (1999), S. 858
[97] Vgl. Wannenwetsch (2002), S. 7ff.

Grundlagen des eProcurement

Beschaffungs-kosten	Beschaffungs-sicherheit	Beschaffungs-zeit	Beschaffungs-flexibilität	Beschaffungs-qualität	Beschaffungs-beziehungen
• Reduktion der Einstandspreise • Reduktion der Beschaffungs-prozesskosten • Reduktion der Lagerkosten • Reduktion der Ausfallzeiten • Reduktion der Informations-beschaffungs- und -distributions-kosten • Reduktion der Logistikkosten • Reduktion der Personalkosten	• Erhöhung der Liefertreue • Erhöhung der Lieferquellen • Verbesserung der Informations-distribution • Verbesserung des Beschaffungs-controlling	• Reduktion der operativen Beschaffungs-prozesszeit • Reduktion der strategischen Beschaffungs-prozesszeit • Verkürzte Kommunika-tions- und Informations-distributions-zeiten	• Reallokation der personellen Ressourcen in der Beschaffung • Flexibilisierung der Kommuni-kation und Informations-distribution • Flexibilisierung der Lieferanten-basis	• Erhöhung der Beschaffungs-objektqualität • Erhöhung der Informations-qualität • Erhöhung der Qualität der Beschaffungs-tätigkeiten • Reduktion der Erfassungs-fehler	• Verbesserte Lieferanten-kommunikation und -information • Verbessertes Management der Lieferantenbasis • Intensivierung der wichtigen Lieferanten-beziehungen

Abb. 5–2: Nutzenpotenziale des Electronic Procurement

5.3 Grundlagen des eProcurement

Im folgenden Abschnitt wird auf die Grundlagen von Electronic Procurement eingegangen. Dazu wird

- der Begriff Electronic Procurement definiert,
- gezeigt, welche Bedeutung dem Electronic Procurement bereits in der Unternehmenspraxis zukommt und
- dargestellt, für welche Arten von Beschaffungsobjekten sich Electronic Procurement grundsätzlich eignet.

5.3.1 Definition von eProcurement

Die Entstehung des Begriffes Electronic Procurement ist eng mit den Entwicklungen der modernen Informations- und Kommunikationstechnologien verbunden. Hierunter fallen beispielsweise auch die bereits seit den 70er Jahren existenten EDI-Verbindungen. Über diese schon als traditionell zu bezeichnenden Formen der elektronischen Zusammenarbeit ist Electronic Procurement insbesondere mit dem Internet und den damit in direkter Verbindung stehenden Technologien verquickt. So ist es vor allem die Internettechnologie, die die überproportionalen Entwicklungssprünge im Rahmen des eSupply Chain

Management erst ermöglicht. Aus diesem Grund wird Electronic Procurement an dieser Stelle als

- die Nutzung der Internettechnologie
- zur Unterstützung beschaffungsbezogener Aktivitäten definiert.

Als wichtige Technologien gelten vor allem das World Wide Web (WWW) und die E-Mail-Technologie, die das Entstehen von Electronic Procurement wesentlich unterstützt und beschleunigt haben.[98] Wichtige Bestandteile von Electronic Procurement sind

- elektronische Beschaffungsmarktforschung,
- elektronische Marktplätze,
- virtuelle Agenten,
- elektronisches Wissensmanagement durch Internet und Intranet,
- Beschaffungsmarketing im Internet,
- elektronisches Supplier Relationship Management sowie
- Desktop Purchasing Systeme.

5.3.2 Bedeutung von eProcurement

Der Meinung vieler Beschaffungsmanager folgend ist der Einsatz des Internet für Beschaffungsaktivitäten bereits beschlossene Sache. Es stellt sich demzufolge nicht mehr die Frage, ob das Internet in der Beschaffung eingesetzt wird, sondern wie die konkrete Unterstützung aussieht. Dass die elektronische Beschaffung schon bereits jetzt in der Unternehmenspraxis von sehr hoher Bedeutung ist, zeigen auch die bereits über elektronische Verbindungen abgewickelten Beschaffungsvolumina. Abb. 5–3 stellt die Bedeutung von Electronic Procurement grafisch dar.[99]

So prognostiziert die Gartner Group einen weltweiten Online-Umsatz von 8.500 Mrd. US$ im Bereich Business-to-Business (B2B) für das Jahr 2008. Über diese globale Betrachtung hinaus, erreicht das Online-Beschaffungsvolumen auch für einzelne Unternehmen eine nicht unbeachtliche Höhe. So hat die DaimlerChrysler AG im Jahr 2001 ein Einkaufsvolumen über 10 Mrd. Euro via Electronic Procurement abgewickelt. Dies entspricht ca. einem Drittel des Beschaffungsvolumens, das der globale Automobilkonzern in neu abgeschlossenen Lieferverträgen vergeben hat.

---

[98] Vgl. Kleineicken (2002a), S. 22f.
[99] Vgl. ECIN 2001

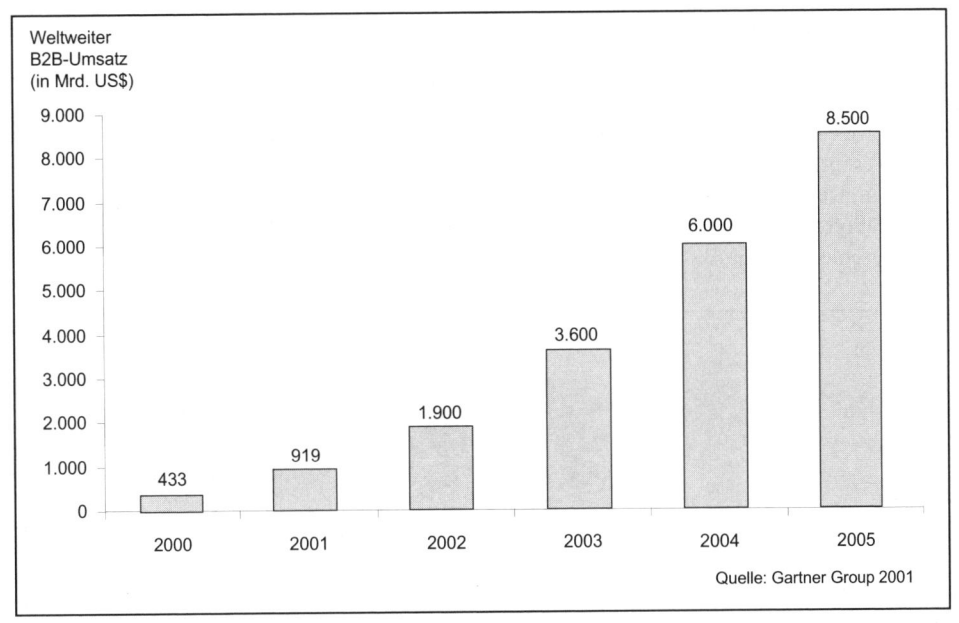

Abb. 5–3: Bedeutung von Electronic Procurement

5.3.3 Beschaffungsobjekte im eProcurement

Die Nutzungsmöglichkeiten von Electronic Procurement werden wesentlich durch die Eigenschaften der Beschaffungsobjekte bestimmt. Grundsätzlich bieten sich insbesondere Beschaffungsobjekte mit folgenden Eigenschaften für die Nutzung von eProcurement an:[100]

- geringe Erklärungsbedürftigkeit,
- hohe Standardisierbarkeit,
- hohe Beschaffungsprozesskosten,
- große Bestellvolumina,
- geringer Materialwert und
- geringe strategische Bedeutung für das Unternehmen.

Electronic Procurement bietet sich daher vor allem für die Beschaffung von C-Gütern an. Als Beispiele können genannt werden

- Büroartikel,
- Werkzeuge,

---

[100] Vgl. Kleineicken (2002b), S. 45ff.

- Dienstreisen oder
- IT-Zubehör.

Hier wird insbesondere der Bereich der operativen Beschaffung angesprochen. Beschaffungsprozesse in diesem Bereich können vollständig elektronisch abgewickelt werden. Der wesentliche Vorteil der Beschaffung von C-Gütern durch eProcurement liegt in einer günstigeren Gestaltung des Verhältnisses von Beschaffungsprozesskosten und wertmäßigem Anteil der C-Güter am Beschaffungsobjektvolumen. Abb. 5–4 stellt eProcurement-fähige Beschaffungsobjekte grafisch dar.[101]

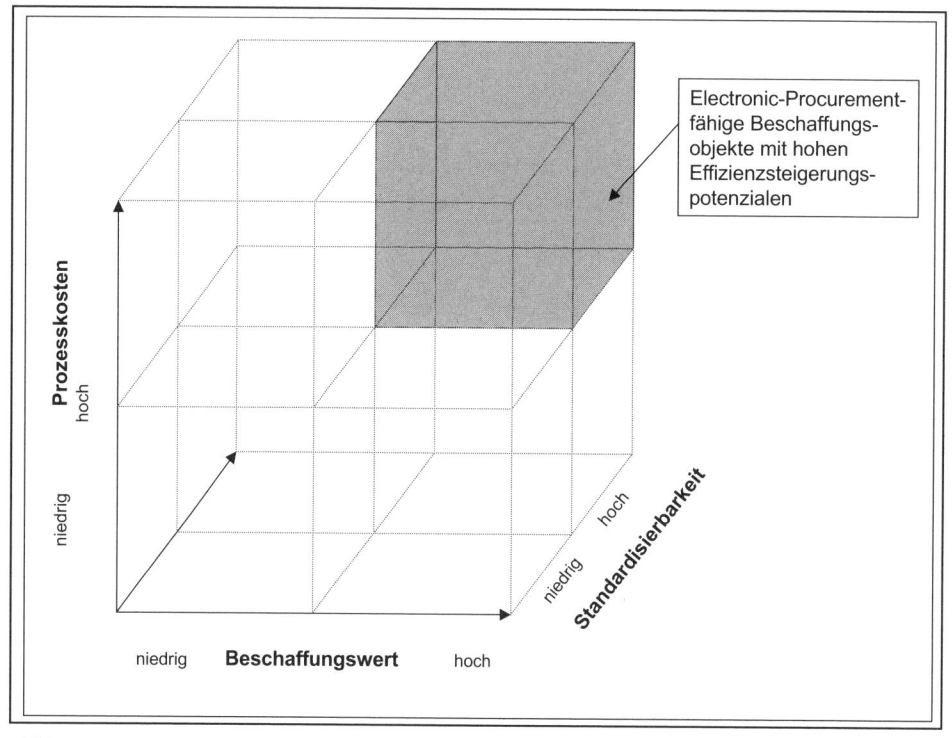

Abb. 5–4: eProcurement-fähige Beschaffungsobjekte

Auch bei der Beschaffung von komplexen, hochwertigen und/oder strategisch wichtigen Gütern kann eProcurement eingesetzt werden. Für diese Beschaffungsobjekte können

- durch die elektronische Beschaffungsmarktforschung eine intensive Marktanalyse und Marktbeobachtung durchgeführt werden,

---

[101] Vgl. Kleineicken (2002b), S. 47

- auf elektronischen Marktplätzen Preise und die Konditionen sorgfältig verglichen und verhandelt werden sowie
- durch Beschaffungsmarketing im Internet oder elektronisches Supplier Relationship Management zuverlässige und leistungsfähige Lieferanten gefunden und ausgewählt werden.

Abb. 5–5 zeigt, welche Beschaffungsobjekte bereits in der Praxis mittels eProcurement beschafft werden.[102]

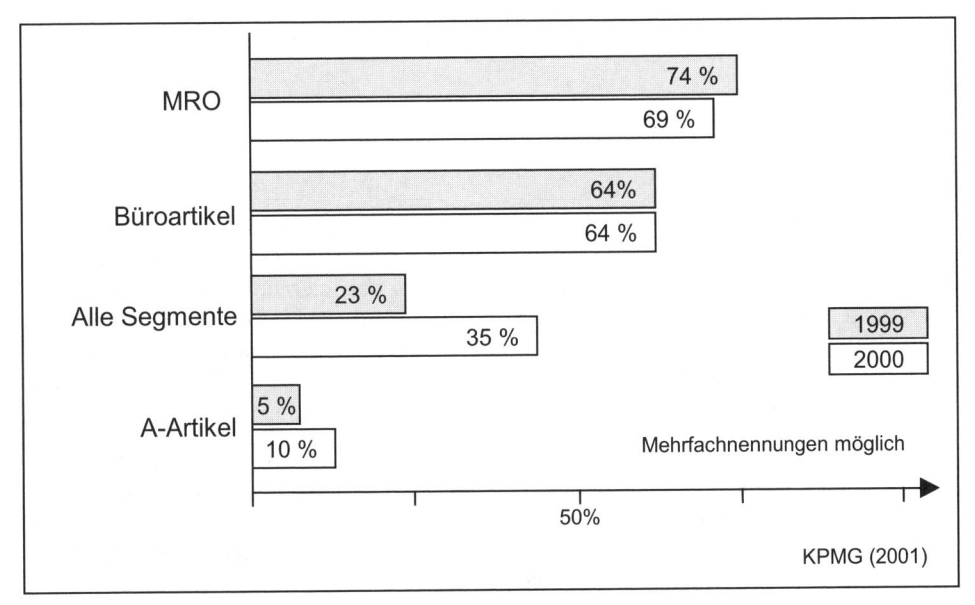

Abb. 5–5: Beschaffungsobjekte von eProcurement

5.4 eProcurement in der strategischen Beschaffung

Electronic Procurement bietet die Möglichkeit, die Effektivität und die Effizienz der strategischen Beschaffungstätigkeit nachhaltig zu steigern. Dieses geschieht überwiegend durch die Schaffung elektronischer Verbindung zwischen den Marktpartnern sowie die elektronische Unterstützung der Transaktionsprozesse.

---

[102] Vgl. KPMG Consulting AG (2001), S. 8

5.4.1 Marktforschung im Internet

Der Umgang mit dem immateriellen Produktionsfaktor „Information" ist ein Kriterium, an dem erfolgreiche von nicht erfolgreichen Unternehmen unterschieden werden können. Nur diejenigen Unternehmen, die es verstehen, Informationen auf effizientem Wege zu beschaffen, verarbeiten, auszuwerten und zeitgerecht an die Entscheidungsträger im Unternehmen zu distribuieren, sind langfristig in der Lage, sich im Wettbewerb erfolgreich gegenüber den Konkurrenten zu platzieren. Der Beschaffungsmarktforschung – als ein wesentliches Element der informationsbezogenen Supply Chain – kommen u.a. folgende Aufgaben zu:[103]

- Bestimmung des Informationsbedarfs,
- Informationssuche sowie
- Informationsaufbereitung.

Zielsetzung der Beschaffungsmarktforschung ist die Erhöhung der Markttransparenz. Durch eProcurement kann das beschaffende Unternehmen neue Informationsmöglichkeiten erschließen. Dies geschieht durch die Nutzung des Internet für die Beschaffungsmarktforschung. Das Internet bietet sich aufgrund seiner hohen Informationsdichte sowie der permanenten und nahezu kostenlosen Zugriffsmöglichkeiten als wirkungsvolles Recherchemedium an. Der Suchraum der Beschaffungsmarktforschung kann – in Abhängigkeit von den Produktcharakteristika – international ausgeweitet werden.

- Zum einen kann ein direkter Zugriff auf die Internetpräsenzen von Lieferanten bzw. Herstellern erfolgen. Informationen über Lieferanten und deren aktuelle Lieferprogramme können schnell beschafft werden.
- Zudem können in einem strategischen Kontext proaktiv Marktkenntnisse aufgebaut, Markttrends erkannt und anschließend bewertet werden.
- Zum anderen können Dienstleister im Internet genutzt werden, die die Marktforschungstätigkeiten des beschaffenden Unternehmens erleichtern und/oder ergänzen. Dabei ist einerseits an redaktionell bearbeitete Internetseiten zu denken, die Beschaffungsmarktinformationen (in der Regel kostenlos) anbieten. Informationen werden hier bereits in strukturierter und themenspezifischer Form angeboten. Andererseits können Suchdienste zur effizienten Suche nach Lieferanten und Herstellern in Anspruch genommen werden.

Ein Unternehmen, das sowohl qualitative und quantitative Beschaffungsmarktinformationen als auch umfangreiche Firmenverzeichnisse bereitstellt, ist Beschaffungswelt.de. So kooperiert Beschaffungswelt.de u.a. mit den renommierten Unternehmen WLW, EUROPAGES, TREM und YellowMap. Abb. 5–6 stellt Suchmaske der Firmendatenbank dar.[104]

---

[103] Vgl. Hammann/Lohrberg (1986), S. 73f.; Melzer-Ridinger (1994), S. 29f.
[104] Vgl. Beschaffungswelt.de (2002)

Abb. 5–6: Lieferantendatenbank von Beschaffungswelt.de

Die Lieferantendatenbank hat u.a. folgende Eigenschaften und Vorteile:

- Beschaffenden Unternehmen wird die Möglichkeit eines Direktzugriffs auf eine Firmendatenbank mit ca. 70.000 Lieferanten gegeben, ohne die Suchanfrage mehrmals eingeben zu müssen.
- Es besteht die Recherchemöglichkeit in vier Firmendatenbanken gleichzeitig.
- Zudem kann die genaue Position von möglichen Lieferanten bzw. Herstellern durch eine Verbindung zu YellowMap online angezeigt werden.
- Es können unternehmensindividuelle Anfragelisten erstellt, Firmen nach Größe und Standort ausgewählt sowie Sammelanfragen per E-Mail an diese gerichtet werden.

5.4.2 Elektronische Marktplätze

> Elektronische Marktplätze sind virtuelle Orte im Internet, an denen einer Vielzahl von Anbietern und Nachfragern die Möglichkeit gegeben wird, Geschäftstransaktionen vorzubereiten und teilweise bzw. vollständig durchzuführen.

Elektronische Marktplätze sind für das beschaffende Unternehmen in der Regel mit Einstandspreisreduktionen für Beschaffungsobjekte sowie Effizienzsteigerungen bezüglich des Beschaffungsprozesses verbunden. Darüber hinaus werden die elektronischen Marktplätze auch zunehmend genutzt, um auf elektronischem Wege zu kooperieren und die Marktplätze zu elektronischen Wertschöpfungsnetzwerken auszubauen.

5.4.2.1 Funktionen von elektronischen Marktplätzen

Grundsätzlich können auf elektronischen Marktplätzen u.a.[105]

- Lieferanten gesucht werden,
- Produktinformationen gesammelt werden,
- Branchentrends erkundet werden,
- Bedarfe ausgeschrieben werden,
- über Preise und Lieferkonditionen verhandelt werden,
- mit Lieferanten gemeinsam Produkte konzipiert und weiterentwickelt werden,
- Bezahlungen durchgeführt werden.

5.4.2.2 Systematisierung von elektronischen Marktplätzen

Das Spektrum von im Internet präsenten Marktplätzen ist vielfältig. Zur Unterscheidung von elektronischen Marktplätzen bieten sich u.a. die Kriterien

- Ausrichtung,
- Zugang und
- Transaktionsmechanismen

an. Abb. 5–7 stellt diese Systematisierung der Marktplätze grafisch dar.

---

[105] Vgl. Bogaschewsky/Müller (2000), S. 10ff., Picot/Reichwald/Wigand (2001), S. 340ff., Wirtz (2001), S. 331ff.

```
                    Elektronische Marktplätze
                              │
                ┌─────────────┴─────────────┐
Ausrichtung     Horizontale Marktplätze    Vertikale Marktplätze
                └─────────────┬─────────────┘
                ┌─────────────┴─────────────┐
Zugang          Offene Marktplätze         Geschlossene Marktplätze
                └─────────────┬─────────────┘
Transaktions-   Ausschreibung  Schwarzes   Auktionen    Katalog
mechanismus                    Brett
```

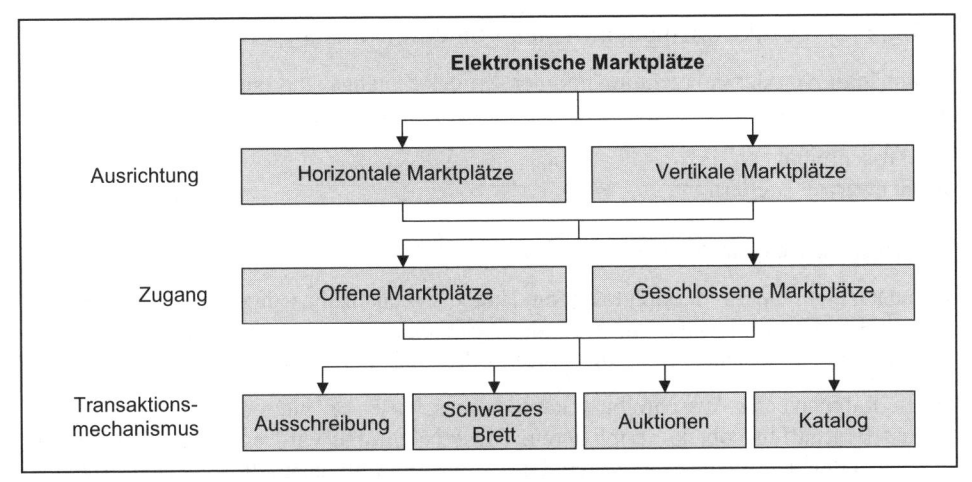

Abb. 5–7: Systematisierung von elektronischen Marktplätzen

5.4.2.3 Ausrichtung von elektronischen Marktplätzen

Hinsichtlich der Ausrichtung von elektronischen Marktplätzen kann zwischen horizontalen und vertikalen Marktplätzen unterschieden werden.

- **Horizontale Marktplätze** bieten ein Sortiment von Waren und Dienstleistungen an, das von Unternehmen unabhängig von deren Branche nachgefragt wird. Als Beispiele können Sicherheitsdienstleistungen, Büromöbel oder Hygieneartikel genannt werden. Vertikale Marktplätze beschränken sich demgegenüber auf den Bedarf einer oder weniger Branchen.

- **Vertikale Marktplätze** existieren beispielsweise im Elektroniksektor (VirtualChipExchange, WireScout), im Bereich (gebrauchter) Anlagegüter (Dovebid, GoIndustry) oder in der Chemiebranche (CheMatch, ChemConnect).

5.4.2.4 Zugang zu elektronischen Marktplätzen

Offene und geschlossene Marktplätze unterscheiden sich durch die Form des Zugangs für die Anbieter und Nachfrager.

- **Offene Marktplätze** stehen grundsätzlich (teilweise nach einer vorherigen Registrierung und/oder Bonitätsprüfung) allen Teilnehmern offen.

- **Geschlossene Marktplätze** schränken die Zahl der Teilnehmer aufgrund unternehmenspolitischer Gründe ein.

5.4.2.5 Transaktionsmechanismus von elektronischen Marktplätzen

Unabhängig von der Ausrichtung und der Art des Zugangs sind die verwendeten Transaktionsmechanismen der Marktplätze. Grundsätzlich wird hier zwischen

- Ausschreibungen,
- Schwarzen Brettern,
- Auktionen und
- elektronischen Katalogen unterschieden.

Dabei kann auf einem Marktplatz nur ein Handelsmechanismus angewendet werden oder aber mehre Handelsmechanismen werden nebeneinander, je nach Wunsch der Nutzer und der Art der gesuchten bzw. angebotenen Beschaffungsobjekte, etabliert.

- Im Rahmen einer Ausschreibung kann das beschaffende Unternehmen die gewünschten Beschaffungsobjekte publizieren. Diese Nachfrage wird entweder allen Marktplatzteilnehmern oder einer vorab definierten Auswahl zugänglich gemacht. Hersteller oder Lieferanten werden über neue Ausschreibungen in der Regel elektronisch benachrichtigt.

- Schwarze Bretter eigenen sich demgegenüber eher für nicht standardisierte Beschaffungsobjekte. Deren Spezifikationen werden – ähnlich den Anzeigen in Fachzeitschriften – nach Rubriken geordnet und an einer elektronische Pinwand inseriert. Je nach Wunsch des beschaffenden Unternehmens können Hersteller und Lieferanten auf RFQs (Request for Quotations), RFPs (Request for Proposal) oder RFIs (Request for Information) antworten.

- Bei Auktionen handelt es sich um einen zeitlich sowie oft in der Zahl der Teilnehmer begrenzten Transaktionsmechanismus. Bei den lieferantenseitigen Auktionen werden in der Regel Standardprodukte, Überschussproduktionen oder Restbestände seitens der Lieferanten bzw. Hersteller angeboten. Demgegenüber schreiben bei nachfragerseitigen Auktionen bzw. Reverse Auctions die beschaffenden Unternehmen ihren Bedarf auf dem Marktplatz aus. Abb. 5–8 zeigt die Phasen der Vorbereitung einer Reverse Auction.[106]

- Zunächst werden die gesuchten Eigenschaften wie Menge, Qualität und Lieferkonditionen der Beschaffungsobjekte genau spezifiziert. Anschließend werden mögliche Lieferquellen im Rahmen einer Vorauswahl kontaktiert. Interessierte Lieferanten werden anschließend zu einer Teilnahme an der Reverse Auction eingeladen. Innerhalb eines vorher festgelegten Zeitraumes haben die Lieferanten Zeit, ihre Angebote abzugeben und den Auftrag zu „ersteigern". Abb. 5–9 zeigt den Verlauf einer Reverse Auction.

---

[106] Vgl. Wildemann (2001), S. 121

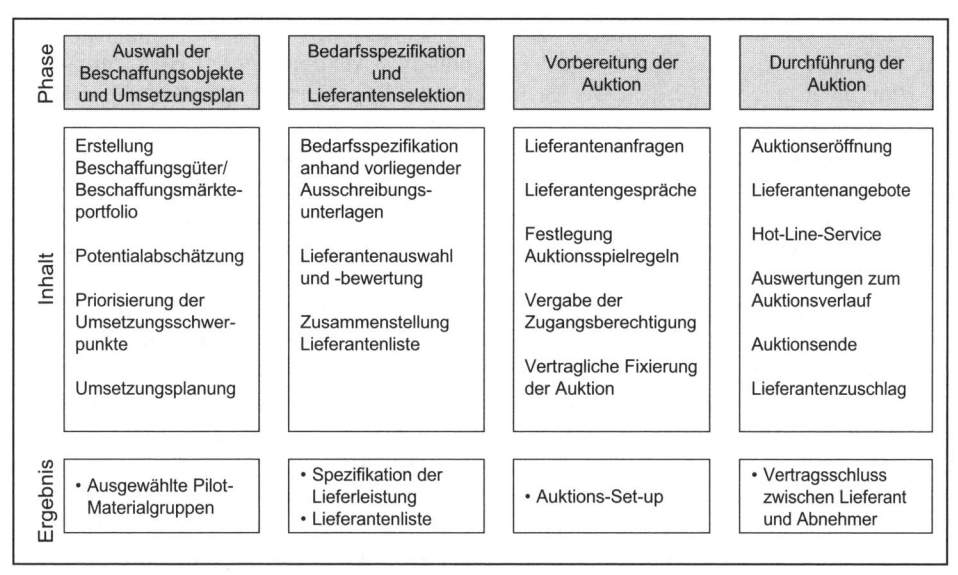

eProcurement in der strategischen Beschaffung

Phase	Auswahl der Beschaffungsobjekte und Umsetzungsplan	Bedarfsspezifikation und Lieferantenselektion	Vorbereitung der Auktion	Durchführung der Auktion
Inhalt	Erstellung Beschaffungsgüter/ Beschaffungsmärkteportfolio Potentialabschätzung Priorisierung der Umsetzungsschwerpunkte Umsetzungsplanung	Bedarfsspezifikation anhand vorliegender Ausschreibungsunterlagen Lieferantenauswahl und -bewertung Zusammenstellung Lieferantenliste	Lieferantenanfragen Lieferantengespräche Festlegung Auktionsspielregeln Vergabe der Zugangsberechtigung Vertragliche Fixierung der Auktion	Auktionseröffnung Lieferantenangebote Hot-Line-Service Auswertungen zum Auktionsverlauf Auktionsende Lieferantenzuschlag
Ergebnis	• Ausgewählte Pilot-Materialgruppen	• Spezifikation der Lieferleistung • Lieferantenliste	• Auktions-Set-up	• Vertragsschluss zwischen Lieferant und Abnehmer

Abb. 5–8: Vorbereitungsphasen einer Reverse Auction

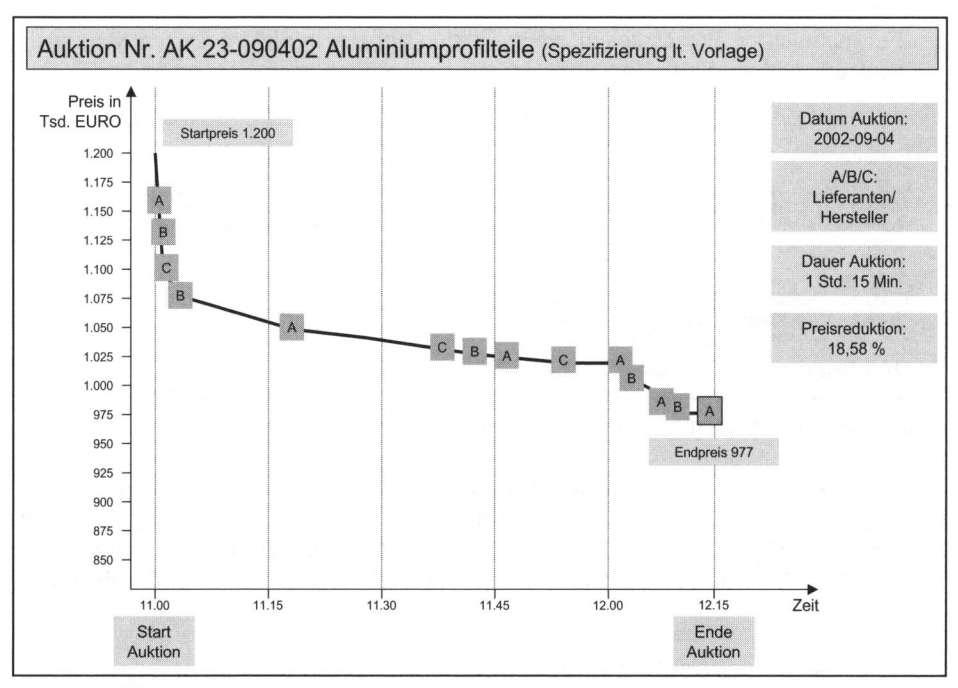

Abb. 5–9: Verlauf einer Reverse Auction

- Hinsichtlich des Preisfindungsprozesses von Auktionen allgemein kann u.a. zwischen der Englischen Auktion, der Holländischen Auktion und der Höchstpreisauktion unterschieden werden. Der Bietprozess der Englischen Auktion wird durch die Abgabe eines Mindestgebotes begonnen und sukzessive durch die Bieter gesteigert (bei der Reverse Auction gesenkt). Jeder Bieter hat dabei die Möglichkeit mehrfach zu bieten. Englische Auktionen enden in der Regel nach Ablauf eines festgelegten Zeitraumes. Die Höhe des Preises wird vom Höchstgebot (bei der Reverse Auction Niedrigstgebot) bestimmt. Die Holländische Auktion startet mit einem sehr hohen Preis für das Versteigerungsobjekt. Dieser wird kontinuierlich reduziert. Es erhält der Bieter den Zuschlag, der den Preis als erster akzeptiert. Bei der Höchstpreisauktion wird dem Inhaber des Versteigerungsgutes seitens der Auktionsteilnehmer ein geheimes Angebot übermittelt. Nach Ablauf der Auktion werden diese Gebote zeitgleich geöffnet. Das höchste (im Falle der Reverse Auction das niedrigste) Angebot erhält den Zuschlag und bestimmt folglich den Preis. Der Mischkonzern General Electric war eines der ersten Unternehmen, welches Online-Auktionen in großem Umfang einsetzte. Jährlich werden ca. 30% des Beschaffungsvolumens über Online-Auktionen abgewickelt. Dies entspricht zweistelligen Milliardenbeträgen in US Dollar.[107] Im Vergleich will DaimlerChrysler den Online-Beschaffungsanteil bei der künftigen Chrysler-Baureihe auf über 40% des Gesamtwertes steigern. Auch Siemens plant, den Beschaffungsanteil von 17% im Jahr 2002 auf zukünftig 50% zu steigern.[108]

Den optimierten Prozessablauf einer Auktion auf einem elektronischen Marktplatz verdeutlicht Abb. 5–10.

Traditioneller Ablauf

Erstellung Anfrage → Vorauswahl Lieferanten → Zustellung Anfrage → Erstellung Angebot → Zustellung Angebot → Auswertung Angebote → Nachverhandlung → Auswahl Lieferant → Auftragsvergabe

Ablauf einer Online Auction

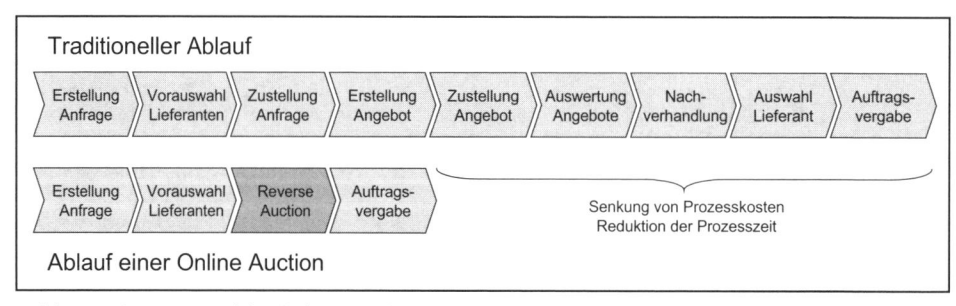

Erstellung Anfrage → Vorauswahl Lieferanten → Reverse Auction → Auftragsvergabe

Senkung von Prozesskosten
Reduktion der Prozesszeit

Abb. 5–10: Prozessablauf einer Online Auktion

- Der elektronische Katalog ähnelt dem traditionellen papierbasierten Katalog. Allerdings ist die Leistungsfähigkeit des elektronischen Kataloges wesentlich erweitert. Er bietet die Möglichkeit, Produkte entlang von Produkthierarchien oder durch Eingabe von Artikelnamen, Lieferantennamen oder Artikelnummern zu suchen. Neben text-

---

[107] Vgl. Wannenwetsch (2004), S. 167ff.
[108] Vgl. FAZ Nr. 185 v. 12.08.2002, S. 16

basierten Informationen und grafischen Abbildungen ist der elektronische Katalog auch fähig, Detailinformationen über Beschaffungsobjekte in Form von Audio- und Videosequenzen aufzunehmen und darzustellen.

5.4.2.6 Auswahl von elektronischen Marktplätzen

Die Zahl elektronischer Marktplätze steigt permanent und ihre Ausgestaltung und ihre Funktionen werden zunehmend unübersichtlich. Aber nur die Nutzung eines Marktplatzes, der optimal auf die Bedürfnisse des beschaffenden Unternehmens abgestimmt ist, kann das maximal mögliche Vorteilspotenziale entfalten. Abb. 5–11 zeigt Selektionskriterien, die bei der Auswahl eines elektronischen Marktplatzes berücksichtigt werden sollten.[109]

Selektionskriterium	☑
Phase des Beschaffungsprozesses	☐ Informationsphase ☐ Vereinbarungsphase ☐ Transaktionsphase ☐ Servicephase
Beschaffungsobjekt	☐ C-Güter ☐ A-/B-Güter
Ausrichtung des Marktplatzes	☐ horizontal/branchenübergreifend ☐ vertikal/branchenspezifisch
Zugang zum Marktplatz	☐ offen ☐ geschlossen
Transaktionsmechanismus	☐ Ausschreibung ☐ Schwarzes Brett ☐ Auktion ☐ Katalog
Gebührenmodell	☐ Fixe Gebühren ☐ Nutzungsabhängige Gebühren ☐ Anteil an Transaktionsvolumen oder Einsparungen ☐ Finanzierung über Dienstleistungen ☐ Finanzierung über Werbung ☐ Finanzierung über Datenverkauf
Abhängigkeit	☐ neutraler Marktplatzbetreiber ☐ von bestimmten Unternehmen etabliert/dominiert
Sonstige Kriterien	☐ Teilnahme von Servicedienstleistern ☐ Teilnahme von Logistikdienstleistern ☐ Angebot von Value Added Services ☐ Anzahl der Teilnehmer

Abb. 5–11: Selektionskriterien für elektronische Marktplätze

---

[109] Vgl. auch Peters (2002), S. 49

5.4.3 Virtuelle Agenten

Bei den sogenannten virtuellen Agenten handelt es sich um Softwareprogramme, die aufgrund ihrer Intelligenz in der Lage sind, durch einen Nutzer definierte Aufgaben autonom auszuführen und situationsspezifisch zu handeln.[110] Virtuelle Agenten sind dabei i.d.R. Bestandteile komplexer computerbasierter Beschaffungssysteme. Die virtuellen Agenten sind im Internet tätig und übernehmen in der Regel die Suche nach durch den Beschaffer spezifizierten Beschaffungsmarkt-, Absatzmarkt- oder Lieferanteninformationen.

Die virtuellen Agenten sind dabei fähig,

- bestimmte Informationsquellen im Internet aufzuspüren,
- aus diesen Quellen die für den Benutzer relevanten Informationen herauszufiltern und
- gefundene Informationen in übersichtlicher Form darzustellen.

Sie erhöhen die Effektivität des Beschaffungsmanagers bei der Informationssuche, indem sie selbständig die Preise für bestimmte Beschaffungsobjekte beobachten und im Fall von Limitüberschreitungen Nachrichten an die Nutzer senden. Zudem können virtuelle Agenten den Beschaffer bei Beschaffungstransaktionen unterstützen. Sie können bestimmte Transaktionen wie Preisverhandlungen selbstständig ausführen und überwachen. Es gilt aber zu betonen, dass es sich bei intelligenten Agenten in der Praxis momentan noch um sehr einfache Systeme handelt, deren Einsatzmöglichkeiten begrenzt sind. Erst in Zukunft wird sich deren Anwendungs- und Wirkungspotenzial durch Weiterentwicklungen wesentlich erhöhen.

5.4.4 Wissensmanagement durch Intranet und Internet

Ein permanenter Wissensaustausch innerhalb des Unternehmens und mit externen Partner ist eine wesentliche Voraussetzung für den Leistungserstellungsprozess eines Unternehmens und eines effektiven elektronischen Supply Chain Management. Das Wissensmanagement der Beschaffungsfunktion wird durch Electronic Procurement wesentlich erleichtert:[111]

- durch die Nutzung eines Intranets kann der Wissensaustausch zwischen den Beschaffungsmitarbeiter erfolgen, die dabei auch weltweit verteilt angesiedelt sein können.

---

[110] Vgl. im Folgenden Malone/Yates/Benjamin (1987), S. 496f., Bogaschewsky (1999), S. 20, Bogaschewsky/Kracke (1999), S. 116, Hamm/Brenner (1999), S. 144f., Müller (1999), S. 228

[111] Vgl. Köglmayr et al. (1999), S. 305, Bogaschewsky (1999), S. 21, Bogaschewsky/Kracke (1999), S. 59f., 83f., 144 ff., Strub (1999), S. 71, Dolmetsch (2000), S. 224

- ein Informations- und Wissensaustausch zwischen der Beschaffungsfunktion und anderen Funktionsbereichen des Unternehmens wie z.B. der Forschungs- und Entwicklungsabteilung oder der Produktion ist möglich.
- das Internet und die E-Mail-Technologie können genutzt werden, um mit regionalen, nationalen und internationalen Zulieferern zu kommunizieren und Aktivitäten abzustimmen.
- durch dss Internet und das Intranet können Informationen schnell und kostengünstig distribuiert werden.

Den Beschaffungsmitarbeitern können relevante Informationen im Intranet zum selbstständigen und eigenverantwortlichen Abruf bereitgestellt werden. Die Administration der Informationen und deren Verteilungsaufwand wird aufgrund der Substitution papierbasierter Medien durch elektronische Medien erheblich reduziert. Der Zugriff auf die zentral vorgehalten Informationen kann dezentral durch den einzelnen Mitarbeiter in Abhängigkeit von dessen zeitlichen Präferenzen erfolgen. Tabelle 5–1 nennt beispielhaft einige Inhalte bzw. Informationen, die im Intranet für die Mitarbeiter der Beschaffung bzw. des Gesamtunternehmens hinterlegt werden können.

Neben der Verteilung von beschaffungsrelevanten Informationen innerhalb der Beschaffungsfunktion bzw. innerhalb des Unternehmens können auch externen Unternehmen Informationen durch E-Mails an Lieferanten (elektronischer Lieferanten-Newsletter) oder die Teilnahme an elektronischen Diskussionsgruppen zu Themengebieten der Beschaffung zugänglich gemacht werden. Zur Verteilung von Geschäftsdokumenten will auch die DaimlerChrysler AG die moderne Informations- und Kommunikationstechnologie nutzen. So sollen ca. 1.500 Geschäftspartner an das elektronische Dokumentenaustauschsystem „E-Docs" angebunden werden und darüber ca. 500.000 Dokumentensendungen abwickeln.

Beschaffungsinformationen im Intranet	
Strategische und operative Ziele der Beschaffungsfunktion; Einkaufsstrategie	Warengruppenübersicht inkl. Beschaffungsstrategie und aktuellen Lieferanten
Organisationsdiagramm der Beschaffung	Messzahlen in der Beschaffung
Ergebnisse und Beispiele von Verhandlungen	Gesetze, Richtlinien, Verordnungen und Anweisungen
Brancheninformationen	Lieferantenbewertungen
Beschaffungsmarktinformationen	Umweltinformationen
Ergebnisse von Verhandlungen	Schulungsangebote/Schulungsunterlagen

Tabelle 5–1: Beschaffungsinformationen im Intranet

5.4.5 Beschaffungsmarketing im Internet

Die Multimedialität sowie die permanente Präsenz des Internet kann von dem beschaffenden Unternehmen genutzt werden, um Beschaffungsmarketingaktivitäten zeit- und kosteneffizient durchzuführen. So können im Internet Informationen über die Beschaffungsfunktion des Unternehmens bereitgestellt werden. Dies geschieht durch die Etablierung einer Beschaffungs-Homepage, d.h. einer eigenen Präsenz der Beschaffungsfunktion im Internet.

Durch die Beschaffungs-Homepage werden die Unternehmen in die Lage versetzt, ihre Beschaffungsfunktion einem breiten Spektrum an potentiellen Lieferanten sowie anderen Stakeholdern der Beschaffung darzustellen und sich als einen potentiellen und attraktiven Transaktionspartner zu präsentieren. Die besonderen Vorteile der Beschaffungs-Homepage ergeben sich hauptsächlich aus der nahezu kostenlosen Bereitstellung von Informationen bezüglich der Beschaffungsfunktion im allgemeinen und der benötigen Beschaffungsobjekte im besonderen. Zudem kann der Prozess einer ersten Kontaktaufnahme eines neuen Lieferanten bis zu dessen Etablierung als permanentem Lieferant durch die Eliminierung von manuellen Prozessschnittstellen sowie der elektronischen Unterstützung der Informationsaustauschprozesse deutlich schneller erfolgen.

Diese Vorteile haben bereits eine Vielzahl von Unternehmen erkannt. So sind u.a. die Volkswagengruppe, Sony, Still, Toshiba, Preussen Elektra, Merck, Deutz, Mannesmann VDO oder BMW mit einer eigenen Seite für die Beschaffung im Internet vertreten.

Die Umsetzung dieser Vorteile wird durch eine entsprechende Strukturierung der Beschaffungs-Homepage erreicht. Die Beschaffungs-Homepage enthält dabei in der Regel folgende Bereiche bzw. stellt folgende Informationen bereit:

- Darstellung der Beschaffungsfunktion (Einkaufsvolumina, Lieferantenanzahl, Aufbaustruktur, regionale Verteilung, etc.),
- Präsentation der Beschaffungsstrategie (Anforderungen an gegenwärtige sowie zukünftige Lieferanten, Beschaffungsbedingungen, Beschaffungspolitik, etc.),
- Darstellung der Bedarfsstruktur (multimediale Darstellung der benötigten Beschaffungsobjekte, Qualitätsanforderungen, etc.),
- Kontaktadressen der Beschaffung (Ansprechpartner, E-Mail-Adressen, Telefonnummern, postalische Adresse, etc.),
- Prozesse zur Vorselektion von Lieferanten (Lieferantenselbstauskunft, interaktiver Online-Fragenbogen, etc.).

Während die Beschaffungs-Homepage einerseits die Aufgabe hat, alternative und attraktive Lieferquellen zu entdecken und zu erschließen, müssen andererseits unqualifizierte Lieferanten bereits im Vorfeld ausselektiert werden. Dazu kann die Beschaffungs-Homepage die Schnelligkeit und Interaktivität des Internet nutzen. Zum einen können Lieferantenbewerbungsformulare zum Download bereitgehalten werden. Die Notwendigkeit einer Kontaktaufnahme durch den Lieferanten mit der Beschaffungsfunktion und das postalische Versenden der Formulare an den Lieferanten entfällt dadurch.

Zum anderen kann der Lieferantenbewerbungsprozess interaktiv durch die Beschaffungs-Homepage geleitet werden. Im Rahmen von Online-Formularen erhalten Lieferanten die Möglichkeit, Informationen wie Standort, Branchenerfahrung, Belieferung von Konkurrenzunternehmen, Qualitätszertifizierungen, Referenzen, etc. zu übermitteln. Ungeeignete Lieferanten können bereits in dieser frühen Phase durch die Anwendung von Ausschlusskriterien vom weiteren Bewerbungsprozess ausgeschlossen werden, bevor ein Mitarbeiter der Beschaffung erstmalig in den Prozess eingreifen muss.

5.4.6 Elektronisches Supplier Relationship Management

Das Lieferantenmanagement (Supplier Relationship Management) ist das Management der gesamten Lieferantenbasis, der einzelnen Lieferantebeziehungen sowie der Beschaffungsprozesse. Das elektronische Supplier Relationship Management (eSRM) wendet die konzeptionellen und technologischen Möglichkeiten der modernen Informations- und Kommunikationstechnologie und insbesondere des Electronic Procurement an. Das elektronische Supplier Relationship Management beinhaltet die Nutzung von elektronischen

- analytischen Tools,
- Messwerkzeugen für die Beschaffung,
- Knowledge Management Methoden und
- Supplier Integration Tools
- zur Qualitäts- und Leistungssteigerung von Lieferantenbeziehungen.

Die Leistungssteigerung wird u.a. durch die Verbesserung der Beschaffungsorganisation und -prozesse, ein verbessertes Knowledge Management und ein effektiveres Beschaffungscontrolling erreicht. Durch die elektronische Verbindung verschiedener Informations- und Kommunikationstechnologiesysteme innerhalb und zwischen den Unternehmen können Beschaffungsinformationen mit Daten aus anderen Funktionsbereichen wie z.B. Wareneingang oder Qualitätssicherung an einer zentralen Stelle zusammengeführt werden. Durch die anschließende Konsolidierung und Analyse wird die Entscheidungsunterstützung für Beschaffungsentscheidungen nachhaltig verbessert. Durch die Zusammenführung und Integration der Daten wird u.a.

- ein Überblick über die weltweiten Einkaufsaktivitäten gegeben,
- mögliche Risikofaktoren entdeckt und minimiert,
- Konsolidierungspotenziale aufgedeckt und
- die Transparenz der Lieferantenbasis erhöht.

Durch eSRM können Möglichkeiten für weitere Prozesskosteneinsparungen und Einstandspreisreduktionen einfach erkannt werden, indem z.B. Beschaffungsvolumen innerhalb des Unternehmens gebündelt wird. Die Lieferantenbasis kann optimiert und die Ausgaben für die Beschaffung gezielt reduziert werden.

5.4.7 Überblick über virtuelle Handelsplattformen

Selbst für den erfahrenen Einkaufsprofi sind die Adressen der verschiedenen Marktplätze und Auktionsformen mittlerweile schwer durchschaubar. Ständig kommen im internationalen Bereich neue Anbieter hinzu während gleichzeitig bisherige Anbieter den Markt schon wieder verlassen oder mit anderen Anbietern fusionieren. Im folgenden wird ein kurzer Überblick über die unterschiedlichen Marktplätze und Auktionsplattformen gegeben.

Horizontale Marktplätze

- www.gpbid.com: Versteigerung von industriellen Überbeständen
- www.liquididation.com: Marktplatz zum Kauf und Verkauf von Überschüssen
- www.outpark.com: Ausschreibungsplattform für Einkaufsgemeinschaften kleiner und mittelständischer Unternehmen
- www.portum.com: Anbieter von Beschaffungs-Lösungen und Online Verhandlungen im strategischen Einkauf für Unternehmen und Marktplätze
- www.telinex.de: Internationale Plattform für Aufträge aus Wirtschaft, Industrie, Verwaltung, Handel, Gewerbe und Dienstleistung in Deutschland
- www.worldparts.net: Branchenübergreifendes Anbieter-Nachfrager-Suchsystem

Einkaufsdienstleister

- www.click2porcure.com: Einkaufsplattform der Siemens Procurement und Logistics Service
- www.goodex.de: Einkaufsdienstleister, Auktionsdienstleister, branchenübergreifend
- www.trade2b.de: Plattform eines Einkaufsdienstleisters
- www.net-tenders.com: Branchenübergreifende Internet-Beschaffungsplattform mit Ausschreibungen und Auktionen
- c) Marktplätze für MROs (C-Artikel, Maintenance-Repair-Operation-Teile)
- www.cacontent.com: Branchenübergreifende geschlossene Handelsplattform für MRO-Güter
- www.cc-chemplorer.com: C-Güter und Betriebsausrüstung für die chemische Industrie. MROs für die chemische Industrie
- www.quibiq.de:B2B-Einkaufsplattform für den Mittelstand

Büro und IT

- www.on2paper.com: Handel von Papier
- www.transtec.de: Einkaufsplattform für IT-Produkte
- www.webtradecenter.de: Handelsplattform für den Bereich IT/TK

eProcurement in der strategischen Beschaffung 111

- www.mercateo.com: Onlineshop für Bürobedarf und IT für kleine und mittelständische Unternehmen
- www.mondus.de: Handelsplattformen für KMU („Kleine und Mittlere Unternehmen") von Bürobedarf, IT und Dienstleistungen
- www.emaro.com: Einkaufssystem für Bürobedarf

Zulieferung

- www.allocation.net: Plattform für strategischen Einkauf direkter Güter, Maschinen-, Anlagen-, Fahrzeug- und Gerätebau, Lieferanten aus der Metall- und Kunststoffverarbeitung, Elektrotechnik
- www.covisint.com: Automobilhersteller und ihre Zulieferer
- www.fairpartners.com: Ausschreibungs- und Auktionsplattform von Luftfrachtunternehmen
- www.supplyon.com: Handelsplattform der Automobilzuliefererindustrie
- www.newtronautomotive.com: Handels- und Kommunikationsplattform für die Zulieferunternehmen der Automobilindustrie
- www.inforum-metall.de: Aufträge und Kapazitäten der Metallbranche

Logistik und Transport

- www.benelog.com: B2B-Logistik-Portal
- www.cargoclix.com: Frachtenbörse
- www.cargex.de: Logistikplattform und Transportbörse
- www.corrutrade.com: Ein- und Verkaufen von Verpackungen aus Wellpappe
- www.glomap.com: Schifffahrt-Marktplatz und Frachtenbörse für den Seehandel

Stahl und Metall

- www.suppliersonline.com: US-Handelsplatz für die Metallbranche
- www.stahlweb.com: Portal für die Stahlbranche
- www.metalauctions.com: Handelsplatz für Metall, Stahl und für die verbundenen Rohstoffe und Schrott

Energie

- www.energate.de: Unabhängiges B2B-Portal für die deutschsprachige Energiewirtschaft
- www.interstrom-ag.de: Stromeinkauf durch Ausschreibung
- www.ipx.de: Deutsche Strom- und Energiebörse
- www.vea-online.de: Marktplatz für Ausschreibungen von Energiebedarf

Chemie- und Kunststoffbranche

- www.chemconnet.com: Marktplatz für Industriechemikalien und Kunststoffgranulate
- www.cheop.de: Chemiemarktplatz der Metallgesellschaft
- www.e-chemicals.com: Industriechemikalien
- www.portax.com: Marktplatz für die Kunststoffindustrie

Elektronik und Baubranche

- www.materialboerse.de: Handelsplätze für Rest- und Überbestände im Elektronikbereich
- www.virtualchip.com: Börse für elektronische Komponenten (Überbestände)
- www.baulogis.com: Ausschreibungsdatenbank, Projektkommunikations- und Management-System und Marktplatz für Materialeinkauf
- www.baupilot.de: Umfassendes Informations- und Service-Angebot mit Ausschreibungen. Treff der Bau-Community

Neue und gebrauchte Investitionsgüter

- www.goindustry.de: Handelsplatz für gebrauchte und überschüssige Wirtschaftsgüter, Maschinen und Anlagen
- www.industrieweb.com: Neue und gebrauchte Investitions- und Produktionsgüter. Dienstleistungen für die Industrie.
- www.netbid.de: Markt für gebrauchte Maschinen und Anlagen
- www.proxchange.de: Europäische Plattform für gebrauchte Wirtschaftsgüter in der Baubranche

Spezialmarktplätze

- www.globalnetxchange.com: E-Business Marktplatz für den globalen Einzelhandel
- www.glomedix.com: Europäischer Markt für Krankenhausbedarf
- www.vergabereport.de: Portal für öffentliche Ausschreibungen, Vergabe, Submissionen und Aufträge
- www.utilite-place.de: Ausschreibungs- und Auktionsplattform für mittelständische Versorgungs-, Entsorgungs- und Verkehrsunternehmen
- www.pharmaplace.de: Online-Einkaufsplattform für die Pharmaindustrie
- www.insurexl.de: Marktplatz für Firmenversicherungen, Ausschreibungen von Industrie und Gewerbeversicherungen
- www.mobile.de: oder www.autoscout.de: An- und Verkauf von PKW

Die Auswahl der Adressen[112] zeigt die Vielfältigkeit der Angebote. Daneben kann auf Suchmaschinen wie z.B. www.google.de, www.altavista.de, www.yahoo.de zurückgegriffen werden.

Weitere Hilfestellungen bieten z.B. die Industrie- und Handelskammern im In- und Ausland oder der Bundesverband Materialwirtschaft, Einkauf und Logistik (BME) in Frankfurt sowie der Bundesverband Logistik in Bremen.

---

[112] Vgl. Beschaffung Aktuell, (12/2001), S. 62–64, www.beschaffung-aktuell.de, www.baexpert.de, Logistik Inside, (11/2002), S.38–42, Logistik Inside, (11/2002), S. 44–45

5.5 eProcurement in der operativen Beschaffung

Im Bereich der operativen Beschaffung kann Electronic Procurement den Beschaffungsprozess in vielfältiger Weise unterstützen und vereinfachen. Dazu wird zunächst ein typischer operativer Beschaffungsprozess im Überblick dargestellt. Anschließend wird beschrieben, in welchen Bereichen Electronic Procurement wirkungsvoll eingesetzt werden kann, um den Prozess schneller, kostengünstiger und somit effizienter zu gestalten.

5.5.1 Operativer Beschaffungsprozess

Ein idealtypischer operativer Beschaffungsprozess ergibt sich aus der Kombination der acht Phasen Bedarfsermittlung, Bestandskontrolle, Produkt-/Lieferantenauswahl, Budgetfreigabe, Bestellung, Bestellüberwachung, Wareneingang sowie Rechnungsprüfung und Zahlungsabwicklung. Abb. 5–12 stellt den operativen Beschaffungsprozess grafisch dar.

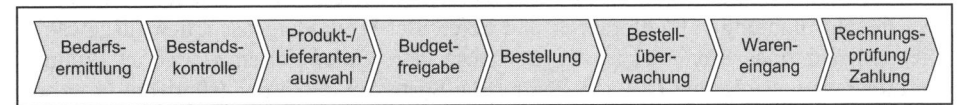

| Bedarfs-ermittlung | Bestands-kontrolle | Produkt-/Lieferanten-auswahl | Budget-freigabe | Bestellung | Bestell-überwachung | Waren-eingang | Rechnungs-prüfung/Zahlung |

Abb. 5–12: Operativer Beschaffungsprozess

5.5.2 Desktop Purchasing Systeme

Der operative Beschaffungsprozess wird durch sogenannte Desktop Purchasing Systeme (DPS) unterstützt.[113] Desktop Purchasing Systeme ermöglichen es

- den Bedarfsträgern vor Ort
- Beschaffungsobjekte direkt über den Computerbildschirm
- ohne eine unmittelbare Beteiligung der Beschaffungsabteilung zu bestellen.

Desktop Purchasing Systeme kommen dabei insbesondere bei der Beschaffung von Gütern mit geringer strategischer Bedeutung zur Anwendung. Als Beispiele für Beschaffungsobjekte können u.a. C-Teile der Produktion, Hilfs- und Betriebsstoffe, Büroartikel oder Dienstreisen genannt werden. Zum einen sind diese marktgängig und weisen ver-

---

[113] Vgl. im Folgenden Bogaschewsky/Kracke (1999), S. 137, Hamm/Brenner (1999), S. 135ff., Hartmann (1999), S. 45ff., Konhäuser (1999), S. 88f., Renner (1999), S. 176f., Strub (1999), S. 68ff., Dolmetsch (2000), S. 154ff., Wirtz (2001), S. 315ff.

gleichbare Qualitätseigenschaften auf. Zum anderen eignen sich diese Beschaffungsobjekte besonders, weil sie innerhalb von Unternehmen durch viele Bedarfsträger nachgefragt werden und unternehmensextern von verschiedenen Herstellern beschafft werden. Hier lassen sich Beschaffungsprozesse standardisieren und Nachfragevolumina wirkungsvoll bündeln.

Desktop Purchasing Systeme werden in mittleren und großen Unternehmen bereits in hohem Umfang eingesetzt. So haben bei BMW mehr als 6.000 Mitarbeiter via Desktop Purchasing Systeme Zugriff auf elektronische Produktkataloge, in denen die Waren und Dienstleistungen von Dutzenden Lieferanten abgebildet sind. Durch die Zeitersparnis sollen bei BMW in nur 18 Monaten 34 Arbeitsjahre eingespart werden.[114]

Der operative Beschaffungsprozess beginnt mit der Bedarfsermittlung und der Bestandskontrolle. Benötigt ein Bedarfsträger ein Produkt, vergleicht er zunächst den benötigten Bedarf mit dem Lagerbestand. Dieser Vergleich kann direkt im Lager erfolgen oder durch die Abfrage des Lagerbestandes durch das Enterprise Ressource Planning System. Stellt er hierbei ein Defizit fest, findet der Übergang in die Phase Produkt- bzw. Lieferantenauswahl statt.

Während der Produkt-/Lieferantenauswahl werden die benötigten Beschaffungsobjekte mit dem Liefer- und Leistungsprogramm potentieller Lieferanten verglichen und im Fall der Übereinstimmung von geforderter und lieferbarer Produkteigenschaften ausgewählt. Die Auswahl eines Produktes/Lieferanten aus einer vordefinierten Menge an Produkten/Lieferanten erfolgt bei Desktop Purchasing Systemen durch den Zugriff auf den sogenannten elektronischen Produktkatalog durch den Anforderer selbst. Elektronische Produktkataloge sollten folgende Funktionen erfüllen:

- multimediale Abbildung der Beschaffungsobjekte,
- umfangreiche Such- und Navigationshilfen,
- Verwaltung vielstufiger Produktkategorien und -hierarchien,
- Multilieferantenfähigkeit,
- Verwaltung von Lieferanten- und kundenspezifischen Produkt- und Artikelnummern,
- umfangreiche und komfortable Integrationsschnittstellen und Importmöglichkeiten für unterschiedliche Datenstrukturen,
- Skalierbarkeit sowie
- bequeme und kostengünstige Aktualisierungsmöglichkeiten.

Ausgewählte Beschaffungsobjekte können in den sogenannten virtuellen Warenkorb übernommen werden. Ferner besteht die Möglichkeit, Warenkörbe inhaltlich zu definieren. So können bspw. Erstausstattungen für komplette Arbeitsplätze als Leistungssystem abgespeichert werden. Die elektronischen Produktkataloge sind dabei in der Regel im unternehmenseigenen Intranet hinterlegt (Buy-Side Katalog). Im Rahmen von Desktop Purchasing Systemen besteht aber auch die Möglichkeit, auf elektronische Produktkataloge des bzw. der Lieferanten via Internetverbindung (Sell-Side Katalog) zuzugreifen.

---

[114] Vgl. Schmidt (2001), S. 29

eProcurement in der operativen Beschaffung

Als dritte Alternative integrieren bei 3rd-Party-Katalogen Dienstleister die Kataloge mehrerer Lieferanten und ermöglichen einer Vielzahl von verschiedenen Käufern einen Zugriff via Internet. Abb. 5–13 stellt die verschiedenen Typen von elektronischen Katalogen grafisch dar.

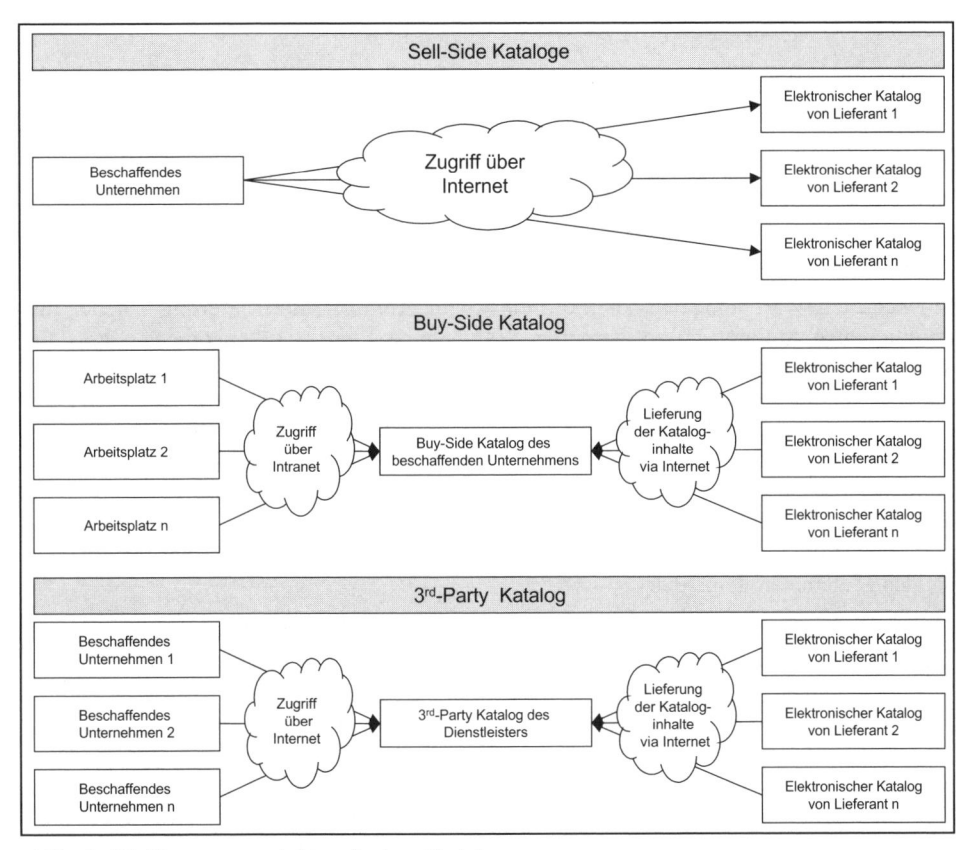

Abb. 5–13: Typen von elektronischen Katalogen

Im Anschluss an die Auswahl der Beschaffungsobjekte löst der Bedarfsträger eine elektronische Bestellanforderung aus. In Abhängigkeit von den Kompetenzen des Bedarfsträgers wird ein elektronischer Genehmigungsprozess durchlaufen. Die Autorisierung der Bestellanforderung sowie die Einhaltung von Einzeltransaktionslimits und Sammelbudgets wird geprüft. Überschreitet die getätigte Bestellung die im Benutzerprofil hinterlegte Budgetgrenze nicht, erfolgt die Budgetfreigabe. Andernfalls wird in der Regel der Vorgesetzte aufgefordert, die Bestellanforderung zu autorisieren. Die Aufforderung zur Autorisierung und die anschließende Budgetfreigabe bzw. Ablehnung der Bestellanforderung geschieht durch E-Mails.

Im Anschluss an die Budgetfreigabe erfolgt zum einen die Übermittlung der Bestellung an den Lieferanten. Hierfür kann wiederum auf elektronische Medien wie E-Mail oder EDI zurückgegriffen werden. Im Falle einer fehlenden elektronischen Verbindung zum Lieferanten wird eine automatische Faxbestellung generiert. Zum anderen wird die Bestellung als Grundlage des späteren Wareneingangs und der Rechnungsprüfung in das unternehmensinterne Enterprise Resource Planning System übermittelt.

Während der Bestellüberwachung kommt die sogenannte Tracking-Funktion des Desktop Purchasing Systems zur Anwendung. Dieses ermöglicht eine genaue Standortbestimmung bzw. eine zeitpunktgenaue Einsicht in den Bearbeitungsstatus der Bestellung auf Seiten des Lieferanten. Durch die Verbindung des Desktop Purchasing Systems mit dem Enterprise Ressource Planning System des Lieferanten können Informationen über den Status noch nicht fertiggestellter Aufträge bezogen werden. Darüber hinaus ist auch ein Zugriff auf Daten von Logistikdienstleistern möglich.

Im Zuge des Wareneingangs kann die inhaltliche Kontrolle der Lieferung – neben der traditionellen Anlieferung am zentralen Wareneingang eines Unternehmens – im Rahmen des Desktop Purchasing (DP) auch beim Bedarfsträger selbst erfolgen. Diese direkte Anlieferung wird als Desktop Receiving bezeichnet. Der Bedarfsträgers kontrolliert und akzeptiert die bestellten Waren und verbucht diese anschließend via Desktop Purchasing System. Dieses übergibt die Daten auch an das Enterprise Ressource Planning System. Festgestellte Abweichungen qualitativer oder quantitativer Art werden ebenfalls direkt via Desktop Purchasing System erfasst und innerhalb des Unternehmens z.B. an das Enterprise Ressource Planning System oder das Qualitätsmanagement sowie an den Lieferanten gemeldet.

Die traditionelle rechnerische Prüfung der Warenlieferung kann entfallen, da über Desktop Purchasing System in der Regel Waren beschafft werden, für die bereits im Vorfeld Rahmenverträge abgeschlossen wurden. Desktop Purchasing Systeme sind in der Lage, aufgrund der Bestätigung einer korrekten Warenlieferung durch den Bedarfsträger, selbständig einen Zahlungsvorgang auszulösen. Dies geschieht durch die Übergabe einer entsprechenden Information in das Enterprise Ressource Planning Programm des Unternehmens, welches die Zahlungsabwicklung, beispielsweise durch Electronic Funds Transfer (EFT) übernimmt. Alternativ kann auch auf die sogenannten Purchasing Card Systeme, ein kreditkartenähnliches Zahlungssystem, zurückgegriffen werden. Lediglich im Falle nicht korrekter Warenlieferungen wird die entsprechende buchhalterische Instanz des Unternehmens hinzugezogen. Ansonsten beschränkt sich deren Funktion im Rahmen des Desktop Purchasing auf die Durchführung von Stichprobenkontrollen sowie der Überprüfung bzw. die Ausführung von Sammelrechnungen. Abb. 5–14 stellt den Beschaffungsprozess im Rahmen des Desktop Purchasing grafisch dar.[115]

---

[115] Vgl. Kleineicken (2002b), S. 51

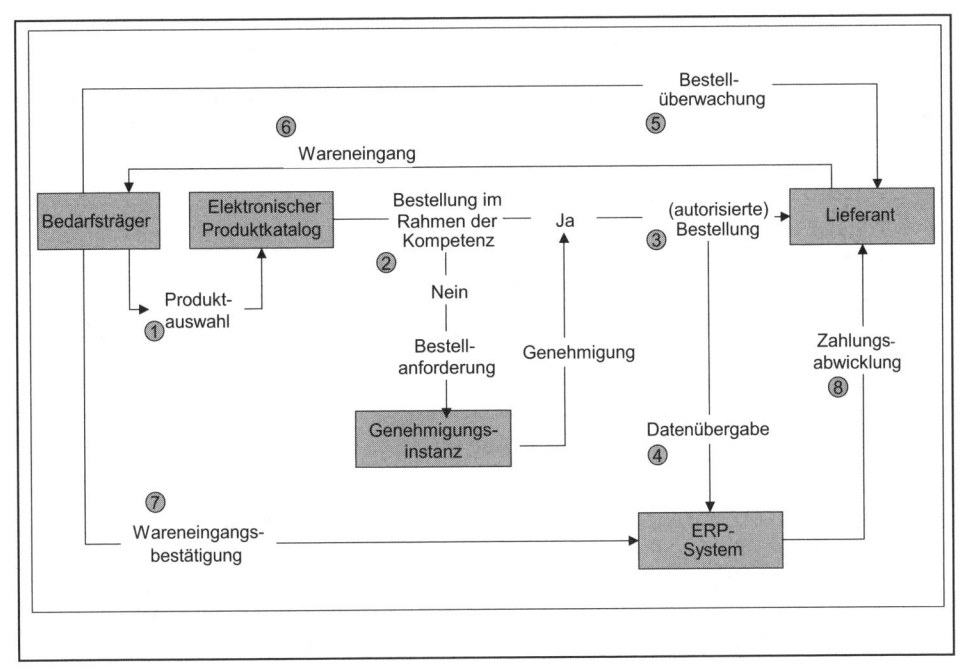

Abb. 5–14: Desktop Purchasing

Zusammenfassend kann festgestellt werden, dass nahezu alle Prozessphasen des operativen Beschaffungsprozesses wirkungsvoll durch Electronic Procurement bzw. Desktop Purchasing Systeme unterstützt werden können. Ein hohes Unterstützungspotenzial ergibt sich insbesondere für die traditionell arbeitsintensiven und stark papierbasierten Phasen. Konsequenz ist, dass diese Prozessphasen durch Desktop Purchasing Systeme wesentlich effektiver gestaltet werden können. Welche messbaren Vorteile mit der Nutzung von Desktop Purchasing verbunden sein können verdeutlicht Tabelle 5–2.

Durch den Einsatz von Desktop Purchasing Systemen werden operative Beschaffungstätigkeiten verstärkt in den Verantwortungsbereich des Bedarfsträgers delegiert. Es findet eine Reduzierung von Prozessschnittstellen statt, indem operative Beschaffungstätigkeiten vermehrt an die Bedarfsträger ausgelagert werden. Ferner werden die Bedarfsträger in die Lage versetzt, Güter und Dienstleistungen in Abhängigkeit von ihrer Funktion und ihrer Kompetenz innerhalb des Unternehmens eigenverantwortlich zu beschaffen. Es findet eine klare Trennung von operativen und strategischen Aufgaben statt. Die Mitarbeiter der Beschaffungsfunktion werden dadurch in die Lage versetzt, ihre Kapazitäten vermehrt den strategischen Beschaffungstätigkeiten zu widmen.

Vorteile des Desktop Purchasing		
	Traditionelle Beschaffung	**Electronic Procurement**
Preise für Material und Dienstleistungen		5–10% Reduktion
Zeitspanne zwischen Auftrag und Lieferung	8,36 Tage	2,27 Tage
Verwaltungskosten	114 US$/Bestellung	31US$/Bestellung
Bestellung außerhalb bestehender Lieferverträge		51% Reduktion

Tabelle 5–2: Vorteile des Desktop Purchasing (Quelle: Aberdeen Group 2001)

Ferner gewährleisten Desktop Purchasing Systeme die effektive Unterstützung der betrieblichen Beschaffungspolitik. Dies kann zum einen darauf zurückgeführt werden, dass die Beschaffungsfunktion durch den elektronischen Produktkatalog Vorselektionen hinsichtlich der Bevorzugung bestimmter Lieferquellen treffen kann. Eine Auswahl von Produkten/Lieferanten in Bezug auf die Preispolitik und/oder die Bündelung von Beschaffungsvolumina ist möglich. Maverick Buying, d.h. das Beschaffen von Gütern außerhalb des offiziellen Beschaffungsprozesses, wird reduziert.

6. eProduction – Von der Push- zur Pull-Produktion

Die Produktion im e-Zeitalter ist ein komplett über das Internet gesteuerter Fertigungsprozess, der bereits mit der Planung des Produktionsprogramms beginnt und mit der Einlagerung ins Auslieferungslager endet. Die eProduction bildet einen wesentlichen Bestandteil des eSupply Chain Managements und wird, aufgrund des Wandels zur Pull-Produktion, durch tatsächliche Aufträge angestoßen. Der reibungslose Ablauf der Produktion hängt vor allem von der termingenauen Bereitstellung von Teilen ab, die mit Hilfe der Internettechnologie fertigungssynchron angeliefert werden können.

Das Kapitel zeigt zu Beginn die Umsetzung der Pull-Produktion mit Hilfe der Plattformstrategie und dem Einsatz modernster Informationstechnologien. Um gegenüber der Konkurrenz wettbewerbsfähig zu bleiben, sind kurze Durchlauf- und Produktentwicklungszeiten notwendig. Dies wird durch die Vernetzung aller am Wertschöpfungsprozess Beteiligten erreicht. Dazu gehören

- die **Lieferanten**, die durch den Aufbau eines Value Nets angebunden werden,
- die **Entwicklung**, die mit Hilfe des Internets standortunabhängig Zeichnungen erstellt und der Fertigung übermittelt,
- die **Fertigung**, die durch die Vernetzung von CNC-Maschinen, SAP APO und MES-Systeme transparenter gestaltet werden kann.

Abschließend wird aufgezeigt, wie mit Hilfe der Internettechnologie die produktionssynchrone Belieferung sowie das Kanban-System effizienter umgesetzt werden kann.

6.1 Die Produktion im e-Zeitalter

Im Bereich der produzierenden Unternehmen hat sich ein Wandel von der Push- zur Pull-Produktion vollzogen. Man versteht darunter die Ablösung von Planbedarfen durch Kundenaufträge. Es werden heute nicht mehr Material und Vorfabrikate in großen Mengen in die Fertigung gestoßen (Push-Prinzip), sondern nur tatsächliche Aufträge/Bedarfe durchgezogen (Pull-Prinzip). Diese Entwicklung wurde durch den Wandel vom Verkäufer- zum Käufermarkt ausgelöst. Unternehmen stehen nun vor der Herausforderung nur die Produkte zu fertigen, die der Markt tatsächlich verlangt. Dies erfordert eine enorme Flexibilität der Fertigung, da die Gleichsetzung von Auftragseingang und Produktionsplan kurzfristige Reaktionen erfordert. Zudem muss durch die Globalisierung und den steigenden Wettbewerb eine schnelle Auslieferung der Ware gewährleistet werden, um die Kundenzufriedenheit zu steigern. Voraussetzung sind kurze Durchlaufzeiten, die mit Hilfe folgender Hilfsmittel erzielt werden können

- Einsatz moderner ERP- und SCM-Systeme,
- Einbeziehung des Internets,
- Einführung einer Plattformstrategie.

6.1.1 Die Entwicklung zur eProduction

Die rasende Entwicklung der Informationstechnologien hat auch bezüglich der industriellen Produktion neue Ansätze hervorgebracht. Dabei entstanden nun Schlagworte wie „eProduction", „eManufacturing" oder „B2B-Manufacturing", die letztlich alle das gleiche meinen – eine Effizienzsteigerung in der Fertigung durch totale Transparenz der Abläufe in der gesamten Supply Chain mit Hilfe modernster Informationstechnologien, wie z.B. dem Internet. Das Fraunhofer Institut in Dortmund spricht von eManufacturing und definiert diesen Begriff als „computergestützte Modellierung und Visualisierung von Produkten sowie Produktions- und Logistiksystemen, mit dem Ziel der Erkennung von Schwachstellen und Sicherstellung der Produktionsfähigkeit."[116] Die zukünftige Herausforderung besteht darin, alle Informationen, ab dem Zeitpunkt ihres Bekanntwerdens, für die notwendigen Stellen zugänglich zu machen und entsprechend zu nutzen. Durch das Internet kann z.B. ein besserer Kundenkontakt gewährleistet werden, da sowohl interne Stellen, als auch der Vertrieb vernetzt sind und somit auf gleiche Informationen zurückgreifen können. So wird die Umsetzung eines effektiven Customer Relationship Managements, d.h. einer schnelleren Reaktion auf Kundenwünsche, ermöglicht. Ein häufig auftretender Defekt eines Produktes bei unterschiedlichen Kunden kann z.B. über das Internet direkt der Fertigung gemeldet werden. Die weltweit verstreuten Vertriebsstellen sind dabei mit dem ERP- bzw. SCM-System der Unternehmenszentrale vernetzt. Dieser unkomplizierte und schnelle Informationsaustausch ermöglicht die frühzeitige Auslösung weiterer Vorgänge. So können Qualitätsmängel schneller beseitigt werden.[117] Das Beispiel zeigt, dass die zunehmende informationstechnologische Unterstützung der Fertigungsabläufe vor allem einer Verbesserung der Kundenzufriedenheit dient. Durch ständige Auswertung der Daten transparenter Abläufe können Liefertermine genauer bestimmt und die Qualität besser überprüft werden.

Die zunehmende Bedeutung des Internets und die Vernetzung sämtlicher Bereiche birgt jedoch große Gefahren in Form von Viren, Würmern und Trojanern, die sich genauso rasch entwickeln, wie die IT-Landschaft. Allerdings werden diese Gefahren heute noch weitestgehend unterschätzt, obwohl sie ein Unternehmen, aufgrund der Abhängigkeit von EDV-Systemen, völlig lahm legen können. Ebenso steigt die Gefahr der Datenspio-

---

[116] Fraunhofer IML (Annual Report 2000), S. 30
[117] Vgl. Bahle, In die Karten geschaut, In: Industrielle Informationstechnik (Febr. 2001), S. 3

nage, die heute mit Hilfe von trojanischen Pferden technisch möglich ist. Es hat sich mittlerweile eine professionelle Hackerszene gebildet, die über das Internet systematisch in Unternehmenscomputer eindringt, um vertrauliche Daten zu stehlen und an die Konkurrenz weiterzuverkaufen. So hat sich die Zahl der Cyberangriffe in den USA im Jahr 2001 gegenüber dem Vorjahr auf ca. 53.000 verdoppelt. Es handelt sich dabei aber nicht nur um ein rein amerikanisches Problem. Im Jahr 2002 sind in der Bundesrepublik die Computersysteme insgesamt 1,2 Millionen Tage aufgrund von Attacken auf die IT-Infrastruktur ausgefallen. Deutsche Unternehmen mit mehr als 100 Beschäftigten gaben in 2002 insgesamt 7,3 Mrd. Euro für Informationssicherheit aus. Dies sind 10% des IT-Budgets oder 410 Euro pro Mitarbeiter.[118] Dies zeigt, dass dem Thema IT-Security eine ebenso große Bedeutung beizumessen ist, wie dem Einsatz modernster IT. Der Einsatz des Internets bei mittelständischen Unternehmen und Kleinbetrieben sollte somit sehr kritisch auf die Notwendigkeit geprüft werden.[119]

6.1.2 Plattformstrategie

Beim Einsatz der Plattformstrategie werden Grundbausteine verschiedener Typen standardisiert. Sie findet vor allem in der Automobilindustrie Verwendung, illustriert am Beispiel der Volkswagen AG. Plattformstrategie bedeutet dort, dass unter der Karosserie unterschiedlicher Modelle die gleichen Bauteile verwendet werden. Zu einer Plattform zählen z.B. Vorderachse, Lenkung und Motor sowie Längsträger, Boden und Hinterachse.

> Der VW Golf fährt auf einer Plattform, deren wichtigsten Teile in vielen Modellen von Tochterunternehmen identisch sind. Die teilweise geringen Unterschiede werden in Tabelle 6–1 aufgezeigt.
>
> Der VW-Konzern spart dadurch erhebliche Entwicklungskosten und kann somit bessere Autos günstiger anbieten. Die Strategie ist ein enormes Kostensenkungspotenzial, da bei einem PKW ca. 40% der Teile gleich sind. Die Produktion kann zudem Standardteile frühzeitig fertigen und nach Eingang des Auftrages verschiedene Modelle montieren. Allerdings belaufen sich die Einführungskosten der Plattformstrategie bei Automobilherstellern auf über 2 Mrd. Euro, was eine erhebliche Barriere darstellt. Ein wieterer Nachteil kann ein Individualitätsverlust der Produkte sein.

---

[118] Vgl. e-procure-online Newsletter vom 16.09.2002
[119] Vgl. Industrielle Informationstechnik (März 2002), S. 14f.

Plattformunterschiede bei Modellen des VW-Konzerns zum VW Golf	
Modell	Unterschied
AUDI TT	Vorderer Boden verkürzt; Größere Spurweite von Vorder- und Hinterachse; Schaltung ist sportlicher getrimmt; eigene, straffer abgestimmte Pedalerie; 1,8l Motor
AUDI A3	Baugleiche Plattform, aber edlerer Stallgeruch; Motor ist kürzer übersetzt
SKODA Octavia	Längerer Boden und andere Längsträger; Andere Feder- und Dämpferabstimmung
SEAT Toledo	Andere Feder- und Dämpferabstimmung; Proportionen des VW Bora
VW Bora	Stufenhecklimousine des Golfs; längerer Boden und andere Federabstimmung; andere Abgasanlage
VW New Beetle	Identisch mit der Golf-Plattform bis auf den Motor

Tabelle 6–1: Plattformunterschiede bei Modellen des VW-Konzerns zum VW Golf

Die Plattformstrategie weist weitere **positive Effekte** auf:

- die Teilevielfalt wird reduziert, wodurch Losgrößen bzw. Beschaffungsmengen steigen. Dies führt zu geringeren Umrüstzeiten bzw. geringeren Einstandspreisen aufgrund von Mengenrabatten,
- Lerneffekte im Umgang mit Einzelteilen und Baugruppen,
- standardisierte Teile erlauben einen gleichförmigen Aufbau des Lagers,
- der Produktionsfluss kann auf eine bestimmte Plattform ausgerichtet werden.

6.2 Value Net

„Ein Value Net ist ein Business Design, das auf einem digitalen Lieferantennetzwerk basiert, um neben einer ausgezeichneten Kundenzufriedenheit auch einen höheren Unternehmensgewinn zu erreichen. Ein Value Net ist ein schnelles, flexibles System, das auf die neuen Wahlmöglichkeiten der Kunden ausgerichtet ist und dadurch gesteuert wird." Die Entwicklung dieses Business Designs wird durch Internet und eCommerce verstärkt. Im Mittelpunkt steht der Kunde, der sein Produkt selbst konfiguriert. Daraufhin werden mit Hilfe digitaler Informationen maßgeschneiderte Produkte gefertigt und schnellstmöglich ausgeliefert. Man spricht in diesem Zusammenhang von **Mass Customization**. Der Kunde soll, trotz Massenfertigung, ein individuelles Produkt durch die große Anzahl an Varianten erhalten. Beim PC-Hersteller Dell stellt der Kunde seinen PC im Internet aus Standardkomponenten zusammen. Innerhalb einer Woche wird er dann direkt vom Werk beliefert. Es kann somit ein erstklassiger Service gewährleistet werden, was Abb. 6–1 verdeutlichen soll:[120]

Das Value Net löst die traditionelle Lieferantenkette ab. Es ist ein dynamisches Hochleistungsnetzwerk von Kunden-/Lieferanten-Partnerschaften und Informationsflüssen, da sich die Wertschöpfungskette nach den individuellen Bedürfnissen der Kunden ausrichten. Die traditionelle Lieferantenkette und das Value Net zeigen folgende Unterschiede auf:

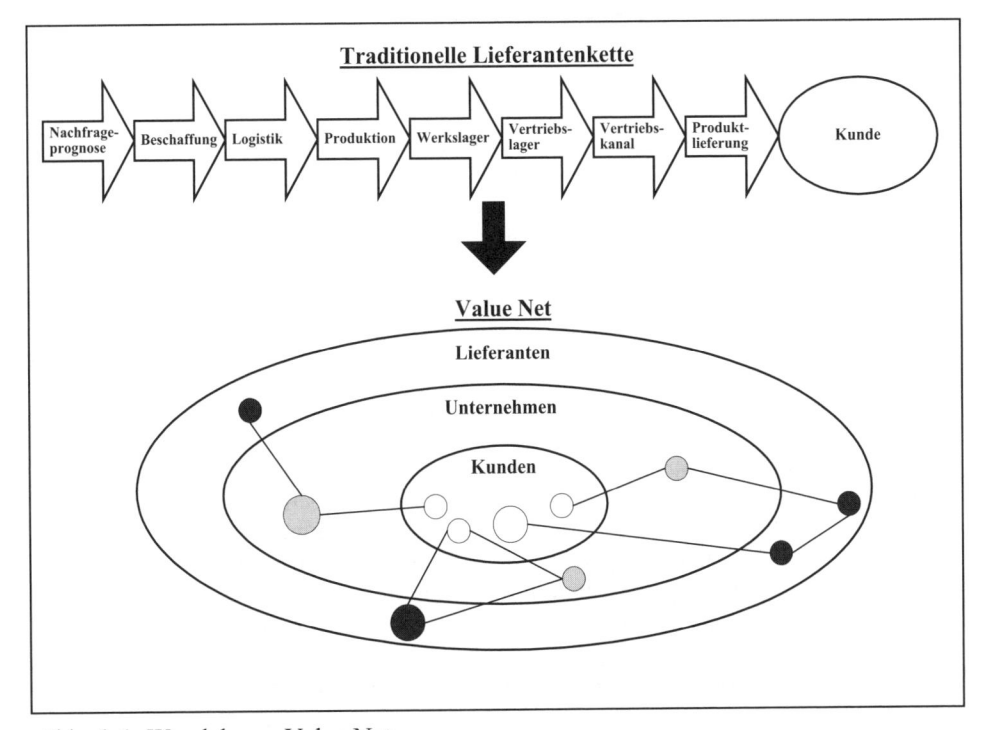

Abb. 6–1: Wandel zum Value Net

---

[120] Vgl. Bovet/Martha, Value Nets (2001), S. 19f.

Unterschiede des Business Design	
Alte Lieferantenkette	**Value Net**
Uniformes Angebot	Kundenorientiert
Entkoppelt und sequenziell	Kooperativ und ganzheitlich
Starr, inflexibel	Agil, skalierbar
Langsam, statisch	Schnell fließend
Analog	Digital

Tabelle 6–2: Unterschiede des Business Designs

Praxisbeispiel: Büromöbelhersteller Miller SQA

Als Pioniere des Value Nets gelten die Unternehmen Cisco Systems, Gateway, Streamline.com und der Büromöbelhersteller Miller SQA, der für einfache (**S**imple) Produkte, schnelle (**Q**uick) Belieferung und bezahlbar (**A**ffordable) steht. „Das gesamte Fertigungs- und Auslieferungssystem von SQA ist auf die Erfordernisse einer spezifischen Kundengruppe zugeschnitten." Der Kunde kann per Internet aus einer einfachen Produktlinie seinen Wunsch zusammenstellen. Danach erfolgt sofort ein Kapazitäts- und Bestandsabgleich bei SQA und dessen Lieferanten, die alle Just-in-Time liefern.

Mit Hilfe dieser digitalen Informationsflüsse ist SQA in der Lage, voraussichtliche Liefertermine anzugeben. SQA übermittelt vier mal täglich alle relevanten Informationen zu den Auftragseingängen, so dass die Komponentenbestellung, Fertigung der bestellten Büromöbel sowie die Auslieferungsorganisation parallel verläuft. Tritt eine verstärkte Nachfrage nach einem Produkt und dadurch ein Engpass auf, ruft dies eine Beschleunigung der Zulieferung hervor. Jede Veränderung wirkt sich sofort über das Netz auf andere Bereiche aus. Durch diese Synchronisation von Fertigung, Montage und Lieferanten, können genaue Liefertermine bestimmt werden. So wird bereits 2 Tage nach dem Auftragseingang mit der Auslieferung begonnen, gegenüber 2 Wochen bei der Konkurrenz. Der Umsatz von SQA ist dadurch die letzten Jahre um ca. 25% gestiegen.[121]

---

[121] Vgl. Bovet/Martha, Value Nets (2001), S. 24ff.

6.3 Informationsmanagement in der Produktion durch CIM

Das Ziel des CIM-Konzepts (Computer Integrated Manufacturing) ist durch die Integration der technischen und betriebswirtschaftlichen Datenverwaltung überflüssige Organisationsarbeiten und Planungsfehler zu vermeiden. Abb. 6–2 zeigt die Bestandteile auf.

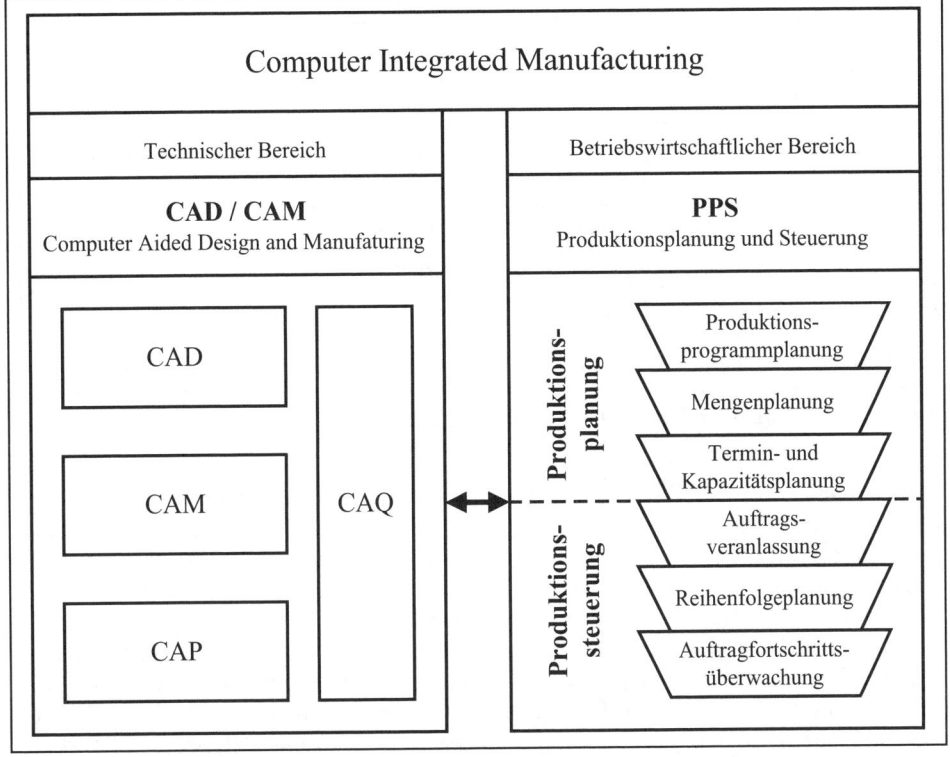

Computer Integrated Manufacturing	
Technischer Bereich	Betriebswirtschaftlicher Bereich
CAD / CAM Computer Aided Design and Manufaturing	**PPS** Produktionsplanung und Steuerung
CAD / CAM / CAP / CAQ	Produktionsplanung: Produktionsprogrammplanung, Mengenplanung, Termin- und Kapazitätsplanung Produktionssteuerung: Auftragsveranlassung, Reihenfolgeplanung, Auftragfortschrittsüberwachung

Abb. 6–2: Computer Integrated Manufacturing[122]

---

[122] Vgl. Wöhe (1996), S. 587

6.3.1 Computer Aided Design and Manufacturing (CAD/CAM)

Mit Hilfe von CAD werden in Entwicklungsabteilungen Konstruktionszeichnungen angefertigt. Diese 3D-Zeichnungen bilden die Basis für die Erstellung von Programmen im Bereich CAM, welche später Werkzeugmaschinen (CNC-/DNC-Maschinen) steuern. Das CAD/CAM-System beinhaltet die folgenden Komponenten.

Aufgaben der CAD/CAM-Komponenten	
Komponente	**Aufgabe**
CAD (Computer Aided Design)	Anfertigung von Konstruktionszeichnungen
CAM (Computer Aided Manufacturing)	Computersteuerung von Werkzeugmaschinen
CAP (Computer Aided Planning)	Arbeitsplanerstellung
CAQ (Computer Aided Quality Assurance)	Computergestützte Qualitätssicherung

Tabelle 6–3: Aufgaben der CAD/CAM-Komponenten

Die Nutzung von CAD/CAM-Systemen in produzierenden Unternehmen ist heute zum Standard geworden. Zu Beginn entwickelte man Teile mit Hilfe zweidimensionaler Zeichnungen. Die Entwicklung ist auch in diesem Bereich weiter vorangeschritten, so dass man mittlerweile mit 3D-Zeichnungen arbeitet. Die Umsetzung des CIM-Konzepts, d.h. die Kopplung des technischen mit dem betriebswirtschaftlichen Bereich, bereitet jedoch, aufgrund der Komplexität, erhebliche Probleme. In Zeiten der Vernetzung aller Unternehmensbereiche muss jedoch die informationstechnologische Verknüpfung von Entwicklung und Fertigung realisierbar sein, um einen schnellen und unkomplizierten Datenaustausch zu ermöglichen. Deshalb wurden Schnittstellen zwischen ERP- bzw. SCM- und CAD/CAM-Systemen geschaffen, so dass Konstruktionszeichnungen in der Fertigung bereitgestellt werden können. Mit Hilfe des Internets kann zudem standortunabhängig entwickelt und Zeichnungen an verschiedene Produktionsstandorte versandt werden.[123]

---

[123] Vgl. Wannenwetsch (2002), S. 286

> **Praxisbeispiel: CAD bei F.X. Meiller**
>
> Das Münchner Unternehmen F.X. Meiller, das Fahrzeugaufbauten produziert, setzt seit 1998 das 3D-CAD-System „Catia" ein. Die Übertragung der Zeichnungen in die Fertigung bereitet jedoch, aufgrund der Komplexität der 3D-Daten, große Probleme. Die Konstrukteure mussten teilweise die 3D-Daten in zweidimensionale Zeichnungen umwandeln, um die Bereitstellung zu ermöglichen. Durch die Implementierung eines Digital Mock-UP-Systems „Enovia 3D" soll jedoch in Zukunft der Informationsfluss zwischen Entwicklung und Fertigung optimiert werden. Dieses Tool ermöglicht die reibungslose Bereitstellung von 3D-Daten in verschiedenen Fertigungswerken von Meiller. Der Mitarbeiter in der Fertigung soll alle bisher in technischen Zeichnungen enthalten Informationen direkt aus dem 3D-Modell erhalten. Heute werden bereits Konturen für die Laserfertigung digital an die CNC-Maschinen im tschechischen Slany übermittelt.[124]

> **Praxisbeispiel: CAD bei SKM**
>
> Die Münchner Siemens Krauss-Maffei Lokomotiven GmbH (SKM) fertigt Schienenfahrzeuge. Seit 1991 entwickelt das Unternehmen seine Loks mit dem CAD-System „AutoCAD" zweidimensional. Mittlerweile hat man die 3D-Software „Mechanical Desktop", die vor allem den Datenaustausch per Internet ermöglicht, eingeführt. So konnten Konstruktionsteams an einem Projekt standortunabhängig zusammenarbeiten. Die Zeichnungen können zudem einfach dargestellt und via Internet verschiedenen Abteilungen und sogar internationalen Produktionsstätten übermittelt werden. Wichtig ist für SKM, dass alle Konstruktionsdaten über Internet an die Fertigungsbereiche verschickt und darüber hinaus verständlich dargestellt werden können. Da man bei neuen Lokomotiven Blech- statt Gussteile verwendet, reichten die Funktionen von „Mechanical Desktop" nicht mehr aus, so dass das Add-on „3D-Blech" integriert wurde. Die Konstruktion wurde dadurch erheblich vereinfacht und beschleunigt, was sich letztlich positiv auf den Produktionsablauf auswirkt.[125]

6.3.2 PPS-Systeme

„Ein PPS-System hat ... die Aufgabe, den mengenmäßigen und zeitlichen Produktionsablauf auf Basis erwarteter und/oder vorliegender Kundenaufträge und unter Beachtung der verfügbaren Kapazitäten zu planen und zu steuern"[126]. Die klassischen PPS-Systeme basieren auf MRP II (Manufacturing Ressource Planning), das sukzessiv den Auftrags-

---

[124] Vgl. Industrielle Informationstechnik (August 2001) S. 46ff.
[125] Vgl. Industrielle Informationstechnik (August 2001) S. 51f.
[126] Vgl. Wöhe (1996), S. 575

bestand bzw. die Nachfrageprognose abarbeitet. Nach dem Bestandsabgleich werden aus dem daraus resultierenden Auftragsbestand Losgrößen ermittelt und Produktionsaufträge abgeleitet. Die Fertigungsaufträge werden dann anhand von vorhandenen Kapazitäten auf ihre Durchführbarkeit überprüft. Diese grobe Produktionsplanung (Produktionsprogramm-, Mengen- sowie Termin- und Kapazitätsplanung) erfolgt innerhalb einer Periode, i.d.R. ein Monat. Die Produktionssteuerung beinhaltet die minuten- und arbeitsplatzgenaue Planung, ausgehend von der Auftragsveranlassung, über die Reihenfolgeplanung, bis hin zur Auftragsfortschrittüberwachung. Der daraus resultierende Maschinenbelegungsplan unterliegt kürzeren Planungsabschnitten.

Dieses sukzessive Vorgehen führt zwangsläufig zu Koordinationsproblemen, was die Abstimmung von Losgröße und Maschinenbelegungsplan verdeutlicht. Die Losgröße hängt von der Kapazität und diese wiederum von den Rüstzeiten ab, die ihrerseits von der Losgröße bestimmt werden. Die Rüstzeiten werden von den ablaufbedingten Leerzeiten beeinflusst, die sich erst aus dem Maschinenbelegungsplan ergeben. Mit Simulationen kann man verschiedene Szenarien durchspielen, um so den Ablauf zu optimieren.

Eine Folge der Sukzessivplanung ist das Durchlaufzeit-Syndrom. Da die Durchlaufzeiten von Aufträgen nicht bekannt sind, sie ergeben sich aus dem Maschinenbelegungsplan, erhöht man diese um einen Sicherheitszuschlag, um Liefertermine einzuhalten. Dadurch werden Aufträge zu früh freigegeben, was zu einer Erhöhung des Auftragsbestandes führt. Die Folgen davon sind Wartezeiten vor Engpässen und Bestandserhöhungen in Zwischenlägern. Daraufhin werden die Aufträge noch früher freigegeben, was diesen Effekt noch verstärkt. Zur Lösung dieses Problems setzt man bestandsorientierte (Fortschrittszahlenkonzept) und bereichsweise Verfahren (Belastungsorientierte Auftragsfreigabe, Kanban, Optimized Production Technology) ein.

Die aufgezeigten Schwierigkeiten lassen sich vor allem auf die Komplexität sämtlicher Prozesse in der PPS zurückführen. In der Vergangenheit versuchte man, diese Probleme so gut wie möglich mit Hilfe von Erfahrungswerten zu meistern. Der Nachteil dabei war die ungenaue Planung und fehlende Transparenz der Aktivitäten. Eine genaue Bestimmung von Lieferterminen oder von Kapazitätsauslastungen war kaum möglich. Diese fehlende Transparenz lässt sich durch den Einsatzes von ERP- oder MES-Systemen ausschalten. Durch den Einsatz geeigneter Software können Planungsstunden eingespart und technische Größen von Produktions- und Logistikressourcen (z.B. optimale Puffergröße, maximale Maschinenbelegung) optimiert werden. Verschiedene Unternehmensbereiche, wie z.B. das Rechnungswesen, können Abläufe besser nachvollziehen und somit mit verlässlicheren Zahlen planen. Zudem bietet die Internettechnologie die Möglichkeit, Filialen, Tochterfirmen oder internationale Produktionsstätten enger anzubinden. Der Datenaustausch erfolgt wesentlich schneller, die Fertigung gewinnt an Flexibilität. Tritt ein Kapazitätsengpass auf, ist man in der Lage, Bestands- und Kapazitätsabgleiche in anderen Produktionsstätten oder eventuell bei Lieferanten online durchzuführen. Besteht dann die Möglichkeit, bestimmte Teile fremd zu beziehen, kann man die eigenen Kapazitäten entlasten und die Durchlaufzeiten verkürzen.

6.3.3 Vernetzung von CNC-Bearbeitungszentren durch das Internet

In der Produktion hat sich ein Wandel, von manuell bedienten Bearbeitungsmaschinen (z.B. Standbohrmaschine) zu computergesteuerten Fertigungsautomaten vollzogen. Zu Beginn wurden Numeric Control-Maschinen (NC) eingesetzt, die nur ein Bearbeitungsschritt programmgesteuert ausführen. CNC ist die Abkürzung für Computerized Numerical Control und meint ebenso für die Steuerung von Maschinen durch einen Server. CNC-Maschinen sind jedoch im Vergleich zu NC-Maschinen in der Lage mehrere Bearbeitungsschritte auszuführen. Direct Numeric Control-Maschinen (DNC) beinhalten dagegen einen Steuerungscomputer, der mehrere NC- und CNC-Maschinen verwaltet.[127]

Ein CNC-Bearbeitungszentrum (CNC-Processing-Center) ist eine komplexe Maschine, die von einer CNC-Steuerung geregelt wird. Mit ihr kann man an einem Werkstück, mit einer Werkstückaufspannung, mehrere Bearbeitungsschritte fließorientiert durchführen, z.B. sägen, fräsen, bohren und schleifen. Die Werkstückbearbeitung wird durch programmierbare Werkzeugbewegungen ausgeführt. Alle Werkzeug-, Vorschubbewegungen und Spannvorgänge werden anhand der eingegebenen Daten durch den Computer gesteuert. CNC-Maschinen haben keine herkömmlichen Bedienelemente wie Fuß- und Handhebel oder Handräder. In der Regel werden alle Funktionen über die Tastatur eines Computers mit Bildschirm oder Display aktiviert. Arbeitsgänge lassen sich somit ohne Eingriffe des Maschinenbedieners ausführen. Sie haben eine große Fertigungsgenauigkeit sowie eine hohe Fertigungsgeschwindigkeit und sind flexibel einsetzbar.

Das folgende Bearbeitungszentrum (Abb. 6–3) Hermle UWF 902 H ist eine Universal-, Werkzeug-, Fräs- und Bohrmaschine. Sie besitzt Schnittstellen zu den gängigsten CAD-Programmen.[128]

Fertigungsbetriebe können eine wesentliche Verkürzung der Produktentwicklungszeit mit der direkten Vernetzung von CAD/CAM-Systemen mit den CNC-Steuerungen von Bearbeitungszentren über das Internet erzielen. So sind Konstrukteure, Arbeitsvorbereiter und NC-Programmierer unabhängig von ihrem geographischen Standort in der Lage auf die Steuerungen, der von ihnen zu programmierenden Bearbeitungszentren, zuzugreifen. Dabei können sie NC-Programme übertragen, bestehende ändern, sowie sämtliche aktuellen Parameter von NC-Steuerungen und Bearbeitungszentren abfragen und ggf. modifizieren. Somit ist durch die Internettechnologie ein standortunabhängiges Eingreifen in den Fertigungsablauf möglich.

---

[127] Vgl. Wannenwetsch (2002), S. 275
[128] Vgl. Obermaier, unter http://www.a-obermaier.de/fert.htm vom 11.05.02

Abb. 6–3: CNC-Bearbeitungszentrum von Hermle UWF 902 H[129]

> **Praxisbeispiel: Integriertes Maschinenkonzept der FH Nordostniedersachsen**
>
> In Zusammenarbeit mit den Firmen Siemens, SNR und IBAG wurde von der Fachhochschule Nordostniedersachsen auf der Hannover Messe ein integriertes Maschinenkonzept für die Bearbeitung sprödharter Werkstoffe vorgestellt. Zur Kommunikation verfügt die CNC-Steuerung S840D am Bearbeitungszentrum über die Software Windows-Control (WinCC) und das Modul WinCC Web Navigator Server. Diese Software ermöglicht eine Fertigungsanlage über das Internet oder das firmeninterne Intranet bzw. LAN zu visualisieren und zu bedienen, d.h. sämtliche Parameter und Daten der CNC-Steuerung können online übertragen werden.
>
> Des weiteren lassen sich Kunden, Maschinenhersteller und Lieferanten mit einfach bedienbaren Kommunikationsnetzen verknüpfen, so dass schnelle Kundenabsprachen, materialbedingte Bearbeitungsanpassungen und automatisierte Korrekturen online erfolgen können. Als Kommunikationsstrang nach außen wurde bewusst auf konventionelle Internet-Verbindungen gesetzt, um die Universalität und weltweite Einsatzfähigkeit der vorgestellten Lösung zu demonstrieren.

---

[129] Vgl. Obermaier, unter http://www.a-obermaier.de/fert.htm vom 11.05.02

Technische Keramiken und andere sprödharte Materialien lassen sich so, unter Einsatz vernetzter Steuerungssysteme und Technologien der Hochgeschwindigkeitsbearbeitung, schnell und rationell bearbeiten. Als weitere Vorteile der direkten Verbindung zwischen CAD/CAM-Systemen und Bearbeitungszentren sind anzuführen:

- Steigerung der Produktivität,
- Reduzierung der störungsbedingten Stillstandszeiten,
- Erhöhung der Transparenz der fertigungstechnischen Umgebung,
- Verkürzung der Durchlaufzeiten,
- gesteigerte Kundenorientierung,
- Unterstützung des Simultaneous Engineering,
- Reduzierung der Fertigungszeit von Prototypen.[130]

6.4 Simultaneous Engineering

Simultaneous Engineering bedeutet die gleichzeitige (parallelisierte) Bearbeitung von Aufgaben in einem mehrfunktionalem Team. Das Team beinhaltet Experten aus unterschiedlichen internen Funktionsbereichen (Entwicklung, Produktion, Logistik), ebenso können Lieferanten (Resident Engineers) und Kunden involviert werden. Abb. 6–4 zeigt, dass durch Simultaneous Engineering ein erheblicher Zeitvorteil erzielt werden kann. Durch die ständige Verkürzung der Produktentwicklungszeiten, bzw. der Time to Market, ist die Umsetzung von Simultaneous Engineering für jedes Unternehmen Voraussetzung, um gegenüber der Konkurrenz wettbewerbsfähig zu bleiben. Unter Time to Market versteht man die Zeitspanne bis zum Markteintritt. Eine frühe Markteinführung eines Produktes sichert Wettbewerbsvorteile.

Bisher erfolgte die Produktentwicklung sequentiell, d.h. dass meistens erst beim vollständigen Abschluss einer Phase der Übergang auf die nächste möglich war. Dadurch steigt die Gefahr von Verzögerungen. Zudem mangelt es an der Kooperation aller Beteiligten, wodurch die Entwicklungszeit weiter verlängert wird.

Voraussetzung für die Umsetzung von Simultaneous Engineering ist ein schneller unkomplizierter Datenaustausch zwischen allen Beteiligten der Wertschöpfungskette. Dies erfolgt innerhalb eines Unternehmens über ein Intranet. Mit Hilfe von WebEDI werden über das Internet Lieferanten, andere Produktionsstätten oder Konstruktionsteams angebunden. Der Austausch von Konstruktionsdaten, Lieferpläne etc. kann dabei nur mit einem einheitlichen Datenformat erfolgen. Beispiele dafür sind ODETTE, VDA, EDI-FACT oder XML.[131]

---

[130] Vgl. Siemens AG, Automation and Drives (2002), unter http://www.ad.siemens.de/fea/html_00/fhlueneburg.htm.
[131] Vgl. Beschaffung Aktuell (12/2000), S. 6

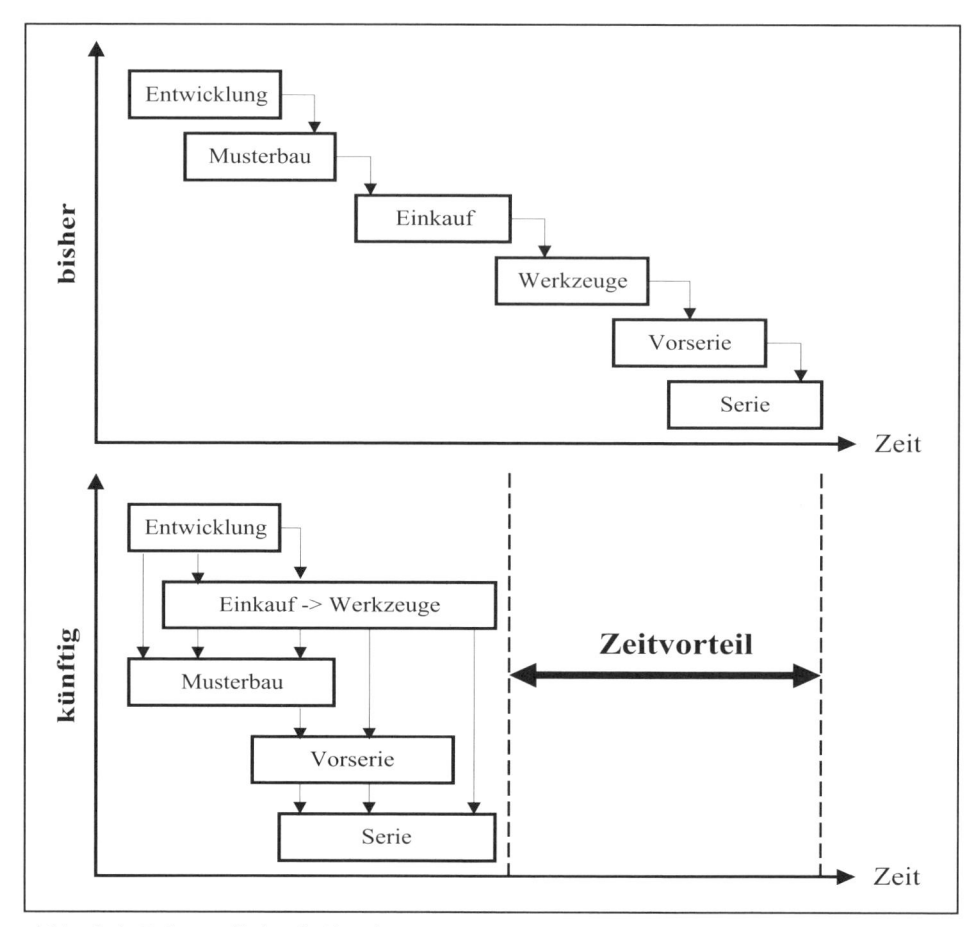

Abb. 6–4: Zeitvorteil durch Simultaneous Engineering

Die Beispiele aus der Praxis (Tabelle 6–4) zeigen die Verkürzung der Produktentwicklungszeit durch Simultaneous Engineering.

Verringerung der Time to Market durch Simultaneous Engineering		
Unternehmen	Produkt	Zeitersparnis
Kodak	Kamera „Funsaver"	50 %
Fuji	Kopiergerät „F 3500"	30 %
AT & T	Telefon	75 % (von 24 auf 6 Monate)
Hewlett-Packard	Drucker	56 % (von 50 auf 22 Monate)
Honda	Auto	40 % (von 5 auf 3 Jahre)

Tabelle 6–4: Zeitersparnis durch Simultaneous Engineering[132]

6.5 Collaborative Planning, Forecasting and Replenishment (CPFR)

Der Wandel von der Push- zur bedarfsorientierten Pull-Produktion hat Unternehmen bei der Planung des Produktionsprogramms vor eine große Herausforderung gestellt. Durch die Entwicklung zum Käufermarkt wurden, z.B. in Massen gefertigte Produkte, nicht mehr vollständig abgesetzt. Die Folge war ein erhöhter Lagerbestand an Fertigerzeugnissen, was erhebliche Kosten (Lagerkosten, Kapitalbindungskosten, Abschreibungen etc.) verursachte. Dagegen konnte die Nachfrage von anderen Produkten nicht befriedigt werden. Dieses Missverhältnis brachte einige Unternehmen in Schwierigkeiten, so z.B. den Nähmaschinenhersteller G.M. Pfaff AG in Kaiserslautern, der aufgrund von zu geringem Absatz und hohen Lagerbeständen an Fertigprodukten im Jahre 1999 Insolvenz anmelden musste. Im Optimalfall sollte die Produktion aus tatsächlichen Kundenaufträgen bestehen. Da diese Konstellation nur selten auftritt, sind Unternehmen gezwungen, den zukünftigen Absatz so genau wie möglich zu planen. Verlässliche Absatzzahlen verlangen jedoch die Kooperation aller an der Wertschöpfungskette Beteiligten und die Nutzung modernster Informationstechnologien.

Ein neuer Ansatz, der diesen Kooperationsgedanken aufnimmt, ist die Strategie des „Collaborative Planning, Forecasting and Replenishment" (CPFR), die von Industrie- und Handelsunternehmen praktiziert wird. CPFR bedeutet übersetzt „kooperatives Pla-

---

[132] Vgl. Werner (2000), S. 33

nen, Prognostizieren und Managen von Warenströmen."[133] Zentraler Punkt ist dabei das Erstellen einer möglichst genauen Bedarfsprognose durch ein Planungsteam, das aus Logistikern und Marketingmitarbeitern aus Industrie und Handel zusammengesetzt ist.

Die Arbeit des Teams beinhaltet im wesentlichen

- die Planung der Promotionsaktivitäten,
- die Prognose der Promotionsvolumina,
- die Kontrolle der Filialbestellungen und -bestände,
- das Monitoring der Promotionsumsätze,
- die Evaluierung der Promotion nach Abschluss[134]

und lässt sich im Prozess, siehe Abb. 6–5, darstellen.

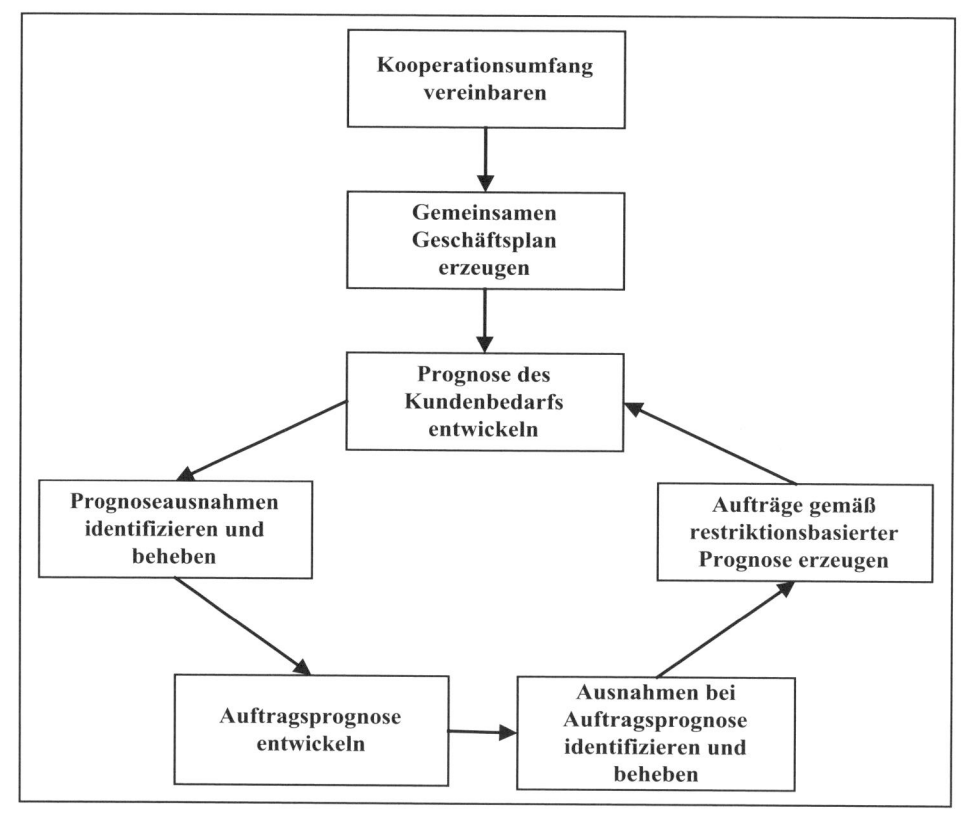

Abb. 6–5: CPFR-Prozess

---

[133] Vgl. Logistik Inside (01/2002), S. 52ff.
[134] Vgl. Logistik Inside (02/2002), S. 24ff.

Der CPFR-Prozess zeigt den dynamischen Datenaustausch zwischen Käufer und Verkäufer mit dem Ziel der Reduzierung der Lagerbestände sowie der Vermeidung von Versorgungsengpässen. Basierend auf einem Kooperationsvertrag und einem gemeinsamen Geschäftsplan wird eine Prognose des Kundenbedarfs erzeugt und ständig aktualisiert.[135] Entscheidend für den Erfolg der Zusammenarbeit sind folgende **Schlüsselfaktoren**:

- Bereitschaft der Zusammenarbeit,
- Top-Management Unterstützung,
- multifunktionale Teams,
- gemeinsame Zielsetzung,
- messbare Leistungsindikatoren,
- transparente Verteilung der Einsparungen,
- Verwendung von Kommunikationsstandards,
- Technologie.

Wichtigster Punkt ist hierbei die vertrauensvolle und uneingeschränkte Zusammenarbeit der CPFR-Partner. Eine Optimierung der Wertschöpfungskette kann nur erfolgen, wenn alle Partner Zugriff auf aktuelle Daten haben. Das Industrieunternehmen muss z.B. ständig Einblick in den Auftragsbestand seines Kunden haben. Die Qualität der abgerufenen Daten ist entscheidend für die Vorhersagegenauigkeit.

Die technische Umsetzung erfolgt über Internetmarktplätze wie z.B. Transora, WWRE und GNX. Nachteil der Marktplätze ist die mangelnde Integrationsfähigkeit mit bestehenden ERP-Systemen. SCM-Anbieter wie SAP bieten alternativ dazu Softwaretools an.

Praxisbeispiel: Collaborative Planning, Forecasting and Replenishment (CPFR)

Beispiel für ein CPFR-Pilotprojekt ist die Kooperation der Metro AG und des Konsumgüterherstellers Procter & Gamble. Sie verwenden dafür den Internetmarktplatz GPG-market. Das gemeinsam definierte Ziel ist die bessere Erfüllung der Konsumentenwünsche.

Das Projektteam besteht auf Herstellerseite mit Vertretern aus Verkauf, Logistik, IT und Customer Service. Die Metro AG ist mit Mitarbeitern aus den Bereichen Warengruppenmanagement/Einkauf, Logistik, Store Operation und IT einbezogen.[136] Ergebnis der bisherigen Zusammenarbeit ist eine Erhöhung der Prognosegenauigkeit von 83% auf 98,5%, eine Verbesserung des Servicelevels um 1% sowie die Reduzierung der Eilaufträge um 20%. Des weiteren wird eine Bestandsreduzierung um 20–30% erwartet.[137]

---

[135] Vgl. SAP AG, SAP Advanced Planner an Optimizer Collaborative Planning (1999), S. 9
[136] Vgl. Logistik Inside (02/2002), S. 24
[137] Vgl. Logistik Inside (04/2002), S. 15

CPFR hat, ebenso wie ECR (vgl. Abschnitt 8.2.2), die Optimierung der Wertschöpfungskette, durch eine abteilungs- und unternehmensübergreifende Zusammenarbeit zum Ziel. Der Unterschied liegt darin, dass bei CPFR eine vertrauensvollere Basis durch die Bildung eines unternehmensübergreifendes Team erreicht wird. Die mangelnde Kooperation und unterschiedlichen Machtinteressen der Partner verhinderten den Erfolg von ECR. Diese Faktoren stellen auch die wichtigsten Barrieren für CPFR dar. Weitere Barrieren sind

- mangelnde Datenqualität,
- keine sichtbaren Vorteile von CPFR,
- langfristige Erfolgsentwicklung,
- Verwendung von Kommunikationsstandards.[138]

6.6 SCM- und eSCM-Initiative der SAP AG

> Unter Supply Chain Management versteht man die Organisation und Steuerung des Materialflusses, des Services und der dazugehörenden Informationen in, durch und aus dem Unternehmen heraus.

Der Begriff SCM hat in den letzten Jahrzehnten an Bedeutung gewonnen. Seit den 70er Jahren wird versucht diesen Gedanken mit Hilfe von Software-Tools umzusetzen. Die Unternehmen I2 Technologies, Manugistics und Numetrix brachten die ersten Tools für die integrierte Produktions-, Beschaffungs-, und Distributionsplanung auf den Markt. SAP bot dagegen erst später die SCM-Software Advanced Planner and Optimizer (APO) an, mit dem Ziel die Wertschöpfungskette zu optimieren.

APO erhält die notwendigen Daten aus einem ERP-System, das das Grundgerüst des Gesamtsystems bildet. Es kann in Verbindung mit SAP R/3 oder Fremdsystemen genutzt werden. APO unterstützt besonders die Produktionsplanung und -steuerung durch die Kopplung von Absatz und Produktion. Die Produktionsabläufe sollen besser abgebildet und gesteuert sowie für Lieferanten und Kunden zugänglich gemacht werden.[139] In diesem Zusammenhang wurde die im vorherigen Kapitel behandelte CPFR-Strategie, mit dem Tool „SAP APO Collaborative Planning", integriert. Dieses Tool nutzt das Internet, um unternehmensübergreifende Planungen im gesamten Netzwerk der Geschäftspartner zu ermöglichen. Die Einbeziehung von APO in eine bestehende R/3-Struktur soll die Abb. 6–6 verdeutlichen.

---

[138] Vgl. Logistik Inside (01/2002), S. 52ff.
[139] Vgl. Industrielle Informationstechnik (9/2000), S. 18f.

SCM- und eSCM-Initiative der SAP AG

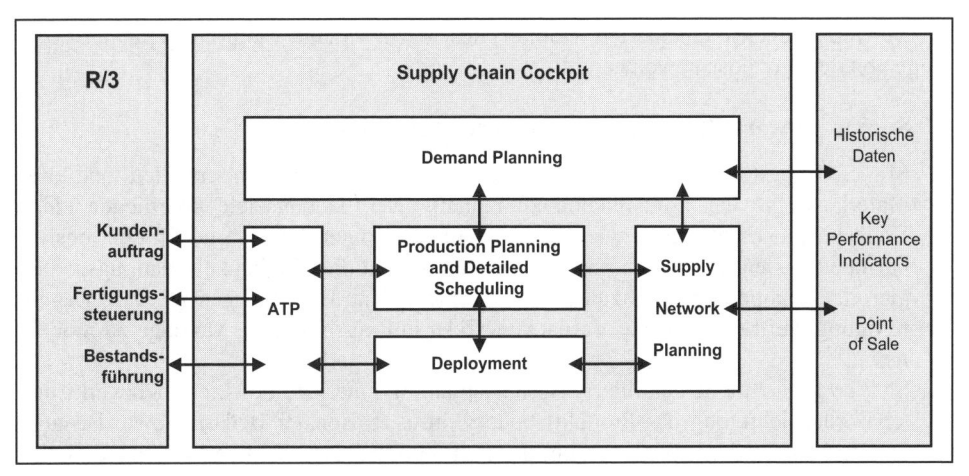

Abb. 6–6: Advanced Planner and Optimizer

Der APO besteht aus 5 Komponenten, die u.a. mit dem R/3-System und untereinander Daten austauschen.

1. Supply Chain Cockpit (SCC)

Das SCC ist eine grafische Darstellung der Beziehungen der gesamten Logistikkette. Nach der Modellierung der eigenen „logistischen Landkarte" hat man die Möglichkeit, die Beziehungen verschiedener Knotenpunkte zueinander zu kontrollieren. Durch die Eingabe von Bedingungen und Ereignisauslösern erhält man bei Eintritt eine Meldung über einen Alert-Monitor („Alarmmonitor"), der definierte Faktoren, z.B. den Lagerbestand, überwacht.[140]

Demand Planning (DP)

Das Modul der Bedarfsplanung bietet statistische Prognosetechniken, die genauer arbeiten als das SD-R/3-Modul (Vertriebsmodul von SAP R/3) und somit verlässlichere Absatzzahlen liefern. Eine präzise Prognose ist die Voraussetzung für einen realistischen Produktionsplan. Es besteht zudem die Möglichkeit der

- Durchführung unternehmensübergreifender Prognosen,
- Verwaltung von Produktlebenszyklen,
- Planung von Werbemaßnahmen,
- Absatzprognose eines neuen Produktes,
- Durchführung von Kausalanalysen.

---

[140] Vgl. Knolmayer/Mertens/Zeier, Supply Chain Management auf Basis von SAP-Systemen (2000), S. 106f.

DP verwendet ebenso einen Alert Monitor, der Alarm schlägt, wenn die geplanten Aufträge von der Prognose abweichen.[141]

2. Supply Network Planning and Deployment (SNPD)

- Mit SNP besteht die Möglichkeit, ein Beschaffungsnetz zu erstellen und alle Materialströme der Logistikkette zu planen. Die Planungsziele unterliegen einer Vielzahl an Restriktionen, wie Transportanforderungen, Lager- und Produktionskapazitäten, Kalender, Kosten und Gewinn. Es besteht die Möglichkeit Planungsstrategien der Komponenten festzulegen, um verschiedene Umgebungen wie z.B. Lagerfertigung, auftragsbezogene Verpackung oder auftragsbezogene Montage zu modellieren.[142]
- SNP ermöglicht eine detaillierte Bestandsplanung innerhalb des Liefernetzwerks unter Berücksichtigung des Produktlebenszykluses, saisonaler Bedarfe sowie Bedarfe aus Verkaufsfördermaßnahmen und Promotionsaktivitäten. Es kann so ein Bestandsabgleich mit der Kundennachfrage durchgeführt werden.
- SNP bietet eine Angebotsplanung durch Berücksichtigung von Distribution, Kapazitätsrestriktionen und Materialbedarf.
- Mit der Komponente Deployment kann das Distributionsnetz ins Gleichgewicht gebracht werden. SNP bietet die Unterstützung der lieferantengeführten Bestände und ermöglicht somit die Strategie des Vendor Managed Inventory, auf die in Abschnitt 9.3.3 eingegangen wird.

3. Production Planning and Detailed Scheduling (PP/DS)

Das PP/DS ermöglicht, durch die präzise Erstellung von Produktionsplänen, eine sofortige Reaktion auf sich ändernde Marktbedingungen. Hierbei werden Aufträge, bei ständiger Optimierung des Ressourceneinsatzes, sekunden- und mengengenau sowie der Reihenfolge entsprechend geplant. So können Durchlaufzeiten und Bestände reduziert werden. Zudem ist, aufgrund einer engen Verbindung zu ATP, eine realistische Lieferterminbestimmung bei Kundenaufträgen möglich. Die Produktions- und Feinplanung (PP/DS) hat folgende Aufgaben:[143]

- Planung der Materialbereitstellung und effiziente Nutzung knapper Ressourcen,
- Bestimmung einer rüstkostenoptimalen Reihenfolge,
- Berücksichtigung unerwarteter Ereignisse.

---

[141] Vgl. SAP: Funktionen im Detail – PP; SAP Advanced Planner and Optimizer; Demand Planning (01/2000), S. 2

[142] Vgl. SAP, Supply Network Planning and Deployment (2000), S. 5

[143] Vgl. Knolmayer/Mertens/Zeier, Supply Chain Management auf Basis von SAP-Systemen (2000), S. 126

4. Available to Promise (Global ATP)

„Die Komponente Globale Verfügbarkeitsprüfung ... verwendet eine regelbasierte Strategie, um sicherzugehen, dass die Kunden die versprochene Lieferung erhalten." Dies erfolgt durch sofortige Prüfungen und Simulationen unter Berücksichtigung von Kapazitäten und vorhandenen Beständen.[144]

Praxisbeispiel: APO beim Papierhersteller Sappi

Europas größter Papierhersteller Sappi setzt SAP APO ein, um seine Supply Chain zu optimieren. Die Kundenauftragserfassung wird über R/3 abgewickelt. Es besteht die Möglichkeit aus selbst zusammengestellten oder Standardprodukten auszuwählen. Danach setzt APO in Form des Moduls ATP ein. Dabei wird die Verfügbarkeit des Produktes durch die Berücksichtigung von Kapazitäten und Beständen in verschiedenen Werken geprüft. Somit kann bereits vor der Auftragsbestätigung ein genauer Liefertermin bestimmt werden. Bestehen keine Lagerbestände, wird der Auftrag sofort in die Produktion eingeplant, unter Berücksichtigung der Verfügbarkeit von Vormaterialien und Ressourcen. Alle diese Prozesse laufen online ab und können so transparent dargestellt werden. Im nächsten Schritt erfolgt die Feinplanung, d.h. die minutengenaue Einlastung der Aufträge. Sappi verwendet dafür eine zusätzliche Software, die speziell auf die Eigenheiten der Papierproduktion abgestimmt ist. APO bietet standardisierte offene Schnittstellen, die die Kopplung dieser Software erlauben.[145]

6.7 Manufacturing Executive Systeme (MES)

ERP-Systeme haben in den meisten Unternehmen Einzug gehalten, mit dem Ziel alle betriebsrelevanten Prozesse besser Planen zu können. Sie dienen z.B. der Verwaltung von Aufträgen, Beständen oder Kosten. Die Fertigungsprozesse werden jedoch nur unzureichend abgebildet, da die meisten Ist-Daten (Maschinen und Betriebsdaten) oft unberücksichtigt bleiben. Diese Daten werden in manuell gesteuerten oder auch vollautomatisierten Produktionsanlagen eingestellt, erfasst und überwacht. Mit Hilfe der Integration eines ME-Systems kann jedoch ein Informationsaustausch zwischen den Produktionssystemen (operative Ebene) und dem restlichen Unternehmen (strategische Ebene) erfolgen. Die Software „bildet den operativen Bereich der Fertigung in einem integrierten System ab und ermöglicht durch eine arbeitsprozessorientierte Bedieneroberfläche eine wirtschaftliche Datenerfassung."[146] Die in MES erzeugten Daten werden über standardi-

---

[144] Vgl. SAP: Funktionen im Detail – PP; SAP Advanced Planner and Optimizer; Demand Planning (01/2000), S. 3
[145] Vgl. Industrielle Informationstechnik (9/2000), S. 38f.
[146] Vgl. Industrielle Informationstechnik (10–11/2000), S. 25

sierte Schnittstellen an das bestehende ERP-System, z.B. SAP, Baan, Brain etc. weitergegeben. Ebenso ist ein Datenaustausch mit anderen Fremdsystemen, wie CAD möglich.

ME-Systeme erhöhen die Transparenz in der Fertigung, so dass verlässlichere Vorhersagen über Liefertermine abgegeben werden können. Man ist immer in der Lage ein Abgleich der Soll-/Ist-Daten zu vollziehen. Es werden Abweichungen vom geplanten Ablauf, wie z.B. Qualitätsprobleme, Fehlmengen, Personalengpässe und Maschinenausfälle, besser dargestellt. MES erhöht die Flexibilität in der Fertigung, da z.B. bei einer Terminverschiebung die Auftragsreihenfolge trotzdem effektiv organisiert werden kann. Ein operatives Management entlang der Wertschöpfungskette ist somit möglich. Auftragspapiere können zum spätest möglichen Zeitpunkt gedruckt werden. Es besteht allerdings auch die Möglichkeit alle notwendigen Daten elektronisch darzustellen, um die steigende Papierflut zu reduzieren. ME-Systeme bieten einem Unternehmen daher die Chance papierlos zu fertigen.

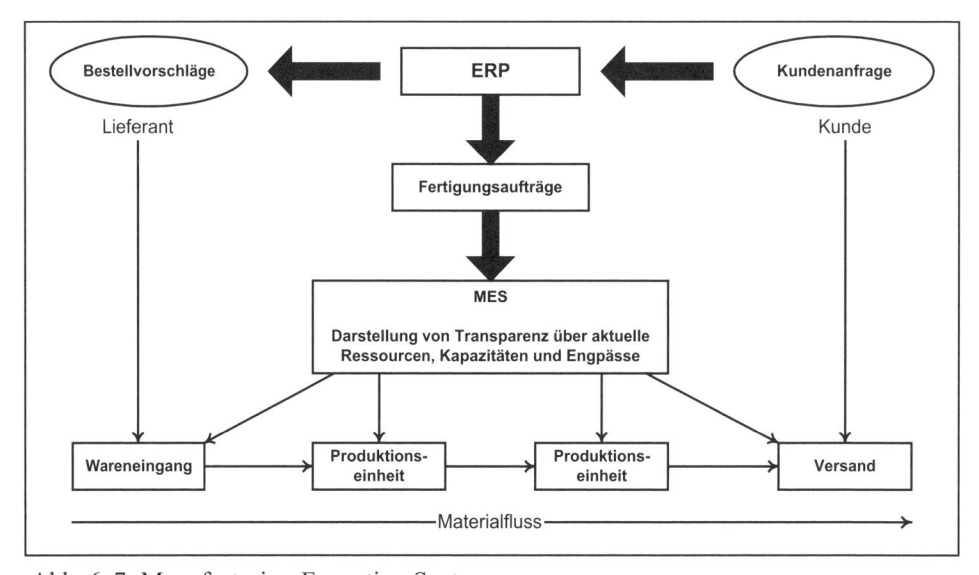

Abb. 6–7: Manufacturing-Executive-System

Einige MES-Anbieter gründeten 1992 die Manufacturing Executive System Association (MESA), eine Non-Profit Organisation, mit dem Ziel die Anbieter von MES (z.B. Guardus Applications) zu fördern. Das ME-System von Guardus beinhaltet folgende Funktionsbausteine:

- Detailplanung der Arbeitsgangfolgen,
- Ressourcenzuteilung mit Statusfesthaltung,
- Steuerung der Produktionseinheiten,

- Informationssteuerung (Anweisungen und Vorschriften, Bilder, CAD-Zeichnungen, Rezepturabläufe und Maschinensteuerungsprogramme),
- Betriebsdatenerfassung/ Maschinendatenerfassung.

Es besteht oft eine große Diskrepanz zwischen geplanten und tatsächlichen Produktions- und Maschinenbelegungsplätzen durch eintretende Störungen, z.B. Engpässe, Qualitätsprobleme etc. Mit diesem Modul besteht die Möglichkeit einer Feinplanung der Ist-Daten. Diese können durch die Online-Anbindung zum PPS- bzw. ERP-System sofort an entsprechende Stellen übermittelt werden:

- Personal-, Prozess- und Wartungsmanagement,
- das Modul Qualitätsmanagement berücksichtigt QS- und ISO 9000 und stellt ein unabhängiges CAQ-System dar,
- Chargenrückverfolgung,
- die Leistungsanalyse ermöglicht die Bereitstellung aussagekräftiger Kennzahlen für Geschäftsleitung, Beschaffung, Controlling, Vertrieb u.a.[147]

Praxisbeispiel 1: MES bei Magna Exterior

Der Automobilzulieferer Magna Exterior Systems hat die MES-Software von Guardus implementiert, fertigt seitdem papierlos. MES bietet für Magna Exterior folgende Möglichkeiten:

- Erstellung von Warenbegleitpapieren und Eingangslisten,
- Bewertung und Auswahl von Lieferanten,
- Verfolgung von bis zu 3000 Einzelteilen ohne Auftragsbezug pro Tag,
- kurzzeitige Reaktion auf Kundenanforderungen durch eine flexible Produktion.

Praxisbeispiel 2: Web-basiertes ME-System der IBS AG und SKYVA

Die IBS AG und SKYVA International entwickeln gemeinsam ein branchenübergreifendes, web-basiertes MES-System. Durch die Integration des Internets erhalten die Leitstände online Produktionsdaten. Zudem kann eine werksübergreifende Auftragsplanung und Kapazitätenoptimierung erfolgen. „Fertigungsdaten werden in Echtzeit rückgemeldet, wodurch das Management ein Werkzeug zur aktiven Steuerung der Produktions- und Businessprozesse erhält."[148]

---

[147] Vgl. Industrielle Informationstechnik (10–11/2000), S. 25f.
[148] Vgl. SKYVA International, unter http://www.skyva.de/index.html, vom 11.05.2002

6.8 Produktionssynchrone Belieferung durch vernetzte eLogistik

Die Vorgehensweise bei der Belieferung der Produktion hat sich von der lagerorientierten zur lagerlosen Fertigung gewandelt. Früher sollte das Ziel der Materialverfügbarkeit mittels eines Lagers erreicht werden, doch die entstehenden Lagerkosten führten zur Abkehr vom Lager und hin zur Modulstrategie. Diese Strategie beinhaltet die Zusammenarbeit mit wenigen Modullieferanten, die produktionssynchron fertige Einbauteile (Module) liefern. Volkswagen hat bei der Montage der Modelle Passat oder Golf 16 Module definiert. Dadurch sank die Montagezeit um ein Drittel sowie die Fertigungstiefe unter 20%. Die Modulstrategie vereint Ziele der Fertigung und der Logistik.

Ziele der Fertigung

- Lean Manufacturing, d.h. Verschlankung der Fertigung und Konzentration auf Kernkompetenzen
- Erhöhung der Produktivität, Flexibilität und Transparenz der Abläufe
- Senkung der Durchlaufzeiten
- Minimierung der Bestände und somit der Kapitalbindungskosten

Ziele der Logistik

- Lagerlose Versorgung der Produktion durch Just-in-Time bzw. Just-in-Sequence
- Reduzierung der Logistikkosten und Verbesserung des Services
- Erhöhung der Materialverfügbarkeit[149]

Die Reduzierung der Zahl der Zulieferer vermindert den Aufwand im Einkauf, fördert eine bessere Zusammenarbeit und sichert ein höheres Qualitätsniveau. Bisher stand der Begriff Just-in-Time für die lagerlose Fertigung, d.h. das richtige Material wurde zum richtigen Zeitpunkt am richtigen Ort angeliefert. Mittlerweile spricht man allerdings schon von Just-in-Sequence. Dabei erfolgt die Bereitstellung produktionssynchron in der richtigen Reihenfolge. Die 16 Module des VW Passat werden bei den Lieferanten in Sequenz gefertigt und dann taktgenau ans Montageband bei VW geliefert. „Beide Systeme führen zu erheblichen Rationalisierungseffekten, weil Lagerkapazitäten und Beschaffungsaufwand reduziert werden."[150] Lagerbestände werden durch die Vernetzung aller Beteiligten beim Einsatz von Just-in-Sequence auf der gesamten Logistikkette optimiert. Dagegen gilt Just-in-Time als Verlagerung des Lagers auf die Straße. Zudem erhöht sich die Flexibilität des Herstellers und verhilft ihm zum Aufbau einer Lean Production (entspricht dem Lean Manufacturing).

---

[149] Vgl. Wannenwetsch (2002), S. 73
[150] Vgl. Beschaffung Aktuell (1/2001), S. 48

Die Ansatzpunkte einer **Lean Production** sind

- Verringerung der Entwicklungsdauer zur Anpassung an verkürzte Produktlebenszyklen,
- Festlegung von Erfolgsparametern,
- Produktionssteuerung nach dem Kanban-Prinzip,
- Qualitätssicherung auf der Grundlage des Total Quality Management,
- hoher Ausbildungsstand der Beschäftigten,
- ablauforientierte Anordnung der Fertigungsanlagen,
- Einbeziehung der Zulieferer und Abnehmer in die Planung.

Praxisbeispiel 1: Just-in-Sequence-Belieferung von Ford durch Johnsons Control

Voraussetzung für die Just-in-Sequence-Belieferung ist die Vernetzung der Logistikpartner. Dies ermöglicht z.B. die sequenzgenaue Belieferung des Ford-Werks in Saarlouis durch den Modullieferanten Johnsons Control, der im acht Kilometer entfernten Schwalbach Sitzgarnituren synchron fertigt. Alle 40 Sekunden wird vom Ford-Montageband eine Online-Bestellung nach Schwalbach gesendet. Die Bestellung enthält alle Daten über die modellspezifische Ausstattung der Sitze, wie Farbe, Material, etc. Es besteht dabei eine Auswahl zwischen 2.157 Varianten, die nach der Online-Bestellung innerhalb von 94 Minuten ans Montageband von Ford angeliefert werden.

Hierbei wird die große Bedeutung der Informationstechnologie deutlich, denn der reibungslose Ablauf der Fertigung ist von der Online-Verbindung zu den Lieferanten abhängig. Ein Ausfall der Internetverbindung oder der Fertigungssoftware hätte einen Produktionsstillstand und somit erhebliche Kosten zur Folge. Daher sind großzügige Investitionen in die Informationstechnologie angebracht, um Ausfälle zu reduzieren oder schnell zu beheben.

Des weiteren hat Ford ein Fracht-Optimierungsprogramm im Einsatz, um das Verkehrsaufkommen der LKWs zu reduzieren und deren Auslastung zu maximieren. Ford bezieht Einzelteile von 55 Lieferanten in 9 europäischen Ländern, wodurch die anliefernden LKWs in der Woche durchschnittlich 67.000 km zurücklegen. Mit Hilfe des Programms können die LKWs die Einzelteile wegeoptimiert einsammeln und zusammen anliefern, so dass die Fahrzeuge zu 96% ausgelastet sind.

> **Praxisbeispiel 2: Montagewerk Mosel der VW AG**
>
> Die VW AG setzt u.a. im Standort Mosel die Modulstrategie ein. Die Firma VDO liefert Just-in-Time Cockpits für den Passat und den Golf an.

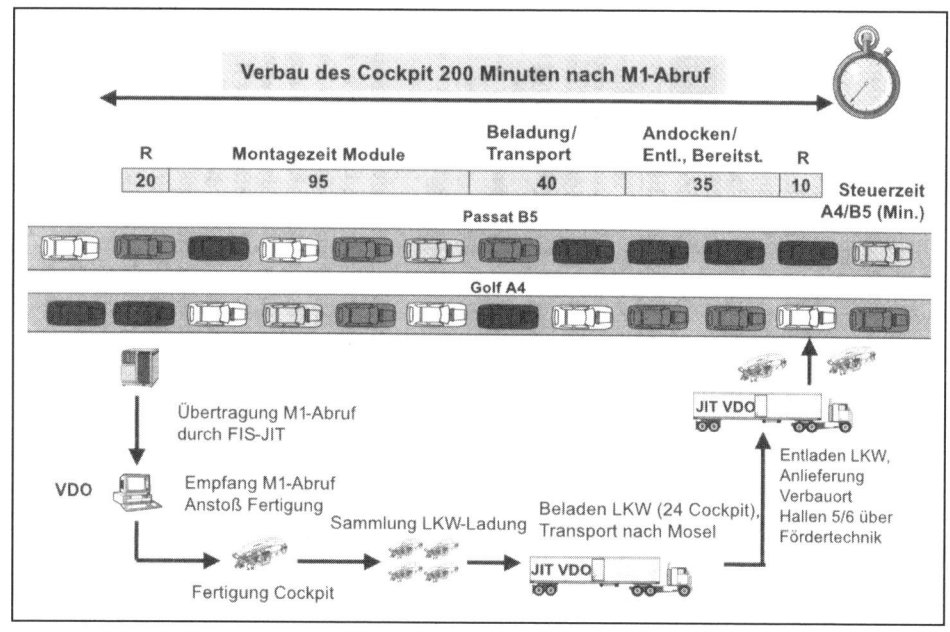

Abb. 6–8: JIT VDO[151]

Abb. 6–8 zeigt den Ablauf der Just-in-Time-Belieferung im VW-Werk, wobei die Zeit als Steuergröße dient. VDO braucht mindestens 170 Minuten um das Cockpit zu montieren und anzuliefern. Nach dieser Zeit besteht ein Puffer, der Störungen im Datenaustausch, in der Fertigung des Modullieferanten, beim Transport (Stau) oder beim Verladen, auffängt. Wird dieser Puffer überschritten, steht die komplette Produktion still, sowie synchron fertigende Zulieferer. Folgende Arbeitsprozesse laufen innerhalb eines Zykluses bei VDO ab (siehe Tabelle 6–5).

Dieser Ablauf findet täglich im 3-Schicht-Betrieb 45 mal statt. Weitere Modullieferanten haben ähnliche Abläufe, die sich pro Tag bis zu 200 mal wiederholen können. Dadurch sind täglich fast 240 LKWs im Einsatz. „In der Region um den Werksstandort wird daher nicht nur synchron produziert, sondern auch getaktet transportiert."[152]

---

[151] Vgl. Baumgarten (2001), S. 60
[152] Vgl. Baumgarten (2001), S. 62

Ablauf der produktionssynchronen Fertigung bei VDO	
7.00 Uhr	Einlauf einer lackierten Karosserie gemäß Kundenauftrag in die VW-Montage, Erfassung der fahrzeugspezifischen Daten und Übertragung an den Modulpartner VDO für das Cockpit per Standleitung.
7.01 Uhr	Empfang und Verarbeitung der Daten bei VDO, Anstoß der Fertigung eines kundenspezifischen Cockpits – dieser Vorgang wiederholt sich im 2-Minuten-Takt beim Einlauf jeder Karosserie
7.02 Uhr – 8.35 Uhr	Fertigung von 24 Cockpits mit einer Fertigungszeit inklusive Qualitätscheck von 45 Minuten
8.36 Uhr – 8.55 Uhr	Mechanisierte Verladung von 24 Modulen auf Spezialtrailer
8.56 Uhr – 9.15 Uhr	Transport zum Werk Mosel in 3 km Entfernung
9.16 Uhr – 9.35 Uhr	Andocken im Werk Mosel an einer separaten Andockstelle mit mechanisierter Entladung
9.36 Uhr – 9.50 Uhr	Zuführung des Cockpits per Fördertechnik zum entsprechenden Einbautakt, Entnahme des Cockpits mit Handhabungsgerät, Einbau in das Fahrzeug im Takt der Montage

Tabelle 6–5: Ablauf der produktionssynchronen Fertigung bei VDO

6.9 eKanban

Unter eKanban versteht man die elektronisch zeitsynchrone Steuerung der Fertigung nach dem Pull-Prinzip (Holprinzip). Die japanische Beschaffungsstrategie Kanban ist ein dezentrales Planungs- und Steuerungsverfahren für die Wiederholfertigung, auf Basis selbststeuernder Regelkreise. Sie funktioniert nach dem Supermarktprinzip, d.h. nach der Entnahme, wird die entstandene Lücke wieder mit dem gleichen Artikel aufgefüllt. Hilfsmittel sind dabei Behälter, die in einem Pufferlager aufbewahrt werden. Sie besitzen eine Karte (=Kanban), auf der die Teile- und Abnehmerdaten, Bestellmenge, Transport, etc. vermerkt sind. Auslöser bei der Kanbanfertigung ist immer die nachgelagerte Stelle, d.h. die Endmontage setzt in einem Unternehmen den gesamten Prozess in Gang, indem Teile aus einem Behälter im Pufferlager entnommen werden. Wird ein bestimmter Meldebestand erreicht, z.B. ein leerer Behälter, beginnt die vorgelagerte Stelle (z.B. die

Vormontage), mit der Produktion bzw. Montage, der auf dem Kanban vermerkten Menge. Danach wird der Behälter im Pufferlager befüllt.[153]

Ablauf der Produktionssteuerung nach dem eKanban-Prinzip

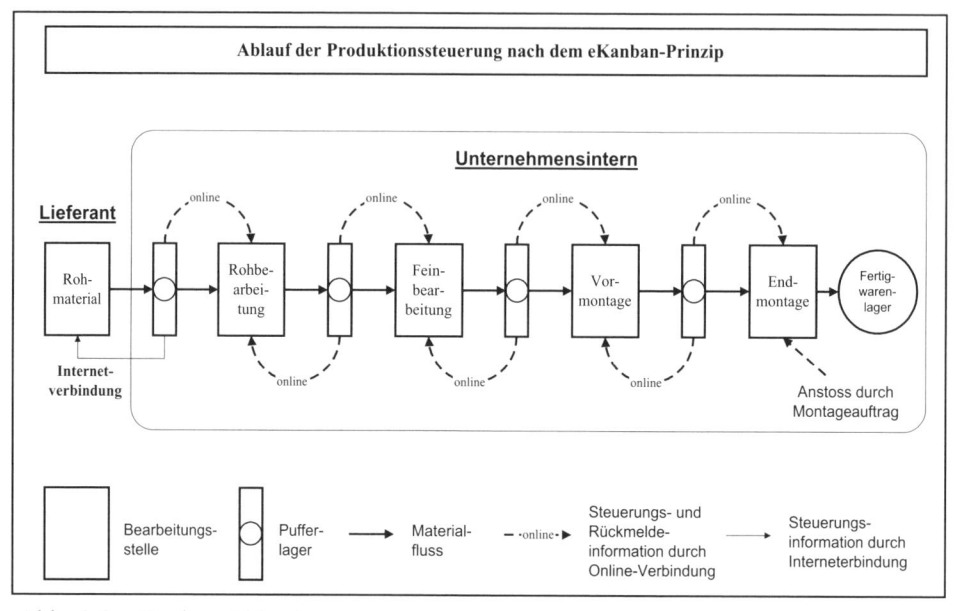

Abb. 6–9: eKanban-Ablauf

Kanban wird mittlerweile in zahlreiche ERP-Systeme integriert, z.B. in SAP R/3. Das Unternehmen IFS Application bietet in seinem neuen Release eine neu entwickelte Kanbansteuerung an. Die jeweilige vorgelagerte Stelle wird beim Erreichen des Meldebestandes durch IFS informiert. Dies erfolgt entweder durch einen Ausdruck oder papierlos auf elektronischen Weg (E-Mail, SMS, Alert-Monitor).[154]

---

[153] Vgl. Werner (2000), S. 67
[154] Vgl. Logistik Inside (01/2002), S. 40

Praxisbeispiel: eKanban bei BMW

Die Lear Corporation liefert Sitze und Rückbänke Just-in-Sequence an das BMW-Montageband in Regensburg. Nach dem Lieferabruf werden die Sitze innerhalb von 300 Minuten (ca. 11.000mal täglich) nach dem Kanban-Prinzip gefertigt und ausgeliefert.

Aufgrund des engen Zeitrahmens entschied man sich für die Kanban-Belieferung durch die Firma Hammerschein in Solingen, die Sitzstrukturen herstellt. Dabei handelt es sich um 30 Kilogramm schwere Kompletteile, die allerdings sehr transportanfällig sind. Dieses Problem wurde durch die Entwicklung von speziellen Transportbehältern gelöst, die die Teile bis an das Fertigungsband vor Beschädigungen schützen. Lear hat insgesamt 2.250 Transportbehälter im Einsatz. Jeder Behälter besitzt einen Versandanhänger, der Angaben über die Variante, Datum, Änderungsstand u.ä. enthält.

Der Lieferant Hammerschein stellt 2 mal täglich Sitzstrukturen in ein Blocklager von Lear. Von dort aus werden sie nach dem „First-in-First-out-Prinzip" in den Fertigungsprozess gebracht, d.h. die zuerst eingelagerten Teile werden als erstes verwendet. Nach der Entnahme aus dem Blocklager wird automatisch ein Bestellabruf mit allen produktspezifischen Daten generiert und dem Zulieferer über das Internet gesendet. Die Daten werden so innerhalb kürzester Zeit übermittelt, so dass die Fertigung der Teile beim Lieferanten sofort angestoßen werden kann. Lear erzielt dadurch kürzere Durchlaufzeiten und eine höhere Flexibilität. Kanban wird in dieser Form mit weiteren Lieferanten, z.B. für Kopfstützen praktiziert. Die Stützen werden in beschrifteten Wagen, nach Varianten sortiert, angeliefert. Ein leerer Wagen erzeugt hier ebenfalls einen Bestellabruf. Lear arbeitet auch mit nichteuropäischen Lieferanten zusammen. Aufgrund der Entfernung ist jedoch keine Kanban-Belieferung möglich.[155]

---

[155] Vgl. Logistik Inside (02/2002) S. 31

7. Instandhaltungsmanagement

Wie können die Instandhaltungskosten durch Einsatz von eProcurement als Supply Chain Management-System gesenkt werden?

Effiziente Planung und Abwicklung von Tätigkeiten zur Wartung, Inspektion und Instandsetzung von Anlagen fordern eine enge Zusammenarbeit der technischen und kaufmännischen Unternehmensbereiche. Durch diese Verzahnung wird erkennbar, dass die Instandhaltung als Kerngeschäftsprozess in anlageintensiven Unternehmen von besonderer Bedeutung ist.

Zur Gewährleistung des Prozesses ist es notwendig, schnellen Zugriff auf Teile, Materialien und Dienstleistungen zu haben, die sowohl für geplante Instandhaltungsmaßnahmen als auch für kurzfristig eintretende Reparaturen benötigt werden. Vor diesem Hintergrund spielt somit eine effektive Beschaffungsstrategie für die fortlaufende Instandhaltung eine wesentliche Rolle.

7.1 Abgrenzung

Die klassische Supply Chain auf Basis des SCOR-Modells[156] bildet die Wertschöpfungskette für Produktionsunternehmen vom Lieferant über die Bereiche Einkauf, Produktion und Distribution bis hin zum Kunden unter Berücksichtigung von Planungs- und Steuerungsfunktionen ab.

Die Supply Chain für Instandhaltungs- und indirekte Materialien stellt die Versorgung der internen Anforderer mit Materialien für die Instandhaltung der Maschinen, Anlagen und Netze sowie mit Verbrauchsgütern sicher. Diese Lieferkette stellt somit die interne Versorgung vom Lieferant über technischen Einkauf, Disposition, Lager, interne Logistik bis hin zum Anforderer dar. Die Supply Chain wird somit nicht von Kunden- und Marktanforderungen gesteuert, sondern von der internen Notwendigkeit die Produktion und Versorgung zu gewährleisten.

Die Optimierung dieser Lieferkette unter Einsatz geeigneter elektronischer Supply Chain Management Systeme und deren Integration in vorhandene Warenwirtschaftssysteme stellt die Herausforderung dar. Passende Lösungen sollen im Folgenden aufgezeigt und bewertet werden.

---

[156] SCOR-Modell: Supply Chain Operations Reference-Modell des Supply Chain Council, s.a. http://www.supply-chain.org

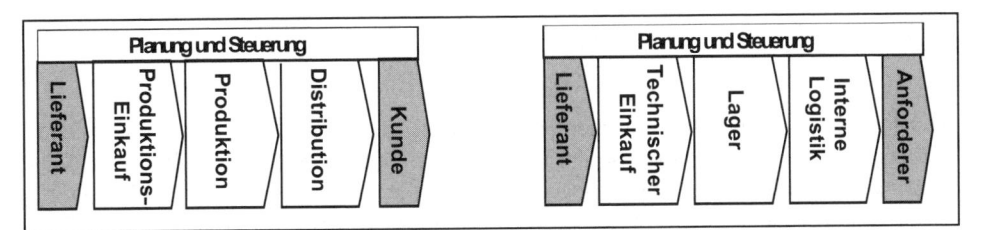

Abb. 7–1: Traditionelle Supply Chain und Supply Chain für Instandhaltungs- und indirekte Materialien

Die dargestellten Lösungsansätze basieren auf verschiedenen Softwaremodulen der SAP AG. Die zugrundeliegende Logik, die Vorgehensweise und das Zusammenspiel der einzelnen Module kann sicherlich auf jegliche Standardsoftware übertragen werden.

7.2 Daten

7.2.1 Relevante Branchen

Der beschriebene Ansatz ist in erster Linie für Unternehmen mit umfangreichem Maschinen- bzw. Anlagenpark und daraus hervorgehenden Instandhaltungsanforderungen von großer Bedeutung. Hierzu zählt das gesamte produzierende Gewerbe, wobei die Prozessindustrie hervorzuheben ist, sowie Versorgungsunternehmen (Strom, Gas, Wasser), deren Netze und Anlagen besonders wartungsintensiv sind.

7.2.2 Unternehmensgröße

Innerhalb der relevanten Branchen ist die Unternehmensgröße von geringerer Bedeutung. Sicherlich ist die Lösung bei Großunternehmen komplexer, was u.a. von der Anzahl der Workflows sowie der zu integrierenden Lieferanten abhängt. Kleinere Unternehmen sind teilweise durch die eingesetzte Software reglementiert. Integrierte ERP-Systeme wie SAP R/3 sind hierbei seltener im Einsatz. Die Integration der einzelnen Module ist in der Regel schwierig und die Kosten übersteigen oft den Nutzen.

7.3 Ziele

Mit dem Einsatz von elektronischer Supply Chain Management Software für Instandhaltungs- bzw. indirekte Güter sollen neben dem Hauptziel der Sicherstellung der Versorgung der Anforderer – mit dem richtigen Material, zum richtigen Zeitpunkt, bei gewünschter Qualität, zum optimalen Preis – folgende Ziele erreicht werden:

- Vereinfachung bzw. Verkürzung bestehender Materialanforderungs- und Beschaffungsprozesse,
- Entlastung des Bedarfsträgers (Instandhaltung) und des Einkaufs von Administrationsaufwand und Routinetätigkeit,
- Verringerung von Prozessschnittstellen zur Verbesserung der Prozessqualität,
- Sicherstellung der Materialeinstandspreise und Datenqualität durch intensive Nutzung der verhandelten Rahmenverträge,
- Reduzierung von Lagerbetriebs- bzw. Kapitalbindungskosten,
- höhere Transparenz durch Statusverfolgung und Freigabeverfahren,
- Verbesserung der Basis für das Controlling und Reporting.

7.4 Instrumente[157]

7.4.1 SAP EBP als eProcurement-System

Das SAP-Modul EBP[158] (Enterprise Buyer Professional) bildet den gesamten Bestellvorgang vom Anlegen der Bestellanforderung (BANF) bis hin zum Wareneingang elektronisch ab. Die Mitarbeiter können somit selbstständig über einen Internet Browser Waren und Dienstleistungen anfordern. Überschreitet die Bedarfsanforderung einen bestimmten Bestellwert oder ist eine gesonderte Prüfung durch Fachabteilungen notwendig, wird für die Bedarfsanforderung automatisch ein Genehmigungsprozess angestoßen. Bei erfolgreicher Genehmigung wird die Anforderung automatisch in eine Bestellung oder Lagerreservierung umgewandelt. Zur Auswahl der Produkte stehen den Mitarbeitern ausgewählte Lieferantenkataloge zur Verfügung. Diese Kataloge werden zu einem internen Kundenkatalog zusammengefasst. Abb. 7–2 veranschaulicht den Standard-Beschaffungsprozess mit EBP.

---

[157] Die hier dargestellten Instrumente sind so aufbereitet, dass sie unabhängig vom jeweiligen Releasestand der jeweiligen Module sind.

[158] SAP EBP ist zwischenzeitlich als eigenständiges Modul für den operativen Einkauf in der SAP SRM (Supplier Relationship Management) aufgegangen. SRM unterstützt alle Einkaufsfunktionalitäten elektronisch: Ausschreibungen, Auktionen, Vertragsmanagement, Auswertungen etc.

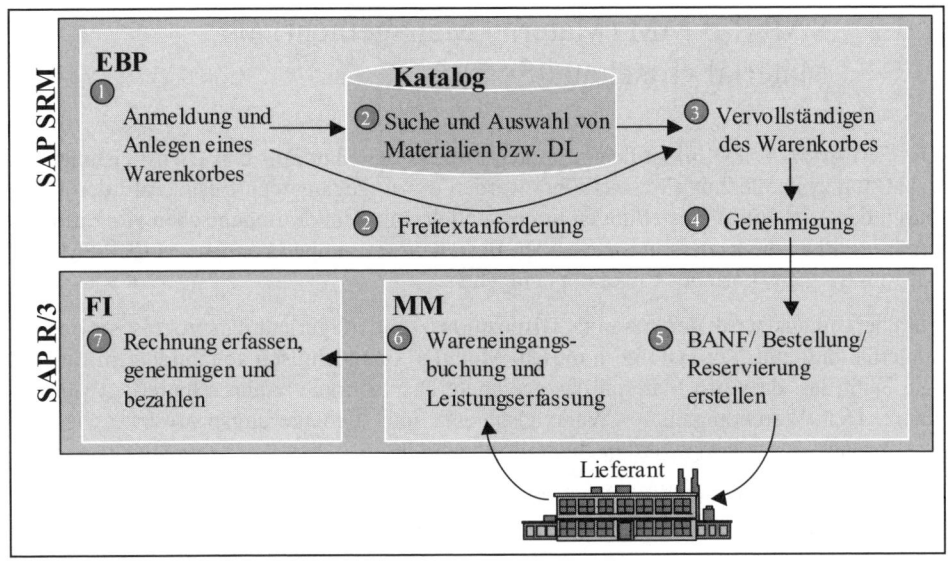

Abb. 7–2: Beschaffungsprozess mit EBP

1. Der Mitarbeiter meldet sich im EBP an und legt seinen Warenkorb an.
2. Material bzw. Dienstleistung wird über den Katalog ausgewählt. Befindet sich das Material nicht im Katalog, wird eine Freitextanforderung angelegt. Abrufe auf vorhandene SAP Kontrakte sind ebenfalls möglich.
3. Der Warenkorb wird mit weiteren Informationen vervollständigt (z.B. Kontierung, Anlieferadresse, etc.).
4. Vorgesetzte geben den Warenkorb frei. Abhängig von der Warengruppe genehmigen Fachabteilungen den Warenkorb.
5. Nach Genehmigung des Warenkorbs werden automatisch entweder Reservierungen für Lagermaterial, Bestellungen (bei Katalogartikeln) oder Bestellanforderungen, die der Einkauf in eine Bestellung umwandelt, erstellt.
6. Nach Empfang der Waren bzw. Dienstleistungen vom Lieferanten wird der Eingang erfasst (Dies kann in SAP MM oder EBP geschehen).
7. Nach Rechnungserfassung und -prüfung, wird nach Genehmigung die Rechnung aus FI bezahlt.[159]

---

[159] Schreiner, Budde, SAP-PM-Integration im EBP – Zwei Anwendungen, eine Lösung, In: Beschaffung aktuell (3/2003)

7.4.2 SAP R/3 MM (Material Management) als Materialwirtschafts-System[160]

Das SAP-Modul MM bildet den gesamten Prozess der Material- und Dienstleistungsbeschaffung systemtechnisch ab. Hierbei werden die eingegangenen Bestellanforderungen durch den Einkauf in Bestellungen umgewandelt, mit den kaufmännischen Konditionen ergänzt und an die Lieferanten versendet. Bestellanforderungen können aus EBP,PM und MM im Eingangskorb des Einkäufers eingehen.

Darüber hinaus wird der gesamte Dispositions- und Lagerhaltungsprozess sowie die Lagerhaltung und -verwaltung in diesem Modul systemtechnisch abgebildet. Im Einzelnen heißt das, dass pro Material das geeignete Dispositionsverfahren hinterlegt werden kann. Der Wareneingangs-, Warenausgangs- und Umlagerungsprozess sowie die Lager(platz)-verwaltung werden ebenfalls abgebildet.

Da die Kreditorenbuchhaltung auch im MM abgebildet ist, wird der gesamte Purchase-to-Pay-Prozess unterstützt.

7.4.3 SAP R/3 PM (Plant Maintenance) als Instandhaltungs-System

Über das SAP-Modul PM werden Instandhaltungsaufträge bearbeitet. Instandhaltungsaufträge sind nach SAP-Definition Wartung und Pflege von bestehenden technischen Anlagen, Maschinen und Gebäuden. Bei Eingang eines solchen Instandhaltungsauftrags, wird systemseitig ein sogenannter PM-Auftrag eröffnet. Dabei werden Stunden und Ressourcen für interne Leistungen sowie Kosten für externe Lieferungen und Leistungen geplant. Auf Basis der Planung werden die Bestellanforderungen für den externen Bedarf erzeugt und nach Freigabe zum Einkauf weitergeleitet.

Nach Eingang der Materialien werden im Verlauf der Instandhaltungsmaßnahme die tatsächlichen Ist-Kosten durch die Wareneingangsbuchung auf die PM-Aufträge gebucht. Dadurch ist eine Abweichungsanalyse zwischen den geplanten Instandhaltungskosten pro Auftrag und den tatsächlich angefallenen Kosten möglich.

---

[160] Vgl. Keller et al. (1999) S. 85f.

7.4.4 Katalog-System

Das Katalog-System bildet die Basis für jedes eProcurement-System. In diesem System werden die vom Einkauf verhandelten Rahmenverträge elektronisch abgebildet. Grundsätzlich können alle Güter, die standardisierbar und somit in einem Katalog abbildbar sind, elektronisch zugänglich gemacht werden. Dieses System ist letztendlich eine Datenbank mit ausgefeiltem Such-Algorithmus. Alle Materialien und Dienstleistungen werden mit umfangreichen Informationen, wie z.B. Produktbeschreibung, Preis, technische Spezifikationen/Zeichnungen und Bilder im Katalog abgebildet.

Katalog-Systeme teilen sich in den eigentlichen Katalog, in dem die Produkte abgebildet sind und alle berechtigten Mitarbeiter zugreifen können, um ihre gewünschten Güter auszuwählen und in die sogenannte Staging Area. Auf der Staging Area werden die einzelnen Daten selbst oder durch die Lieferanten aufbereitet. Die Einkäufer prüfen Preise und Sortimentsspektrum, ergänzen die Lieferanten- bzw. Kontraktnummern und ggf. die Materialnummer, falls es sich um Lagermaterial handelt.

Für Materialien, die aufgrund ihrer Komplexität bzw. ihrer Preisvolatilität nicht sinnvollerweise im internen Katalog abgebildet werden können, bietet sich die externe Anbindung an. Hierbei werden die Online-Shops der Lieferanten per OCI-Schnittstelle (Open Catalog Interface) direkt mit dem SAP EBP verbunden. Die Nutzer können direkt aus EBP auf die Lieferantensysteme zugreifen, wählen ihre Waren mit der gewünschten Konfiguration bzw. dem aktuellen Preis aus und bearbeiten sie anschließend im eigenen System. Dies ist zu empfehlen bei Produkten, die konfiguriert werden müssen (Komplexität), wie z.B. Autos, Computer, Telefonanlagen etc. oder bei Gütern deren Preise gehandelt werden (Preisvolatilität), wie z.B. EDV, Metalle etc.

Als Katalog-System wird meist die Software von Requisite (in der EBP Lizenz enthalten) oder Catone der Firma Wallmedien bzw. die Software von Heiler eingesetzt. Letztere bieten zusätzlich Services in Form von Datenmanagement und Outsourcing an.

7.5 PM-Integration in EBP

7.5.1 Geplante und ungeplante Instandhaltungsmaßnahmen

Grundsätzlich werden zwei Arten von Instandhaltung unterschieden:

1. geplante Instandhaltungsmaßnahmen (auch vorbeugende Instandhaltung),
2. ungeplante Instandhaltungsmaßnahmen.

Die geplante Instandhaltung dient der langfristigen Sicherung einer hohen Verfügbarkeit von Anlagen und Netzen. Um Anlagenausfälle zu vermeiden, die neben den Kosten der Instandsetzung oftmals sehr viel höhere Folgekosten durch den Produktionsausfall verursachen, ist eine vorbeugende Instandhaltung das geeignete Instrument. Die vorbeugende Instandhaltung wird mit Hilfe von Arbeitsplänen, Wartungsplänen, -positionen und -strategien durchgeführt und verwaltet.[161] Dies sind die Instandhaltungsmaßnahmen die vollkommen mit SAP PM geplant, budgetiert und kontrolliert werden.

Ungeplante Maßnahmen werden bei unvorhergesehenen Ausfällen von Maschinen, Anlagen und Netzen durchgeführt. Eine schnelle Instandsetzung ist hier oberstes Ziel. Materialien und Leistungen müssen umgehend zur Verfügung gestellt werden. Die Kosten werden der defekten Einheit als Ist-Kosten zugerechnet. Plankostenerstellung bzw. Planung durch PM kann aufgrund der Kurzfristigkeit nicht erfolgen.

Die PM Integration kann in EBP in Abhängigkeit der Maßnahme in drei Varianten erfolgen. Variante 1 stellt die Integration für ungeplante Aufträge dar. Variante 2 stellt die Integration für geplante Aufträge mit EBP als führendem System dar. Beide Varianten bilden Möglichkeiten im EBP-Standard ab. Leider haben diese den Nachteil, dass der Nutzer sowohl in PM als auch EBP arbeiten muss.

Variante 3 stellt die komplette Integration der EBP Funktionalität in PM dar. Diese hat den Vorteil, dass der PM-Nutzer nur PM als System bedient. Der Anwender greift direkt aus PM auf die elektronischen Kataloge zur Artikelergänzung zu und beendet seinen Prozess in PM.

Alle drei Varianten sind sinnvoll, da sie je nach Veranlassung (geplante oder ungeplante Maßnahme) oder Nutzerrolle (PM-Nutzer mit allen Rechten oder Gelegenheitsnutzer) Vorteile bieten. Die Varianten werden im Folgenden dargestellt.

7.5.2 Variante 1: ungeplante Instandhaltung

Fällt eine Anlage kurzfristig aus, werden die Materialien und Dienstleistungen, die über EBP bestellt werden, direkt auf den PM-Auftrag gebucht (ähnlich der Buchung auf eine Kostenstelle oder einen CO-Auftrag). Aufgrund der Dringlichkeit werden keine Plankosten im PM erfasst. Nach Wareneingangsbuchung oder Leistungserfassung werden die angefallenen Ist-Kosten dem PM-Auftrag zugeordnet. Die Ist-Kosten können im PM nachvollzogen werden, die Instandhaltungshistorie wird fortgeschrieben.

Zum Teil ist es auch nicht notwendig die Materialien bzw. Dienstleistungen bestimmter Warengruppen als Plankosten im PM-Auftrag zu berücksichtigen, da die Planung zu aufwändig wäre, wie z.B. bei Verbrauchgütern wie Werkzeuge, Handschuhe, Öle, Fette

---

[161] Vgl. Keller et al. (1999) S. 95

etc. Diese werden dann ebenfalls nur mit den Ist-Kosten im Auftrag berücksichtigt bzw. unspezifizierten Planbudgets gegenübergestellt. Hierbei wird auch direkt aus EBP gebucht.

7.5.3 Variante 2: geplante Instandhaltung über EBP

Bei der zweiten Anwendungsmöglichkeit wird im EBP die Funktion „Komponenten planen" mit der dazugehörigen EBP-Rolle „PM-Planer" aktiviert. Der PM-Planer bearbeitet und ergänzt einen im PM angelegten Auftrag im EBP. Abb. 7–3 veranschaulicht diese Anwendung:

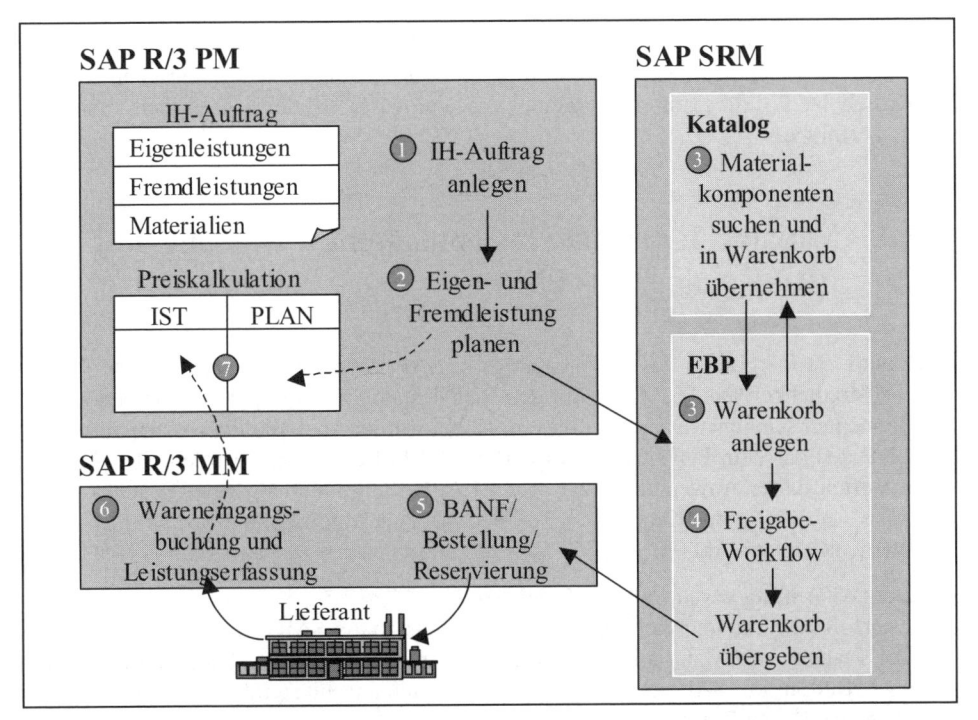

Abb. 7–3: EBP-Einbindung in PM

1. Der PM-Planer legt im SAP PM einen Instandhaltungs- oder Serviceauftrag an.
2. Es erfolgt die Planung von Eigen- und Fremdleistung sowie von Materialien in SAP PM.

3. Im nächsten Schritt wechselt der PM-Planer in den EBP. Er legt einen Warenkorb mit den Materialkomponenten nach Auswahl aus dem Katalog im EBP an. Dies kann auch durch einen Mitarbeiter geschehen, der nur mit EBP und nicht in PM arbeitet.
4. Der befüllte Warenkorb aus dem EBP wird in die Komponentenplanung in SAP PM übergeben.
5. Nach der Übergabe des Warenkorbs wird in PM der Freigabe-Workflow angestoßen.
6. Mit der Freigabe wird in SAP MM automatisch entweder eine Reservierung bei Lagermaterial, eine Bestellung oder eine Bestellanforderung, die vom Einkauf in eine Bestellung umgewandelt wird, erstellt.
7. Nach Empfang der Ware bzw. der Dienstleistungen vom Lieferanten wird der Eingang gebucht. Die Ist-Kosten werden auf dem Auftrag fortgeschrieben.
8. Innerhalb von SAP PM kann abschließend ein Abgleich zwischen Plan- und Ist-Kosten vorgenommen werden.

Auch bei dieser Anwendung greift der PM-Planer auf zwei Systeme zu. Im Vergleich zur ersten Anwendungsmöglichkeit werden hier die Plankosten fortgeschrieben. Da die Ist-Kosten an PM übermittelt werden, kann somit der Abgleich zwischen Plan-/Ist-Kosten erfolgen.

7.5.4 Variante 3: geplante Instandhaltung – Nutzung des EBP-Katalogs aus PM

Hier wird die Integration des EBP-Katalogs in SAP PM realisiert. D.h. der PM-Planer hat die Möglichkeit aus PM direkt auf den EBP-Katalog zuzugreifen und die benötigten Komponenten seinem Auftrag zuzuführen. Dabei werden auch die Plankosten verbucht, da die Daten aus dem EBP-Katalog direkt in SAP PM übertragen werden. Der wesentliche Vorteil dieser Anwendung liegt in der Bearbeitung innerhalb eines Systems: SAP PM. Die Anbindung des Katalogs an PM bedingt eine Modifikation im SAP PM. Abb. 7–4 verdeutlicht den Ablauf.

1. Der PM-Auftrag wird in SAP PM angelegt.
2. Es erfolgt die Planung von Eigen- und Fremdleistung in SAP PM.
3. Die Planung der Materialkomponenten wird über den EBP-Katalog (Direktzugriff über Button im SAP PM) vervollständigt und anschließend wird der Katalog-„Warenkorb" an PM übergeben.
4. Die Kalkulation in SAP PM wird abgeschlossen. Der Freigabe-Workflow wird angestoßen.
5. Nach Freigabe des Auftrags wird in SAP MM automatisch entweder eine Reservierung bei Lagermaterial, eine Bestellung oder eine Bestellanforderungen erstellt.
6. Nach Empfang der Ware bzw. der Dienstleistungen vom Lieferanten wird der Eingang gebucht. Die Ist-Kosten werden auf dem PM-Auftrag fortgeschrieben.

PM-Integration in EBP

7. Innerhalb von SAP PM kann abschließend ein Abgleich zwischen Plan- und Ist-Kosten vorgenommen werden.

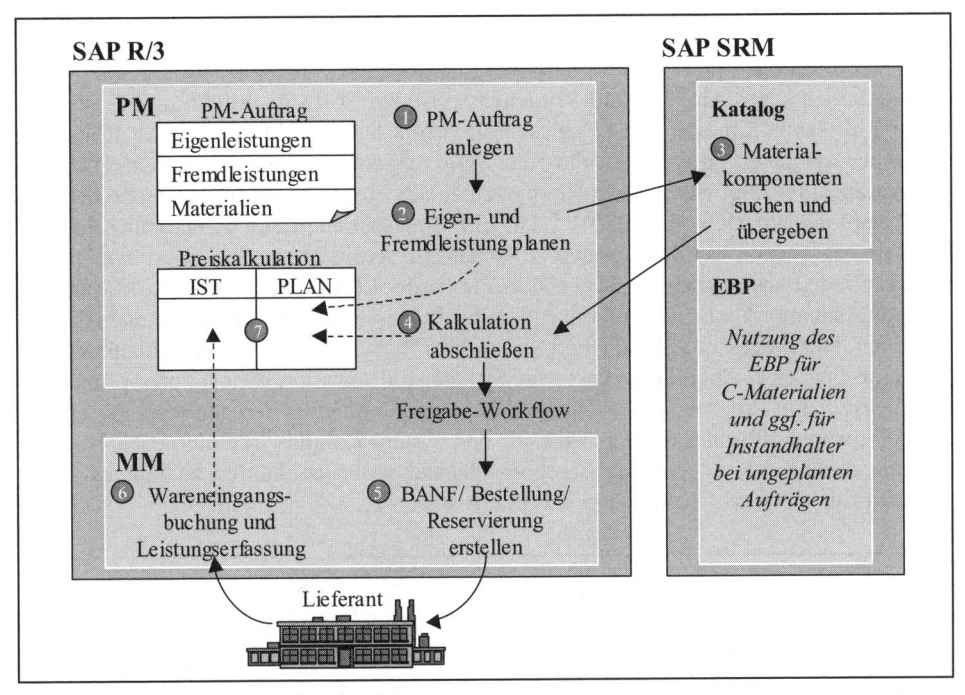

Abb. 7-4: Nutzung des EBP-Katalogs aus PM

Der Vorteil all dieser Varianten ist, dass der Nutzer auf bereits definierte Kataloge im EBP-System zugreifen kann. In diesen Katalogen stehen Artikel bzw. Dienstleistungen, die aus bereits bestehenden Rahmenverträgen mit den verschiedenen Lieferanten abgeschlossen wurden, zur Verfügung. Die Anforderer sind dadurch gezwungen, auf die im Katalog vorhandenen Artikel bzw. Dienstleistungen zuzugreifen. Eine willkürliche Auswahl der Lieferanten kann dadurch eingeschränkt werden. Die erzielten Preisnachlässe durch die Rahmenverträge bleiben gewährleistet.

7.6 Implementierung

7.6.1 Vorgehensweise

Grundsätzlich kann jede Standard-Vorgehensweise zur Softwareeinführung bei der Abbildung dieses vollintegrierten Lösungsansatzes mit den SAP Modulen MM, PM, EBP und einer adäquaten Software für das Katalog-Management eingesetzt werden. Hier soll ein Ansatz aufgezeigt werden, der Komponenten des Prozess Reengineering und der von SAP empfohlenen Methode ASAP[162] darstellt. Zunächst empfiehlt es sich, über die rein softwaregetriebenen Einführungsansätze hinaus, zur Realisierung der angestrebten Ziele eine explizite Phase zur strategischen Konzeption der Lösung, eine kurze Aufnahme der Ausgangssituation und eine Sollkonzeption der Prozesse und Handlungsoptionen durchzuführen. Die Prozessdefinition ist im Sinne eines Reengineering zur Verschlankung der Prozesse und eine Abbildung dieser im System, die rein durch Costumizing und mit möglichst wenig Programmierung abgebildet werden können. Hiernach folgt der klassische Softwareeinführungsansatz. Am Ende des System-Rollouts ist ein erneutes Reengineering durchzuführen, um das Ergebnispotenzial voll ausschöpfen zu können. Dies sieht im Einzelnen wie in Abb. 7–5 dargestellt aus.

100 Strategische Konzeption der Lösung	200 Aufnahme der Ausgangssituation	300 Sollkonzeption Prozesse und Handlungsoptionen	400 Detailkonzept und Pflichtenhefterstellung	500 Realisierung Testsystem	600 Realisierung Produktivsystem	700 Rollout und Reengineering

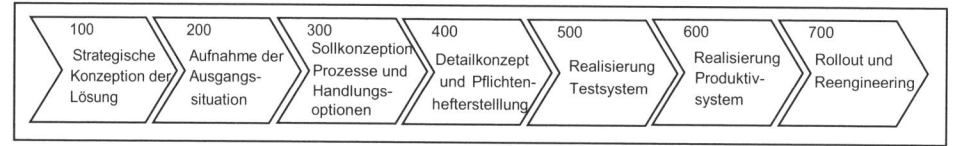

Abb. 7–5: Vorgehensweise PM und EBP Integration

Phase 100: Strategische Konzeption der Lösung

Ziel

- Strategische Festlegung des Lösungsszenarios unter Berücksichtigung der Instandhaltungs-, Beschaffungs- und eProcurement-Strategie

Maßnahmen

- Erarbeitung der Strategie zur Automatisierung des Beschaffungswesens und der Ausgestaltung des Katalogmanagements in Bezug auf die Instandhaltungsoptimierung unter Berücksichtigung der organisatorischen, kulturellen, technologischen, rechtlichen und strategischen Rahmenbedingungen.
- Festlegung der Warengruppen, Materialien und Dienstleistungen, die instandhaltungsrelevant sind.

---

[162] Vgl. auch SAP AG (Hrsg.) (1998)

- Erarbeitung der zukünftigen Content Management Strategie.
- Auswahl der Lieferanten für katalogisierbares Instandhaltungsmaterial.
- Ausarbeitung des technischen Szenarios und Festlegung der künftigen IT-Architektur und -Schnittstellen.
- Erarbeiten der Anbindung externen Partner (Schnittstellen, Zugriffe, Sicherheitsvorkehrungen gegenüber Lieferanten).

Phase 200: Aufnahme der Ausgangssituation

Ziel

- Überblick über die existierenden Beschaffungs- und Instandhaltungsprozesse, -organisation und -systeme.

Maßnahmen

- Aufnahme der vorhandenen Beschaffungs- und Instandhaltungsprozesse und Bewertung hinsichtlich der Lösungskonformität.
- Aufnahme der Berechtigungs- und Freigaberegeln.
- Analyse der Interaktionskanäle.
- Aufnahme und Analyse der Funktionalitäten und Architektur der EDV-Systeme.

Phase 300: Sollkonzeption Prozesse und Handlungsoptionen

Ziel

- Konzeption der zukünftigen Beschaffungs- und Instandhaltungsprozesse sowie die Beschreibung der Systemanforderungen und der aufbauorganisatorischen Auswirkungen.

Maßnahmen

- Modellierung der Soll-Prozesse und Ausarbeitung der benötigten Workflows.
- Festlegung der Integration von PM-Prozessen.
- Festlegung der zukünftigen Aufgaben und organisatorischen Anpassungen.
- Ausgestaltung der zukünftigen Berechtigungs- und Freigaberegeln.
- Erstellung eines Anforderungsprofils an das zukünftige System (Prozesse, Organisationsstruktur, Produktportfolio-/Lieferantenstruktur etc.).
- Festlegung der anzupassenden Funktionalitäten zur Erfüllung des Anforderungsprofils.

Phase 400: Detailkonzept und Pflichtenhefterstellung

Ziel

- Erstellung des Detailkonzepts und Erarbeitung eines Umsetzungsplanes.

Maßnahmen

- Ausarbeitung des Detailkonzeptes als Grundlage der Implementierung im Hinblick auf die folgenden Aspekte:
    - Beschaffungsprozesse und Workflows,
    - Aufgabenprofile und organisatorische Auswirkungen,
    - Schulung und Benutzereinführung (Change Enablement),
    - Systemanforderungen.
- Festlegen der IT-Infrastruktur und der Sicherheitsstandards.
- Erstellen eines Maßnahmen- und Zeitplans.

Phase 500: Realisierung Testsystem

Ziel

- Aufbau eines Test- und Qualitätssicherungssystems.

Maßnahmen

- Testsystem gemäss Feinkonzept konfigurieren und Prozesscustomizing (Berechtigungskonzept, Workflow, Replikation der Materialien, Warengruppen, Maßeinheiten).
- Organisationsstruktur abbilden.
- Schnittstellen zu R/3 implementieren.
- Relevante Warengruppen aufbereiten und Daten in Katalog aufbereiten.
- Technische und funktionale Systemtests durchführen und überprüfen auf Anwendbarkeit im Produktivszenario.

Phase 600: Realisierung Produktivsystem

Ziel

- Aufbau des Produktivsystems und Produktivschaltung.

Maßnahmen

- Produktivsystem aufbauen durch Transportieren der Einstellungen vom Testsystem auf das Produktivsystem. Nicht transportierbare Einstellungen werden manuell nachgepflegt.
- Produktivdaten wie Material-, Lieferantenstämme pflegen.
- Schulung der Nutzer durchführen.
- Austesten der Eckdaten im Produktivsystem und Lifeschaltung des Systems nach Abnahme.

Phase 700: Rollout und Reengineering

Ziel

- Erweiterung des Nutzerkreises und der angebotenen Lieferantendaten.

Maßnahmen

- Rollout durchführen durch Vergrößerung des Nutzerkreises und Ausweitung auf verschiedene Gesellschaften und Beteiligungen.
- Festlegung neuer Warengruppen und Lieferanten für den Katalog nach Durchführung von Warengruppen- und Lieferantenmanagement.
- Weitere Lieferantendaten in den Katalog einbinden.
- Aufbau eines Controllingsystems.

7.6.2 Kosten-/Nutzen-Verhältnis

Das Kosten-/Nutzen-Verhältnis hängt stark vom Volumen der standardisierbaren Güter ab. Gerade bei den beschriebenen Branchen und Unternehmen werden die meisten standardisierbaren Güter in der Instandhaltung eingesetzt. eProcurement-Systeme ohne Integration in PM rechnen sich daher selten. Nur durch die Integration wird der volle Einspareffekt durch schlanke und effiziente Prozesse und optimierten Mitarbeitereinsatz möglich. Nach konsequenter Umsetzung der Beschaffungsstrategie und der Vermeidung von Bestellungen ohne Nutzung des elektronischen Katalogs können Preissenkungen von bis zu 8% realisiert werden.[163]

7.6.3 Herausforderungen

Die größte Herausforderung stellt die Aufbereitung der richtigen Daten in benötigter Datenqualität dar. Hierzu ist eine intensive Portfolioanalyse durchzuführen, um die umsatzstärksten Materialien und Dienstleistungen zu identifizieren und im Katalog abzubilden.

Die Daten sind so aufzubereiten, dass sie jederzeit eindeutig im Katalog zu finden sind. Ein einheitliches Stammdatenmanagement sollte parallel zur Realisierung dieser Lösung angestoßen werden. Redundante Stammdaten sind hierbei zu eliminieren. Die Überwachung des abgebildeten Portfolio sollte ständig stattfinden, so dass nicht benötigte Artikel gelöscht und häufig genutzte Artikel neu verhandelt werden können.

---

[163] Potenziale stellen durchschnittliche Einsparerfolge von Projekten seitens Deloitte in den Jahren 2001 bis 2004 dar.

Eine einheitliche Warengruppenstruktur auf Basis von eClass oder UNSPSC ist zu empfehlen, so dass die Artikel einfach und schnell gefunden werden können.

7.7 Integration eines Instandhaltungs- und Procurement-Systems[164]

7.7.1 Ausgangssituation

Im folgenden Praxisbeispiel soll aufgezeigt werden wie eines der größten regionalen Energieversorgungs- und -dienstleistungsunternehmen in Deutschland die Varianten eins und zwei zur Integration der vorhandenen SAP PM Funktionalität in das neue eProcurement-System durchführte. Die Variante drei wurde zwischenzeitlich auch realisiert. Das Unternehmen erzielt zur Zeit ca. 1,5 Mrd. Euro Umsatz bei knapp 4.000 Mitarbeitern. 80% aller Artikel und Dienstleistungen werden direkt instandhaltungsbezogen eingesetzt.

Im Rahmen der eBusiness-Strategie zur Optimierung der operativen Leistungsfähigkeit hat sich das Unternehmen für die Einführung eines eProcurement-Systems entschieden. Innerhalb von drei Monaten wurde das Projekt mit Einführung des SAP EBP mit Integration zu PM realisiert.

Wesentliche Ziele hierbei waren die Optimierung des Beschaffungsprozesses sowie die Reduzierung der Prozess- und Sachkosten. Hierzu wurde das eProcurement-System mit den Funktionalitäten einer elektronischen Ausschreibungsplattform und der Integration der Komponentenplanung aus SAP PM ergänzt.

Der Enterprise Buyer sollte den gesamten dezentralisierten Bestellvorgang vom Anlegen der Bedarfsanforderung bis hin zum Wareneingang abdecken. Die Mitarbeiter können somit selbstständig über einen Internet Browser Waren oder Dienstleistungen anfordern. Überschreitet die Bedarfsanforderung einen höheren Bestellwert oder ist eine gesonderte Prüfung durch Fachabteilungen notwendig, wird für die Bedarfsanforderung automatisch ein Genehmigungsprozess angestoßen. Bei erfolgreicher Genehmigung wird die Anforderung dann automatisch in eine Bestellung umgewandelt.

Zur Auswahl der Produkte stehen den Mitarbeitern ausgewählte Lieferantenkataloge zur Verfügung. Diese Kataloge wurden zu einem internen Kundenkatalog zusammengefasst, der im Vergleich zur Online-Anbindung der einzelnen Lieferantenkataloge über das Internet eine höhere Leistungsfähigkeit aufweist. Neben der Integration externer Lieferan-

---

[164] Budde, Schreiner, eProcurement für Instandhaltungsaufträge, In: Energiewirtschaftliche Tagesfragen (8/2003)

tenkataloge wurde das gesamte Lagermaterialangebot des Kunden in diesem Katalog aufbereitet. Somit hat der Anforderer jederzeit die Möglichkeit seinen Bedarf intern oder extern zu decken.

Ein weiterer Vorteil des internen Kundenkatalogs besteht darin, dass dem Einkauf weiterhin die Kontrolle über Preisveränderungen durch den Lieferanten obliegt. Periodische Preisänderungen werden nicht durch den Lieferanten sondern durch den Einkäufer selbst in den Katalog gepflegt. Nur die Warengruppe „EDV und Zubehör" bildet hier eine Ausnahme: aufgrund täglicher Preisänderungen wurde ein externer Lieferantenkatalog per OCI-Standard (Open Catalogue Interface) angebunden.

Der elektronische Katalog bietet außerdem die Möglichkeit für verschiedene Anwender unterschiedliche Sichten anzulegen. Das Konzept der Sichten im EBP umfasst den differenzierten Zugriff auf den Katalog. Somit erhält der Anwender aus der Abteilung Werkstatt bspw. Sicht auf die Warengruppen „Elektromaterial" und „Werkzeuge", der Anwender aus der Abteilung Marketing hingegen auf die Warengruppe „Büromaterial". Jeder Anwender erhält eine auf seine Bedürfnisse ausgerichtete Sicht auf den Katalog. Im Fall des Energieversorgers wurde das Konzept der Sichten in erster Linie für die Handhabung der verschiedenen Gesellschaften des Kunden genutzt: ein Anwender aus Gesellschaft A kann bspw. keine Anforderung mit Materialien aus der Katalogansicht der Gesellschaft B anlegen.

Neben der Abbildung des Bedarfsanforderungsprozesses im EBP lag eine weitere Herausforderung in der Realisierung der elektronischen Ausschreibungsplattform im EBP. Der Kunde hat nun die Möglichkeit großvolumige Bestellungen im Rahmen einer Ausschreibung bzw. Auktion zu vergeben. Über diese Plattform können die Ausschreibungsunterlagen den Lieferanten zugänglich gemacht werden, die dann ihrerseits die Möglichkeit haben, ihre Gebote elektronisch abzugeben. Darüber hinaus besteht die Möglichkeit, Ausschreibungen in Reverse Auctions umzuwandeln, bei denen bis zu einem gesetzten Termin Gebote abgegeben und unterboten werden können. Die Vorteile dieses Ausschreibungsmediums liegen in dem geringen administrativen Aufwand, der erhöhten Transparenz für alle Beteiligten (z.B. Terminverbindlichkeit) sowie der Umwandlungsmöglichkeit einer Ausschreibung in eine Auktion.

Das System hat im Endausbau ca. 1.500 SAP EBP Nutzer in verschiedenen Gesellschaften. Die Gesellschaften selbst wurden je nach Mehrheitsverhältnissen als Buchungskreis bei Mehrheitsbeteiligungen oder als Mandant bei Minderheitsbeteiligungen abgebildet. Letzteres hat den Vorteil größerer Flexibilität, gerade in der Abbildung von spezifischen Workflows, aber auch bei der einfacheren Entkopplung der Systeme bei Verkauf von Beteiligungen.

7.7.2 Optimierung in der Instandhaltungsplanung mit dem EBP

Die Hauptaufgabe bestand darin, das eProcurement-System in das existierende System zur Planung und Durchführung von Aufträgen der Instandhaltung (SAP PM) zu integrieren, da die meisten Nutzer Techniker bzw. Planer von Instandhaltungsmaßnahmen und somit PM-Nutzer darstellten.

Vor der Einführung von SAP EBP wurden die Instandhaltungsaufträge über das SAP-Modul PM, also im SAP R/3, angelegt. Das Modul ermöglicht dem Benutzer, die Materialien und Dienstleistungen für den Auftrag zu planen, d.h. es deckt sämtliche Anforderungen von Routine- bzw. Ad-hoc-Prozessen in der Instandhaltung für geplante und ungeplante Instandhaltungen ab. Unter anderem stellt es Informationen in Form von vordefinierten Zeitplänen oder Stücklisten bereit. Innerhalb des PM-Moduls gelten als Basis für die Auftragskalkulation die im SAP R/3 hinterlegten Durchschnittspreise.

Für die Planung der Aufträge muss der PM-Nutzer die technischen Objekte kennen, die in seiner Abteilung instand gehalten oder repariert werden, um feststellen zu können, welches Material mit welcher Materialnummer von welchem Hersteller benötigt wird. Hierzu verfügt der Planer jedoch häufig nur über die Druckversion einer beschreibenden Dokumentation der technischen Objekte.

Aus diesem Grund wurde mit den Komponentenplanern des Energieversorgers die eProcurement-Lösung so integriert, dass die Komponenten der Instandhaltungsaufträge mit Hilfe des Katalogangebots aus dem EBP geplant werden können.

7.7.3 Funktionsweise der Komponentenplanung im EBP

Der Prozess für den integrierten PM-Auftrag im EBP stellt sich wie in Abb. 7–6 dar.

1. Aufträge im SAP R/3 anlegen.

Der Planer legt einen Instandhaltungs- bzw. Serviceauftrag im PM-Modul an. Bei Bedarf können den Vorgängen die gewünschten Komponenten hinzugefügt werden.

2. Wechsel in die Komponentenplanung des Auftrags im Enterprise Buyer

3. Auftrag im Enterprise Buyer suchen.

Der Planer gibt die Auftragsnummer ein, d.h. das System sucht über einen Funktionsbaustein im SAP R/3 den entsprechenden Auftrag und zeigt diesen mit Übersichtsbaum und Vorgängen im EBP an.

Integration eines Instandhaltungs- und Procurement-Systems

4. Neue Komponenten auswählen.

Die leicht zu bedienende EBP-Oberfläche ermöglicht den Planern den Online-Zugriff auf sämtliche elektronische Kataloge sowie auf kritische Ersatzteile, die als Lagermaterial geführt und im SAP-MM verwaltet werden.

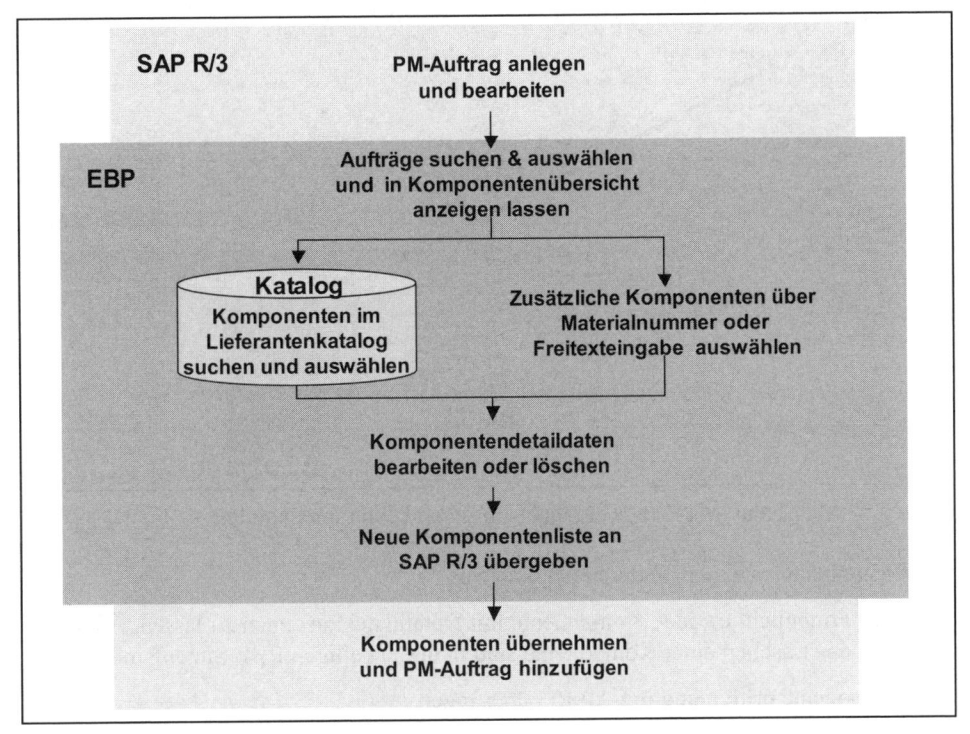

Abb. 7–6: PM Integration in EBP

Wie in Abb. 7–7 dargestellt, liefert die Auswahl über den Online-Katalog im Vergleich zu den Materialdaten aus dem SAP MM neben der Materialbezeichnung zusätzliche Informationen und Abbildungen für eine detaillierte Auswahl.

Nach der Auswahl des Materials aus dem Katalog überträgt das System die Komponenten in die Komponentenübersicht und ordnet diese dem ausgewählten Vorgang zu.

Liegt die Komponente im Katalog nicht vor, kann sie der Planer entweder mit der Eingabe eines Freitextes oder mit der Angabe der SAP R/3-Materialnummer der Komponentenübersicht hinzufügen.

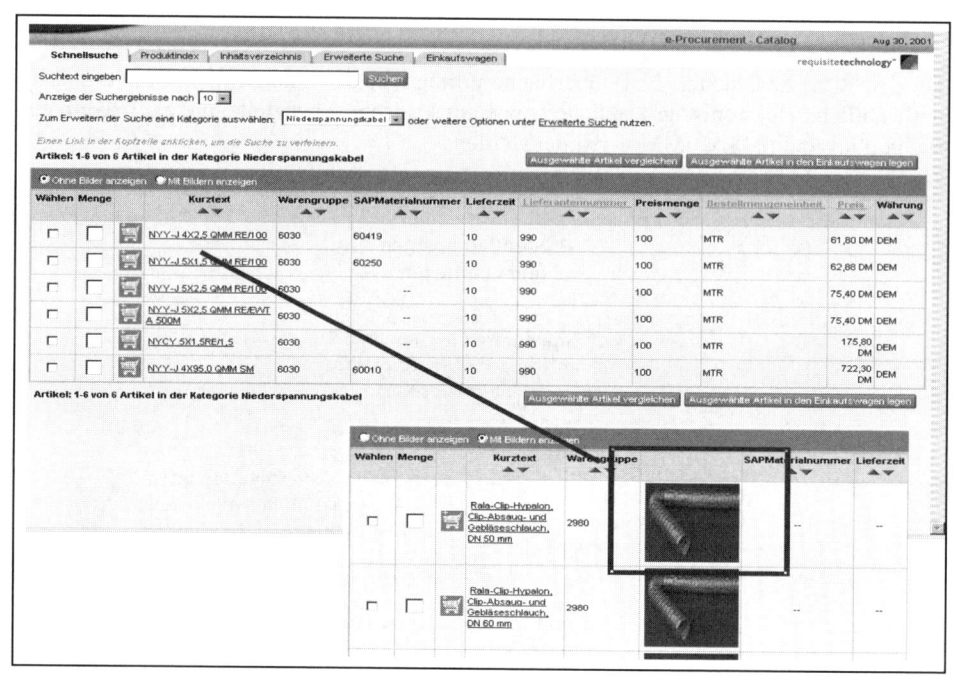

Abb. 7–7: Materialauswahl aus dem elektronischen Lieferantenkatalog

5. Komponente anzeigen, ändern oder löschen.

Der EBP ermöglicht es, jede Komponente mit Detaildaten anzeigen zu lassen. Änderungen bzw. das Löschen einer Komponente sind in der jeweiligen EBP-Sitzung möglich.

6. Komponente prüfen und in SAP R/3 übertragen.

Alle Daten der hinzugefügten Komponenten werden vor der Rückgabe an SAP PM automatisch auf Korrektheit überprüft und bei eventuellen Fehlern fordert das System den Benutzer zur Korrektur auf. Ist der Auftrag überprüft und gesichert, werden die Komponenten zurück in SAP R/3 übertragen. Im SAP PM werden nun die neu hinzugefügten Komponenten des Instandhaltungsauftrags angezeigt. Automatisch werden im SAP MM für die lagerhaltigen Komponenten Reservierungen, für nicht-lagerhaltige Komponenten Bestellanforderungen erzeugt.

7.7.4 Zusammenfassung

Eine wesentliche Entlastung für die Instandhaltungsplaner wird durch die Erweiterung des Instandhaltungssystems um die Funktionen des EBP und deren konsequenter Nutzung erreicht.

Voraussetzung hierfür ist, dass die Einkaufs- und die Instandhaltungsabteilungen zur Vereinfachung des Prozesses gemeinsame Material- und Produktstandards festlegen, die im Katalog für die Instandhaltungsanwender abgebildet werden.

Einerseits erzielt der Einkauf den Vorteil durch die Material- und Produktstandardisierung die Bündelung der Lieferanten forcieren zu können. Die Fokussierung auf wenige Lieferanten und der Abschluss von Rahmenverträgen ermöglicht weitere Reduzierungen der Einkaufspreise.

Andererseits bietet sich dem PM-Anwender die Möglichkeit mit begrenztem und vereinfachtem Suchaufwand, Standardmaterialien für den Instandhaltungsauftrag zu finden. Hierbei ist garantiert, dass mit dem Einsatz des EBP auch die Fortschreibung der im PM kalkulierten Plan- und Ist-Kosten gewährleistet ist. Es erfolgt die vollständige Übergabe der kalkulierten Kosten aus dem PM an den EBP und zurück an das PM. Ferner bieten tagesaktuelle Lieferantenpreise in den Katalogen eine höhere Genauigkeit in der Vorkalkulation, als dies mit den bisher verwendeten Durchschnittspreisen möglich war. Ungeplante Kosten in der Instandhaltung werden somit vermieden bzw. reduziert.

8. eSales und eService – Added Value-Strategien durch eCommerce

Der elektronische Vertrieb (eSales) von Gütern, Waren und Dienstleistungen im eSupply Chain Management ist gekennzeichnet durch moderne IuK-Technologien. Neue Geschäftsmodelle wie elektronische Marktplätze und Online Shop-Lösungen beeinflussen hierbei in hohem Maße die Interaktion und Transaktion entlang der eSupply Chain. Angetrieben durch hohe Kostensenkungspotenziale sowie steigende Absatzzahlen wickeln immer mehr Klein-, Mittel- und Großbetriebe ihre Marketing- und Vertriebsprozesse über das Internet ab. Neben der Absatzorientierung fallen auch zunehmend Kundenbindungsstrategien wie eCustomer Relationship Management (eCRM) und eService-Konzepte wie eInformation ins Gewicht. Unternehmen fokussieren hierbei eine langfristig profitable Kundenbeziehung sowie auf die Vermittlung eines Zusatznutzens für den Kunden (Added Value) zur Differenzierung gegenüber dem Wettbewerb.

Ziel dieses Kapitels ist es, die Grundlagen des eSales und eService darzustellen und einen Überblick über deren Anwendungsbereiche zu verschaffen. Konkret sollen Geschäftsfelder im eSales vorgestellt werden, deren Potenziale und Erfolgsfaktoren skizziert und durch Praxisbeispiele ergänzt werden. Des Weiteren beschäftigt sich das Kapitel mit Kundenbindungskonzepten, wie eCRM und eMass Customization, welche den elektronischen Vertrieb durch ihre Kundenorientierung nachhaltig unterstützen. Zum Abschluss sollen eService-Konzepte in den einzelnen elektronischen Kaufphasen Pre-Sales, Sales und After-Sales vorgestellt und durch Praxisbeispiele begleitet werden.

8.1 eSales im Umfeld von eCommerce

Electronic Commerce (eCommerce) hat sich in den letzten Jahren zu einem strategischen Top-Thema in deutschen Unternehmen entwickelt. Dabei unterliegt der Begriff eCommerce derzeitig immer noch unzähligen Definitionen.

Definition von eCommerce

Im Rahmen dieses Kapitels umfasst eCommerce, als Teilbereich des eBusiness, Aktivitäten wie Waren oder Dienstleistungen elektronisch zu präsentieren, zu verkaufen sowie Online-Transaktionen und -Zahlungen abzuwickeln, weitergehende Informationen über das Internet auszutauschen und dem Kunden über das Internet einen umfassenden Nutzen und Service zu bieten.[165]

Definition von eSales

eSales bezeichnet, als Teilbereich des eCommerce, den Verkauf von Gütern und Dienstleistungen über elektronische Kanäle und im weiteren die Unterstützung bzw. Abwicklung des Verkaufsprozesses durch moderne IuK-Technologien.[166] Es beinhaltet analog zum traditionellen Verkauf die Kaufphasen Pre-Sales, Sales und After-Sales. Diese werden in Verbindung mit der aufgeführten Graphik folgend erläutert.

Pre-Sales	Sales	After-Sales
• eMarketing • Produktpräsentation • One-to-One Marketing über Kundenprofile	• Auftragsabwicklung • Terminabsprachen • Verkauf über eMarkets, eShops • Auftragsverfolgung (Tracking) • Warenverfügbarkeitsprüfungen	• eCRM • Support • Mailings • Retourenabwicklung

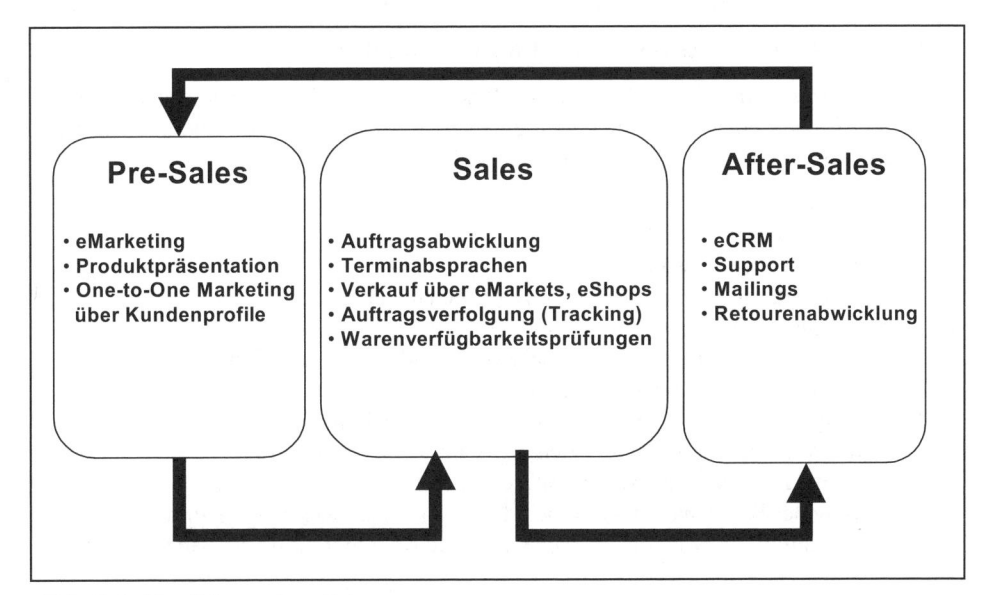

Abb. 8–1: Kaufphasen im eSales

Pre-Sales-Phase

Die Vorkaufphase beschäftigt sich mit Marketingaktivitäten zur Schaffung von Produktpräferenzen, der Unternehmensdarstellung sowie der Anfertigung von Kundenprofilen aus der Analyse von Kundendaten. Im Vordergrund steht insbesondere eine kundenindividuelle Ansprache durch ein One-to-One Marketing, um den Kunden zu binden sowie Cross- und Up-Selling-Strategien (Kauf anderer bzw. höherwertigerer Produkte) zu realisieren.

---

[165] Richter (2000): E-Business: Wo ist die Strategie?, In: www.webagency.de vom 04.05.02
[166] KPMG (2002), In: www.kpmg.de vom 24.04.02

Sales-Phase

In dieser Phase geht es um den eigentlichen Verkauf von Waren und Dienstleistungen über Front-End-Systeme, wie elektronische Marktplätze und eShops. Des weiteren beschäftigt sich die Phase mit der elektronischen Auftragsabwicklung und der Realtime-Warenverfügbarkeitsprüfung über Schnittstellen zu ERP- und SCM-Systemen.

After-Sales

Die After-Sales Phase übernimmt sämtliche Aktivitäten in den Bereichen Support, Beschwerdemanagement, Retourenabwicklung, eCustomer Relationship Management und Mailing-Aktionen zur Response-Messung von eSales-Aktivitäten.

Nutzenaspekte von eSales für Klein, Mittel und Großbetriebe

Der Einsatz von eSales in den Vertriebs-, Marketing-, und Serviceprozessen von Unternehmen eröffnet eine Vielzahl neuer Möglichkeiten im Hinblick auf eine kundenorientierte und kosteneffiziente Wertschöpfung entlang der eSupply Chain:

- Senkung der Transaktionskosten,
- Senkung der Vertriebskosten,
- Senkung der Servicekosten,
- Erreichbarkeit von globalen Märkten zu geringen Kosten,
- Erschließung neuer Vertriebskanäle,
- 24 Stunden, 7 Tage pro Woche Erreichbarkeit und Absatzfähigkeit,
- Umsatz- und Gewinnsteigerungen,
- Steigerung der Kundenbindung, -zufriedenheit, -loyalität,
- Individualisierung der Kundenbeziehung (One-to-One Marketing),
- vereinfachte Analyse der Kundenpräferenzen,
- Steigerung der Kundenakquisition bei gleichbleibenden Ressourceneinsatz,
- Synchronisation der Kundenansprache über alle Kanäle (One-face-to-the-customer).

8.1.1 Geschäftsfelder, -modelle und Potenziale im eSales

Hinsichtlich der Marktteilnehmer lässt sich eCommerce in drei Bereiche einteilen.

Teilnehmerbereiche im eCommerce

- Unternehmen ⇒ Business
- Konsumenten ⇒ Consumer
- Öffentliche Institutionen ⇒ Administration

Aus der Kombination der genannten Bereiche entstehen eine ganze Reihe von Teilnehmerszenarien, die für den elektronischen Handel in Betracht kommen. Diese Geschäftsfelder werden in der folgenden Interaktionsmatrix dargestellt. Für eSales im eSupply

Chain Management stehen hier insbesondere die Geschäftsfelder „Business-to-Consumer" und „Business-to-Business" im Vordergrund, weshalb die anschließenden Ausführungen ausschließlich diese Szenarien beleuchten. Hierzu werden die Geschäftsfelder beschrieben, Umsatzpotenziale beziffert und mögliche Geschäftsmodelle sowie ein konkretes Praxisbeispiel für den jeweiligen Bereich vorgestellt.

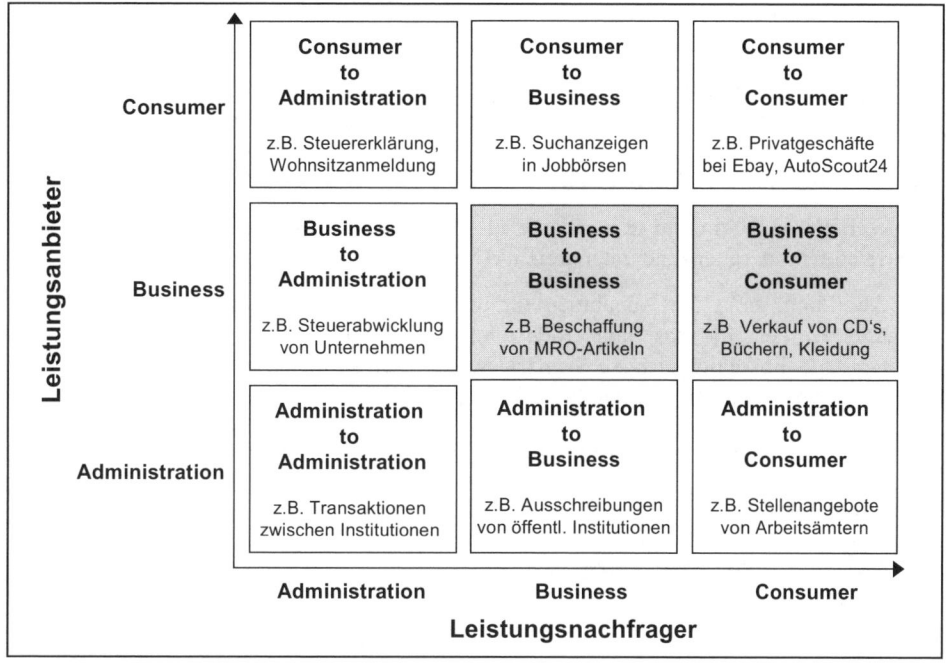

Leistungsanbieter	Administration	Business	Consumer
Consumer	Consumer to Administration z.B. Steuererklärung, Wohnsitzanmeldung	Consumer to Business z.B. Suchanzeigen in Jobbörsen	Consumer to Consumer z.B. Privatgeschäfte bei Ebay, AutoScout24
Business	Business to Administration z.B. Steuerabwicklung von Unternehmen	Business to Business z.B. Beschaffung von MRO-Artikeln	Business to Consumer z.B Verkauf von CD's, Büchern, Kleidung
Administration	Administration to Administration z.B. Transaktionen zwischen Institutionen	Administration to Business z.B. Ausschreibungen von öffentl. Institutionen	Administration to Consumer z.B. Stellenangebote von Arbeitsämtern

Leistungsnachfrager

Abb. 8–2: Interaktionsmatrix des eCommerce[167]

8.1.1.1 Business-to-Business-Bereich (B2B)

Der B2B-Bereich bezeichnet die elektronische Geschäftsabwicklung zwischen Unternehmen (Lieferanten, Herstellern, Händlern und Geschäftskunden) über moderne IuK-Technologien. Im eSales des B2B-Szenario stehen neben absatzorientierten Marketingaktivitäten eine langfristige, kosten- und prozesseffiziente Vertriebsabwicklung zwischen Supply Chain Partnern über ausgereifte Internettechnologien im Vordergrund. Zur Geschäftsabwicklung dienen hierzu elektronische Transaktionsplattformen, welche sowohl dem beschaffenden Unternehmen (Buy-Side = eProcurement) als auch dem verkaufenden Unternehmen (Sell-Side = eSales) die Möglichkeit bieten, Transaktions-

---

[167] In Anlehnung an Dunz, Grundlagen des E-Business, In: Wannenwetsch (2002a), S.17

kosten (Beschaffungs- bzw. Vertriebskosten) zu senken.[168] Wichtige Erfolgsfaktoren stellen hierbei ausgereifte eSales-Applikation (z.b. elektronische Marktplätze), ein qualifiziertes Content Management (z.B. elektronische Produktkataloge), brachenübergreifende Kommunikationsstandards (z.b. XML, Web-EDI), die Anbindung von ERP- und SCM-Systemen und eine effiziente Lieferabwicklung (eLogistik) dar. Daneben werden eSales-Aktivitäten durch kundenorientierte Konzepte, wie eCustomer Relationship Management unterstützt.

Zu den absatzfähigen Produkten im B2B-Geschäftsfeld zählen neben Logistikdienstleistungen insbesondere Maintenance-, Repair- und Operations-Artikel (MRO) bzw. C-Artikel, inzwischen jedoch auch produktionsnahe A- und B-Güter.

Umsatzpotenziale im B2B-Bereich

Der B2B-Bereich wird im eCommerce als lukrativstes Geschäftsfeld bezeichnet. Die konkreten Umsatzpotenziale unterstreicht Abb. 8–3.

Die Abbildung zeigt die Annahmen für die Jahre 2002 bis 2004. Im konservativen Szenario wurden für das Jahr 2004 Umsätze in Höhe von ca. 240 Mrd. Euro vorhergesagt. Im optimistischen Szenario wurden Umsätze in der Größenordnung von bis zu 350 Mrd. Euro für das Jahr 2004 vorhergesagt.

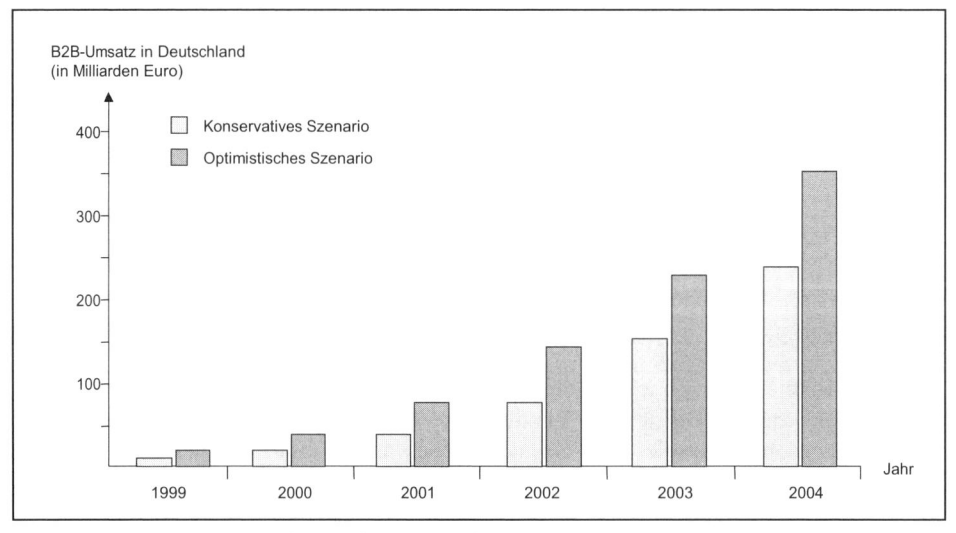

Abb. 8–3: B2B-Umsatzvolumen in Deutschland[169]

---

[168] Vgl. Dunz, Grundlagen des E-Business, In: Wannenwetsch (2002a), S. 17
[169] Quelle: Berlecom Research (2000), S. 105

Es ist nun interessant zu wissen, inwieweit sich die Prognosen bewahrheitet haben und wo Abweichungen aufgetreten sind. Durch die angespannte Wirtschaftslage wurden ja zudem in vielen Branchen die Umsätze nach unten korrigiert. Die Frage ist, ob der B2B-Handel davon ebenfalls betroffen ist.

Während im Jahr 2001 der Online-Anteil bei nur einem Prozent lag. wird für das Jahr 2006 von einem Anteil am gesamten Handelsvolumen von 22% ausgegangen. Das Online-Handelsvolumen lag im Jahr 2002 in vielen Branchen zwischen 15 bis 20 Prozent. Im Jahr 2006 soll sich nach Prognosen von Forrester Research der Anteil des Online Handelsvolumens auf durchschnittlich 20 bis 30 Prozent verschieben.[170]

Das Einkaufsvolumen an Waren und Dienstleistungen der Bundesrepublik Deutschland der 6.000 größten Unternehmen betrug im Jahr 2002 ca. 700 Mrd. Euro. Dies entspricht in etwa 80% des Beschaffungsvolumens aller Branchen. Bei einem Einkaufsvolumen von 700 Mrd. Euro und einem Online-Anteil von 20% würde dies allein auf der Einkaufsseite ein Online-Handelsvolumen von 140 Mrd. Euro in der Bundesrepublik Deutschland bedeuten.[171]

Die Deutsche Bank bestellt 17% ihres Einkaufsvolumens über das Internet, im Jahre 2004 soll dieser Anteil auf 25% steigen.[172]

Weltweit lag der Umsatz mit eCommerce im Jahr 2002 bei 1.000 Mrd. Euro (1 Billion). Für das Jahr 2004 wird ein Umsatz von 3.000 Mrd. Euro angestrebt. Das Wachstum im gesamten eCommerce-Markt wird mit einem Anteil von 80% vom B2B-Bereich getragen.[173] Tabelle 8–1 zeigt den B2B Online-Handel in Europa am Beispiel ausgewählter Branchen.

> **Praxisbeispiel Lufthansa**
>
> Die Deutsche Lufthansa betreibt zusammen mit der Deutschen Post den allgemeinen Beschaffungsmarktplatz „Trimondo", ist aber ebenfalls auf speziellen Marktplätzen wie Aeroexchange tätig. Die Bündelung der Einkaufsprodukte mit Einkaufsprodukten anderer Unternehmen in Ausschreibungen und Auktionen brachte der Lufthansa eine Senkung der Einkaufspreis bis zu 4%. Die Prozesskosten sind mit dem Einsatz der Katalogsysteme sogar um 70–80% gesunken. Beim Verkauf der Flugtickets liegt der Anteil der Online-Buchungen im Jahr 2002 allerdings noch im einstelligen Bereich. Ein Grund liegt hier nach Ansicht der Gesellschaft für Konsumforschung (GfK) in der geringen Verbreitung von Kreditkarten in Deutschland. In Großbritannien zahlen 80% der Internetkäufer mit ihrer Kreditkarte, in der Bundesrepublik Deutschland nur 30%.[174]

---

[170] Vgl. FAZ vom 12.08.2002, S. 16
[171] Vgl. Wannenwetsch (Hrsg.) (2004), S. 1 ff.
172 Vgl. FAZ vom 12.8.2002, S. 16
173 Vgl. www.presseportal.de/story vom 9.9.2004, NEW media nrw vom 29.01.2003
[174] Vgl. FAZ vom 12.8.2002, S. 16

Branche	Online-Handels-volumen 2002 in Mrd. Euro	Wachstum 2002 zu 2000 (in %)	Online-Anteil am Gesamthandel im Jahr 2006 (in %)
Fahrzeugbau	22,3	520	27
Chemie/Kunststoff	20,3	480	30
Nahrungsmittel	19,5	380	15
Maschinenbau	19,2	405	22
Elektronik	18,6	1.060	40
Logistik	18,0	1.100	30
Professionelle Dienstleistungen	15,3	510	19
Konsumgüter	14,3	333	19
Metall/Bergbau	13,0	580	27
Bau	9,5	460	14
Forstwirtschaft/ Papier	4,3	440	14
Textil	3,4	470	17

Tabelle 8–1: B2B Online-Handel in Europa[175]

Durch die zunehmend weltweite Beschaffung von Gütern und Dienstleistungen (Global Sourcing) wird immer mehr Online eingekauft. Ein weiterer Grund liegt in der Reduzierung der Prozesskosten. Durch Einkauf über das Internet können die Prozesskosten um bis zu 60% und darüber eingespart werden. Vor allem bei C-Artikeln und MRO-Teilen sind erhebliche Einsparpotenziale vorhanden.[176]

Geschäftsmodelle im B2B-Bereich

Das Spektrum der elektronischen Geschäftsmodelle im B2B-Bereich reicht von eSales-Systemen wie Extranet-Lösungen oder Shop-Lösungen von Herstellern, Lieferanten und Großhändlern bis hin zu elektronischen Marktplatz-Lösungen, welche sowohl eSales-Zwecken (Sell-Side) als auch eProcurement-Zwecken (Buy-Side) von Unternehmen dienen. Neben der elektronischen Bestellabwicklung sind hier besondere Ausprägungen wie

---
[175] Quelle: Forrester Research, FAZ vom 12.08.2002, S. 16
[176] Vgl. Wannenwetsch (Hrsg.) (2004a), S. 44

Ausschreibungen (Reverse Auctions) und Auktionen (Börsensysteme) möglich. Ebenso stellen Marktplätze ein effizientes Instrument für die Beschaffungsmarktforschung dar.

> **Praxisbeispiel: Flughafen AG Frankfurt (Fraport)**
>
> Die elektronische Marktplatz-Lösung „Fraport" (www.fraport.de) der Flughafen AG in Frankfurt stellt ein effizientes Beschaffungs- und Vertriebsinstrument im Bereich des C-Artikel-Management für kleine, mittlere und große Unternehmen dar. Über vereinbarte Rahmenverträge bieten eine Vielzahl von Lieferanten ihre C-Artikel wie z.B. Büromaterialien in Form von elektronischen Artikelkatalogen an. Dabei entstehen für Anbieter wie Nachfrager nachhaltige Wettbewerbsvorteile. Die Lieferanten erzielen höhere Umsätze durch die Steigerung der Abnehmeranzahl sowie eine Reduzierung von Vertriebs- und Marketingkosten. Für die Abnehmer bietet sich ein effizientes Beschaffungsinstrument zur Reduzierung von Bestellkosten und Einkaufspreisen. So konnte die Flughafen AG ihre eigenen Bestellkosten von 138 Euro auf nunmehr 18 Euro senken.

Durch Auktionen und Marktplätze sind bei transparenten und leicht vergleichbaren Gütern Einsparpotentiale zu realisieren. Je spezieller, erklärungsbedürftiger und unterschiedlicher das Produkt im Vergleich zu den Wettbewerbern ist, desto wichtiger ist der persönliche Kontakt zwischen Lieferant/Hersteller und Kunde.

Nach Untersuchungen in der Automobilindustrie wird der Druck der Hersteller auf die Lieferanten zur Teilnahme an Auktionen im Internet zunehmen. Hierbei sind kurzfristige Preisvorteile der Hersteller möglich. Langfristig dürfte dies aber nicht zu einem rasanten Wechsel der Hersteller-Lieferanten-Beziehungen führen.

Einsparungen im Automobil- und Elektronikbereich

Beim „E12-Gipfel" in München, wo sich die zwölf für das eBusiness verantwortlichen Manager großer deutscher Unternehmen trafen, wurde die zukünftige Richtung des eBusiness deutlich: Elektronische Preisverhandlungen auf Marktplätzen gewinnen ebenso schnell an Bedeutung wie der Vertrieb und die Pflege der Kundenbeziehungen über das Internet (eCRM). Dabei ist die Stufe der Beschaffung von C-Artikeln, also einfachen und standardisierten Artikeln, längst überschritten.

Je komplexer das Produkt desto höher das Sparpotential, so wird argumentiert. Komplexe Produkte haben im Vorfeld den intensivsten Kommunikations- und Informationsbedarf. Dieser lässt sich durch das Internet effizienter decken als dies bisher der Fall war. „Damit lassen sich auch Kernkraftwerke im Internet verkaufen", so die Aussage eines Customer Relationship Managers.

Da die Automobilindustrie in vielen Bereichen oft eine gewisse Vorreiterrolle einnimmt, werden nachfolgend Praxisanwendungen von eLogistik in dieser Branche aufgezeigt.

Nach einer Untersuchung der Unternehmensberatung Roland Berger und der Deutschen Bank-Tochter Alex Brown wird sich der elektronische Handel zwischen den Autoherstellern und -zulieferern in den kommenden Jahren nicht revolutionär sondern evolutionär verändern. Durch die B2B-(Business-to-Business z.B. Hersteller-Lieferant) Marktplätze erwartet man in den nächsten Jahren in den USA Einsparungen in Höhe von 1.200 US$ pro Auto, in Europa 639 US$ und in Japan 540 US$ pro Auto.

Hierbei beschaffen bereits ca. 40% der Unternehmen der Automobilindustrie standardisiertes Produktionsmaterial über elektronische Marktplätze. Weitere 30% der Hersteller planen diese Beschaffungsform zukünftig ein. Als führende Marktplätze in der Automobilindustrie werden die Firmen Covisint und Supply One angesehen.

Covisint ist die gemeinsame elektronische US-Einkaufsplattform großer Automobilhersteller und Software-Häuser (DaimlerChrysler, General Motors, Renault, Nissan, Peugeot, Oracle, Commerce One). Die Einkaufsplattform wurde von den „Big Three" (GM, Ford, DaimlerChrysler) gegründet, um die Beschaffungskosten um durchschnittlich 10% zu senken. Gegenwärtig werden dort Online-Plattform Umsätze in Höhe von 60 Mrd. US$ abgewickelt.

Im Branchendurchschnitt hat nach Untersuchungen des Bundesverbandes Materialwirtschaft, Einkauf und Logistik der elektronische Einkauf die Materialeinstandspreise um 10% und die Prozesskosten um bis zu 50% gesenkt. DaimlerChrysler hatte im Jahr 2001 ein Einkaufsvolumen von 10 Mrd. Euro über Auktionen abgewickelt, was über 30% der neu abgeschlossenen Verträge bedeutet. Bereits 43% des Gesamtwertes der Teile einer künftigen Chrysler-Baureihe werden online verhandelt.

Der Verkauf von Neuwagen über das Internet ist bei DaimlerChrysler noch verhältnismäßig gering, jedoch mit steigender Tendenz. Allerdings informieren sich über 50% der Mercedes Benz-Käufer vorher im Internet.

Allerdings werden bereits über 50% aller Gebrauchtwagen über das Internet verkauft. Hier dominieren nicht die Hersteller sondern Online-Autobörsen wie Mobile.de, Autoscout24, Autoboerse, und Autocert. Rund 85% aller Gebrauchtwagen werden momentan im Internet angeboten.

Wichtig für die Autobörsen ist auch hier eine Mindestangebotsmenge. Mobile.de und Autoscout24 arbeiten mit über 500.000 Fahrzeugen in ihren Datenbanken seit einem Jahr profitabel. Der Erfolg der freien Börsen beruht auf dem Mehrwert der Nutzer. Das Angebot des Gebrauchtwagens ist kostenlos und der Verkaufserfolg ist hoch. Im Durchschnitt werden die Autos nach 28,5 Tagen verkauft.

Der Elektronikkonzern Siemens bestellt 17% des gesamten Beschaffungsvolumens momentan über das Internet. Dank guter Erfahrungen soll dieser Anteil bis auf 50% in den nächsten Jahren steigen. Auch hier sinken die Prozesskosten um bis zu 50%, während sich die Einkaufspreise um 10–20% reduzieren lassen.

Der IBM Konzern hat nach eigenen Angaben bereits 4,6 Mrd. Euro durch den elektronischen Einkauf eingespart. Dies ging mit einer Senkung der Lieferantenzahl von 50.000 auf 2.800 einher. Diese 2.800 Lieferanten vereinen nun 80% des gesamten Einkaufsvolumens von IBM.[177]

C-Teile, MRO-Material und Maverick-Buying

Ein idealer bereits vielfach genutzter Markt für eBusiness sind Standardartikel, so genannte MRO-Waren (Maintenance-Repair-Operation). Der Warenwert dieser MRO-Waren (z.B. Büromaterial, Werkzeuge, Computerzubehör) wird europaweit auf 200 Mrd. Euro jährlich beziffert. In einer Kundenstudie hat die Firma emaro in Walldorf nachgewiesen, dass die Nutzung von Marktplatz-Plattformen wesentliche Voraussetzung für potenzielle Prozesskosteneinsparungen durch eProcurement sind. Bei einem Unternehmen mit 5.000 Beschäftigten konnte durch die Einsetzung eines elektronischen Beschaffungssystems (EBP – Enterprise-Buyer-Professional) insgesamt 65% der Prozesskosten eingespart werden.

Neben MRO-Artikeln (z.B. C-Artikel und geringwertige Artikel) und Standardprodukten planen die Hersteller, zukünftig auch komplexere Produktionsgüter durch Einkauf im Internet zu beschaffen. Hierbei wird eine Senkung der Prozesskosten um 20–40% als möglich angesehen.

So hat z.B. der Siemens-Bereich Procurement & Logistics Services (SPLS) das C-Teile-Management für den Automobilkonzern Audi AG übernommen. Siemens wickelt damit den Einkauf von C-Teilen für den technischen Werksbedarf der Werke Ingolstadt und Neckarsulm ab. Für einen Zeitraum von einem Jahr ist ein Gesamtvolumen von über 20 Mio. Euro bei ca. 20.000 Bestellvorgängen geplant.

Für kleine Unternehmen ist die Nutzung externer Plattformen sowie die Inanspruchnahme von Dienstleistern für z.B. die Pflege elektronischer Kataloge dabei oftmals günstiger als die Selbsterstellung.

Die Beschaffung von Teilen außerhalb von verhandelten Verträgen wird auch als „Maverick-Buying" oder Schwarzeinkauf genannt. Mitarbeiter großer Firmen kaufen teilweise über 30% der MRO-Produkte bei Lieferanten, mit denen keine entsprechenden Rahmenverträge abgeschlossen wurden. Durch diese Beschaffung außerhalb automatisierter Einkaufswege entstehen den Unternehmen im Schnitt ca. 16% höhere Einkaufspreise. Falschlieferungen, Reklamationen und zeitaufwendige Bestellabwicklungen können zudem Folgen von Maverick-Buying sein.[178]

---

[177] Vgl. Wannenwetsch (Hrsg.) (2002a), S. 7ff., s.a. Studium Duale, Berufsakademie Mannheim S. 81ff.
[178] Vgl. Wannenwetsch (Hrsg.) (2004), S. 167ff., vgl. e-procure-online Newsletter 2001–2003, vgl. FAZ vom 12.08.2002, S. 1, 26.08.2002, S. 18, 16.09.2002, S. 22, 28.09.2002, S. 45

8.1.1.2 Business-to-Consumer-Bereich (B2C)

Der B2C-Bereich bezeichnet die elektronische Geschäftsabwicklung zwischen Unternehmen und Endkonsumenten über moderne IuK-Technologien. Im Vordergrund des B2C-Geschäftsfelds stehen marketing- und vertriebsorientierte Aktivitäten, wie eine persönliche Kundenansprache (One-to-One Marketing), eine langfristige Kundenbindung durch eCustomer Relationship Management und der elektronische Verkauf von Waren und Dienstleistungen. Insbesondere eine ansprechende und multimedial aufbereitete Gestaltung eines Online-Angebotes mit integrierter Warenkorbfunktion, Realtime-Warenverfügbarkeitsprüfung und eine breite Auswahl von Online-Zahlungssystemen sowie kurze Lieferzeiten gehören zu den Erfolgsfaktoren im eSales dieses Szenarios.[179]

Zu den beliebtesten Produkten im B2C-Bereich gehören vorwiegend typische Massenkonsumgüter wie Bücher, Bekleidung und CDs/Tonträger.

Jeder dritte Deutsche hat 2003 im Internet eingekauft. Jeder fünfte Deutsche kauft regelmäßig im Internet ein.[180] Nach einer Untersuchung der Marktforschungsgesellschaft Forrester Research haben 26% der Europäer im Jahr 2003 im Internet eingekauft. Dies waren 20% mehr als im Jahr 2002. Der Einfluss des Internets ist aber weitaus höher. Nach Forrester Angaben kauften 60 Mio. Online-Nutzer in Europa die Produkte im Laden erst nach vorausgegangener Internet-Recherche. Nach Untersuchungen von Nielsen-Netratings setzten 81% der Nutzer das Internet für den Preisvergleich ein.[181]

In Deutschland wird der Umsatz im Internethandel im Jahr 2003 auf 17 Mrd. Euro geschätzt.[182] Die Zahl der Internetnutzer ist im Jahr 2003 um knapp zwei Mio. auf 35 Mio. oder 55% der Bevölkerung angestiegen. Der Zuwachs ist überproportional auf ältere Menschen vom fünfzigsten Lebensjahr an zurückzuführen. Tabelle 8–2 zeigt die beliebtesten Shops in Deutschland im Jahr 2002/2003.

An der Spitze der Online Shops steht Ebay. Mehr als 10.000 Personen verdienen in Deutschland mit Ebay ihren Lebensunterhalt. Im dritten Quartal 2003 stieg der Ebay-Umsatz in Deutschland um 72% gegenüber dem Vorjahr auf 1,26 Mrd. Dollar. Für das Jahr 2003 wird ein Umsatzzuwachs von 100% gegenüber dem Vorjahr erwartet. Es wird für das Jahr 2003 ein Handelsvolumen zwischen 5–6 Mrd. US$ in der Bundesrepublik erwartet. Dies entspricht ca. 20% des gesamten deutschen Versandhandelsgeschäftes. Im Weihnachtsgeschäft 2002 stammten 17% aller Pakete der deutschen Post von Ebay-Nutzern.[183] Tabelle 8–3 zeigt die Besucher von Einkaufsseiten im November 2003 in Mio. mit der Veränderung gegenüber 2002.[184]

---

[179] Vgl. Thome, Schinzer, Anwendungsbereiche und Potenziale, In: Thome, Schinzer (2000), S. 4
[180] Vgl. FAZ vom 14.04.2003, S. 22
[181] Vgl. FAZ vom 09.02.2004, S. 17
[182] Vgl. FAZ vom 26.01.2004, S. 18
[183] Vgl. FAZ vom 06.11.2003, S. 19
[184] Vgl. FAZ vom 26.01.2004, S. 18

Die beliebtesten Shops	Käufer in Millionen
■ Ebay.de	10,57
■ Amazon.de	8,03
■ Quelle.de	3,96
■ Otto.de	3,47
■ Tchibo.de	3,19
■ Conrad.de	3,07
■ Neckermann.de	2,89
■ Weltbild.de	2,74
■ Bahn.de	2,30
■ T-Online.de	2,24

Tabelle 8–2: Die beliebtesten Online-Shops 2002/2003

Internetadresse	Besucher in Millionen (November 2003)	Veränderung gegenüber November 2002 in %
Ebay.de	16,72	+ 34,8
Ebay.com	9,09	+ 279,5
Amazon.de	8,54	- 8,5
Tchibo.de	4,29	+ 30,6
Otto.de	3,71	+ 70,8
Quelle.de	2,64	+ 20,1
Neckermann.de	2,31	+ 42,9
Discount24.de	1,50	+ 74,5
Schlecker.com	1,47	+ 38,5
Karstadt.de	1,45	+ 30,4
Baur.de	1,39	+ 184,8

Tabelle 8–3: Besucher von Einkaufsseiten – Veränderung November 2002/2003[185]

---

[185] Quellen: Allensbacher Computer- und Technikanalysen ACTA (2003), Nielsen Netrating – Internetnutzer 14 bis 64 Jahre in Deutschland

In den Vereinigten Staaten wurden im Jahr 2003 Waren im Wert von 114 Mrd. US$ im Internet bestellt, ein Wachstum von 51%. Die Online-Umsätze am gesamten Einzelhandelsumsatz in den USA lagen damit bei 5,4%. Mittlerweile arbeiten 79% aller Online-Händler in den USA profitabel.[186]

In Deutschland wird der Online-Umsatz auf mindestens 17 Mrd. Euro geschätzt. KarstadtQuelle hat im Jahr 2003 Waren und Dienstleistungen im Wert von 1,6 Mrd. Euro im Internet verkauft. Dies ist eine Steigerung von 28% gegenüber 2002 und beträgt damit 10% vom Gesamtumsatz des Konzerns.[187] Der eCommerce-Umsatz im Versandhandel stieg von einer Mrd. Euro im Jahr 2000 auf 3,6 Mrd. Umsatz im Jahr 2003. Der Gesamtumsatz im Versandhandel betrug im Jahr 2000 insgesamt 21,2 Mrd. Euro und im Jahr 2003 nur noch 21 Mrd. Euro.[188] Besonders wichtig für den Versandhandel ist das Weihnachtsgeschäft. Hier werden in den Monaten November/Dezember bis zu 25% des gesamten Jahresumsatzes getätigt.[189]

Welches sind nun die nachgefragtesten Produkte im Internet?

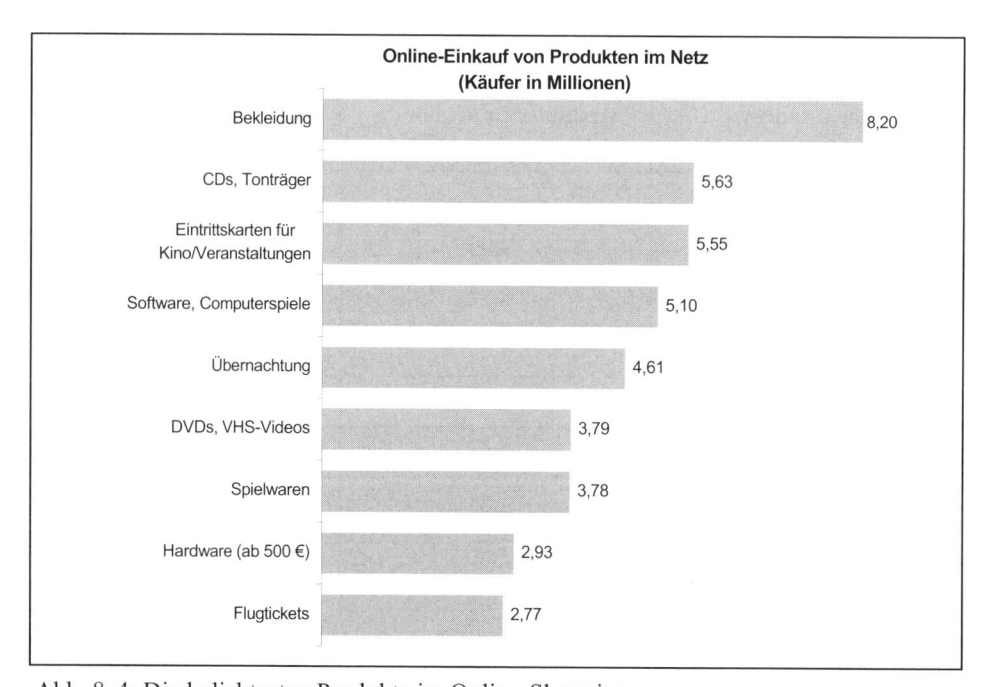

Online-Einkauf von Produkten im Netz (Käufer in Millionen)

Bekleidung	8,20
CDs, Tonträger	5,63
Eintrittskarten für Kino/Veranstaltungen	5,55
Software, Computerspiele	5,10
Übernachtung	4,61
DVDs, VHS-Videos	3,79
Spielwaren	3,78
Hardware (ab 500 €)	2,93
Flugtickets	2,77

Abb. 8–4: Die beliebtesten Produkte im Online-Shopping

---

[186] Vgl. www.ecin.de/news/2004/05/26
[187] Vgl. FAZ vom 26.01.2004, S. 18
[188] Vgl. www.versandhandel.org vom 08.03.2004
[189] Vgl. Rheinpfalz vom 20.11.2003, Nr. 269

Bevor der Konsument im Internet oder im stationären Handel kauft, werden zuerst umfangreiche Recherchen über das Produkt durchgeführt. Durch umfangreiche Recherchen mit z.B. Preisvergleichsmaschinen entsteht für den Käufer eine hohe Preistransparenz für ein Produkt. Suchmaschinen können Angebote von über 2.000 Internet-Händlern vergleichen und bringen Ersparnisse von oft 30% und mehr, vor allem bei Elektronikprodukten. Tabelle 8–4 zeigt einige Preisvergleichsmaschinen im Internet bezüglich der Anzahl der Besucher.[190]

Preisvergleichsmaschine	Besucher im Sept. 2003 in Tausend	Veränderung der Besucheranzahl zu Jahresanfang in Prozent
Guenstiger.de	1.523	30
Geizkragen.de	1.298	21
Idealo.de	861	50
Kelkon.de	838	129
Preissuchmaschine.de	655	- 21
Preistrend.de	517	6,6
Evendi.de	308	- 19

Tabelle 8–4: Preisvergleichsmaschinen im Internet bzgl. der Anzahl der Besucher[191]

Das soziodemografische Profil der Internetrechercheure ist für die Handelsunternehmen sehr interessant und ist gekennzeichnet durch

- überdurchschnittliche Bildung, meist zwischen 20 bis 40 Jahre alt,
- vergleichsweise hoher wirtschaftlicher Status – auch „Smartshopper" genannt.

Besonders beliebte Produktfelder sind Reisen, Bücher, Autos, Theater/Konzerte und Computer.

Für den Handel ist natürlich wichtig zu wissen, wie viel Kunden nach einer Online-Information auch einen Online-Kauf tätigen. In Tabelle 8–5 ist zu erkennen, wie hoch bei den einzelnen Produkten die Online-Kaufquote (in %) nach einer vorherigen Online-Information ist.[192]

---

[190] Vgl. FAZ vom 17.11.2003, S. 19
[191] Quelle: Nielsen-Netratings
[192] Vgl. FAZ vom 26.01.2004, S. 18)

Noch verhältnismäßig gering ist der Anteil der Online-Käufer in den Branchen Unterhaltung, Medikamente, Einrichtungsgegenstände und Unterhaltungselektronik.

Produkt	Online-Kauf nach Online-Recherche (in Prozent)
Bücher	69,9
Reisen	58,8
Spielwaren	55,0
Theater, Konzerte	49,8
Kleidung, Mode, Schuhe	49,0
Computer	44,7
Sportartikel, Sportgeräte	34,1
Telekommunikation	26,7
Kraftfahrzeuge	26,5
Einrichtungsgegenstände	25,0
Unterhaltungselektronik	21,8

Tabelle 8–5: Online-Kaufquote (in %) nach vorheriger Online-Recherche[193]

Potenziale im B2C Bereich

Die Umsätze im B2C Bereich sind seit 1997 kontinuierlich gestiegen. Während im Jahr 2000 erstmals mehr als 500 Mio. Euro umgesetzt worden sind, wurden selbst optimistische Prognosen im Jahr 2003 bei einem Umsatz von ca. 17 Mrd. Euro übertroffen. In den Vereinigten Staaten erhöhte sich der Umsatz vom Jahr 2002 auf 2003 um 51% auf 117 Mrd. Euro. Berücksichtigt werden muss allerdings, dass sich z.B. der Gesamtumsatz in Branchen wie dem Versandhandel nicht erhöht hat.

Für die ältere Bevölkerung, welche oftmals in der Mobilität eingeschränkt ist, bietet das Internet noch erhebliches Potenzial. Zudem verfügt diese Altersgruppe über eine überproportionale Kaufkraft.

---

[193] Quelle: Allensbacher Computer- und Technikanalyse ACTA (2003), Nielsen Netrating – Internetnutzer 14 bis 64 Jahre in Deutschland

Geschäftsmodelle im B2C-Bereich

Als Geschäftsmodell im B2C-Bereich dienen ausschließlich eSales-Applikationen wie Online-Shops. Wichtig hierbei ist die Verbindung des Front-Ends (eShop) mit Back-End-Systemen (ERP-, SCM-, eCRM-Systeme), um jederzeit wichtige Kundeninformationen und Warenverfügbarkeitsprüfungen durchführen zu können. Darüber hinaus werden Redundanzen bei der Datenerfassung vermieden. Nicht zuletzt können aus den Online-Geschäftsdaten Kundenprofile erstellt werden, die bei Wiederholungskäufen als Cross- und Up-Selling-Instrumente eingesetzt werden können.

Praxisbeispiel: Buchhandel Amazon

Als Best Practice im B2C-Geschäftfeld gilt nach wie der Online-Buchhandel Amazon (www.amazon.de), der durch sein Online-Angebot 10 bis 40% unter den Preisen des Wettbewerbs liegt. Durch umfangreiche Suchmöglichkeiten, benutzerfreundliche Menüführungen, Visualisierungen von Buchtiteln und ergänzende Angaben zu den Werken ermöglicht Amazon eine komfortable Bestellmöglichkeit für benötigte Buchtitel. Nach der Bestellung erfolgt eine elektronische Auftragsbestätigung über E Mail. Durch Schnittstellen zum ERP-System sowie zu Lieferanten kann Amazon jederzeit die Warenverfügbarkeit prüfen und dem Kunden noch während der Bestellung einen Liefertermin zusichern. So werden vorrätige Artikel sofort ausgeliefert und Nichtvorrätige direkt bei Lieferanten (Verlage) geordert. Spätestens nach 4 Tagen erhält der Kunde seine Ware.

8.1.2 Erfolgsfaktoren im eSales

Folgend skizzierte Erfolgsfaktoren wirken sich fördernd auf die Performance (Umsatz-, Gewinnsteigerungen) von eSales-Strategien aus. Sie bilden in ihrer Gesamtheit Best Practices ab, die in der Praxis zu signifikanten Erfolgen führten (z.B. Dell, Amazon).

Typische Erfolgsfaktoren in der Presales-Phase

- Kurze Ladezeit der Website und gut strukturierter Aufbau der Online-Präsenz
- Informative und ausführliche Darstellung der Produkte (eInformation)
- Suchfunktion auf der Website und elektronische Artikelkataloge
- Auffindbarkeit und Verständlichkeit der Allgemeinen Geschäftsbedingungen
- Graphische und informative Ausgestaltung der Unternehmensdarstellung
- Kontaktmöglichkeiten (Telefon, E-Mail, Postadresse, Öffnungszeiten Call Centers)
- Vertrauenswürdigkeit durch Trusted Shop-Gütesiegel
- One-to-One Marketing durch Ausarbeitung von Kundenprofilen, -segmenten
- Aufbau einer Online-Hotline zur Beantwortung eingehender E-Mails

Typische Erfolgsfaktoren in der Sales-Phase

- Personalisierung der Website (Willkommen bei Amazon Hallo Herr.....!)
- Freundlicher und kompetenter Kunden-Service
- Bestelleingang bzw. Auftragsbestätigung durch E-Mail
- Online-Verfügbarkeitsprüfung über Schnittstellen zu ERP- und SCM-Systemen
- Automatische Übermittlung von Kundenaufträgen in das ERP-System
- Automatische Übermittlung des Materialbedarfs an Lieferanten über SCM-Systeme
- Produktkonfiguratoren und elektronische Hilfsassistenten beim Online-Einkauf
- Call-me Back Button zur Kontaktierung von Vertriebsmitarbeitern
- Geschenkservice mit verschiedenen Geschenkverpackungen
- Breite Auswahl von Zahlungssystemen und ausgereifte eSales-Systeme (eShop)
- Gebührenfreie Kundenservice-Hotline
- Lieferung ist pünktlich oder erfolgt vor Ablauf der Frist
- Lieferkosten werden vom Anbieter übernommen
- Anbindung eines Customer Interaction Center

Typische Erfolgsfaktoren in der After-Sales-Phase

- Kundenorientiertes Retourenmanagement
  - Rückgaberecht innerhalb von 30 Tagen und Preisrückerstattungsgarantie.
  - Rückgabekosten werden unter Umständen übernommen.
  - Lieferung enthält vorgedruckte Rücksendungsaufkleber.
- Aufbau eines eCustomer Relationship Management
- Aufbau eines Electronic Customer Care für das Beschwerdemanagement
- Anfertigung von Kundenprofilen (Kaufverhalten, Präferenzen)
- Support Möglichkeiten (Beratung in der Nachkaufphase)
- Mailing-Aktionen für Cross- und Up-Selling oder zur Response-Messung

8.2 CRM als kundenorientierte Unternehmensphilosophie

Die überwiegend gesättigten Märkte und der wachsende Wettbewerbsdruck sowie die zunehmende Substituierbarkeit von Produkten machen eine Differenzierung gegenüber Wettbewerbern über Qualität oder Kosten kaum mehr möglich. Parallel hierzu verstärkt das Internetzeitalter die Dynamik des Kaufverhaltens auf den Absatzmärkten. Vor diesem Hintergrund entsteht der Bedarf nach einer Neuausrichtung der Unternehmensphilosophie, die den Kunden in den Mittelpunkt unternehmerischen Handelns rückt.[194] Ein

---

[194] Vgl. Schwetz (2001), S. 15ff.

neuer Ansatz, der sich dieser Herausforderung ganzheitlich stellt, ist Customer Relationship Management (CRM). Dieser wird in den folgenden Abschnitten systematisch vorgestellt.

8.2.1 Philosophie, Ziele und Charakter von CRM

Philosophie und Definition von CRM

CRM ist eine kundenorientierte Unternehmensphilosophie, die mit Hilfe moderner Informations- und Kommunikationstechnologien versucht, auf lange Sicht profitable Kundenbeziehungen durch ganzheitliche und differenzierte Marketing-, Vertriebs- und Servicekonzepte aufzubauen und zu festigen.[195]

Hierbei fokussiert CRM auf die Maximierung des Ertragswert von Kundenbeziehungen (Customer-Lifetime-Value) bei paralleler Steigerung der Kundenzufriedenheit. Es gilt, stabile, langfristige Beziehungen zu etablieren und insbesondere vorhandene profitable Kunden zu binden. Dies beruht auf der Erkenntnis, dass die Gewinnung neuer Kunden bis zu fünf mal kostenintensiver sein kann, als das Pflegen bestehender Kundenbeziehungen.[196]

Wesentliche Ziele von CRM

- Langfristige Kundenbindung und Steigerung der Kundenzufriedenheit
- Erhöhung des Ertragwerts über den Kundenlebenszyklus (Customer-Lifetime-Value)
- Optimierung der Kundenbeziehung unter ökonomischen Gesichtspunkten
- Gewinnung hochwertiger Neukunden
- Gezielte Ansprache des Kunden (One-to-One Marketing)
- Synchronisation aller Vertriebskanäle (One-Face-to-the Customer)
- Aufbau von Wissensdatenbanken (Data Warehouse, Database-Marketing)

Charakter von CRM

Der Charakter der CRM-Philosophie ist wesentlich vom Aufbau von Kundenwissen aus dem direkten Dialog bzw. Interaktion mit dem Kunden geprägt. Durch die Sammlung, Analyse und Dokumentation sämtlicher im Laufe der Geschäftsbeziehung generierter Kundendaten, lassen sich Präferenzen und individuelle Profile von Kunden ableiten, die für eine gezieltere Ansprache sowie zur Animation von Cross- und Up-Selling-Käufen genutzt werden können. Mit der Dauer der Kundenbeziehung steigt somit der Wert des Kunden (Customer Lifetime Value). Da durch die kontinuierliche Datensammlung die Wünsche und das Kaufverhalten des Kunden transparenter wird (gläserner Kunde). In

---

[195] Hippner, Wilde, CRM – Ein Überblick, In: Helmke, Dangelmaier (2001), S. 6
[196] Vgl. Bauer, Göttgens, Grether, eCRM – Customer Relationship Management im Internet, In: Hermanns, Sauter (2001), S. 120

diesem Zusammenhang spricht man bei CRM auch von einer sogenannten „lernenden Kundenbeziehung", die in der Abb. 8–5 visualisiert wird.

Durch die lernende Kundenbeziehung lassen sich im Zeitablauf u.a. Kundenwünsche wie Bevorzugung eines konkreten Ansprechpartners im Unternehmen, bevorzugte Behandlung, verlässliche Lieferterminzusagen, statt E-Mail telefonische Benachrichtigung, Produktpräferenzen oder unverzügliche telefonische Erreichbarkeit herausfiltern.[197]

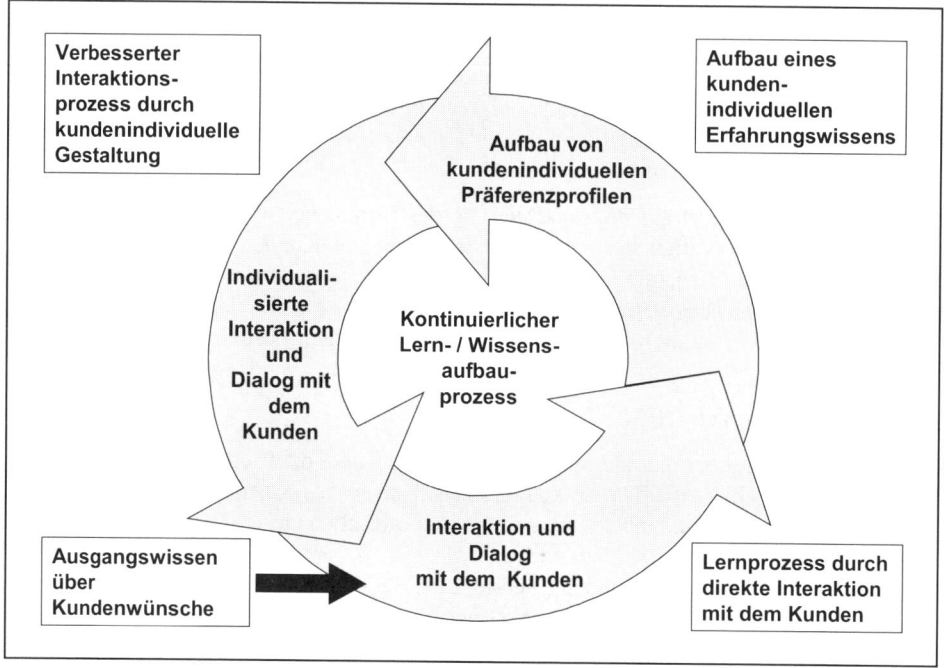

Abb. 8–5: Interaktive, lernende Kundenbeziehung[198]

8.2.2 eCustomer Relationship Management

Das Internet avanciert zunehmend zur Angebots-, Bestell- und Transaktionsplattform des 21. Jahrhunderts. Als eigenständiger Vertriebs- und Kommunikationskanal etabliert sich das Internet hierbei weitestgehend als ein weiterer Touchpoint zwischen Unternehmen und Kunden. Somit wirken sich die eBusiness-Initiativen unmittelbar auf die Kunden und Märkte aus. Vor diesem Hintergrund verschmelzen eBusiness, eCommerce und

---

[197] Vgl. Newell (2001), S. 31
[198] Quelle: Wirtz (2001), S. 159

Customer Relationship Management zu einer strategischen Einheit, die sich im Begriff eCustomer Relationship Management wiederspiegelt.

Durch eCRM können potenziell mehr Kundendaten erfasst werden. Beispielsweise befähigen Auswertungen der Surf- und Bestellgewohnheiten eines bestimmten Kunden auf der eigenen Homepage dazu, zusätzliche kundenspezifische Informationen zu gewinnen. Mittels derer wird eine kundenindividuelle Gestaltung der Web-Site, sowie gezielte Angebote an den Kunden ermöglicht (One-to-One Marketing).

Darüber hinaus können durch die Anbindung von ERP-Systemen und Schnittstellen zu SCM-Systemen dem Kunden in Echtzeit verlässliche Lieferterminzusagen zugesichert oder der Auftragsstatus nachvollzogen werden. Ebenso ist die Speicherung der Kunden- und Auftragsdaten ohne Medienbrüche und Redundanzen gewährleistet.

Vorteile von eCRM für Klein, Mittel und Großbetriebe

- Weltweite Präsenz, unbegrenzte Kontakte
- Kundenbindung durch neue Geschäftsmodelle
- Automatisierung und wenige Medienbrüche
- 24 Stunden/7 Tage Verfügbarkeit
- Erweiterte Kundendaten (Online Kaufverhalten, Präferenzen)
- Verbesserte Servicequalität durch Echtzeitdatenverfügbarkeit

---

Praxisbeispiel: eCRM-Einführung bei der MVV AG

Das Versorgungsunternehmen MVV hat Mitte 2001 eine eCRM-Systemlösung implementiert. Durch die Anbindung an das interne ERP-System (SAP/R3) und den Front-Ends MVV Business und Consumer Portal ermöglicht es eine transparente und systematische Kundenorientierung durch maßgeschneiderte Produkte im derzeit angespannten Wettbewerbsumfeld der Versorgungsunternehmen. Die MVV konnte bisweilen signifikant ihre Kundenbindung verbessern und ihre Prozessperformance in der Auftragsabwicklung erheblich optimieren. Die MVV erlangte hierdurch einschlägige Wettbewerbsvorteile gegenüber anderen Versorgungsunternehmen, wie RWE oder EON.

8.2.3 IT-Unterstützung durch eCRM-Systeme und Data Warehouse-Technologien

Die eigentlichen Enabler für die Realisation von eCRM-Strategien stellen moderne IuK-Technologien dar, wie eCRM-Systeme und Data Warehouse-Technologien.

Data Warehouse-Technologien

Data Warehouse-Technologien gewährleisten hierbei die Konsolidierung sämtlicher unternehmensrelevanter Daten durch die Bereitstellung eines gemeinsamen Datenpools (Data Warehouse). Über Analyseinstrumente (OLAP, Data-Mining) sind darüber hinaus vielseitige Auswertungen zu kundenspezifischen und monetären Sachverhalten möglich (bspw. Umsatz pro Kunde, pro Region, pro Kundensegment).

eCRM-Systeme

eCRM-Systeme bezeichnen gemeinhin Softwarelösungen, die Unternehmen im Hinblick auf eine verbesserte Kundenorientierung unterstützen. Dabei sollen sie im Sinne eines „Tante Emma-Ladens" alle relevanten kunden- und auftragsbezogenen Daten auf sämtlichen Vertriebskanälen (Telefon, Fax, Brief, Internet) synchronisiert zur Verfügung stellen. D.h. der Kunde soll stets das Gefühl vermittelt bekommen, den richtigen Ansprechpartner im Unternehmen zu haben (One-Face-to-the-Customer). Ein Vertriebsmitarbeiter kann somit alle relevanten Kunden- und Auftragsdaten jederzeit über ein CRM-System und Schnittstellen zu ERP- und SCM-Systemen abrufen.

Anforderungen an eCRM-Systeme

- Integrierbarkeit in bestehende IT-Strukturen und offene Schnittstellen
- Bedienerfreundliche graphische Darstellung
- Automatische Weiterleitung von Kundenanfragen (CTI)
- Reporting von Marketingaktivitäten
- Profilanzeige von Kunden (Umsatz, Segment, Präferenzen, Kundendaten)
- Verfügbarkeit von aufbereiteten Informationen für Cross- und Up-Selling
- Anbindungsmöglichkeiten an Call Center sowie Front- und Back-Office-Systeme
- Auf Kundenpräferenzen angepasste Web-Seiten und Werbung
- Standardservicefragen über das Internet (z.B. Frequently Asked Questions)
- Datenbruchfreie Übertragung in Back-Office-Systeme (ERP- und SCM-Systeme)
- Qualitative und quantitative Definition und Kontrolle von Vertriebszielen
- Schnittstellen zu einem Data Warehouse

Bekannte eCRM-Systemanbieter

- Siebel (www.siebel.de)
- SAS (www.sas.de)
- SAP (www.sap.de)
- Applix (www.applix.de)

8.2.4 Radio Frequency Identification (RFID)

Die Radio Frequenz Identifikation (RFID) ist eine Methode um Gegenstände oder Produkte eindeutig über Radiowellen zu identifizieren. Die Waren besitzen einen RFID-Tag (Chip) der die entsprechenden Daten (z.B. Electronic Product Code – EPC) enthält. Die Lesegeräte können entweder festmontiert an einem Warenein- oder Warenausgang sein oder sich lose an einem Gabelstapler befinden.

Die Vorteile gegenüber der Barcode Technologie sind:

- kein Sichtkontakt zwischen Sender- und Lesemedium und dadurch kein Sachbearbeiter notwendig,
- Erfassung mehrerer RFID-Tags gleichzeitig möglich,
- RFID-Tags sind wiederbeschreibbar,
- RFID-Tags sind schwerer zu zerstören als Barcode Aufkleber,
- RFID-Tag braucht keine eigene Stromversorgung,
- RFID-Tag kann wesentlich mehr Informationen als ein Barcode aufnehmen, z.B. identifiziert ein Barcode eine Flasche als eine 1 Liter PET Flasche, während ein RFID-Tag eine Flasche als die 1 Liter PET Flasche 4711 identifiziert.

Hieraus resultieren enorme Einsparungs- und Verbesserungspotentiale. So können Warenein- und Warenausgänge völlig automatisiert werden, da sich die Ware sozusagen von alleine in das System ein- und ausbucht. Aber auch Warenbuchungen im Lager oder in der Produktion in Form von Rückmeldungen können über stationäre Lesegeräte automatisch erfasst und im System verbucht werden. Wenn die Technologie werksübergreifend eingesetzt wird besteht hierdurch die Möglichkeit optimale Sendungsverfolgung durchzuführen und dadurch genau zu wissen, wo sich welche Ware gerade befindet. Durch RFID ergeben sich in allen Bereichen – angefangen bei der Beschaffung bis hin zur Auslieferung – großes Potential für Optimierungen.

8.2.4.1 Entwicklungspotenzial von RFID

Nach Schätzungen der Marktforschungsgruppe Freedonia Group werden infolge zweistelliger Zuwachsraten im Jahr 2012 allein in den USA über 30 Mrd. RFID-Smartlabel im Wert von 1,2 Mrd. US$ eingesetzt. Im Supply Chain Management werden demnach 7,6 Mrd. Smartlabels zum Einsatz kommen. Vor allem für Briefe und Pakete, Paletten, Frachtgut und Fluggepäck, Bibliotheken und militärische Zwecke wird die Zahl der Smartlabels zunehmen.[199] Im Zuge beginnender Massenproduktion rechnet Forrester Research mit weiter sinkenden Stückkosten für Transponder von derzeit zwischen 0,30 und 0,70 Euro auf 0,01 Euro in den nächsten vier Jahren.[200]

---

[199] Vgl. Using RFID unter www.usingrfid.com am 14.01.04
[200] Vgl. YahooFinanzen unter www.yahoo.de am 20.01.04

Einer amerikanischen Untersuchung von Capgemini und Packaging Strategies zufolge glauben 58% der befragten Verpackungshersteller, dass die RFID (Radio Frequency Identification) Technologie in der ersten Welle ihrer Einführung bis 2010 vor allem den Einzelhandel betreffen wird. An zweiter Stelle steht die Gesundheits- und Pharmaindustrie mit 31%. Der Initiative Wal-Marts, bis Anfang 2005 mit den 100 wichtigsten Lieferanten RFID Tags für Umverpackungen und Paletten einzusetzen, gestehen über die Hälfte der Befragten eine Sogwirkung für die Branche zu. „Die Umfrage zeigt, dass sich sowohl globale als auch lokale Unternehmen entlang der Logistikkette schrittweise auf die RFID-Technologie vorbereiten – von der Überlegung hinsichtlich Einsatzmöglichkeiten über den Piloten, einer Roadmap bis zur Implementierung und Einführung," so Capgemini. RFID stellt für Fachleute ein eher technisches Thema dar. Dementsprechend auch die Antwort, wer die Kontrolle über die RFID Programme haben solle: Die überwältigende Mehrheit von 71% sieht hier die Supply Chain-Abteilungen in der Pflicht.[201]

RFID in der Automobilindustrie

Bei General Motors (GM) of Canada hat jedes der 2.000 Autos auf dem Fließband einen RFID-Tag zur exakten Steuerung des Produktionsprozesses.

> Mit Ausgaben von 600 Mio. Dollar, dies entspricht 46% des RFID-Marktes, stellte die Automobilindustrie im Jahr 2003 in den USA den größten Abnehmer von RFID-Tags dar.

Infolge eines neuen US-Gesetzes, welches die Überwachung des Reifendrucks vorschreibt, installiert GM in den Modellen Corvette und Cadillac XLR RFID-Tags an den Reifen. Daneben werden RFID-Chips als elektronische Türöffner und Wegfahrsperre montiert.[202]

Smartlabels im Handel

Im Handel wird die Transpondertechnologie zunehmend von großen Unternehmen wie Metro Group, Wal-Mart und Tesco zur Transport- und Lageroptimierung oder als Diebstahlschutz angewendet. So lassen sich durch die Erfassung kompletter Paletten statt einzelner Barcodes an Kartons beim Lagerein- und -ausgang rund 8 bis 10 Prozent an Zeit sparen. Um ihre Rasierklingen gegen Schwund zu schützen und den durchschnittlichen Lagerfehlbestand in Höhe von 10% zu reduzieren, hat allein die Firma Gillette 500 Mio. Smartlabel bestellt.[203] Der Bekleidungshersteller Benetton beabsichtigt, während der Produktion in die Kleidungsstücke der Marke „Sisley" insgesamt 15 Mio. RFID-Chips einzunähen. Dadurch soll eine Optimierung der Regalliegezeit und eine Vermeidung von

---

[201] e_procure-online Newsletter Nr. 100 vom 09.08.04, Studie: Capgemini sieht RFID-Zukunft bei Handel und Pharma und www.de.capgemini.com
[202] Vgl. The Global Mail unter www.theglobeandmail.com vom 20.01.04
[203] Vgl. www.zdnet.de vom 20.01.04, vgl. auch www.yahoo.de vom 20.01.04

Stock-Out-Situationen erzielt sowie Diebstahl und Fälschungen verhindert werden. Die Chips verbleiben in den Textilien, werden jedoch beim Zahlungsvorgang deaktiviert.[204]

RFID als Zahlungsmittel

Als Zahlungsmittel werden spezielle RFID-Schlüsselanhänger in Kombination mit Kreditkartenunternehmen in den USA von bereits 5 Mio. Nutzern verwendet, die an 5.000 Exxon-Mobil Tankstellen und Geschäften einkaufen können. In Kanada hat der Shell-Konzern einen Großversuch gestartet und daneben haben die Fastfood-Ketten Kentucky Fried Chicken, McDonald's und Taco Bell erste Kassen mit RFID-Technik versehen.[205]

8.2.4.2 Ausblick

Das Anwendungspotential der Transpondertechnik reicht weit über den Einsatz als intelligenten Barcodeersatz hinaus. Notenbanken prüfen bereits, RFID in Geldscheine zu integrieren, um die Fälschungssicherheit zu erhöhen und Spuren illegaler Gelder zu verfolgen. Sicherheitsbehörden erwägen, Reisepässe und Visa mit RFID zu versehen. Bei der Fußball-WM 2006 in Deutschland werden sämtliche Tickets einen RFID-Tag besitzen, um den Inhaber zu identifizieren und Schwarzmarkthandel zu unterbinden.[206] Je weiter RFID-Chips in Bereiche jenseits der klassischen Supply Chain vordringen, desto breiter wird eine Diskussion über mögliche Datenschutzprobleme einsetzen.

8.2.5 Architektur von eCRM-Systemen

Typische Komponenten von eCRM-Systemen

- Analytisches CRM
- Operatives CRM
- Kollaboratives CRM

Nur durch das Zusammenwirken aller Komponenten entstehen Effizienzsteigerungen in Vertriebs- und Marketingprozessen. Das eCRM-System integriert hierzu alle Daten über die Customer Touchpoints (E-Mail, persönlicher Kontakt, Telefon und Internet etc.) und speichert sie in einem zentralen Datenpool (Data Warehouse). Anschließend wertet es die Daten mit Hilfe von Analyseinstrumenten (OLAP, Data Mining) aus und stellt sie für die operativen Vertriebs- und Marketingprozesse aufbereitet zur Verfügung (Closed Loop Architecture). Im Folgenden wird die eCRM-Architektur grafisch dargestellt und die einzelnen Komponenten in den anschließenden Abschnitten beschrieben.

---

[204] Vgl. www.winckel.de vom 20.01.04
[205] Vgl. www.elektroniknet.de vom 20.01.04
[206] Vgl. Heise Newsticker vom 23.05.03 und 15.01.04 unter www.heise.de abgerufen am 19.01.2004

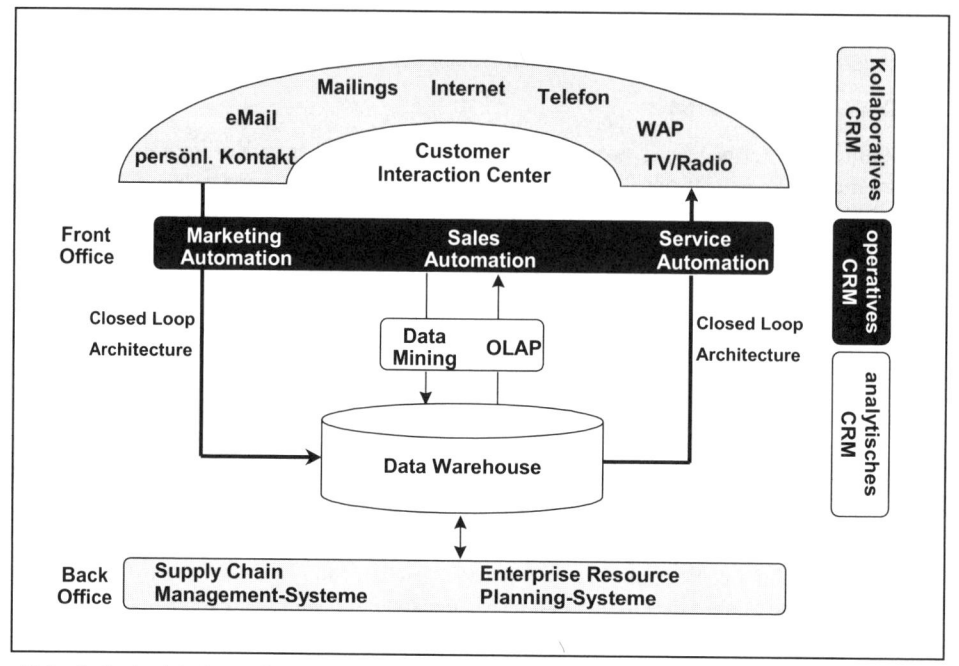

Abb. 8–6: Architektur einer eCRM-Lösung[207]

8.2.5.1 Analytisches CRM

Analytisches CRM beschäftigt sich sowohl mit der Erfassung und Speicherung von Kundeninformationen (Data Warehouse), als auch mit der Auswertung und Analyse gewonnener Daten (OLAP, Data Mining).

Das Dateninput setzt sich hierbei zusammen aus

- Transaktions- und Stammdaten aus Back Office-Systemen (ERP-Systemen),
- Echtzeitinformationen aus SCM-Systemen,
- Daten aus Front-Office-Systemen wie Marktplätzen, Online-Shops, Portale,
- Daten aus Direkt Mailings und Korrespondenzen mit dem Kunden,
- Telefongesprächen und E-Mail-Verkehr, persönlichen Kontakte (Außendienst).

Die Ziel der analytischen Komponente ist die Ableitung von Handlungsempfehlungen für das operative und kollaborative CRM durch die Analyse der Datenbestände mit Hilfe von OLAP und Data Mining (z.B. Bestimmung der Aufwendungen für profitable und weniger profitable Kunden). Auf diese Weise können kundenbezogene Unternehmens-

---

[207] In Anlehnung an Hippner, Wilde (2001), CRM – Ein Überblick, In: Helmke, Dangelmaier (2001), S. 14

prozesse über den gesamten Kundenlebenszyklus permanent verbessert werden. Diese Rückkopplung wird deshalb auch als Closed Loop Architecture bezeichnet.[208]

8.2.5.2 Kollaboratives CRM

Kollaboratives CRM dient der Steuerung, Unterstützung und Synchronisation sämtlicher Kommunikationskanäle des Unternehmens zum Kunden. Der kollaborative CRM-Bereich enthält somit alles, was den Kontakt zum Kunden betrifft.

Mögliche Kommunikationskanäle

- Telefon (Call Center)
- Internet-Front-Ends (Portale, Marktplätze, eShops, Intra- und Extranet)
- Fax und Briefverkehr und Conferencing
- E-Mail und Direkt Mailings
- Außendienst

Durch die Integration sämtlicher Kommunikationskanäle in einem sogenannten Customer Interaction Center (CIC) werden die Customer Touchpoints aufeinander abgestimmt und das Handling der Kundeninformation vereinfacht. Aufgabe des CRM-Systems ist es, die Daten der Kundenkontakte zu erfassen und über die unterschiedlichen Kanäle zu synchronisieren (One-face-to-the Customer).[209] Vor diesem Hintergrund bezeichnet man den kollaborativen CRM-Bereich auch als Multi-Channel-Management.

8.2.5.3 Operatives CRM

Der operative CRM-Bereich widmet sich den alltäglichen Vertriebs-, Marketing- und Serviceprozessen wie u.a. Verwaltung von Kundenterminen oder Beantwortung von Kundenanfragen. Die Aufgabe liegt darin sämtliche Marketing-, Sales- und Service-Abwicklungsprozesse für die Mitarbeiter zu standardisieren und zu automatisieren.[210] Das Ziel ist die kontinuierliche Verbesserung der Kommunikation zwischen Kunden und Unternehmen sowie hierzu notwendiger Geschäftsprozesse. Zur Abwicklung müssen leistungsfähige Schnittstellen zwischen den operativen Applikationen sowie den Back-Office und Front-Office-Systemen integriert werden. Beispielsweise fragt ein Kunde telefonisch (Front-Office) einen Liefertermin an, so kann der Vertriebsmitarbeiter über Schnittstellen zum SCM-System (Back-Office) sofort eine zuverlässige Liefertermin zusage machen. Die Aufgaben werden in Abb. 8–7 nochmals zusammengefasst.

---

[208] Vgl. Hippner, Wilde, CRM – Ein Überblick, In: Helmke, Dangelmaier (2001), S. 15
[209] Vgl. Hippner, Wilde, CRM – Ein Überblick, In: Helmke, Dangelmaier (2001), S. 14 f., S. 29ff.
[210] Vgl. Hassmann, CRM ist Strategie, keine Software, In: Sales Business (Ausgabe 10/01), S. 28

Operative Abwicklung im eCustomer Relationship Management		
Marketing Automation:	**Sales Automation:**	**Service Automation:**
Aufgaben:	Aufgaben:	Aufgaben:
• Gestaltung der Kontaktpunkte zwischen Kunden und Unternehmung • Planen, Abwickeln und Verwalten aller Marketing- und Verkaufsaktivitäten	• Gestaltung einer computergestützten Vertriebssteuerung • Analyse von Kundenpotenzialen und Verkaufschancen	• Steuerung und Unterstützung des Kundenservices im Innen- und Außendienst
Beispiele:	Beispiele:	Beispiele:
• Kundenindividuelle Webseiten und Banner • One-Face-to-the-Customer • One-to-One-Marketing • Customer Interaction Center	• Cross- und Up-Selling • Unterstützung von Verkaufsgesprächen • elektronische Kataloge oder Konfigurationssysteme	• eConsulting • Electronic Customer Care • Customer Self-Service (FAQ's, Produkt-Webseiten) • eMail-Verwaltungs- und Responseunterstützung • Chats und Communities

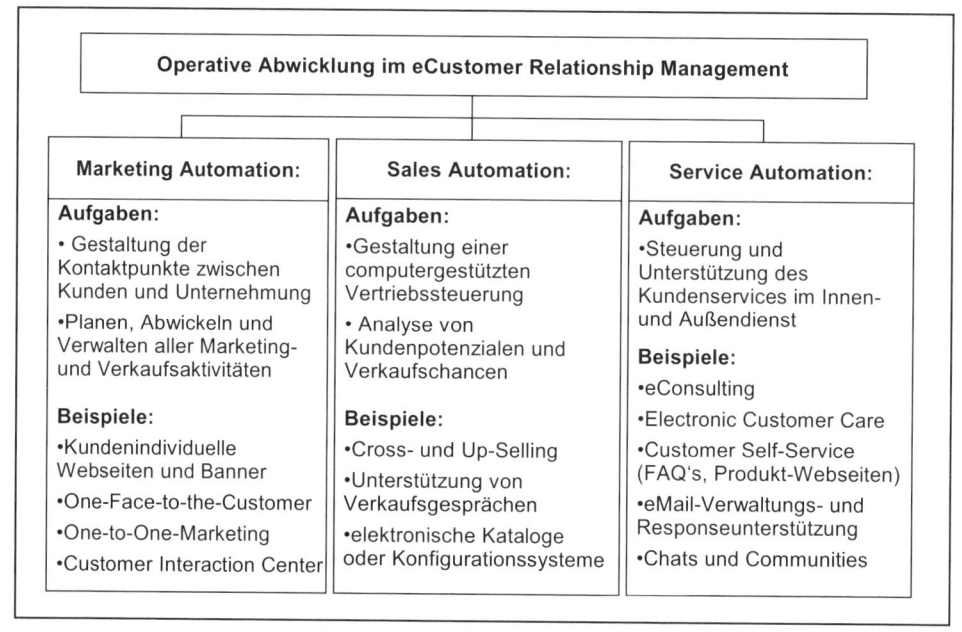

Abb. 8–7: Aufgaben und Beispiele im operativen eCRM

Zweifelsohne stellen die eCRM-Systeme eine erfolgversprechende Lösung zur Kundenbindung im derzeitig angespannten Wettbewerbsumfeld dar. Eine softwaregestützte Umsetzung eines eCustomer Relationship Management allein ist jedoch kein Garant für eine erfolgreiche Kundenbindung. Dies ist weiterhin abhängig von den strategischen Vorgaben des Management sowie von der Qualifikation und Motivation von Mitarbeitern.

8.3 eMass Customization als pullorientiertes Kundenbindungs- und Vertriebskonzept

Die zunehmende Individualisierung der Nachfrage zwingt viele Unternehmen dazu ihre Standardproduktprogramme kontinuierlich um zusätzliche Varianten zu erweitern. Hieraus resultieren erhöhte dispositive und kapazitive Anpassungen, die sich mittelfristig in einer Erhöhung der Preise äußern. Ein Lösungsansatz, der die Strategie verfolgt, für jeden Kunden explizit das Produkt bereitzustellen, welches er wünscht und dies zum Preis eines vergleichbaren Standardprodukts, beinhaltet die „kundenindividuelle Massenproduktion" oder auch „Mass Customization" genannt.

Mass Customization ist die Kombination einer auf die einzelnen Kundenwünsche orientierten Fertigung oder Leistungserbringung (Pull-Produktion) mit einer Preisstruktur, die nicht wesentlich von der Massenproduktion abweicht.[211]

So können die Kostenvorteile über eine massenhafte Produktion (Mass) mit einer kundenindividuellen Einzelfertigung (Customization) verknüpft werden. Mass Customization stellt durch die simultane Umsetzung von Kostenführerschaft und Differenzierung somit eine hybride Wettbewerbsstrategie dar.[212] Ermöglicht wird dies durch die intelligente Verknüpfung einer Vielzahl von Standardkomponenten, flexiblen Fertigungssystemen und modernen IuK-Technologien, wie Online-Produktkonfiguratoren im Internet.

Des weiteren ermöglicht eMass Customization individuelle Kundenbeziehung über das Internet aufzubauen, was jedem Anbieter einen völlig neuen Weg zur Steigerung der Kundenbindung bietet. Während im eCRM insbesondere die Kommunikation zum Kunden individualisiert wird (One-to-One Marketing), bietet eMass Customization eine langfristige Kundenbindung durch die Befriedigung der tatsächlichen Wünsche. Vor diesem Hintergrund wird eMass Customization zum Kundenbindungs- und Vertriebsinstrument im eSales.

8.3.1 eMass Customization-Ansätze im eSales

eMass Customization verbindet die Potenziale moderner Produktionstechnologien (CIM und flexible Fertigungssysteme) mit den Prinzipien des eCommerce. Das Internet dient hierbei als direkter Austauschkanal der Interaktion zwischen Kunden und Hersteller zur Erhebung und Verarbeitung kundenspezifischer Bedürfnisse.[213]

Online Produktkonfiguration im eSales

Die Beratung eines Kunden sowie die Konfiguration eines Produktes über einen Vertriebsangestellten könnte die angestrebten Standardpreise (Target Costing) des Mass Customization nicht erzielen, deshalb erfolgt die Produktkonfiguration über eine Website durch den Nachfrager selbst. Beispielsweise können Kunden Konsumgüter, wie Uhren oder Turnschuhe, aus einem Variantenangebot selbst zusammenstellen. Anschließend wird geprüft, ob die Kombination der Wunschvarianten „machbar" ist. Daraufhin wird das gewünschte Produkt dem Kunden graphisch präsentiert und zu einem berechneten Preis angeboten. Nach der Bestellung werden die herstellungsrelevanten Daten gemeinsam mit ergänzend erhobenen Kundendaten (falls Neukunde) in die Back-End-Systeme (ERP) transferiert und in die Fertigung übergeben. Ergänzend werden beschaf-

---

[211] Vgl. Piller (1998), S. 65
[212] Vgl. Reichwald, Piller, Mass Customizing-Konzepte im Electronic Business, In: Weiber (2000), S. 361f.
[213] Vgl. Albers (1998), S. 12

fungsrelevante Daten über SCM-Systeme an die Lieferanten zur kollaborativen Abwicklung übermittelt (niedrige Lagerbestände). Durch Schnittstellen zu den ERP-Systemen der einzelnen Lieferanten kann dem Kunden in Echtzeit eine Lieferterminzusage zugesichert werden. Mit Hilfe von CRM-Systemen werden zusätzlich Kundenprofile erstellt, die bei Wiederkäufen und zu Cross-Selling Käufen nutzenstiftend zum Einsatz kommen. In Abb. 8–8 wird der Ablauf einer Produktkonfiguration im eSales dargestellt.

Online Shop Unternehmenspräsentation, elektronischer Produktkatalog, Kompetenzvermittlung	1

Online-Produktkonfigurator
• Konfigurator Neukunden   • Konfigurator Stammkunden
  -Ausführliche Anleitung   -Vorgabe von Werten auf
  -Auswahlfunktionen von Varianten   Basis der letzten Bestellung
  -Hilfestellungen
	2

Ergebnisanzeige des Konfigurators Machbarkeitsfunktionen, 3-D Präsentation	3
Erhebung der Bestelldaten • Neukunden: Eingabe der Daten • Stammkunden: Übernahme aus Datenbank	4
Bestellung • Intern: Übergabe der Daten an interne Anwendungssysteme (ERP-System, PPS) • Extern: Übergabe der Daten an SCM-Systeme für Lieferabrufe bei Lieferanten	5
Ordertracking Auftragsstatusverfolgung über die Homepage	6
Kundendialog Kundendialog zu Vertiefung der Kundenbeziehung (Update der Kundenprofile, Zufriedenheitsmessung)	7

Abb. 8–8: Ablauf einer Produktkonfiguration im eMass Customization[214]

Zusammenfassend lassen sich folgende Anforderungen an einen eMass Customization-Ansatz im eSales ableiten.

Anforderungen an eMass Customization

- Seriöser Web-Auftritt zur Vermittlung von Kompetenz und Vertauen
- Online Variantenkatalog mit Produktbeschreibung
- Präsentationsfunktionen und Ergebnisanzeigen
- Warenkorbfunktionen und automatische Rechnungsstellung
- Schnittstellen zu ERP-, SCM- und CRM-Systemen
- Anbindung eines Help Centers (Call Center) für auftretende Fragen
- Machbarkeitsfunktionshilfen bei der Variantenauswahl

---

[214] In Anlehnung an Reichwald, Piller, Mass Customizing-Konzepte im Electronic Business, In: Weiber (2000), S. 366, 377

8.3.2 Praxisbeispiel Sportartikelhersteller Nike

Unter dem Slogan „NikeID" bietet die Website des weltweit führenden Sportartikelunternehmens Nike (nikeid.nike.com) Turnschuhe in Dutzenden von Farbtönen an. Nach der Auswahl eines Schuhmodells, kann ein Kunde unter Angabe seines Geschlechts sowie seiner Schuhgröße, eine persönliche Wunschfarbkombination für sein ausgewähltes Modell wählen. Parallel hierzu kann er die Farbänderung jederzeit und in verschiedenen Perspektiven beobachten. Zudem kann er seiner Kreation einen eigenen Namen geben. Anschließend bestellt er sein Wunschturnschuh über eine Warenkorbfunktion. Binnen zwei Wochen erhält er seine Ware. Gefertigt wird erst nachdem der Kunde bestellt hat.

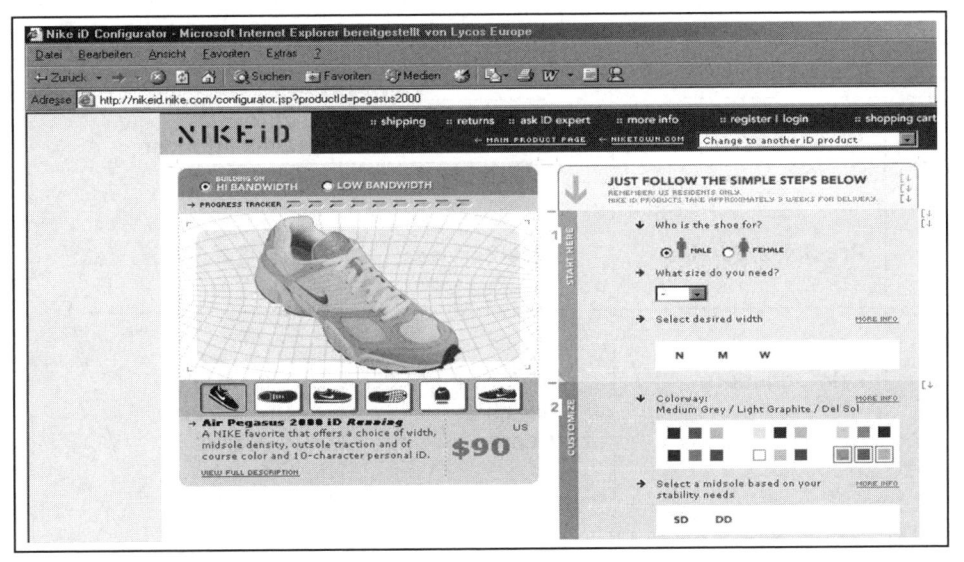

Abb. 8–9: eMass Customization-Lösung beim Sportartikelhersteller Nike

8.4 Kundenbindungsstrategien durch eService

Auf Märkten mit homogenen Produkten gewinnen kundenorientierte Servicefunktionen gegenüber den technischen Eigenschaften von Produkten zunehmend an Bedeutung. Dabei besteht die Aufgabe des Service einerseits in der Schaffung eines Zusatznutzens (Added Value) zur Akquirierung von Neukunden über eine Differenzierung gegenüber dem Wettbewerb. Andererseits versucht das Service Management eine langfristige Kundenbindung durch die Erhöhung des Kundennutzens und der Kundenzufriedenheit zu erzielen. Für die Aufrechterhaltung und dem Ausbau der Partnerschaften entlang der Supply Chain besitzt daher der Service einen hohen Stellenwert.

Im Zeitalter moderner IuK-Technologien erweisen sich Online-Medien wie das Internet als geeignete Plattformen für ein kosteneffizientes und kundenorientiertes Service Management. Die elektronische Abwicklung von Serviceleistungen wird deshalb auch als „eService" bezeichnet. eService umfasst dabei alle zur Verfügung stehenden Einrichtungen und Applikationen, die dem Kunden einen umfassenden und kundenorientierten Service über moderne IuK-Technologien bieten.

Die Anwendungsbereiche des elektronischen Service-Management durchziehen hierbei alle Kaufphasen im eSales. Die einzelnen Kaufphasen, dazugehörige Servicephasen und konkrete Ausprägungen von Servicediensten werden in Abb. 8–10 dargestellt und anschließend in den folgenden Abschnitten erläutert und mit Beispielen belegt.

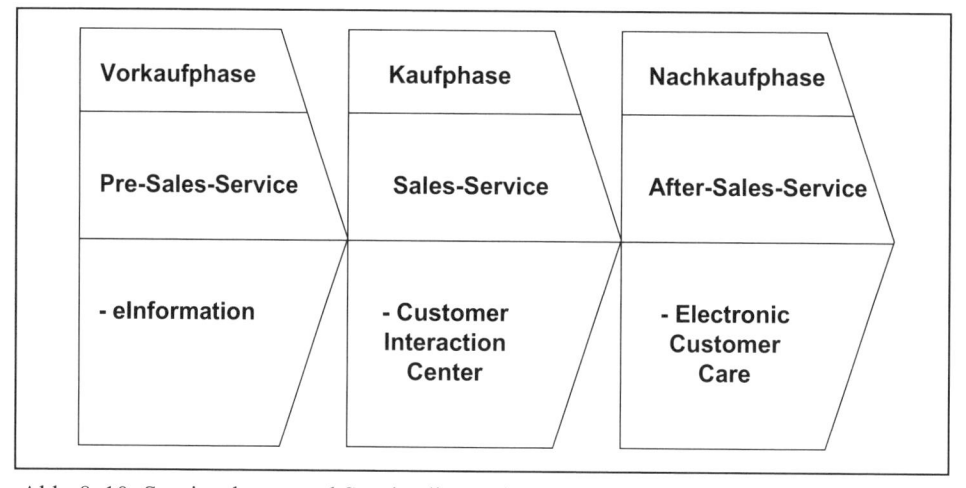

Vorkaufphase	Kaufphase	Nachkaufphase
Pre-Sales-Service	Sales-Service	After-Sales-Service
- eInformation	- Customer Interaction Center	- Electronic Customer Care

Abb. 8–10: Servicephasen und Servicedienste im eSales

8.4.1 Pre-Sales-Service durch eInformation

eInformation ist ein elementarer Bestandteil eines kundenorientierten Serviceangebots im Internet, der überwiegend in der Pre-Sales Phase von Kunden zur Informationserhebung genutzt werden soll. Der Begriff bezeichnet hierbei ein umfangreiches Angebot von Informationsinhalten zur kundenorientierten Informationsversorgung. Drei **Vorgehensweisen** werden bei der elektronischen Informationsverteilung unterschieden.[215]

---

[215] Vgl. zusammenfassend Hünerberg, Mann, Online-Service, In: Bliemel et al. (2000), S. 360–365

On Demand-Informationen

Hierbei handelt es sich insbesondere um individuelle Informationsanfragen, initiiert durch einen Kunden über E-Mail, Internet-Telefonate (Voice over IP) oder sogenannte Chats (elektronischer Realtime-Schriftverkehr). Unternehmen müssen hierzu serviceorientiert eine Online-Hotline einrichten, welche die Anfragen umgehend beantwortet. Anwendungsmöglichkeit sind hier u.a.

- Anfragen zur Fehlerbehebung im Gebrauch von Produkten,
- individuelle Preis- und Angebotsanfragen,
- Sonderwünsche,
- Lieferstatusanfragen (Tracking & Tracing).

On Stock-Informationen

On Stock Informationen sind bereits aufbereitete Daten in Form von Wissensarchiven, die von Interessenten abgerufen werden können (Customer-Self-Service). Anwendungsbeispiele stellen hier u.a.

- FAQ-Listen (typische Fragestellungen und entsprechende Antworten),
- Wissensarchive (Tipps, Hinweise über die angebotenen Produkte),
- Unternehmensdarstellung und Produktinformationen,
- technische Daten und elektronische Hilfsassistenten,
- Ansprechpartner und Kontaktadressen (gebührenfreie Service-Telefonnummer).

On Delivery-Informationen

Zu diesen zählen hauptsächlich Informations- und Nachrichtendienste, wie Newsgroups, Foren und Kundenclubs, die auf dem E-Mail-Dienst basieren und interessierten Kunden eine Informationsfunktion bieten. Die Verteilung wird nicht durch Kundenanfragen initiiert, sondern vom Unternehmen aus angestoßen (Push-Kommunikation). Servicebezogene Informationsinhalte sind u.a

- neue Anwendungsbereiche, Produktverbesserungen und -innovationen,
- Upgrading-Möglichkeiten,
- Hinweise auf aktuell auftretende Mängel und Probleme von Produktversionen,
- neue Liefer- und Zahlungsbedingungen, Änderungen in der Bestellabwicklung.

Praxisbeispiel: CISCO

Unternehmen wie z.B. Dell, Amazon, Hewlett Packard, Bertelsmann, Intel oder CISCO konnten durch den systematischen Aufbau von eInformation ihre Servicekosten erheblich reduzieren und ihre Kundenbindungsperformance signifikant verbessern. CISCO (www.cisco.com) z.B. spart allein durch den elektronischen Kundendienst (Customer-Self-Service) pro Jahr 70 Mio. Dollar ein, da 60% der Kundenanfragen auf internetbasiertem Weg beantwortet werden.

8.4.2 Sales-Service durch Customer Interaction Center

Ein Customer Interaction Center (CIC) ist eine Bezeichnung für eine weiterentwickelte Form des Call Centers – der über die reine Telefondienstleistung hinaus – möglichst viele Kontaktkanäle (wie Fax, E-Mail, Internet) zusammenführt und integriert abwickelt. Als Serviceeinrichtung während der Kaufphase hat der CIC die Aufgaben, eingehende Anfragen von Kunden entgegenzunehmen und zu bearbeiten (Inbound-Funktion) sowie den Kunden für Verkaufsgespräche aktiv zu kontaktieren (Outbound-Funktion). So kann ein Kunde über einen Call-me-Button auf der Website des Anbieters zusätzlich von einem Vertriebsmitarbeiter angerufen und qualifiziert beraten werden. Über die Identifikation des Kunden mittels Computer Telephony Integration (CTI) und Schnittstellen zu Back-Office-Systemen können jedem Service-Mitarbeiter sämtliche Kundendaten automatisch auf den Bildschirm übermittelt werden, was ein One-face-to-the Customer garantiert.[216]

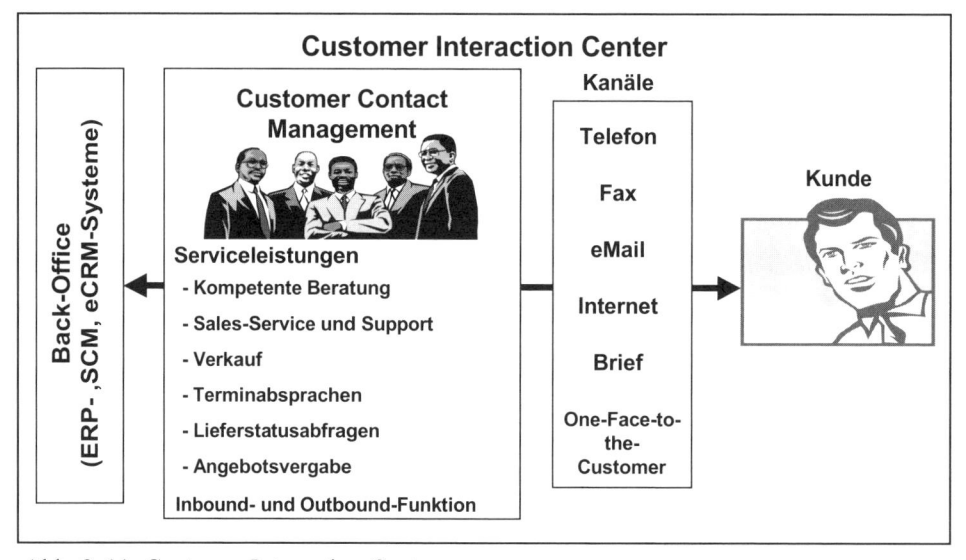

Abb. 8–11: Customer Interaction Center

---

[216] Vgl. Schwetz (2000), S. 220

> **Praxisbeispiel: Dell**
>
> Der Computerhersteller Dell (www.dell.de) hat beim Direktvertrieb seiner Produkte über das Internet eine Support- und Service-Hotline eingerichtet. Die Besonderheit liegt insbesondere darin, dass der Kunde mittels Anklicken eines Call-me-Back Buttons auf der Dell-Website von einem Vertriebsangestellten angerufen und qualifiziert beraten werden kann. Ebenso sind weitere Kontaktierungsalternativen über Fax, E-Mail und Telefon möglich. Diese Serviceeinrichtung ermöglicht es, offene Fragen von Kunden noch während des Online-Besuchs zu klären, um Kaufhemmungen zu reduzieren.

8.4.3 After-Sales-Service durch Electronic Customer Care

Eine weiteres Kundenbindungskonzept, das sich insbesondere im After Sales-Geschäft für den Kunden zu sensibilisieren versucht, ist das Electronic Customer Care. Unter Customer Care wird gemeinhin eine umfassende Kundenorientierung und -ausrichtung eines Unternehmens verstanden, die eine Steigerung der Kundenzufriedenheit und -bindung zum Ziel hat.[217] Abb. 8–12 visualisiert das funktionsübergreifende Electronic Customer Care-Konzept, das im Anschluss erläutert wird.

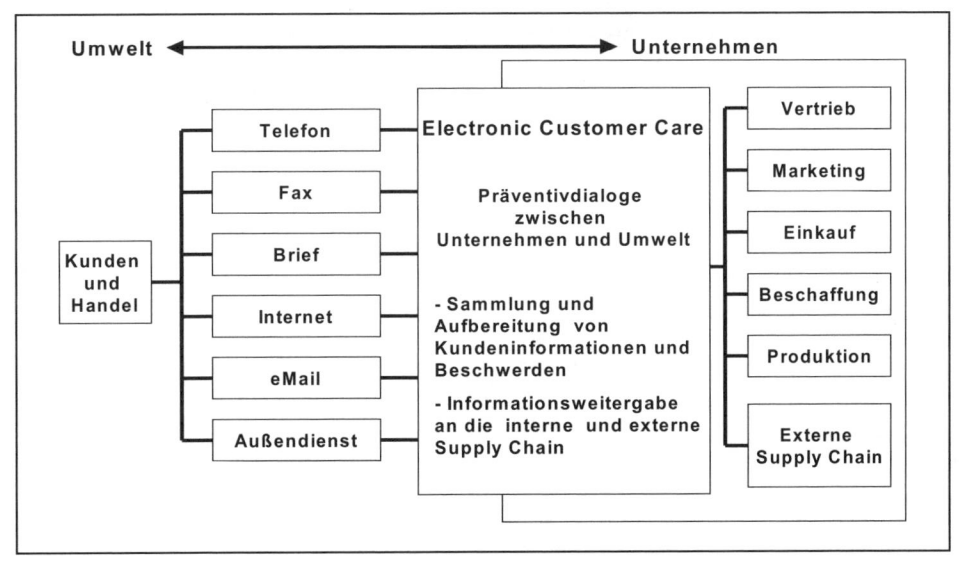

Abb. 8–12: Funktionsübergreifendes Electronic Customer Care

---

[217] Vgl. Hünerberg Mann, Online-Service, In: Bliemel et al. (2000), S. 367

Beim Electronic Customer Care-Konzept handelt es sich weitestgehend um die Bereitstellung eines Online-Beschwerdecenters, das in einem Customer Interaction Center integriert werden kann, um über alle Kanäle (Telefon, Internet, Fax, Außendienstmitarbeiter) für den Kunden erreichbar zu sein. Alternative Beschwerdeeinrichtungen können u.a. „E-Mail-Meckerkästen", Diskussionsforen oder Kundenclubs darstellen.[218] Es werden gemeinhin Präventivdialoge mit dem Kunden geführt, um frühzeitig Unzufriedenheiten aufzudecken und entsprechend schnell Problemlösungskompetenzen aufzubauen. Die daraus gewonnenen Informationen sollen im Sinne der CRM-Strategie bei allen weiteren Kundenkontakten verfügbar sein. Des weiteren werden die Daten an die verantwortlichen Abteilungen (Vertrieb, Marketing, etc.) und externen Supply Chain Partnern wie Lieferanten und Distributoren weitergeleitet. Somit ist ein systematischer Problemlösungsprozess gewährleistet, der die Ursachen für entstehende Probleme aufdeckt und diese auf langfristige Sicht vermeidet. So liefern Beschwerden letztendlich wichtige Hinweise auf Schwachstellen und Probleme der Leistungen und Prozesse entlang der Supply Chain.

> **Praxisbeispiel: Softwarehersteller Microsoft**
>
> Der Softwaregigant Microsoft (www.microsoft.com) erzielt durch die Bereitstellung von Online-Supporteinrichtungen erhebliche Vorteile in der Produktentwicklung und Fehlerbehebung von Softwareapplikationen. Durch die eingehenden Hinweise bzw. Beschwerden von Anwendern kann die Software kontinuierlich optimiert werden. In Folge kann das gesammelte Know-how ständig erweitert und bei Neuentwicklungen herangezogen werden. Hieraus entstehen nachhaltige Kostenvorteile in der Produktentwicklung.

---

[218] Vgl. Hünerberg, Mann, Online-Service, In: Bliemel et al. (2000), S. 367ff.

9. eDistribution – Distributionsstrategien im eZeitalter

eDistribution verhilft zu einer erheblichen Beschleunigung und besseren Kontrolle der Vertriebsprozesse mit Hilfe digitaler Erfassung der Bestelldaten. Den Kernbereich der eDistribution stellt die eLogistik dar, welche die strategische Planung und Entwicklung aller für die elektronische Geschäftsabwicklung erforderlichen Logistiksysteme und -prozesse sowie deren administrative und operative Ausgestaltung für die physische Abwicklung beinhaltet. Sie leistet damit die schnelle, effiziente, flexible und stabile End-to-End-Realisierung aller logistischen Prozesse, die nach der Online-Bestellung einsetzen und bei der Auslieferung der Waren enden, entsprechend den individuellen Bedürfnissen sowohl von Privat- als auch von Firmenkunden.[219]

Die gestiegenen Erwartungen der Kunden erfordern eine verstärkte Integration von Abnehmern und Lieferanten in die durch den Kunden ausgelöste Wertschöpfungskette. eLogistik benötigt daher ganzheitliche Informationssysteme, um die beteiligten Partner der eSupply Chain übergreifend zu koordinieren und zeitoptimal zu steuern. Deshalb ist die eLogistik einer der wichtigsten Erfolgsfaktoren des eCommerce, denn Unternehmen haben im Online-Handel nur Erfolg, wenn sie in der Lage sind, den Geschwindigkeitsvorteil der elektronischen Bestellung über interne Prozesse und den Transport zum Kunden weiterzugeben. Die meisten Unternehmen haben ihre Distributionskette noch nicht an eCommerce angepasst, da sie Online-Bestellungen meist noch aus normalen Lagern bedienen. Zukünftig wird jedoch ein Logistikmodell nötig sein, das eine Belieferung innerhalb weniger Stunden und eine ständige Statusabfrage durch den Kunden ermöglicht. eCommerce ist deshalb ohne eLogistik undenkbar.[220]

Dieses Kapitel beschäftigt sich zu Beginn mit dem Thema eFulfillment. Danach werden Strategien der Sendungsverfolgung dargestellt, u.a. Tracking und Tracing, Barcoding und Transpondertechnologien. Das Kapitel e-basierte Distributionskonzepte stellt das ECR-Modell, die Quick Response Logistik und die Strategie des Vendor Managed Inventory dar, sowie ePackaging, die neuen Anforderungen an Online-Verpackungen. Der letzte Abschnitt zeigt die Entwicklung von Lagerkonzepten im eZeitalter. Cross Docking stellt dabei eine Lösung zwischen Hersteller und Händler, d.h. im B2B-Bereich, dar. Lösungen für das Problem der letzten Meile, d.h. der Auslieferung von Online-Artikeln beim Endkunden im B2C-Bereich, sind dagegen Pick-Up-Points, wie u.a. der Tower24.

---

[219] Vgl. http://www.ecin.de vom 28.05.2002
[220] Vgl. FAZ vom 02.09.1999, S. 31

9.1 eFulfillment – eLogistik in der Supply Chain

eFulfillment umfasst die vollständige Auftragsabwicklung von der Internet-Bestellung über die Bezahlung, Lagerung, Transport und Auslieferung bis zum After-Sales-Service und zur Entsorgung durch einen Logistikdienstleister. Dadurch erfolgt ein kompletter Ausschluss des Handels.[221] Die Aufgaben der Dienstleister sind u.a. Auftragsannahme, Lagerhaltung, Kommissionierung, Retourenmanagement und Financial Services. Die elektronische Auftragsabwicklung übernimmt so eine maßgebliche Rolle im Back-End-Bereich von Internetmarktplätzen.

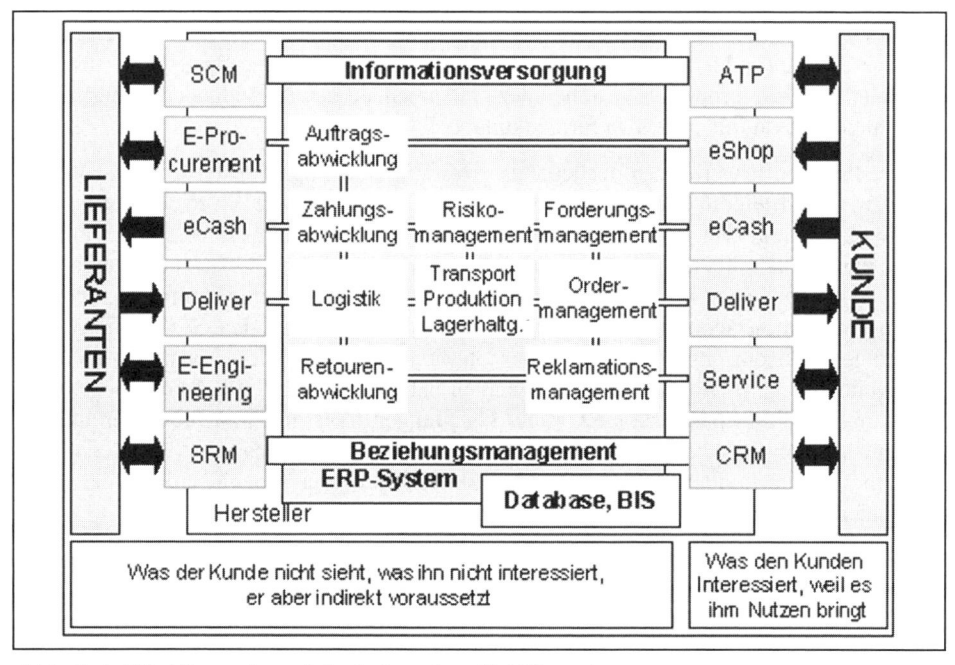

Abb. 9–1: Die Elemente und Aufgaben des eFulfillments

Alle Aufgaben des eFulfillments sind in einem ERP-System integriert und besitzen eine gemeinsame Datenbasis. Elemente, wie SCM oder eProcurement erlauben einen schnellen Datenfluss zwischen Hersteller und Lieferant, wodurch die Auftragsabwicklung beschleunigt wird. Diese lieferantenseitigen Elemente sind für die Kunden nicht von Interesse, werden jedoch indirekt vorausgesetzt, da nur auf diese Weise eine Befriedigung der Bedürfnisse erfolgen kann. Elemente des eFulfillments, die den Kunden direkt nut-

---

[221] Vgl. Baumgarten/ Walter, Trends und Strategien in Logistik und E-Business (10/2000), S. 8

zen, sind z.B. Customer Relationship Management, Service oder auch Available To Promise (ATP), d.h. konkrete Aussagen über Liefertermine.

Wesentliche Merkmale des eFulfillments sind

- Wandel vom Holkauf zum Bringkauf,
- Einzelpakete lösen Großmengen ab,
- zyklische Auftragseingänge weichen sporadischen Kundenaufträgen.

Zur Erfüllung der komplexen Aufgaben werden folgende Anforderungen an moderne eFulfillment-Systeme gestellt:

- Aufnahme, Integration, Analyse von Informationen aus internen und externen Daten, einschließlich der Daten kabelloser und mobiler Geräte,
- Möglichkeit der Integration verschiedenster Systeme durch offene Schnittstellen,
- Visualisierung der Logistikkette,
- Simulation von „Was-Wäre-Wenn-Szenarios" und die Bereitstellung von Empfehlungen,
- Reaktionsfähigkeit und Flexibilität auf externe Vorfälle und Engpässe,
- Echtzeit-Alarm-Funktionen zwischen Unternehmen (Realtime-Alert-Monitor),
- Konfigurationsfähigkeit für die verschiedenen IT-Infrastrukturen der Logistik-Partner,
- dynamische Optimierungstechnik (Neuplanen, Prioritäten- und Reihenfolgeveränderung in Echtzeit) und flexible Erweiterbarkeit.[222]

In den 90er Jahren haben sich Logistikdienstleister auf diese Anforderungen spezialisiert und ein entsprechendes Leistungsangebot entwickelt. Die Prozessabläufe sind auf das Internet ausgerichtet, da es gegenüber Telefon, Fax oder EDI einen schnelleren, komplementäreren Informationskanal darstellt. Durchgesetzt haben sich hierbei Unternehmen der Old Economy, wie z.B. die Deutsche Post Fulfillment GmbH. Sie bietet eFulfillment Komplettlösungen, einschließlich Versandhandelssoftware, Call Center und Finanzabwicklung an. Ein Kunde der DPF ist z.B. die Tchibo AG in Bremen. Es wird das Ziel verfolgt, die über verschiedene, herkömmliche und elektronische Informationskanäle eingehenden Kundenaufträge in eine einheitliche und effiziente Logistiksteuerung umzusetzen. „Durch die synergetische Verbindung von Vertriebskanälen wie Katalog, Filiale und Internet ergeben sich erhebliche Substitutions- und Neukundenumsätze. Auswählen, Bestellen, Kommissionieren und Transportieren verschmelzen zu einem medienbruchfreien Workflow."[223]

Die Qualität des eFulfillments lässt jedoch noch zu wünschen übrig, denn ca. 60% der Aufträge im eCommerce erreichen heute nicht die dem Endkunden zugesagte Fulfillmentqualität. Ursache ist u.a., dass der Logistik noch längst nicht der Stellenwert in der Supply Chain zugeordnet wird, der nötig wäre.

---

[222] Vgl. Wannenwetsch (2002a), S. 183f.
[223] Vgl. Logistik Inside (04/2002), S. 30ff.

Zu den Marktführern der Logistikdienstleister zählen Deutsche Post World Net, Fiege, Schenker und UPS. Das folgende Beispiel zeigt die Leistungen der Bertelsmann Distribution GmbH.

> **Praxisbeispiel: Bertelsmann Distribution GmbH**
>
> Die Bertelsmann Distribution GmbH ist Teil der Bertelsmann Services Group. Die Services Group ist ein Zusammenschluss von innovativen Dienstleistungsunternehmen und gehört zur Bertelsmann AG, einem der weltweit größten Medienunternehmen. Als Teil dieser Gruppe bietet die Bertelsmann Distribution GmbH integrierte Dienstleistungen entlang der Wertschöpfungskette von Customer Service über Beschaffung, Produktion, Logistik, Content Management und Finanzservice für internationale Großkunden.
>
> Bertelsmann möchte seinen Kunden einen sicheren, schnellen und direkten Fluss von Informationen, Waren und Werten im Business-to-Business und Business-to-Consumer-Bereich ermöglichen. Das Ziel ist dabei die Wünsche der Kunden und die Anforderungen von Millionen von Endverbrauchern weltweit zu befriedigen. Die Hauptprozesse Customer Service, Beschaffung, Produktion, Logistik, Content Management und Finanzservice sind an die individuellen Bedürfnisse der Kunden verschiedener Industrien angepasst. Die Kunden können durch die integrierte Wertschöpfungskette der Bertelsmann Distribution GmbH Kosteneinsparungen, erhöhte Transparenz und Schnelligkeit für ihr eigenes Business realisieren.

9.2 Telematiksysteme und Strategien der Sendungsverfolgung

Der Begriff Telematik beinhaltet den direkten Datenaustausch und die Verarbeitung zwischen beliebiger Informationstechnik und mobiler Kommunikationstechnik auf digitaler Basis. In Verbindung mit dem Internet bietet die Telematik jedem Unternehmen im Bereich der internen und externen Logistik Einsparpotenziale. Zum einen haben Disponenten einen besseren Überblick über den technischen Zustand und die Einsatzorte der Fahrzeuge, zum anderen wird eine verbesserte Kommunikation zwischen Verladern und den Spediteuren oder Endkunden gewährleistet. Sämtliche Fahrzeugdaten werden in den Logistikprozess integriert, so dass der Fahrzeugzustand, wie z.B. Kraftstoffverbrauch, Reifendruck oder Zustand der Bremsen ständig beobachtet und analysiert werden kann. Dadurch sind die Disponenten in der Lage, ein professionelles Flottenmanagement zu praktizieren. Anhand von Informationen über Kapazitäten und Fahrzeugzuständen können Transporte optimiert und notwendige Reparaturen eingeplant werden, um kostspielige Leerfahrten zu vermeiden. Durch die Nutzung eines Internetportals ist die Abbildung des gesamten Logistikprozesses von der Bestellung bis zur Sendungsverfolgung möglich. Der Fahrer kann sich mit einem Bordcomputer in das Portal einwählen und so verschiedene Angebote nutzen. Als Vorteile dieser internetbasierten Telematiksysteme zählen[224]

- Ortung und Routenplanung,
- Kommunikation zwischen Disponent und Fahrer,
- Kosten- und Leistungsvergleich zwischen Fahrzeugen,
- Leistungsvergleiche zwischen Fahrern,
- bessere Kommunikation mit Kunden und Kooperationspartnern,
- bessere Abstimmung der Einsatzzeiten,
- weniger Leerfahrten,
- Optimierung der wartungsbedingten Stillstandzeiten.[225]

Im folgenden werden Anwendungsmöglichkeiten für Unternehmen vorgestellt, mit deren Hilfe Sendungen verfolgt werden können:

- Sendungsverfolgung durch Tracking und Tracing,
- Sendungsüberwachung mit Hilfe von Barcode oder Transpondern,
- Fahrzeugüberwachung durch Global Navigation Satellite System.

9.2.1 Tracking und Tracing

Unter Tracking und Tracing versteht man die Sendungsverfolgung per Internet in der Transportlogistik. Damit ist eine effektive Bewältigung des bereits seit Jahren dynamisch wachsenden Aufkommens von Gütertransporten in Industrie und Handel möglich. Die zunehmende Globalisierung hat einen steigenden internationalen Materialfluss zur Folge. Dabei stehen Unternehmen vor der Herausforderung diesen Materialfluss zu optimieren, um lokale Überbestände bzw. Engpässe zu vermeiden. Voraussetzung dafür ist ein System, das jederzeit Auskunft über den Weg der transportierten Teile geben kann und den Materialfluss zu Land, Wasser und Luft verbessert. Eine Systemlösung des Tracking und Tracings bietet z.B. die gedas GmbH in Berlin.

---

[224] Vgl. Beschaffung Aktuell (8/2000), S. 76
[225] Vgl. Industrie Anzeiger, Nr.26 (vom 25.06.2001), S. 48f.

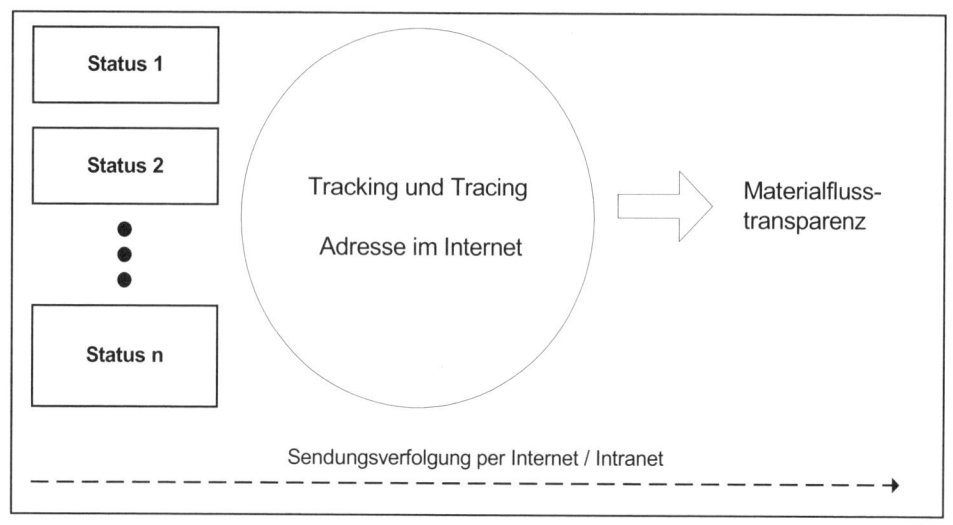

Abb. 9–2: Funktionsweise des Tracking und Tracing-Systems[226]

Das Tracking und Tracing-System baut auf einer Client-Server-Technologie auf und stellt aktuelle Informationen zum Status ihrer weltweiten Transporte dar. Die ständige Aktualisierung der Sendungsstati erfolgt automatisch durch die elektronische Anbindung externer Datenquellen, wie Container- oder Luftfrachtinformationssysteme. Durch den Einsatz weltweit gültiger EDI- und VDA-Standards als Protokoll zur Datenkommunikation ist die Integration weiterer externer Dienstleister problemlos möglich. Sollten entsprechende Informationssysteme, insbesondere im Straßengüterverkehr, nicht verfügbar sein, kann die Status-Sendungsverfolgung mit Hilfe von Transpondersignalen oder Barcodescanning an den Packstücken erfolgen. Die Kennungen werden danach an die Telematikzentrale von gedas geschickt und mit minimaler Zeitverzögerung dem Tracking und Tracing-System zur Verfügung gestellt. Somit bietet das System folgende Vorteile:

- vollständige Transparenz in der Transportkette,
- Grundlage einer hohen Planungssicherheit aufgrund einer ständigen Aktualisierung und Verfügbarkeit der Informationen,
- frühzeitiges Erkennen von Lieferengpässen,
- Steigerung der Kundenzufriedenheit drch eine zuverlässige Auslieferung,
- Langzeitbetrachtungen und -bewertungen führen zu kontinuierlichen Verbesserungen des Logistikprozesses und sichern damit dauerhaft die Wettbewerbsfähigkeit.

---

[226] Vgl. gedas GmbH, Tracking und Tracing; Sendungsverfolgung per Internet in der Transportlogistik (6/99)

> **Praxisbeispiel: Tracking und Tracing bei der Volkswagen AG**
>
> In Zusammenarbeit mit gedas hat die VW AG ein auf dem VW-Intranet basierendes Tracking und Tracing-System entwickelt, das die Steuerung und Kontrolle der Transportwege der Ware vom Auftragseingang bis zur Ablieferung durch alle Beteiligten ermöglicht. Vor dem Verlassen des VW-Werkes werden alle Auftrags- und Versanddaten sowie die Nummern des Waren-Containers erfasst, wodurch die genaue Lokalisierung jedes einzelnen Teils über sogenannte Trackingpunkte möglich ist. Mit dem Ziel der optimalen Abbildung der Logistikkette können beliebig viele Punkte definiert werden. Ein Trackingpunkt stellt z.B. das Hafentelematik-System in Bremerhaven dar, das auf Basis des internationalen Standards Edifact Daten liefert. Über diesen Informationsknotenpunkt können Daten elektronisch gesendet, empfangen und weiterverarbeitet werden.[227]

9.2.2 Barcoding

Der Barcode ist ein maschinell lesbarer Strichcode, der auf sämtlichen Produkten bzw. Produktverpackungen aufgedruckt ist. Mit Hilfe eines Scanners wird z.B. an der Supermarktkasse der Strichcode eingescannt und der Abgang der Ware verbucht. Danach erfolgt ein Bestandsabgleich, indem der Ist- mit dem Solllagerbestand verglichen wird. Beim Erreichen des Meldebestands wird automatisch eine Bestellanforderung generiert, die via Internet als Bestellung an den Lieferanten weitergeleitet wird. Dadurch kann eine schnelle Belieferung gewährleistet werden.

Douglas Young meldete 1949 den ersten Strichcode in den USA zum Patent an. Heute sind die kleinen Striche, die am weitesten verbreitete und kostengünstigste Form der Identifikation.

Der Barcode enthält u.a. Informationen über den Artikel, den Bestimmungsort sowie die Artikelherkunft, die anhand der ersten Ziffer zu erkennen ist. Die Ware mit dem Barcode der Abb. 9–3 wurde in der Bundesrepublik Deutschland produziert, da der Code mit dem Länderkennzeichen 4 beginnt.

In produzierenden Unternehmen erhalten alle Arbeitsgänge von Fertigungsaufträgen ebenso Barcodes. Mit Hilfe des Barcodelesers wird jeder Arbeitsvorgang (z.B. Schleifen, Bohren, etc.) nach Beendigung im ERP-System zurückgemeldet. Dadurch besitzt der Vertrieb, die Montage oder andere Stellen die Möglichkeit sich ständig über den Arbeitsfortschritt bestimmter Aufträge zu informieren. Ebenso werden damit Lagerdaten erfasst, wie z.B. Lagerabgänge oder -zugänge. Auch der Einsatz bei Tracking und Tracing-Systemen ist möglich.[228]

---

[227] Vgl. gedas GmbH, Tracking und Tracing; Sendungsverfolgung per Mausklick (6/99)
[228] Vgl. Wannenwetsch (2002a), S. 29

Abb. 9–3: Barcode und Scanner

Der Barcode bietet weitere Vorteile:

- das Lesen ist selbst aus einer gewissen Entfernung noch möglich,
- Besetzung mit bis zu 3000 Zeichen möglich,
- selbst bei einer 30%igen Zerstörung, lässt sich der Code noch lesen.

Erst 1993 wurde der Barcode in Europa vereinheitlicht, so dass ein internationaler Einsatz möglich wurde. Der Barcode enthält genaue Angaben über die Inhalte eines Frachtstücks und erlaubt so eine genaue Identifikation. Geht z.B. eine Ladung verloren, muss der Spediteur Auskunft darüber geben können, ob eine fehlende Sendung teure Computer oder lediglich Prospekte enthielt. Das Transportunternehmen Kühne & Nagel, mit 13.000 Mitarbeitern in 82 Ländern, setzt Barcode-Etiketten ein. Dadurch wird die gesamte Transportkette für Kunde, Spediteur und Empfänger transparent und nachvollziehbar gestaltet.[229]

9.2.3 Transpondertechnologien

„Neben den verbreiteten Barcodes werden Transponder zunehmend als Mittel der flexiblen, automatischen und berührungslosen Datenerfassung eingesetzt." Das Einlesen der Daten erfolgt über Schwingungen, die durch einen flachen, auf Etiketten oder Schilder nicht sichtbaren Mikrochip erzeugt werden. Der Mikrochip besitzt eine Spulenantenne, die aus einem gewickelten Kupferdraht besteht. Die Daten des Chips können berührungslos weitergegeben und verarbeitet werden. Man bezeichnet diese Technik als

---

[229] Vgl. FAZ vom 16.03.1999, S. 19

„Radio Frequency Identification" (RFID), bei der ein funkgesteuerter Datenaustausch zwischen einem Sender und einen Empfänger erfolgt.[230] Die Transpondertechnologie bietet folgende Vorteile:

- ein Transponder ist nicht sichtbar in Teile des Produkts integriert,
- die Daten auf dem Mikrochip können berührungslos gelesen und durch eine Neuprogrammierung verändert werden,
- der Transponder löst einen Lesevorgang von selbst aus, wenn er sich in der Reichweite des Empfängers befindet,
- absolut unempfindlich gegenüber Staub, Farbe, Feuchtigkeit, Hitze (bis 100 Grad Celsius) und Kälte (bis minus 20 Grad Celsius),
- Ausstattung mit Temperatur- und Drucksensoren möglich.

Der Einsatz von Transpondern zur Kennzeichnung von Waren und Transportgütern hat sich gegenüber dem Barcode aus folgenden Gründen noch nicht vollständig durchgesetzt:

- Transpondertechnik ist bei einem Stückpreis zwischen 0,50 bis 5 Euro noch zu teuer,
- beim Auslesen mehrerer Informationsträger tritt eine noch relativ hohe Fehlerquote auf, wodurch ein hoher Aufwand durch Nacharbeiten entsteht,
- hohe Investitionen in IT-Infrastruktur notwendig.[231]

9.2.4 Global Navigation Satellite System (GNSS)

Global Navigation Satellite System ist ein allgemeiner Begriff für ein Positionierungssystem, das Satelliten benutzt, um bestimmte Dinge zu orten. Es lässt sich unterteilen in

- **GPS** (Global Positioning System),
- **GLONASS** und der künftige
- **GALILEO**.

Ein Unternehmen besitzt dadurch z.B. die Möglichkeit, den Standort eines Frachtschiffes, das seine Ware ausliefert, festzustellen. Dazu muss die Ware mit einem GPS-Empfänger ausgestattet werden, danach ist die Position, teilweise zentimetergenau, bestimmbar.

---

[230] Vgl. Logistik Inside (05/2002), S. 38
[231] Vgl. Beschaffung Aktuell (3/1999), S. 114

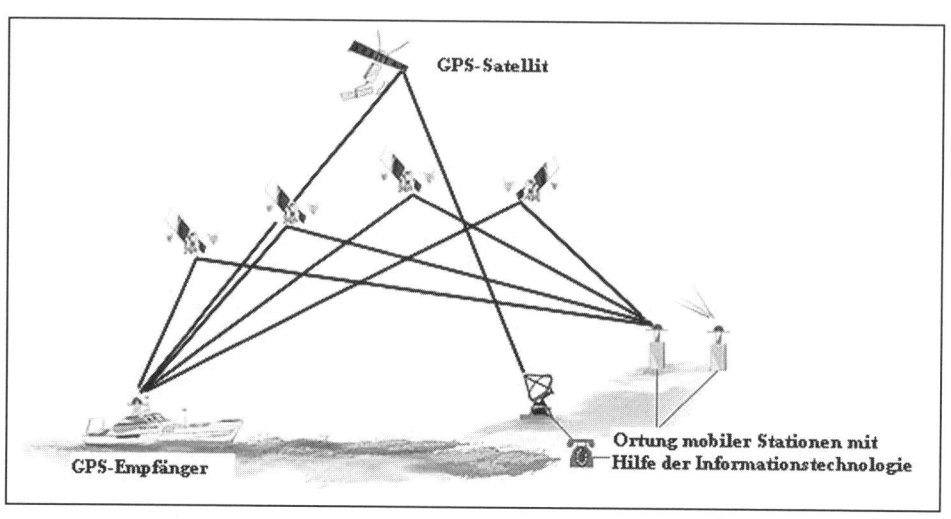

Abb. 9–4: GPS-System

Großen Nutzen haben GPS-Kunden z.B. bei der Suche gestohlener Luxuslimousinen, Yachten, LKWs und wertvollen Ladungen. Die Installation eines GPS-Empfängers lässt die Suche bei einer Genauigkeit von 10 bis 15 Metern zum Kinderspiel werden. Die genaue und allseitige Verfügbarkeit von Daten über Zeit, Ort und Bewegung ist ein wesentlicher Baustein der Informationstechnologie.

Das im Juni 1999 von der europäischen Union Transports Committee gestartete GALILEO Programm ist Europas Antwort auf das wachsende Bedürfnis nach Zuverlässigkeit und Sicherheit in Transportsystemen. Es ist ein strategisches Element, des Europäischen Plans für politische und technologische Unabhängigkeit. GALILEO wird das erste Satellitensystem sein, das Bedürfnisse ziviler Benutzer in Hinsicht auf Funknavigation, Positionierung und Synchronisation erfüllt.[232] Künftig können PKWs bei Unfällen durch die GPS-Technologie automatisch lokalisiert und entsprechende Hilfsmassnahmen eingeleitet werden. Groß-Mähdrescher fahren mittlerweile schon GPS-gesteuert über die Felder, um die Überlappung der Mähgänge möglichst gering zu halten.[233]

---

[232] Vgl. Tews, GPS Technology GALILEO unter http://www.hr-tews.de/GPS/galileo.htm vom 11.05.02
[233] Vgl. FAZ vom 28.05.2002, S. 1

9.3 e-basierte Distributionskonzepte

Die zunehmende Globalisierung hat auch bezüglich der Distributionsprozesse neue Ansätze hervorgebracht. Das wichtigste Ziel ist die Steigerung der Kundenzufriedenheit, die mit Hilfe von ECR erreicht werden kann. Dabei ist der Einsatz modernster Informationstechnologien, wie dem Internet, notwendig, um tatsächliche Bedarfe schnellstmöglich zu befriedigen. Zudem sollte eine kurzfristige Aussage über die Verfügbarkeit von Waren getroffen werden können. Die Strategie der Quick-Response-Logistik setzt diesen Gedanken durch die Vernetzung von Textilherstellern und Einzelhändlern via Internet um. Des weiteren sind Lagerbestände zu optimieren, um unnötige Kosten zu reduzieren. Das Konzept des Vendor Managed Inventory überlässt das Bestandsmanagement dem Lieferanten und vermindert daher den Aufwand.

9.3.1 Efficient Consumer Response (ECR)

ECR lässt sich als „effiziente Reaktion auf die Kundennachfrage" übersetzen. In dessen Vordergrund steht die Kundenorientierung und eine ganzheitliche Betrachtung von der Herstellung eines Produktes bis zur Auslieferung zum Kunden. Es verfolgt das Ziel, Waren- und Informationsflüsse im gesamten Distributionssystem durch eine vertrauensvolle Zusammenarbeit zwischen Hersteller und Handel zu optimieren. Basis ist dabei eine lückenlose Informations- und Versorgungskette.

ECR setzt sich aus mehreren Bestandteilen zusammen, die entweder unter Logistik- oder Marketingstrategien einzuordnen sind. Es verbindet Logistik und Marketing mit Hilfe der Informationstechnologie. Das amerikanische Food Marketing Institut präsentierte 1992 erstmalig ECR.[234]

Marketingkomponenten

- **Efficient Store Assortment** umfasst die Bereiche ökonomische Sortimentsgestaltung und Bestandsreduzierung. Ziel ist es, eine Ausgewogenheit zwischen Artikeln, die Kunden anlocken sollen (sog. Strategieartikel oder Frequenzbringer) und Profitartikeln mit hohem Deckungsbeitrag zu schaffen.
- **Efficient Promotion** beinhaltet eine effiziente Verkaufsförderung durch die vertrauensvolle Zusammenarbeit und Abstimmung der Werbeaktivitäten zwischen Hersteller und Handel zur Beeinflussung der Kundennachfrage.
- **Efficient Product Introduction** zielt auf eine gemeinsame Produkteinführung sowie die Koordination der Einführungsaktivitäten ab. Bei der Erarbeitung von Konzepten können Hersteller und Handel ihre Kompetenzen gemeinsam einbringen, um Fehl-

---

[234] Vgl. Vgl. Werner Supply Chain Management (2000), S. 54

schläge zu vermeiden. Dadurch lässt sich der Anteil an Ladenhütern und Teilen mit niedriger Umschlagshäufigkeit wesentlich reduzieren. Dies führt zu einer Reduzierung der Kapitalbindungskosten und einer Erhöhung der Wettbewerbsfähigkeit.[235]

Logistikkomponenten

- **Efficient Replenishment** (synonym: Continous Replenishment) kann als „kontinuierlicher Warennachschub" bezeichnet werden. Es wird das Ziel einer Zeit- und Kostenreduzierung beim Warenfluss, mit Hilfe eines automatischen Bestellwesens verfolgt. Der Abgang der Ware beim Hersteller erfolgt mit Hilfe eines Scanners, der die Daten vom Barcode der Waren abliest und weitergibt. Die sofortige Übermittlung der Verkaufsdaten am Point of Sale (Verkaufszeitpunkt) wird über Kommunikationsstandards, wie z.B. über das Internet mit WebEDI, realisiert. Beim Erreichen des Mindestbestandes wird der Bestellprozess ausgelöst, was eine deutliche Beschleunigung zur Folge hat.[236] Den Lieferanten kann dabei eine größere Verantwortung zuteil werden, wie beim Vendor Managed Inventory („lieferantengesteuerte Bestandsführung"). Der kontinuierliche Warennachschub erzielt folgende Verbesserungen.

Verbesserungen durch Efficient Replenishment
■ Kostensenkung (Transport und Lager)
■ Kürzere Durchlaufzeiten
■ Qualitätsverbesserungen (Erhöhung von Service- und Dienstleistungsgrad)
■ Ausnutzung der Flexibilität des Lieferanten

Tabelle 9–1: Verbesserungen durch Efficient Replenishment

Laut Kurt Salmon Associates hat sich die Umschlagsdauer im Handel, durch den Einsatz von Efficient Replenishment, von durchschnittlich 104 auf nur noch 61 Tage verkürzt.[237]

Efficient Replenishment besteht aus folgenden Elementen.

- **Continuous Replenishment Program (CRP)**
  CRP beinhaltet einen partnerschaftlichen Bestellprozess, in welchem der Hersteller, auf Basis von Bestands- und Abverkaufsinformationen und Bestellprognosen (Joint Forecasting), die Lagerbevorratung des Handels bestimmt. Dabei unterscheidet man

---

[235] Vgl. Wannenwetsch (2002a), S. 150ff.
[236] Vgl. Knolmayer/Mertens/Zeier (2000), S. 48f.
[237] Vgl. Werner (2000), S. 53ff.

die Verfahren Vendor Managed Inventory und Co-Managed Inventory (vgl. Abschnitt 9.3.3).

- **Logistik Pooling**
  Beim Logistik-Pooling wird der Einsatz von LKWs und Lager unternehmensübergreifend geplant und optimiert, um eine maximale Auslastung zu gewährleisten. Durch den Zusammenschluss verschiedener Unternehmen können Leerfahrten und somit Kosten minimiert werden.

- **Roll Cage Sequencing**
  Roll Cage Sequencing ist eine filialgerechte Kommissioniermethode in den Handelslagern, bei der die Zusammenstellung der Ware nicht entsprechend des Layouts des Handelslagers vorgenommen wird, sondern entsprechend des Layouts der zu beliefernden Filiale. Die Folge ist eine Einsparung von langen Einräumwegen in der Filiale, wodurch Personalkosten reduziert werden.[238]

Die vier genannten ECR-Komponenten wurden im Laufe der Zeit um drei weitere Logistikbestandteile, die in Abb. 9–5 aufgezeigt werden, ergänzt.

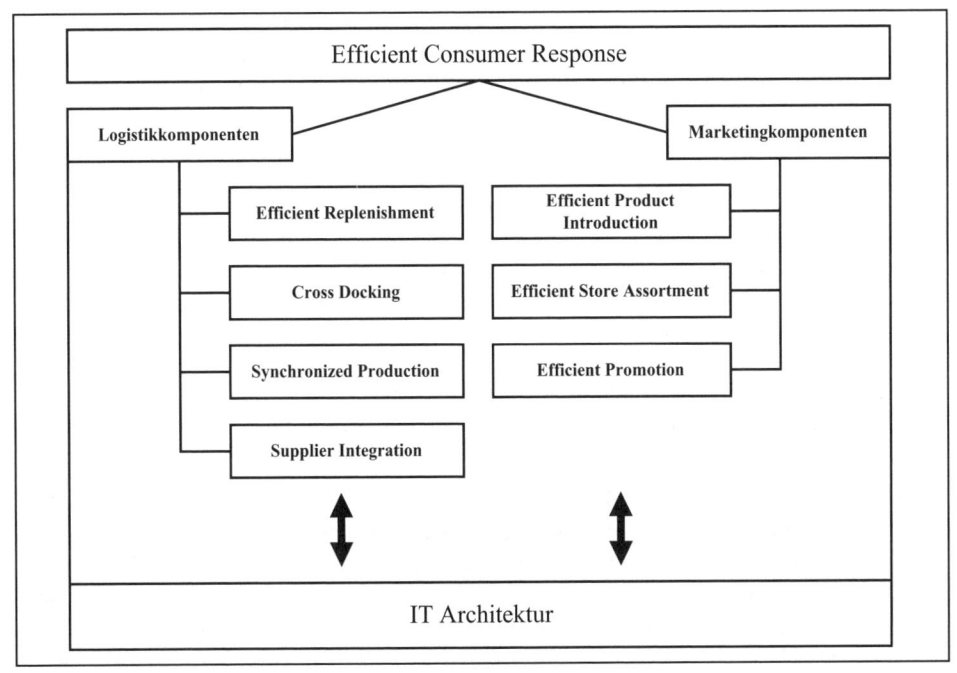

Abb. 9–5: Bestandteile des ECR-Konzepts[239]

---

[238] Vgl. Wannenwetsch (2002), S. 223ff.
[239] Vgl. Werner, Supply Chain Management (2000), S. 54

- **Synchronized Production** (synchronisierte Fertigung) bezeichnet die Abstimmung der Kundennachfrage mit der Produktion des Lieferanten (Pull-Prinzip, vgl. Kapitel 6). Der Lieferant kann durch den frühzeitigen Erhalt der Verkaufsdaten des Kunden seine Produktionsplanung und –steuerung optimieren.
- **Supplier Integration** (Zulieferintegration) meint die Zusammenarbeit mit wenigen Systemlieferanten, die komplette Aggregate nach Vorgabe des Kunden entwickeln und fertigen. Durch die Kooperation mit wenigen Lieferanten ist eine engere Zusammenarbeit und eine bessere Qualitätskontrolle möglich.
- **Cross Docking** (vgl. Abschnitt 9.4.1)

9.3.2 Quick Response Logistik

Kurt Salmon Associates entwickelte in den 80er Jahren den Quick Response-Ansatz für die Textil- und Bekleidungsindustrie. Es wurde festgestellt, dass die gesamte Wertschöpfungskette Unwirtschaftlichkeiten aufwies, obwohl Teilprozesse effizient gestaltet wurden. Aus diesem Grund segmentierte man Unternehmensprozesse und wies ihnen Projektteams zu. Diese Teams versuchten in enger Zusammenarbeit mit dem Handel Ineffizienzen aufzudecken. Daraufhin stellte sich der Erfolg in Form von Umsatzsteigerungen bis zu 25% ein.[240] Der Gedanke des Quick Response gilt mit Just-in-Time als Basis der ECR-Logistikkomponenten.

Wesentliche Merkmale sind

- Wandel vom Push-System, das vom Hersteller ausgeht, zum Verbraucher gesteuerten Pull-System bei der Beschaffung von Textilwaren,
- Einführung eines elektronischen Datenaustausches zwischen Abnehmern, Lieferanten und logistische Dienstleistern,
- Senkung der Quoten langfristig angelegter Bestellungen,
- Ermöglichung kürzerer Beschaffungszeiten,
- Erhöhung der Flexibilität der Fertigung in der Textilbranche bei gleichzeitiger Verminderung der Losgrößen.

Quick Response-Systeme dienen heute zur Beschleunigung der Informations- und Warenströme zwischen Industrie und Handel, beispielsweise in der Textilbranche. Mit Hilfe des Internets ist ein Handelsunternehmen in der Lage, sich ein Bild über den verfügbaren Bestand im Lager des Zulieferers zu machen. Dadurch besteht die Möglichkeit bei Kundenanfragen sofort beim Lieferanten die benötigte Ware zu ordern. Somit kann ein Produkt relativ schnell, nahezu Just-in-Time ausgeliefert werden. Quick Response wird auch in ERP-Systemen wie SAP R/3 berücksichtigt.[241]

---

[240] Vgl. Werner, Supply Chain Management (2000), S.53f.
[241] Vgl. Knolmayer/Mertens/Zeier (2000), S. 49

9.3.3 Vendor Managed Inventory (VMI)

VMI ist ein Konzept des Efficient Replenishments und beinhaltet die selbständige Lagerdisposition durch den Lieferanten beim Hersteller. D.h. der Lieferant übernimmt das Bestandsmanagement des Herstellers. Voraussetzung dafür ist die informationstechnologische Verknüpfung beider Parteien. Der Lieferant muss in der Lage sein, permanent aktuelle Bestände im Lager seines Kunden, meist Handelsunternehmen, abzurufen. Eine in diesem Zusammenhang oft genutzte Technologie ist EDI. Die nachfolgende Abb. 9–7 soll die Aufgaben des Lieferanten darstellen.

Der Lieferant erstellt selbständig auf Grundlage der übermittelten Daten eine Prognose des Kundenverbrauchs, ermittelt Lieferzeitpunkte und -mengen, startet daraufhin die Aufträge in der Produktion und füllt letztlich die Bestände des Kunden auf. Eine ständige Überwachung der Ergebnisse stellt die Optimierung von Umschlaghäufigkeit und Lieferbereitschaft sicher. Dadurch werden Kosten reduziert und die Kundenzufriedenheit erhöht, was eine Verbesserung der Wettbewerbsfähigkeit zur Folge hat.[242]

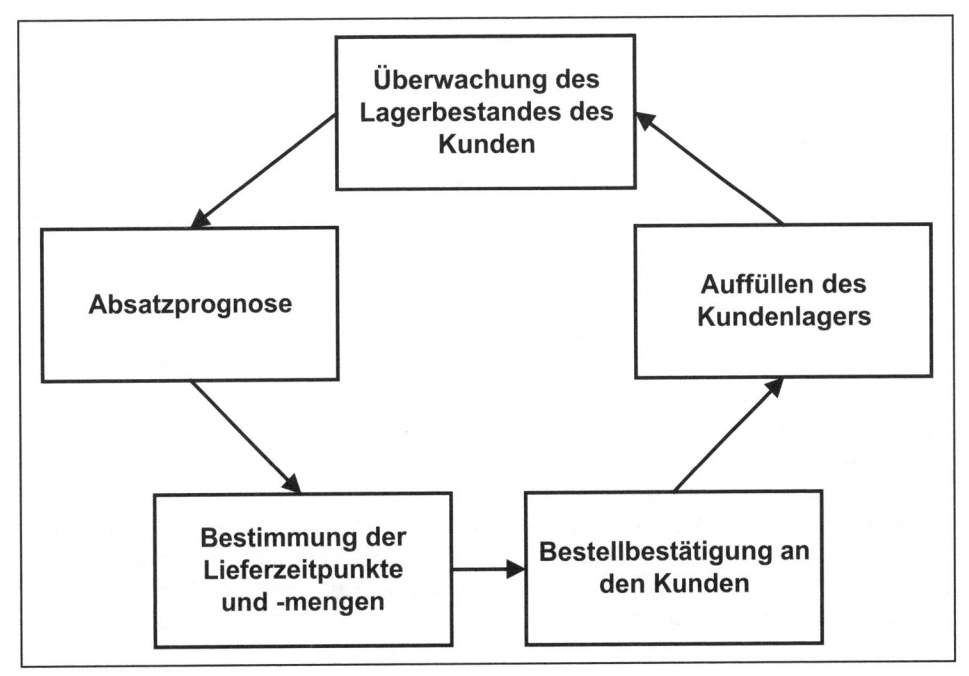

Abb. 9–6: Ablauf der lieferantengestützten Lagerdisposition

---

[242] Vgl. Demand Solutions GmbH, unter http://www.demandsolutions.de, vom 11.05.02

VMI bietet weitere Vorteile:

- geringe Kapitalbindung durch niedrige Bestände,
- verbesserte Finanzplanung,
- verbesserte Lieferbereitschaft,
- Kundenbindung durch Partnerschaften,
- größere Übersicht und Kontrolle über die Anforderungen an die Produktion.

Zusätzliche Vorteile für den Lieferanten sind:

- bessere Planung der Produktion durch verlässliche Bestandsdaten des Kunden möglich,
- Prognosedaten geben frühzeitige Informationen über eventuelle Nachfrageschwankungen.

Zusätzlicher Vorteil für den Kunden:

- der Bestellaufwand entfällt.

Wird dem Lieferanten nur teilweise die Verantwortung für die Lagerdisposition gegeben, spricht man von Co-Managed-Inventory (CMI). Dies ist z.B. der Fall, wenn der Kunde Bestellvorschläge des Lieferanten erst genehmigen muss.[243]

Die BASF AG in Ludwigshafen setzt VMI in der Praxis um, mit dem Ziel, eine Win-Win-Situation durch einen effizienteren Prozessfluss zu schaffen. Die Vorteile sieht die BASF in der Bestandsreduzierung und vor allem im Wegfall des Beschaffungsvorgangs, wodurch Doppelarbeiten und Schnittstellenprobleme entfallen. Es werden Durchlaufzeiten verkürzt sowie Transparenz und Flexibilität in der Fertigung gesteigert. Die BASF erwägt eine Ausdehnung von VMI auf alle BASF-Produktionsstandorte in Europa.[244]

9.3.4 Co-Management Inventory (CIM)[245]

Eine abgeschwächte Form des Vendor Management Inventory-Konzeptes (VMI) stellt das „Co-Managed Inventory-Konzept" (CMI) dar. Dabei wird die „Dispositionshoheit" nur teilweise an den Lieferanten übertragen. Der Handel übermittelt dem Lieferanten seine aktuellen Daten (Verkäufe, Lagerbestand, zukünftiger Verbrauch). Aufgrund dieser Daten unterbreitet der Lieferant dem Handel einen Vorschlag zur Bestandsergänzung. Der Handel prüft diesen Vorschlag und korrigiert ihn möglicherweise aufgrund eigener Erfahrungswerte und möglicher lokaler Absatz- und Wettbewerbsbedingungen.

---

[243] Vgl. Wannenwetsch (2002a), S. 154ff.
[244] Vgl. BASF AG, www.basf.de/basf/html/d/produkte/gebiete/detergents/970480431863.html
[245] Vgl. Stölzle, Heusler, Karrer (2004), S. 142–144

Co-Managed Inventory eignet sich vor allem dann, wenn die betreffenden Unternehmen erst geringe Erfahrungen mit „Efficient Replenishment-Strategien" (kontinuierlicher Warennachschub) haben. Fehlende langjährige Geschäftsbeziehungen oder noch keine gefestigte Vertrauensgrundlage können ebenfalls Gründe darstellen, das Co-Managed Inventory dem Vendor Management Inventory vorzuziehen. Nach einer erfolgreichen Zusammenarbeit mit dem Co-Managed Inventory kann zum Vendor Management Inventory-Konzept gewechselt werden.

Das „Buyer Managed Inventory"-Konzept stellt eine weitere abgeschwächte Form des Co-Managed Inventory- bzw. des Vendor Management Inventory-Konzeptes dar. Beim Buyer Managed Inventory-Konzept werden lediglich die Abverkaufsdaten (verkaufte Stückzahlen pro Tag/Periode) zwischen Handel und Lieferant ausgetauscht. Der Handel trifft die Dispositionsentscheidungen, d.h. die Entscheidung, wann welches Produkt eingekauft wird, weitgehend selbständig. Diese Form ist in der Praxis nicht sehr verbreitet.

9.3.5 ePackaging – Anforderungen an Verpackungen von Online-Artikeln

Die Verpackungen gewinnen in der Supply Chain zunehmend an Bedeutung. Neben den originären Verpackungsfunktionen spielt vor allem die Informationsfunktion eine wichtige Rolle. Im Jahr 2003 wurde mit Kunststoffbehältern ein Umsatz von 9,5 Mrd. Euro erzielt bei einem Produktionsvolumen von 3,5 Mio. Tonnen. Der Produktionswert von Verpackungen aus Papier und Pappe betrug im Jahr 2003 insgesamt 8,7 Mrd. Euro bei einer Produktionsmenge von 7,155 Mrd. Quadratmeter.

Im Jahr 2002 wurden in der Bundesrepublik von allen Packmitteln[246]

- 38,8% aus Kunststoff,
- 35,9% aus Papier/Karton/Pappe,
- 18% aus Glas,
- 5,2% aus Holz,
- 2,1% aus sonstigen Packmitteln gefertigt.

Seit Mitte der 90er Jahre wird die radiofrequente Identifikationstechnologie (RFID) in den Unternehmen eingeführt. Vorreiter sind dabei Unternehmen der Investitionsgüterindustrie, gefolgt von den Handelskonzernen. Die RFID-Etiketten verdrängen dabei die Barcodes, einhergehend mit einem Preisverfall der Transponder-Chips. Die RFID-Anwendung bedeutet zukünftig eine vollständige Kontrolle im Warenfluss. Vorteile der RFID-Technologie sind reduzierter Schwund, optimierter Diebstahlschutz, bessere Produktverfolgung und Produktverfügbarkeit sowie verbessertes Retourenhandling.

---

[246] Vgl. Beschaffung Aktuell, (08/2004), S. 50

Immer mehr Kunden nutzen die Möglichkeit des Internethandels. Die Waren werden mit Kurier-, Express-, und Paketdienstleistern innerhalb kürzester Zeit ausgeliefert. Dieser neue Distributionskanal stellt jedoch neue Anforderungen an Produkt- und Transportverpackungen. Eine Studie des Fraunhofer Instituts in Dortmund zeigt, dass die Verpackungen von Internet-Artikeln oft ungeeignet sind. Schäden an Produktverpackungen machen die Waren oftmals unbrauchbar. Beeinträchtige Produkte sowie beschädigte Verpackungen wirken sich negativ auf das Image einer etablierten Marke aus. Dies wirkt sich umso mehr aus, je stärker der Internethandel zunimmt. Deshalb müssen Produkt- und Transportverpackungen entwickelt werden, die auch für den neuen Handel geeignet sind, sogenannte Internetverpackungen. Es ist darauf zu achten, dass die Ware durch eine stabile und für den Transport handliche Verpackung geschützt wird, wobei auch ein ansprechendes Design von Bedeutung ist. Voraussetzung hierfür ist eine enge Zusammenarbeit von Herstellern, Handel und Logistikdienstleistern.[247]

Seit einiger Zeit ist die Online-Apotheke im Gespräch. Der Bezug von Medikamenten über das Internet soll genauso möglich sein, wie die Buchbestellung. Beim Transport von Medikamenten und anderen empfindlichen Waren ist jedoch besonders darauf zu achten, dass die Verpackung ausreichend Schutz vor Kälte, Hitze und sonstigen Beschädigungen bietet. Denn Schäden an sensiblen Waren, wie Arzneien, könnten schwerwiegende gesundheitliche Auswirkungen nach sich ziehen.

9.4 eStorehousing

Die Anforderungen an die Distributionslogistik durch eCommerce steigen. Die durch das Internet stark zunehmende Globalisierung fordert von Unternehmen zunehmend flexible und reaktionsfähige Distributionssysteme. Eine zentrale Herausforderung für die Distributionslogistik ist das durch eCommerce induzierte zusätzliche Paketaufkommen. Es zeichnet sich eine Tendenz zu schnellen, kleinteiligen Sendungen ab. Diese Atomisierung der Sendungsgrößen stellt hohe Anforderungen hinsichtlich Flexibilität und Transportgeschwindigkeit. Zudem wird die Zahl der Retouren deutlich zunehmen. Im B2C-Bereich, d.h. bei der Belieferung von Endkunden mit Online-Artikeln stellt sich zusätzlich noch ein Zeitproblem, denn tagsüber können nur selten Sendungen zugestellt werden. Lösungsansätze stellen dabei die Zwischenlagerung der Waren in sogenannten Pick-Up-Points dar. Mit Hilfe des Cross Docking-Konzepts können dagegen im B2B-Bereich Einzelhändler mit zahlreichen Produkten in kleinen Mengen beliefert werden, ohne ein großes Verkehrsaufkommen zu verursachen.

---

[247] Vgl. Fraunhofer IML (Annual Report 2000), S. 53

9.4.1 Cross Docking (CD) – Lagerkonzept im B2B-Bereich

CD ist eine Form der Warenverteilung, die aufgrund des Engpasses an Laderampen aufgekommen ist. Vor allem in Innenstädten ist es oft schwierig, wenn mehrere Lieferanten in engen Straßen Händler beliefern wollen. Um die Zahl der liefernden LKWs zu verringern und somit dem Problem des Engpasses an Rampen Rechnung zu tragen, hat man CD entwickelt.

Die Waren mehrerer Hersteller, hier aus der Lebensmittelindustrie, werden zu einem Transhipment Point gebracht. Dabei handelt es sich um ein Distributionszentrum, das als Umschlagspunkt dient. Die LKWs docken an einer Rampe, der „Docking Station" an und werden entladen. Danach erfolgt ohne Zwischenlagerung, entsprechend den Bestellungen, die filialgerechte Kommissionierung. Die kundenspezifisch zusammengestellten Waren werden dann an der quer gegenüberliegenden Rampe bereitgestellt, auf andere LKWs verladen und den Kunden (hauptsächlich dem Einzelhandel) ausgeliefert. Man unterscheidet zwei Arten des CDs, die in der Praxis je nach den Kriterien Artikelbeschaffenheit und Sortimentsstruktur angewandt werden.

- **Einstufiges CD:** Bereits der Hersteller kommissioniert die Waren filialgerecht.
- **Zweistufiges CD:** Die Waren werden in einem Transhipment Point filialgerecht zusammengestellt.

> **Praxisbeispiel: Cross Docking bei Kaufhof**
>
> Die Kaufhof-Warenhaus AG beliefert 132 Filialen nach dem einstufigen CD-Prinzip. Die Liefermenge entspricht jedoch nur 10% des gesamten Verkaufsvolumens. Voraussetzung ist sowohl ein reibungsloser Datenaustausch über genormte Schnittstellen, wie z.B. EDI, als auch entsprechende logistische Leistungen des Lieferanten. Zudem sind nicht alle Artikel dafür geeignet. Schnelldrehende Artikel werden bei Kaufhof immer noch über Zentrallager beliefert, um „Out-of-Stock-Situationen", d.h. leere Regale, zu vermeiden, denn die Wiederbeschaffungszeit von CD-Artikeln über den Kaufhof-Logistikbetrieb beträgt ca. eine Woche.

CD bietet dem Handel große Einsparpotenziale. Die Unternehmensberatung McKenzie spricht von Einsparungen bei Logistikkosten in Höhe von 12–18%, wobei sich das Kommissionieren im Vergleich zur Zentrallagerbelieferung als aufwendiger darstellt.

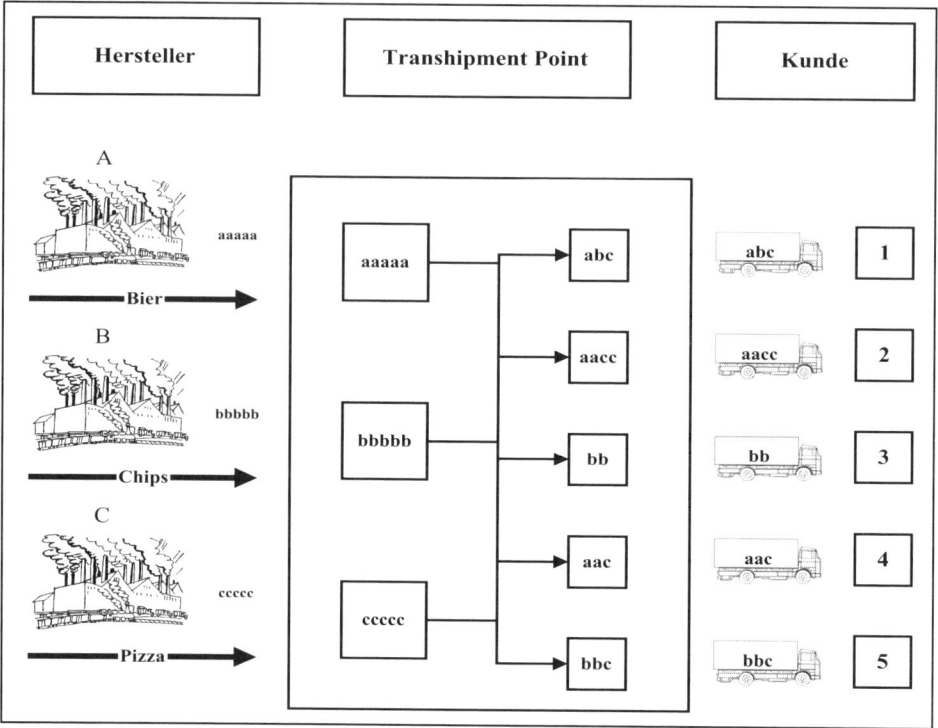

Abb. 9–7: Cross Docking[248]

Weitere Vorteile des CDs sind:

- Bestandsreduzierung entlang der logistischen Kette,
- Bestandsreduzierung in Filialen, dadurch Einsparung an Lagerfläche und -kosten,
- Beschleunigung der Warendurchlaufzeiten,
- Minimierung der Einlagerungsprozesse,
- Reduzierung der Filialanlieferungen und somit Minimierung des Aufwands in der Warenannahme.[249]

---

[248] Vgl. Werner, Supply Chain Management (2000), S. 57f.
[249] Vgl. Logistik Inside (04/2002), S. 25f.

9.4.2 Lagerkonzepte im B2C-Bereich

Der Online-Handel erfreut sich steigender Beliebtheit. Viele Endverbraucher haben das komfortable Bestellen via Internet entdeckt und schätzen den Service kurzer Lieferzeiten. Ein sehr bekannter Online-Service ist amazon.de, wo der Kunde Bücher per Mausklick bestellt und innerhalb von 2 Tagen beliefert wird. Dies stellt Logistikdienstleister jedoch vor große Herausforderungen. Zum einen sollen, möglichst binnen 24 Stunden, i.d.R. kleine Mengen an eine steigende Zahl von Adressaten geliefert werden, was einen hohen Transport- und Verpackungsaufwand nach sich zieht. Zum anderen stellt sich das Problem der sogenannten „letzten Meile." Die Pakete können immer seltener zu normalen Tageszeiten zugestellt werden, da aufgrund der steigenden Zahl an Singlehaushalten und berufstätigen Frauen tagsüber kaum jemand anzutreffen ist, der die Ware entgegen nehmen kann. Deshalb schätzen Berufstätige die von Ladenöffnungszeiten unabhängige Belieferung. Es gibt heute folgende Ansätze, die dieses Problem lösen sollen:

- **Lieferung zum Arbeitsplatz**
- **Großbriefkästen**

    Die Unternehmen Shopping Box und Condelsys nutzen verschließbare Großbriefkästen, die an Häusern aufgestellt und durch lokale Anbieter betreut werden. Dadurch kann der Endverbraucher zu jeder Tageszeit die Ware in Empfang nehmen.

- **Pick-Up-Points**

    Die Zustellung kann auch über sog. Pick-Up-Points erfolgen. Dabei handelt es sich um bereits bestehende Einrichtungen, wie Tankstellen, Videotheken oder Sonnenstudios. Durch die längeren Öffnungszeiten wird das spätere Abholen ermöglicht.[250]

- **Tower 24**

    Eine besondere Form des Pick-Up-Points ist der Tower 24. Dabei handelt es sich um ein automatisches Lagersystem, das von Logistikdienstleistern und Paketempfängern über ein Terminal bedient wird. Der Turm, mit einer Höhe von 10 Metern und einem Durchmesser von 4,5 Metern, kann 300 Standardbehälter (Größe: 60x40 cm) zwischenlagern. „Versorgt werden die Behälter von einem Zweisäulen-Regalbediengerät, das zentral angeordnet ist und zusammen mit einem Bodendrehtisch arbeitet."[251] Die chaotisch gelagerten Behälter können in drei verschiedenen Temperaturzonen untergebracht werden: Normaltemperatur, Frischebereich (2–7 Grad) und Kühlbereich (minus 18 Grad). Abb. 9–8 zeigt den Ablauf einer Online-Bestellung mit Hilfe des **Tower 24-Prinzips**.

---

[250] Vgl. BME.de, unter http://www.bme.de, vom 11.05.02
[251] Beschaffung Aktuell (8/2001), S. 77

224 eDistribution – Distributionsstrategien im eZeitalter

| Online-Bestellung | Delegation in Regionen | Kommissionierung u. Transport | Einlagerung im Tower 24 | SMS / Email zum Kunden | Abholung der Ware |

Abb. 9–8: Prozessablauf Tower 24

Nach der Online-Bestellung wird die Ware einer Region zugeordnet. Daraufhin folgt die Kommissionierung und der Transport zum jeweiligen Tower 24. Nach dem Einlagerungsvorgang erhält der Kunde automatisch eine Nachricht per SMS oder E-Mail, dass die Ware zum Abholen bereit liegt. Die Identifizierung der Behälter erfolgt beim Entgegennehmen der Ware über Barcodes.

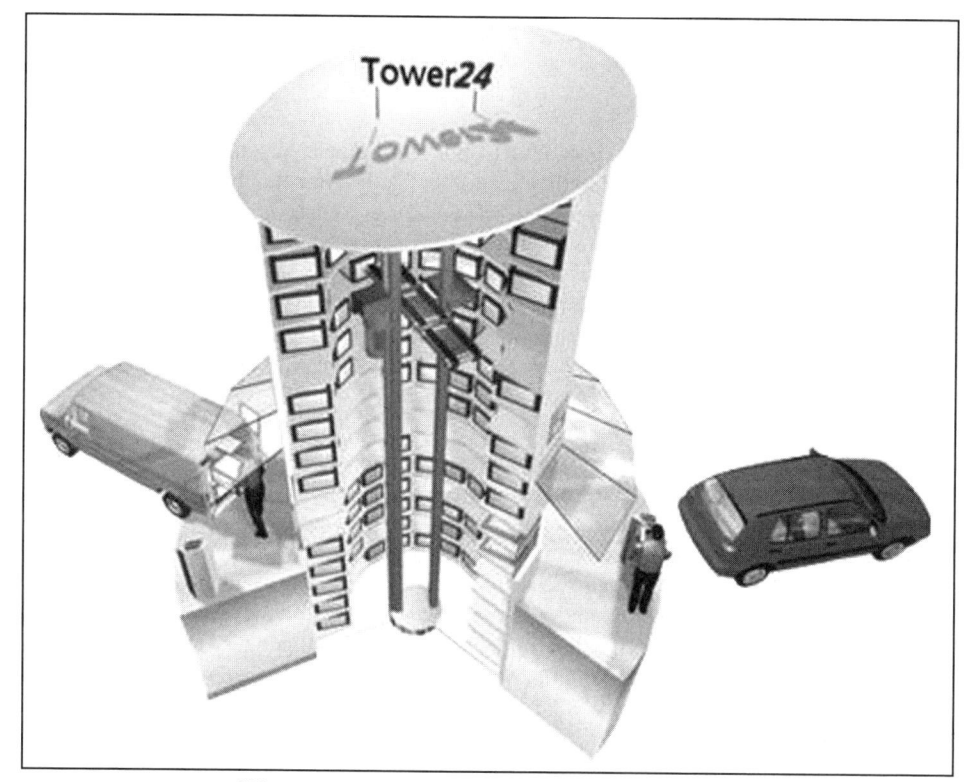

Abb. 9–9: Tower 24[252]

---

[252] Vgl. Fraunhofer IML (2002) unter http://www.tower24.de vom 23.05.02

Es werden folgende Anforderungen an das Tower 24-System gestellt.

Anforderungen an das Tower 24-System		
Einlagergut	**Kunde**	**Lieferant**
Verschiedene Temperaturzonen	Einfaches und sicheres Login	Schnelle Einlagerung
Breites Warenspektrum	Möglichst keine Wartezeiten	Abruf nicht abgeholter Ware
Vermeidung von Störungen	Einfache, ergonomische Bedienung	Abruf Leergut
Reinigung des Systems	Schnelle Warenentnahme	Einfache, ergonomische Bedienung
	24 Stunden verfügbar	Zügiger Warenaustausch
	Unfallsicherheit	Unfallsicherheit
	Design	

Tabelle 9–2: Anforderungen an das Tower 24-System

Mit dem Tower 24 können Warenströme gebündelt, Distributionskosten sowie das Verkehrsaufkommen reduziert werden. Zudem kann der Logistikdienstleister die Ware schnell (100 Pakete in 20 Minuten) und unkompliziert zustellen. Es erfolgt eine Entkopplung der Schnittstelle zwischen Distribution und Konsument, so dass die Zustellung sicherer wird. Die vereinfachte Tourenplanung erlaubt eine schnellere Zustellung der Ware. Die kompakte Bauform des Tower 24 lässt sich in Gebäude integrieren oder als „Stand-alone" aufstellen.[253]

Vergleich der Akzeptanz der B2C-Lagerkonzepte

Abb. 9–10 zeigt das Ergebnis einer Internetbefragung bei eCommerce-Center Handel. Man erkennt, dass der Endverbraucher die Lieferung nach Hause deutlich bevorzugt, da es für ihn am bequemsten ist. Die Akzeptanz von Pick-Up-Points ist relativ gering, daher ist der Erfolg der flächendeckenden Einführung fraglich.

---

[253] Vgl. Fraunhofer Institut: Tower 24: System für dezentrale Pick-up-Points, Kurzpräsentation (Februar 2001)

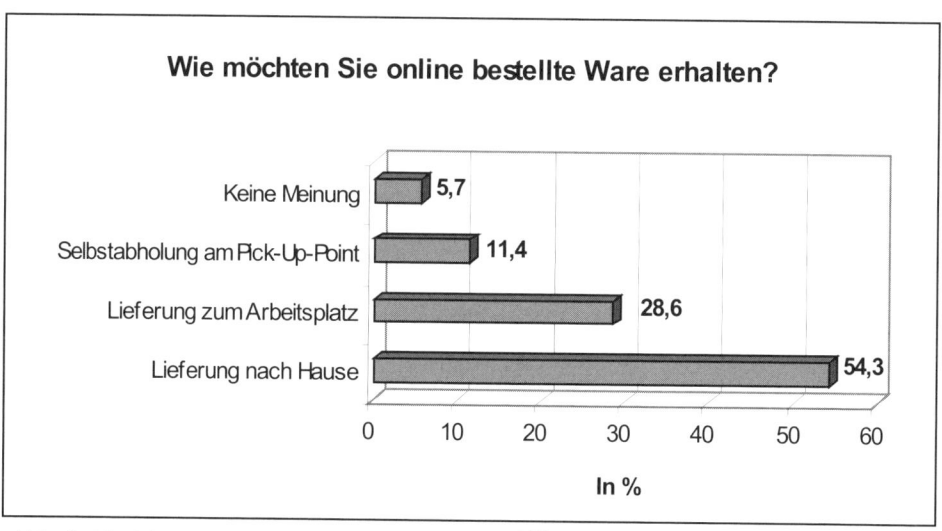

Wie möchten Sie online bestellte Ware erhalten?

- Keine Meinung: 5,7
- Selbstabholung am Pick-Up-Point: 11,4
- Lieferung zum Arbeitsplatz: 28,6
- Lieferung nach Hause: 54,3

(In %)

Abb. 9–10: Akzeptanz von B2C-Lagerkonzepten[254]

9.5 Optimal Shelf Availability (OSA)

Unter OSA versteht man alle Maßnahmen, die die Warenverfügbarkeit in Supermärkten verbessern. Dies beinhaltet die Vermeidung von Schwund entlang der Supply Chain sowie die Zusammenarbeit zwischen Handel und Hersteller in Form von gemeinsamer Planung, Vorhersagen und Bestellungen. Dieser neue Ansatz wird als „Collaborative Planning, Forecasting and Replenishment" bezeichnet, der in Kapitel 6.5 näher betrachtet wird.

Trotz größter Anstrengungen gelingt es heute dem Einzelhandel nicht, eine zufriedenstellende Warenverfügbarkeit zu erzielen. Zu oft stehen Kunden vor leeren Regalen, wenn sie bei angepriesenen Schnäppchen zugreifen wollen. Diese „Out-of-Stock-Situationen" kommen bei 7–10% des gesamten Warensortiments eines Supermarktes vor. Zu den betroffenen Artikeln zählen variantenreiche Produkte, wie Damenstrümpfe (32%), Schokoriegel (15%) oder Saison- und Promotionartikel, wie Eis (10%) und Waschmittel (9%). Der Schaden beläuft sich in Form von Umsatzeinbußen jährlich auf ca. 4 Mrd. Euro. Leere Regale verärgern zudem die Kundschaft und führen zu einem Imageschaden. Die Kunden wandern zur Konkurrenz ab, wodurch Umsatzrückgänge von bis zu 10% zu erwarten sind. Im Ländervergleich schneidet Deutschland bei „Out-of-Stock-Situationen" von 5–6% weltweit noch relativ gut ab. Spitzenreiter ist Großbritannien, zu

---

[254] Vgl. E-Commerce-Center Handel (2002), unter http://www.ecc-handel.de/ vom 18.05.02

den Schlusslichtern in Europa zählen die Südeuropäer, aber auch die USA und asiatische Staaten geben erstaunlicherweise kein gutes Bild ab.

Die Arbeitsgruppe OSA der europäischen Konsumgüterwirtschaftsorganisation ECR Europe forschte nach den Ursachen und ermittelte einen Lieferbereitschaftsgrad

- zwischen Hersteller und Zentrallager von 99% und
- zwischen Zentrallager und den Lägern der Einzelhändler von 98%.

Daraus kann man ableiten, dass die Ursachen der „Out-of-Stock-Probleme" im Supermarkt selbst liegen. Der Lieferbereitschaftsgrad zwischen Filiallager und Supermarktregal beträgt nur 90–93%. Die Ursachen werden in Abb. 9–11 aufgezeigt.

Einzelhändler, die diese Probleme in den Griff bekommen, können „Out-of-Stock-Situationen" reduzieren und somit Kunden zurückgewinnen. Die Studie der OSA zeigt auch, dass Optimierung und Reduzierung von Beständen keine Gründe für leere Regale darstellen.[255]

Ursachen für „Out-of-Stock"

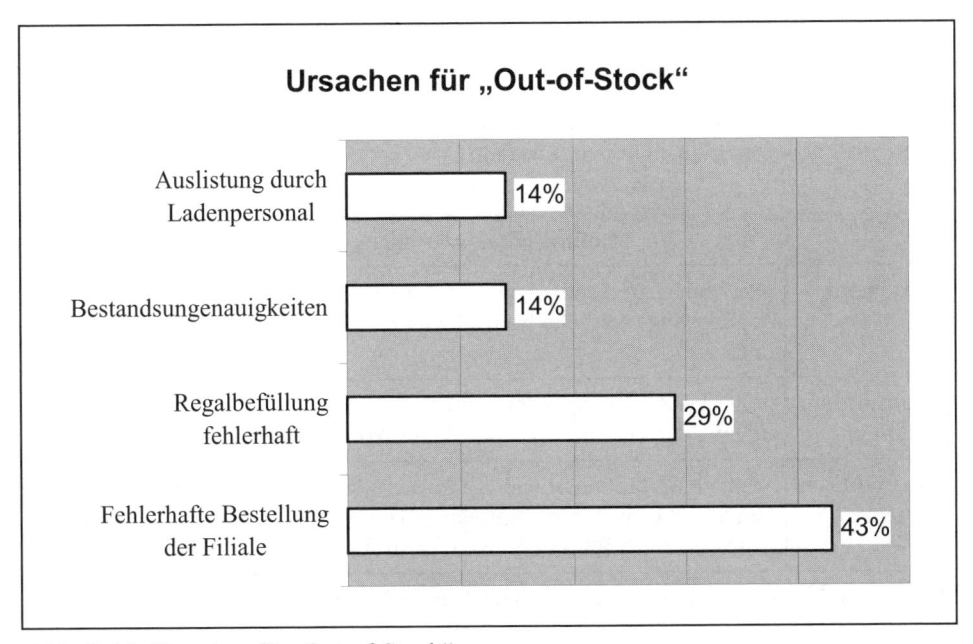

Auslistung durch Ladenpersonal	14%
Bestandsungenauigkeiten	14%
Regalbefüllung fehlerhaft	29%
Fehlerhafte Bestellung der Filiale	43%

Abb. 9–11: Ursachen für „Out-of-Stock"

---

[255] Vgl. Kranke, Warum Europas Einzelhändler versagen, Logistik Inside (09/2002), S. 38ff.

10. ePayments – Zahlungsverkehr entlang der eSupply Chain

Obwohl der Glanz des Begriffs „eCommerce" vielerorts verblasst ist, befindet sich der Online-Handel der zweiten Generation in einer Aufwärtsphase. Nach Berichten konnten in Deutschland im vergangenen Jahr insgesamt rund 138 Mrd. Euro im eCommerce umgesetzt werden. Damit ist Deutschland vor Großbritannien der wichtigste europäische Markt im eSales. Global betrachtet, liegt der Wert des durchschnittlichen Warenkorbs im deutschen Online-Handel über dem des weltweiten Online-Handels.[256] Unternehmen, die diese Tatsache verkennen, werden mittelfristig Umsatzeinbrüche verbuchen.

Für den Erfolg im elektronischen Vertrieb von Gütern, Waren und Dienstleistungen entlang der eSupply Chain ist es deshalb wichtig Best Practices zu implementieren, um schon heute Wettbewerbsvorteile zu erzielen. Im Mittelpunkt von eSales-Strategien stehen deshalb neben anwenderfreundlichen Preis- und Produktkonfiguratoren, individuellen Pre- und Aftersales Services und einer zuverlässigen Auftragsabwicklung, geeignete ePayment-Systeme. Denn oft sind es die angebotenen Zahlungssysteme, die über den Erfolg oder Misserfolg im eSales entscheiden.

	Definition im ePayment
ePayments	bezeichnen gemeinhin alle Zahlungssysteme, die im Internet zur Begleichung von elektronisch ausgelösten Transaktionen einsetzbar sind.
Transaktionsvolumen	stellt den Rechnungsbetrag einer Transaktion bzw. den Wert einer Bestellung dar. (Menge * Preis = Transaktionsvolumen)
Transaktionskosten	beinhalten alle anfallenden Kosten der Zahlungsabwicklung einer Transaktion, wie u.a. Software, Hardware, Gebühren, Pauschalen, Aufwendungen für Sicherheitsinfrastrukturen, etc.

Tabelle 10–1: Transaktionsvolumen und Transaktionskosten

Der Fokus dieses Kapitels liegt auf der Beschreibung ausgewählter, leistungsfähiger Zahlungssysteme, die sich im Laufe der Entwicklungen bereits etabliert haben oder sich gerade profilieren. Für Echtzeit-Transaktionen im eSupply Chain Management lassen sich spezielle Anforderungen an die Payment-Verfahren ableiten. Insbesondere die

---

[256] Vgl. Pago-Studie (2003), Chancen & Risiken im Online-Handel für den deutschen Mittelstand

Sicherheitsanforderungen werden ausführlich vertieft. Im Anschluss werden ePayment-Verfahren vorgestellt und auf deren Eignungsprofil im eSCM hin überprüft.

10.1 Transaktionsabwicklung im eSupply Chain Management

Die Transaktionsabwicklung zwischen Geschäftspartnern vollzieht sich im eSupply Chain Management in der Prozesskette „eOrder to eFulfillment to ePayment".

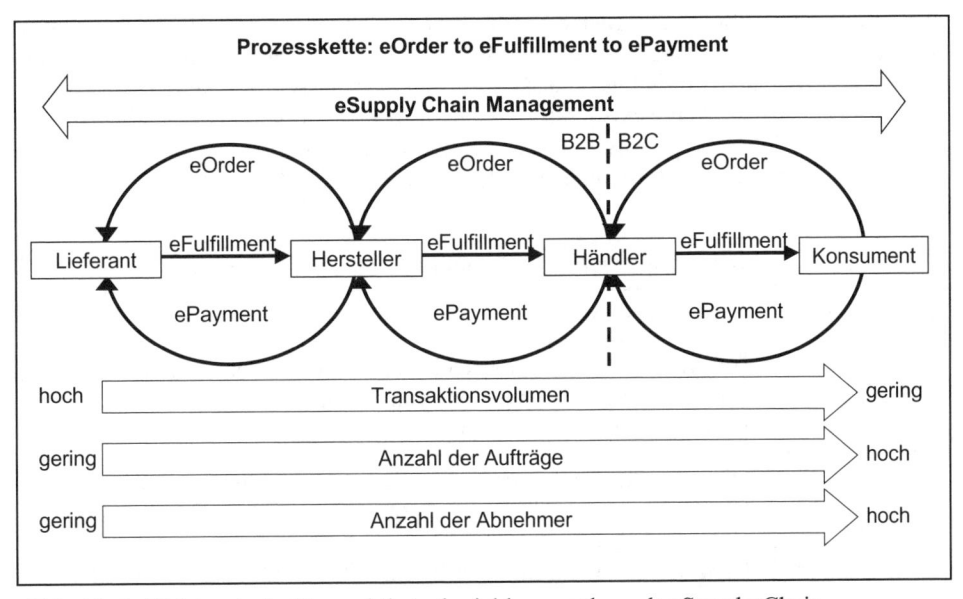

Abb. 10–1: Elektronische Transaktionsabwicklung entlang der Supply Chain

Ausgehend vom Endkonsumentenbedarf am Point of Sales, z.B. Online-Bestellungen bei einem Online-Händler, werden Güter und Waren entlang der Supply Chain elektronisch beschafft (eOrder). Die einzelnen Bestellungen werden auftragsorientiert abgewickelt und an die nachgelagerte Stufe ausgeliefert (eFulfillment). Demgegenüber steht die Leistungsäquivalente der Bezahlung (ePayment) der einzelnen, elektronisch ausgelösten Warenströme zur Komplettierung von Transaktionen.

In der Regel nehmen dabei die zu begleichenden Transaktionsvolumen (= Rechnungsbeträge) in Richtung Endkonsument stetig ab, während die Anzahl der Kundenaufträge mit geringeren Transaktionsvolumen pro Wertschöpfungsstufe (Lieferant, Hersteller, etc.) erheblich zunimmt. Verstärkt wird dies durch die Zunahme der Abnehmer pro Stufe, denn der Handel vertreibt letztendlich Waren an eine Vielzahl von Konsumenten.

Vor diesem Hintergrund bedingt die Transaktionsabwicklung im eSupply Chain Management eine Anpassung der Zahlungssysteme in Bezug auf die Geschäftspartner (B2B, B2C) und der Höhe der Transaktionsvolumen.

10.2 Anforderungen an ePayment-Verfahren im eSCM

Die Auswahl eines geeigneten ePayment-Verfahren zum Begleichen von Rechnungsbeträgen entlang der eSupply Chain stellt eine Schlüsselkomponente im Online-Vertrieb dar. Um Online-Transaktionen organisatorisch und betriebswirtschaftlich effizient abzuwickeln, existieren deshalb prinzipielle Eigenschaften, die bei der Auswahl eines Zahlungssystems im eSCM ein generelles Anforderungsprofil an die Verfahren implizieren. Die Anforderungen sind in Tabelle 10–2 aufgezählt und beschrieben.

Anforderungsprofil an ePayment-Verfahren im eSCM	
Eigenschaft	**Anforderung**
Sicherheit	ePayments müssen ausreichenden Schutz vor Angriffen, Missbrauch oder Manipulation von Finanztransaktionen in offenen Kommunikationsnetzen (Internet) gewährleisten.
Akzeptanz/ Verbreitungsgrad	Die Annahmebereitschaft für ein neues Zahlungsverkehrsprodukt muss durch die Akteure sichergestellt sein, um Fehlinvestitionen oder Umsatzeinbußen vorzubeugen. Eng verknüpft mit der Akzeptanz ist der Verbreitungsgrad, also der Dichte der Teilnehmer am System. Bei zunehmender Teilnehmeranzahl steigt die Akzeptanz.
Bedienbarkeit	Das Zahlungsverfahren muss für den Anwender einfach zu bedienen und die Einleitung des Zahlungsvorgangs offensichtlich sein.
Skalierbarkeit	Die Konzeption des Zahlungssystems sollte in Bezug auf die Anzahl der Teilnehmer und Währungen jederzeit erweiterbar sein.
Anonymität	Dem Kunden im B2C-Geschäftsverkehr soll es möglich sein, Transaktionen ohne Preisgabe seiner Identität durchzuführen. Im B2B-Szenario ist die Identität der Kaufleute Voraussetzung.

Anforderungsprofil an ePayment-Verfahren im eSCM	
Verfügbarkeit	Autorisierte Zugriffe müssen zu jederzeit möglich sein, ungehindert durch zeitliche Restriktionen. Ein Online-Shop hat 24 Stunden geöffnet, ebenso müssen Zahlungssysteme verfügbar sein.
Wirtschaftlichkeit	Transaktionskosten müssen im Verhältnis zu den Rechnungsbeträgen stehen. Insbesondere für kleine und kleinste Rechnungsbeträge äußert sich dies in der Wirtschaftlichkeit einer Transaktion.

Tabelle 10–2: Anforderungsprofil an elektronische Zahlungssysteme im eSCM[257]

10.3 Sicherheitsverfahren im elektronischen Zahlungsverkehr

Bedrohungen durch neue Computerviren und Hackerangriffe nehmen derzeit rasant zu. Laut Bericht des Sicherheitsdienstleister Internet Security Systems (ISS) stieg die Zahl der Angriffe auf Sicherheitsbereiche von Unternehmen während des ersten Quartals 2003 um rund 84%. Es wurden weltweit rund 160 Mio. IT-Sicherheitsvorfälle registriert. Der finanzielle Schaden liegt bei über einer Milliarde Euro. IT-Systeme müssen deshalb grundsätzlich gegen Bedrohungen aller Art abgesichert werden. Insbesondere der elektronische Zahlungsverkehr erfordert sicherheitskonforme Systemstrukturen, die sensible Daten vor Risiken, wie Manipulation und Abhörung durch Dritte, technisches oder menschliches Versagen oder Hackerangriffen, schützt.

Die Sicherheitsaspekte stellen eines der wichtigsten Anforderungen an ePayment-Verfahren dar. Die Relevanz betonen in diesem Zusammenhang erhobene Studien, wie u.a. eine Marco Brandt eBusiness Consulting Studie zum Thema: Zahlungsabwicklung im eCommerce. Danach ist die wichtigste Anforderung aus Sicht der Befragten der Schutz vor dem Missbrauch der Zahlungsinformation.[258] Nicht zuletzt begründet dieses Ergebnis die nach wie vor zahlreichen Abbrüche bei Einkäufen über das Internet.

Die wichtigsten Anforderungen an die Übermittlung sicherheitsrelevanter Daten sowie mögliche Maßnahmen werden zunächst tabellarisch skizziert. Im Anschluss werden ausgewählte Sicherheitsverfahren, wie Secure Socket Layer (SSL) und Secure Electronic Transaction (SET) vorgestellt, welche den Anforderungen gerecht werden.

---

[257] Vgl. zusammenfassend Köhler, Best (1998), S.40f. und Schuster et al. (1997), S. 34f.
[258] Vgl. ECIN, Wenn der eShop zur Kasse bittet...(2003), In: www.ecin.de am 31.03.04

Sicherheitsaspekte im elektronischen Zahlungsverkehr		
Sicherheitsaspekt	Anforderung	Maßnahmen
Authentizität	Anbieter und Nachfrager sichern sich Echtheit (Identität) und Seriosität (Autorisierung) ihrer Geschäftspartner.	Digitale Zertifikate
Integrität	Die Daten dürfen auf dem Übertragungsweg nicht manipuliert worden sein.	Digitale Zertifikate
Vertraulichkeit	Der Datenaustausch darf bei der Übermittlung von keinem unberechtigten Dritten eingesehen worden sein.	Verschlüsselungsverfahren

Tabelle 10–3: Sicherheitsanforderungen im elektronischen Zahlungsverkehr[259]

10.3.1 Secure Socket Layer (SSL)

Dieses von Netscape Communications (www.netscape.com) entwickelte Verfahren dient der sicheren Datenübertragung im Internet. Das SSL-Protokoll, welches Bestandteil jedes gängigen Internet-Browsers ist, gewährleistet durch die Bereitstellung eines Verschlüsselungsverfahren neben einem sicheren Datenübertragungsweg außerdem einen authentischen Datentransfer, d.h. es wird sichergestellt, dass der Server (Anbieter) und der Browser (Nachfrager) auch autorisiert und wahrhaftig sind.

Ablauf der Zahlungsabwicklung

Will ein Käufer bei einem SSL-zertifizierten Online-Händler, wie z.B. Amazon (www.amazon.de) Audio CD's oder Bücher über eine Zahlungsabwicklung via SSL erwerben, so lädt er sich auf verschlüsseltem Weg ein Zahlungsformular von Amazon auf seinen Browser. Dieses wird vorab von einer unabhängigen Zertifizierungsstelle zertifiziert und auf dem Server von Amazon installiert. Der Kunde trägt seine Kreditkartendaten ein und übermittelt es gesichert zurück. SSL sichert hierbei lediglich die Übertragung der Daten, womit keine Anonymität des Käufers sowie die unlaute Weiterverwendung der Finanzdaten durch den Händler gewährleistet ist. Kennzeichnend für die sichere Übertragung ist das geschlossene „Vorhängeschloss-Symbol" im Browser.[260]

SSL deckt zusammenfassend folgende Sicherheitsanforderungen ab.

---

[259] Vgl. Mocker, Mocker (1999), S. 89
[260] Vgl. zusammenfassend Thome, Schinzer (2000), S. 146f. und Mocker, Mocker (1999), S. 101

Sicherheitsprofil von SSL	
Vertraulichkeit der Daten	Schutz sensibler Daten vor Dritten durch verschlüsselten Transfer, jedoch nicht vor unlauter Weiterverwendung.
Authentizität der Teilnehmer	Zertifikate bestätigten die Identität des annehmenden Servers.
Integrität der Daten	Prüfung, ob die versendeten Daten vollständig und unverändert bzw. unberührt sind.

Tabelle 10–4: Sicherheitsprofil von SSL

10.3.2 Secure Electronic Transaction (SET)

Secure Electronic Transaction wurde von den Kreditkartengesellschaften MasterCard und VISA sowie namhaften Unternehmen aus der IT-Branche wie IBM, Microsoft und Netscape mit dem Anspruch entwickelt, einen Standard für den sicheren, bequemen und grenzüberschreitenden elektronischen Geschäftsverkehr zu manifestieren.

SET erfasst die sichere Abwicklung von kompletten Kaufprozessen von der Bestellung bis zur Quittung und versucht dabei größtmögliche Kompatibilität auf allen Plattformen zu gewährleisten. Der Standard garantiert durch die Verwendung von Verschlüsselungsverfahren die Vertraulichkeit von Informationen, die Integrität von Zahlungen durch digitale Zertifikate sowie die Authentizität aller Teilnehmer (Anbieter, Nachfrager, Banken). Dabei dient das Zertifikat dem Kunden als Äquivalent zur „realen" Kreditkarte und dem Anbieter als autorisierendes Logo an der Eingangstür.

Ablauf der Zahlungsabwicklung

Die Unterschiede gegenüber SSL bei der Zahlungsabwicklung liegen im Wesentlichen darin, dass nicht mehr nur Anbieter und Käufer die Transaktionspartner bilden, sondern die Bank als Dritter Partner einbezogen werden. Hintergrund ist hierbei die strikte Trennung von sensiblen Kreditkartendaten und einfachen Auftragsdaten. Zum Beispiel erhält die Online-Fluggesellschaft Ryanair (www.ryanair.com) selbst nicht die sensiblen Kreditkartendaten eines flugbuchenden Kunden, wenn dieser sich für die Rechnungsbegleichung über SET entschieden hat, sondern lediglich einen verschlüsselten und gegen Manipulation gesicherten Datensatz (Zertifikat) zur Weiterleitung an die Partnerbank. Hier wird dem Umstand Rechnung getragen, dass ein autorisierter Online-Anbieter mit seinen Datenablagen potenziell eine unsichere Umgebung für sensible Daten darstellt.

Der Ablauf einer SET-Kreditkartentransaktion wird in Abb. 10–2 abgebildet. Aufgrund der Hierarchie digitaler Zertifikate zur Authentifizierung der Transaktionspartner sprechen die Kreditkartenorganisationen bei Verwendung des Sicherheitsmodells von SET eine Zahlungsgarantie für das Vertragsunternehmen aus. SET-Online-Zahlungen werden somit juristisch Kreditkartenzahlungen gleich gestellt, die vom Kunden im stationären Handel durchgeführt und unterschrieben worden sind.[261]

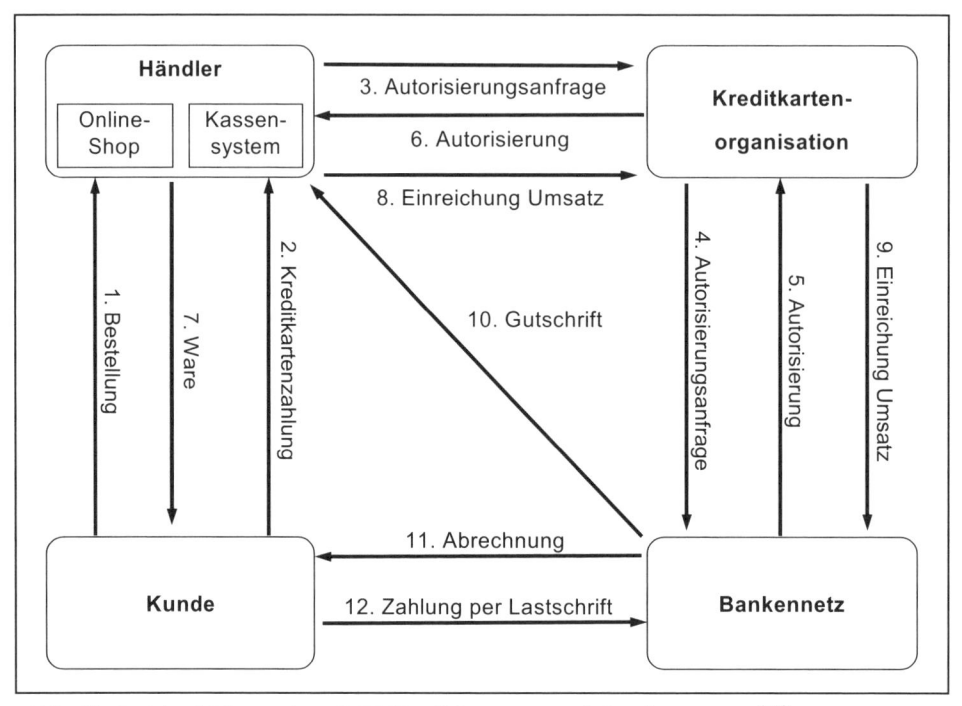

Abb. 10–2: Abwicklung einer SET-Kreditkartentransaktion im Internet[262]

SET deckt zusammenfassend die in Tabelle 10–5 dargestellten Sicherheitsanforderungen ab.

---

[261] Vgl. zusammenfassend Furche, Wrightson (1997), S. 43–46 und Schuster et al. (1997), S. 39 und Köhler, Best (1998), S. 53–56

[262] Vgl. Thome, Schinzer (2000), S. 144

Sicherheitsprofil von SET	
Vertraulichkeit der Daten	Schutz vor Zugriff auf die Zahlungsinformation durch Dritte, aufgrund der Trennung von Zahlungs- und Auftragsinformationen, was keine unlaute Weiterverwendung ermöglicht.
Authentizität der Teilnehmer	Transaktionspartner können sich über die Echtheit und Autorisierung ihrer Partner sicher sein.
Integrität der Daten	Die Manipulation der Transaktionsdaten durch Dritte wird durch den Einsatz digitaler Zertifikate ausgeschlossen.

Tabelle 10–5: Sicherheitsprofil von SET

10.4 Kategorisierung von Zahlungssystemen im eSCM

Obwohl die Existenz vieler Zahlungssysteme im eCommerce nur von kurzer Dauer ist, steigt das Angebot an ePayment-Systemen nach wie vor. Aufgrund der zahlreichen Entwicklungsansätze lassen sich ePayments seither nach verschiedenen Kriterien kategorisieren. So werden ePayment-Verfahren u.a. nach der Höhe des Transaktionsvolumens in Mikro-, Medium- und Makropayments, nach der Anonymität des Kunden in anonyme und nichtanonyme Zahlungen, nach Offline- oder Online-Zahlungen sowie nach dem Zahlungszeitpunkt in Pre-Paid-, Pay-Now- und Pay-Later-Systeme eingeteilt.

Im Folgenden wird eine eSCM-fähige Kategorisierung von ePayments in Mikro-, Medium- und Makropayments vorgenommen. Die Kategorien richten sich nach der Höhe des Transaktionsvolumens, jedoch nicht wie viele andere literarischen Ansätze ausschließlich im B2C-Bereich, sondern auch im B2B-Bereich, um die Geschäftsfelder im eSCM ganzheitlich abzudecken. In den anschließenden Abschnitten werden die einzelnen Kategorien konkretisiert und um geeignete Zahlungssysteme ergänzt.

Kategorisierung von Zahlungssystemen im eSupply Chain Management			
	Mikropayments	**Mediumpayments**	**Makropayments**
Charakter	geringe Transaktionsvolumen	mittlere Transaktionsvolumen	hohe Transaktionsvolumen
Betragshöhe	1 Cent – 10 €	10 € – 1.000 €	> 1.000 €
Kostenfokus	hohe Bedeutung der Transaktionskosten wirtschaftliche Abwicklung	geringe Bedeutung der Transaktionskosten sichere Abwicklung	geringe Bedeutung der Transaktionskosten kollaborative Abwicklung
Sicherheits-fokus	geringe und mittlere Bedeutung der Sicherheit	mittlere und hohe Bedeutung der Sicherheit	hohe Bedeutung der Sicherheit
Geschäfts-feld	Business-to-Consumer (B2C)	Business-to-Consumer Business-to-Business (B2C und B2B)	Business-to-Business (B2B)
Anwen-dungs-bereich	Softwaredownloads kostenpflichtige Informationsbereiche	Computer, Flüge, Dienstleistungen	MRO-Materialien ABC-Güter

Tabelle 10–6: Zahlungssysteme im eSCM in Abhängigkeit des Transaktionsvolumens

10.4.1 Mikropayments

Unter Mikropayments versteht man Zahlungen für Kleinst- und Kleinbeträge zwischen 0,01 Euro und 10 Euro. Eingesetzt werden diese Verfahren hauptsächlich im B2C-Bereich. Mögliche Anwendungsbereiche für Mikropayments sind Pay-per-View-Artikel (Zeitschriftenartikel, kostenpflichtige Informationsseiten), oder Downloadarchive sowie gebührenpflichtige Servicedienstleistungen (Providergebühren). Häufig lassen sich Web-Angebote nicht ausschließlich durch Online-Werbung finanzieren, deshalb tendieren zunehmend mehr Online-Anbieter zum Einsatz von Mikropayments. Im Vordergrund der Mikropayment-Systeme steht eine möglichst wirtschaftliche Abwicklung mit geringen Sicherheitsanforderungen (Kleinstbeträge) und mittleren Sicherheitsanforderungen (Kleinbeträgen), da die Risiken aufgrund der niedrigen Transaktionsvolumen gering sind. Die Grenzen der zu begleichenden Rechnungsbeträge sind fließend, denn Mikropayments sind teilweise auch bei Zahlungen für mittlere Transaktionsvolumen (Mediumpayments) einsetzbar.

10.4.1.1 net900

net900 ist ein ePayment-Verfahren des Unternehmens „In Medias Res" (www.in-medias-res.com), bei dem die Abrechnung von angebotenen Inhalten, Waren und Dienstleistungen als Inkasso über die Telefonrechnung erfolgt. Das System baut auf der Infrastruktur des 0190-Dienstes der Telekom auf und ermöglicht über eine tarifierte Telefonverbindung die minutengenaue Berechnung von Kleinst- und Kleinbeträgen im Business-to-Consumer-Bereich. Die Funktionsweise erweist sich dabei als relativ einfach.

Ablauf der Zahlungsabwicklung

Der Kunde installiert die net900-Sofware einmalig auf seinem PC. Wenn der Kunde einen kostenpflichtigen Bereich eines Webangebotes betritt, zum Beispiel das Informationsangebot von Brockhaus (www.brockhaus.de) oder Testberichte der Stiftung Warentest (www.stiftungwarentest.de), wird er nach der Bestätigung der Kostenübernahme über einen Link automatisiert mit net900 verbunden. Die bestehende Online-Verbindung wird dabei unterbrochen und eine speziell tarifierte Telefonverbindung für die Nutzungsdauer des entsprechenden Angebots (Pay-per-Minute) oder dem Abruf einer Seite (Pay-per-Click) aufgebaut. Der Anbieter erhält seine Zahlung über die Telefonabrechnung des Kunden.

Sicherheit

Bei der Abwicklung mit dem net900-Verfahren müssen keine persönlichen Daten, wie Kreditkarten- oder Bankverbindungen an den Händler transferiert werden.

Kosten

Die Bereitstellung der Software ist für den Kunden kostenlos, er bezahlt je nach Variante bei Pay-per-Minute 0,05 bis 1,28 Euro pro Minute und bei Pay-per-Click 0,05 bis 12,78 Euro für jeden Click. Für den Händler werden einmalig ca. 35 Euro, monatlich 3,50 Euro berechnet und pro Transaktion eine Provision bis zu 50% erhoben.[263]

Akzeptanz

Die Integration von net900 in das bestehende Online-Angebot erweist sich für den Händler als unproblematisch, was die Akzeptanz des Systems gerade im Bereich der Mikropayments weiterhin steigert. Auf der Kundenliste stehen namhafte Unternehmen, wie Bild Online, Deutsche Post sowie die Telekom als leistungsstarker Partner, was die Etablierung des Systems vorantreibt.

10.4.1.2 Paybox

Dieses Zahlungssystem der Paybox.net AG (www.paybox.net) kombiniert das elektronische Lastschriftverfahren mit einer mobilen Bezahlung über Mobilfunkgeräte. Es eignet

---

[263] Vgl. In Medias Res, In: www.in-medias-res.de vom 25.03.04

sich für das Begleichen von Kleinbeträgen, ist jedoch auch für mittlere Transaktionsvolumen einsetzbar. Hierzu registriert sich ein Kunde, unter Angabe seiner Mobilfunknummer, seiner persönlichen Daten sowie seinem Girokonto online bei Paybox oder über ein Formular, welches er herunterlädt und anschließend zurückfaxt. Ergänzend erteilt er Paybox eine Einzugsermächtigung über das Girokonto. Daraufhin erhält er eine PIN-Nummer mit der er künftig Online-Rechnungen bestätigen kann. Händler müssen sich ebenso bei Paybox registrieren lassen.

Das Paybox-Verfahren dient zudem als bargeldloses Zahlungsmittel zwischen Privatpersonen (Paybox to Paybox), z.B. für Auktionen über Ebay (www.ebay.de) oder für mobile Offline Dienstleistungen, wie Taxi-, Pizza- oder Kurierdienste.

Ablauf der Zahlungsabwicklung

Der Kunde kann bei einem bei Paybox registrierten Händler, zum Beispiel beim Spielwarenhändler MyToys (wwww.mytoys.de) online Zahlungen abwickeln, indem er bei der Begleichung seine Mobilfunknummer angibt. Alternativ kann der Kunde eine „Alias-Nummer" angeben, die er als fiktive Nummer bei Paybox anfordern kann, um seine Nummer vor Missbrauch zu schützen. Der Händler leitet daraufhin die Nummer gemeinsam mit dem Rechnungsbetrag und der eigenen Kennung über eine sichere Datenverbindung an Paybox weiter. Der Kunde erhält umgehend einen Anruf mit der Aufforderung, die Transaktion mit seiner zugewiesenen PIN zu bestätigen. Bestätigt der Kunde, so wird der Betrag per Lastschrifteinzug von seinem Konto eingezogen.

Sicherheit

Für den Händler offeriert die Paybox verschiedene Sicherheiten und Dienstleistungen, wie u.a. die Bewertung der Bonität der Kunden und die Garantie über die Erfüllung der Transaktion. Da der Kunde bei der Abwicklung keine sensiblen Daten angeben muss, bestehen für ihn ebenso geringe Sicherheitsrisiken. Die Registrierung bei Paybox erfolgt über eine gesicherte SSL-Leitung.

Kosten

Die Kosten für die Bereitstellung einer Paybox belaufen sich beim Kunden auf 9,5 Euro jährlich, während der Anbieter einmalig eine Lizenzgebühr zwischen 500 und 2.500 Euro je nach Produktpaket, 100 bis 300 Euro Servicegebühren jährlich sowie für jede Transaktion bis zu 3,5% Provision zu zahlen hat. Die Online-Anbindung an das eSales-System stellt keine größeren Anforderungen.

Akzeptanz

Aufgrund der vielseitigen Anwendbarkeit und Einfachheit sowie der steigenden Verbreitung von Mobilfunkgeräten konnten bereits europaweit 750.000 Nutzer registriert und 10.000 Akzeptanzstellen akquiriert werden. Derzeit versucht man auch in den USA und Asien Erfolg zu erzielen. Die Marktakzeptanz steigt nach wie vor.[264]

---

[264] Vgl. Paybox, Pressearchiv, In: www.paybox.net vom 25.03.04

10.4.2 Mediumpayments

Mit Mediumpayments bezeichnet man Transaktionsbeträge zwischen 10 Euro und 1000 Euro. Sie sind durch höhere Sicherheitsanforderungen und mittlerer Bedeutsamkeit von Transaktionskosten gekennzeichnet. Die bereits vorgestellten Sicherheitsverfahren SET und SSL avancieren hierbei zu DeFacto-Standards für sichere Transaktionen, insbesondere bei Kreditkartenzahlungen. Die Zahlungssysteme sind sowohl für Transaktionen im B2C-Bereich (z.B. Computer oder Reisen) als auch im B2B-Bereich geeignet.

10.4.2.1 Traditionelle Offline Zahlung

Traditionelle Zahlungsverfahren, wie die Zahlung per Nachnahme, Vorauskasse oder auf Rechnung sind am stationären Point of Sales seit Jahrzehnten erprobt. Ebenso bilden sie die ersten Zahlungsverfahren, die im Online-Geschäftsverkehr eingesetzt wurden. Bis heute offerieren fast alle Online-Anbieter diese Zahlungsoption, was nicht zuletzt auf die hohe Akzeptanz dieser Verfahren zurückzuführen ist. So ermittelte die jüngste Untersuchung der Universität Karlsruhe (IZV6), dass Offline-Verfahren, insbesondere die Zahlung auf Rechnung, nach wie vor eines der beliebtesten Zahlungsmittel im Internet darstellt (vgl. Abb. 10–3).

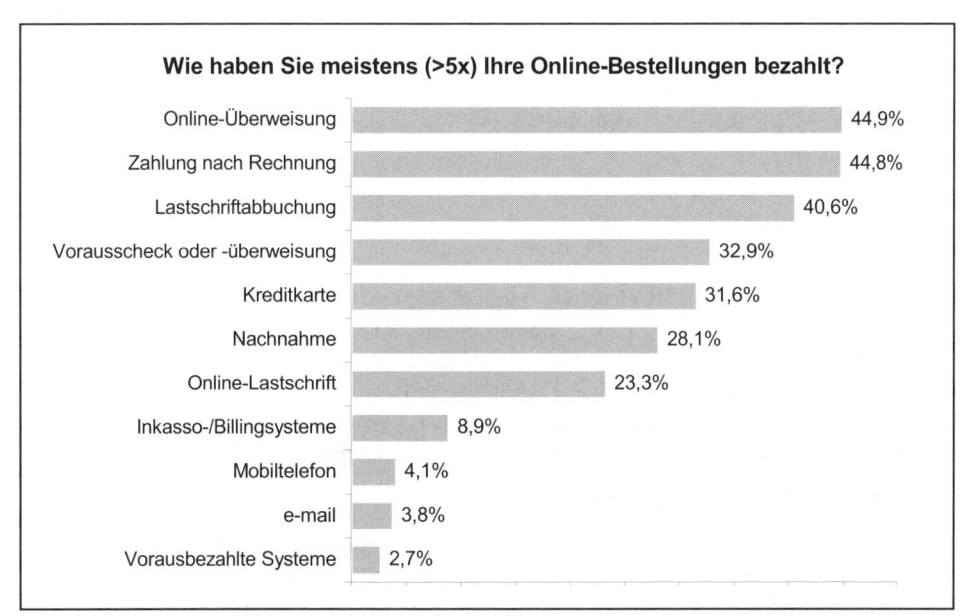

Wie haben Sie meistens (>5x) Ihre Online-Bestellungen bezahlt?

Online-Überweisung	44,9%
Zahlung nach Rechnung	44,8%
Lastschriftabbuchung	40,6%
Vorausscheck oder -überweisung	32,9%
Kreditkarte	31,6%
Nachnahme	28,1%
Online-Lastschrift	23,3%
Inkasso-/Billingsysteme	8,9%
Mobiltelefon	4,1%
e-mail	3,8%
Vorausbezahlte Systeme	2,7%

Abb. 10–3: Zahlungsmethoden beim Online-Einkauf[265]

---

[265] Quelle: Universität Karlsruhe In: www.iww.uni-karlsruhe.de/izv/izv.html vom 01.04.2004

Ablauf der Zahlungsabwicklung

Ein Kunde löst elektronisch eine Bestellung bei einem Online-Händler aus. Die Begleichung der elektronisch ausgelösten Transaktionen erfolgt hierbei entweder genau zum Lieferzeitpunkt, wenn Zahlung per Nachnahme (Bar/Scheck) vereinbart wurde, oder auf Rechnung (Überweisung/ Scheck) innerhalb einer Frist unter Abzug von Skonto, je nach Liefervereinbarungen. Eine weitere Variante ist die Begleichung per Vorauskasse (Überweisung/Scheck), d.h. der Kunde muss die Rechnung vor der Warenauslieferung begleichen.

Sicherheit

Die erhöhte Sicherheit ist bei Offline-Zahlungsverfahren gewährleistet, da keine Finanzdaten online übertragen werden.

Kosten

Die Kosten für die Transaktionspartner sind relativ gering, weil neben der Zusendung von Rechnungen per Post maximal Abschläge für Zustelldienste in Frage kommen, wie bei der Zahlung per Nachnahme.

Akzeptanz

Die Offline-Zahlungsverfahren sind, wie Abb. 10–3 verdeutlicht, immer noch stark verbreitet, jedoch ist die gesamte Kategorie der Offline-Zahlung im Hinblick auf Echtzeit-Transaktionen im eSupply Chain Management weniger geeignet, da bei der Zahlungsabwicklung Medienbrüche entstehen sowie Zahlungen zeitverzögert stattfinden. Darüber hinaus werden im Zuge des Online-Banking Zahlungen per Online-Überweisung zunehmend populärer.

10.4.2.2 Kreditkartenzahlung

Kreditkartensysteme zählen zu den meist eingesetzten ePayment-Verfahren, die sowohl im B2C-, als auch im B2B-Geschäft genutzt werden, um Rechnungen mit mittleren Rechnungsbeträgen zu begleichen. Allein der mit Visa Karten getätigte eCommerce-Umsatz in Deutschland hat sich im vierten Quartal 2003 zum Vorjahr nahezu verdoppelt. Einer aktuellen Studie des ePayment-Dienstleisters Pago zufolge erweist sich die Kreditkarte sogar als sicherste Zahlungsmethode mit dem geringsten Zahlungsausfallrisiko für den Händler. Nicht zuletzt spricht dies für die breite Akzeptanz des Systems.

Ablauf der Zahlungsabwicklung

Bei Kreditkartengeschäften schließt prinzipiell ein Anbieter mit einer Bank einen Vertrag ab. Damit wird der Anbieter zu einer Akzeptanzstelle für Kreditkartentransaktionen. Ein Kunde (Kreditkarteninhaber) hat analog einen Vertrag mit einer Bank in Verbindung mit einem Kreditkarteninstitut (VISA, American Express) abzuschließen. Unter Angabe der Kreditkartennummer und dem Verfallsdatum lassen sich Kreditkarteninhaber eindeutig identifizieren. Diese Authentifizierung kann ebenso über das Internet erfolgen, was somit Online-Zahlung ermöglicht. Vereinfacht dargestellt, muss ein autorisierter Kunde zur Zahlungsabwicklung seine Kreditkartennummer in ein Web-Formular eines zertifizierten Händlers eingeben. Diese werden anschließend verschlüsselt, ergänzt um ein Zertifikat des Händlers (SET), zur Autorisierung an die Banken übermittelt, die anschließend die Zahlung veranlassen.

Sicherheit

Um den hohen Sicherheitsanforderungen bei Kreditkartentransaktionen gerecht zu werden, sind Sicherheitsverfahren, wie SSL und SET im Einsatz. In jüngster Zeit hat man die Sicherheitsmerkmale von Kreditkartenzahlungen weiter ausgefeilt. Der neue Sicherheitsslogan heißt „Verified by Visa". In Zukunft soll zur Authentifizierung einer Transaktion zur 16-stelligen Kreditkartennummer noch eine 3-stellige Kartenprüfnummer abgegeben werden, was sicherstellt, dass nur der Karteninhaber zum Einkaufen im Internet autorisiert ist.

Kosten

Zur Abwicklung von Kreditkartentransaktionen benötigt ein Anbieter zusätzlich Software, die bei verschiedenen Banken und Kreditkarteninstituten erhältlich ist, bzw. bei verschiedenen Online-Vertriebssystemen gegen Aufpreis integriert ist. Daneben hat der Online-Anbieter an die Bank pro Transaktion eine Provision zwischen 3% bis 5% des Umsatzes zu entrichten. Als Leistungsäquivalente erhält der Anbieter eine Zahlungsgarantie. Der Karteninhaber trägt neben einer jährlichen Gebühr keine weiteren Kosten.

Akzeptanz

Die Zahlungsabwicklung via Kreditkarte genießt im B2C-Geschäft weltweit große Akzeptanz, was sie als Zahlungsinstrument im global ausgerichteten, elektronischen Geschäftsverkehr zu einem festen Standard manifestiert. Es bleibt abzuwarten, ob sich die Kreditkarte auch im B2B-Bereich etablieren kann.

10.4.3 Makropayments

Makropayments sind spezifisch auf den B2B-Sektor ausgerichtete Zahlungsverfahren für große Transaktionsvolumen. Charakteristisch sind hohe Sicherheitsanforderungen bei geringer Bedeutung der Transaktionskosten. Die Zahlungsverfahren fokussieren eine kollaborative Abwicklung, d.h. sie zielen auf eine Optimierung gemeinsamer Finanzflüsse einer eSupply Chain ab. Der Anwendungsbereich reicht von C-Artikel- sowie MRO-Material-Beschaffung bis hin zu produktionsnahen A- und B-Gütern. Gerade bei Einzelbestellungen für geringwertige und versorgungsunkritische C-Güter übersteigen hohe Verwaltungskosten und aufwendige Einkaufsprozeduren häufig den Wert der gekauften Ware. Laut dem Bundesverband für Materialwirtschaft, Einkauf und Logistik (BME) ca. 127 Euro pro Bestellung. Zudem stellen diese Güter lediglich 10% des Einkaufsvolumens dar, induzieren jedoch 90% des Verwaltungsaufwands, u.a. aufgrund der zahlreichen Genehmigungsschritte und Bestellprozesse. Die elektronisch ausgelösten Transaktionen im eSupply Chain Management erfordern zusätzlich medienbruchfreie und in Echtzeit durchführbare Zahlungsverfahren. Die folgend vorgestellten ePayment-Verfahren versuchen den Anforderungen im eSCM ganzheitlich gerecht zu werden. Sie schließen die Prozesskette zwischen Bedarfsträger, Lieferant und Finanzabteilung .

10.4.3.1 Electronic Bill Payment and Presentment (EBPP)

EBPP steht für das Präsentieren und Bezahlen einer Rechnung auf elektronischem Weg auf Basis des Internet. EBPP bedient sich dabei XML- und Web-EDI-Technologien, um Unternehmen eine günstige Alternative zum Empfang digitaler Rechnungen auf verschiedenen Endgeräten (PC, Handy, Palm) sowie integrierten Zahlungsfunktionalitäten zu bieten. Als Zahlungssystem für hohe Transaktionsvolumen stellt EBPP ein hoch effizientes Zahlungsinstrument in der eSupply Chain dar.

Die Effizienzsteigerungen liegen insbesondere in der medienbruchfreien Abwicklung sowie in der Einsparung von Versandkosten. Laut Gartner Group hätten 1999 mit dem Ersatz aller gedruckten Rechnungen in den USA insgesamt 20 Mrd. US Dollar eingespart werden können. Allein in Deutschland wird geschätzte zehn Milliarden mal im Jahr ein kaufmännisches Geschäft mit einer zugestellten Rechnung und ihrer Bezahlung abgeschlossen. Die klassische Zahlungsabwicklung hat jedoch mehrere Medienbrüche und eine lange Bearbeitungszeit (vgl. Abb. 10–4). Durch EBPP kann der Rechnungssteller die Bearbeitungszeit von Rechnungserstellung bis zur Zahlung erheblich verkürzen.

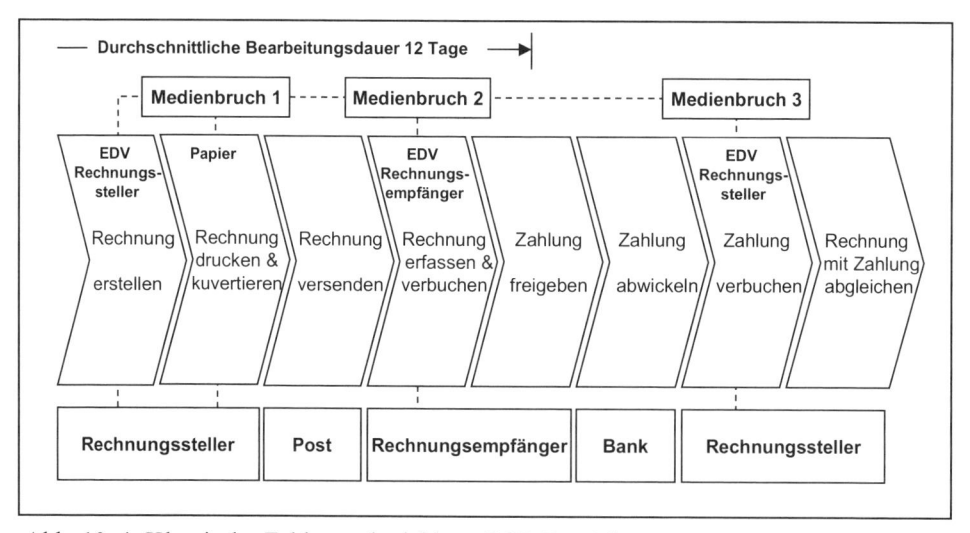

Abb. 10–4: Klassische Zahlungsabwicklung B2B-Bereich

Ablauf der Zahlungsabwicklung

Zur Zahlungsabwicklung wird vom Rechnungssteller (Lieferant) über das Internet entweder direkt per E-Mail/Web-EDI (1. Möglichkeit), über einen Link (2. Möglichkeit) oder über einen Intermediär (Konsolidator) (3. Möglichkeit) eine Rechnung an den Kunden übertragen. Die Buchhaltung des Kunden bekommt die Rechnung in einem Browser präsentiert, überprüft die Daten und Kontierung und kann sie per Mausklick zur Zahlung freigeben. Die Zahlung erfolgt anschließend per Lastschrift, per Kreditkarte oder via Purchasing Card über eine Bank. Nach dem Clearing erfolgt ein automatischer Abgleich der offenen debitorischen Posten über Schnittstellen zum ERP-System des Rechnungsstellers sowie eine automatische Rechnungsarchivierung. Zudem können bei der Einschaltung eines Konsolidators (Dienstleister), einzelne Rechnungen eines Lieferanten konsolidiert, die Mahnung und das Inkasso von säumigen Zahlern übernommen sowie Betragsdifferenzen online geklärt werden. [266]

Falls die Rechnung seitens des Kreditors direkt über einen Link auf der Homepage des Lieferanten abgerufen wird, können ergänzend Cross Selling-Anreize für den Kauf weiterer Produkte erzielt werden. Zur Verdeutlichung werden die verschiedenen Möglichkeiten des EBPP-Verfahrens beim Ablauf der Zahlungsabwicklung in Abb. 10–5 zusammenfassend visualisiert. [267]

Sicherheit

Zur Garantie der Sicherheit bei der Übertragung von Rechnungsdaten zwischen Unternehmen werden Verschlüsselungsverfahren, wie SSL, eingesetzt.

Kosten

Die Kosten für die Implementierung einer EBPP-Lösung bei den Transaktionspartnern ist je nach Umfang und Schnittstellenintegration unterschiedlich. Im Fall der Inanspruchnahme eines Konsolidators, der auch als Application Service Provider dienen kann, kommen Transaktions- und Servicegebühren hinzu. Die Transaktionskosten sind vor dem Hintergrund der Effizienzsteigerung jedoch sehr gering.

Akzeptanz

Das EBPP-Verfahren ist derzeitig noch wenig verbreitet und bisweilen nur in großen Unternehmen wie der Deutschen Telekom AG umgesetzt. Aufgrund der hohen Effizienzsteigerungen in der Abwicklung von Zahlungen sind jedoch laut Forschungsinstituten große Zuwachsraten zu erwarten. ERP-Anbieter integrieren bereits erste Lösungen.

---

[266] Vgl. Computerwoche Online, In: www.computerwocheonline.de vom 01.03.04
[267] Vgl. EBPP Info Portal, In: www.ebpp.de vom 01.03.04

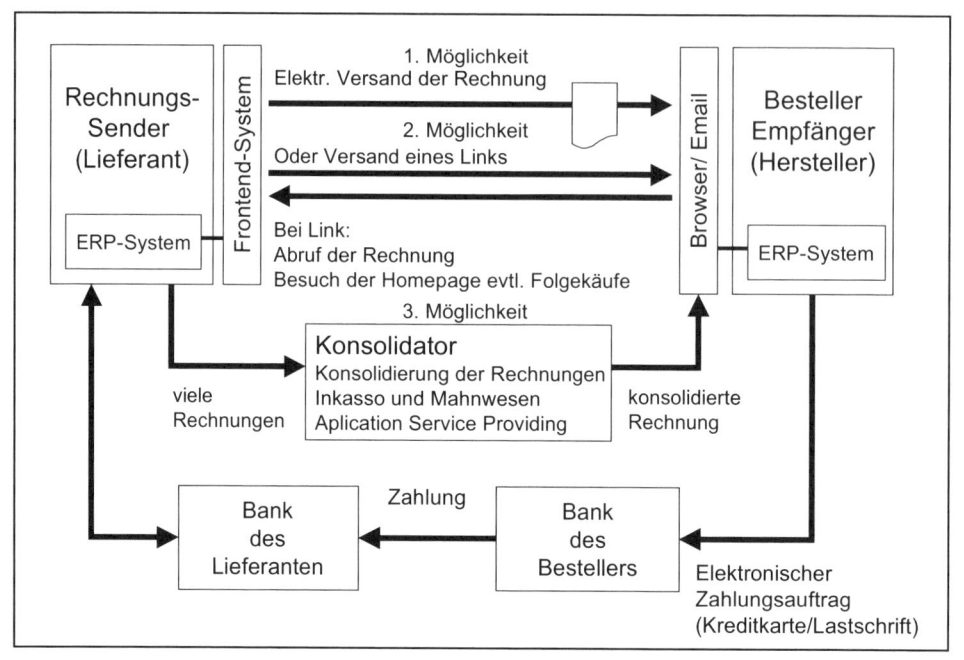

Abb. 10–5: Zahlungsabwicklung mit Electronic Bill Payment and Presentment

10.4.3.2 VISA Purchasing Card

Bei der VISA Purchasing Card handelt es sich um ein komplettes Einkaufsystem, das über ein Zahlungssystem hinaus Besteller und Lieferanten gleichermaßen unterstützt. Das Konzept verlagert die Beschaffung von C-Artikeln mit geringem Einkaufswert, wie u.a. Büromaterialien, Elektroartikeln oder Reinigungsmaterialien, auf den dezentralen Bedarfsträger im Unternehmen. Hierbei verkürzt das System die Bestellvorgänge, indem es den Bedarfsträger über eine Purchasing Card autorisiert, Bestellungen direkt und eigenverantwortlich bei vorab festgelegten Lieferanten vorzunehmen. Dabei wird nicht nur die Einkaufsabteilung entlastet, sondern auch günstigere Einstandspreise durch die Konsolidierung des Einkaufsvolumens erzielt. Mit der Fixierung von individuellen Transaktions- und Monatslimits sowie ausgewählten Lieferantenkategorien für die einzelnen Karteninhaber entfallen mehrstufige Genehmigungsprozesse sowie Budgetkontrollen. Laut der Unternehmensberatung KPMG resultieren aus dem Einsatz von Purchasing Cards nachhaltige Einsparungen in den Bestell-, Verwaltungs- und Prozesskosten. Neben der VISA Purchasing Card bietet die Lufthansa Air Plus ein vergleichbares System für eine optimale Abwicklung im Travelmanagement (Reisen, Flüge, etc. buchen) an.

Ablauf der Zahlungsabwicklung

Ein Mitarbeiter löst unter Angabe seiner Kartennummer eine Bestellung über eine eProcurement-Lösung beim Lieferanten aus. Der Lieferant lässt anschließend den Karteninhaber anhand seiner Identifikationsnummer von VISA autorisieren und liefert im Anschluss die Waren bzw. die Dienstleistung aus. Am Ende des Tages werden die entsprechenden Rechnungsdaten per Datenübertragung an den Zentralrechner der Kartenorganisation überspielt. Diese löst nach Erhalt der Rechnungsdaten die Zahlung innerhalb von fünf Werktagen per Überweisung aus, wodurch dem Lieferant eine Zahlungsgarantie zugesichert ist und ein Mahnwesen entfällt. Am Ende eines Monats erhält das bestellende Unternehmen eine detaillierte Sammelrechnung für alle Bestellungen der vergangenen Periode. Mittels elektronischem File Transfer ist eine papierlose Rechnungsübermittlung sowie eine direkte Verbuchung durch die Implementierung von Schnittstellen zu ERP-Systemen möglich. Die Bank des Unternehmens belastet daraufhin den offenen Rechnungsbetrag auf dem Konto des Bestellers durch eine einzige Überweisung an VISA. Somit ersetzt eine Zahlung mit hohem Transaktionsvolumen den aufwendigen Einzelabrechnungsprozess. Ergänzend wird dem Unternehmen monatlich ein detaillierter Management Report zugestellt, um ein Controlling der Einkaufsprozesse zu gewährleisten. Die Karteninhaber erhalten ihrerseits einen Detailauszug zur Überprüfung ihrer Einkäufe. Der Ablauf mit VISA Purchasing Cards wird in Abb. 10–6 nochmals aufgezeigt.

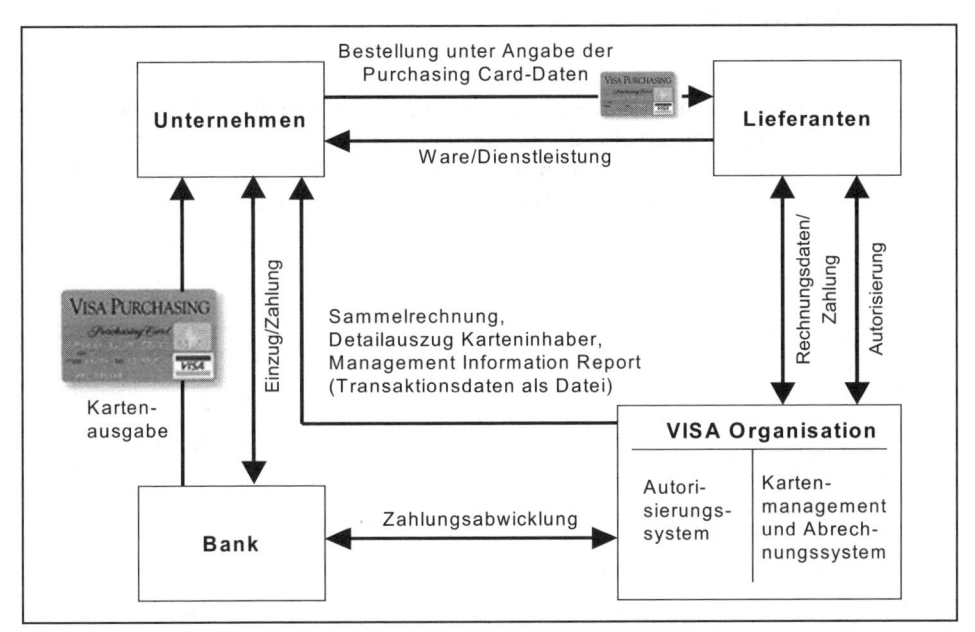

Abb. 10–6: Systemablauf mit der VISA Purchasing Card[268]

---

[268] Vgl. VISA, In: www.visa.de und Lufthansa AirPlus und www.airplus.de vom 01.03.04

Sicherheit

In Bezug auf die Sicherheit bei der Übertragung der Identifikationsnummern werden die vielfach erwähnten Sicherheitsverfahren SSL uns SET eingesetzt.

Kosten

Die Transaktionskosten für den Karteninhaber belaufen sich pro Transaktion ca. zwischen 1,50 Euro und 2,50 Euro und einer Jahresgebühr von 40 Euro. Für den Anbieter werden pro Transaktion zwischen 2,5% und 3% berechnet. Daneben fallen Kosten für die Implementierung eines Purchasing Card Systems an. Bei den führenden eCommerce Lösungsanbietern sind diese als Zahlungsmodul bereits standardmäßig integriert.

Akzeptanz

Die Akzeptanz der VISA Purchasing Card wächst europaweit kontinuierlich, so konnte VISA in den letzten Jahren beachtliche Zuwachsraten verzeichnen. Begründen lässt sich dies nicht zuletzt auch wegen der steuerrechtlichen Annerkennung des System (Vorsteuerabzug) bei Behörden und den weltweiten Akzeptanzstellen von VISA.

10.4.4 Bewertung und Perspektiven von ePayments im Vergleich

Das folgende Eignungsprofil soll zusammenfassend die vorgestellten ePayments in Bezug auf die eingangs erläuterten Anforderungen an Zahlungssysteme im eSupply Chain Management bewerten. Eine abschließende Gesamtbeurteilung sowie eine Perspektive für die Anwendung im elektronischen Geschäftsverkehr runden das Profil ab.

Kategorisierung von Zahlungssystemen im eSCM

	Ausgewählte ePayments auf einen Blick					
	Mikropayments		Mediumpayments		Makropayments	
	Net900	Paybox	Offline Zahlung	Kreditkarte	EBPP	Purchasing Card
Sicherheit	◕	◐	●	◕	◕	◕
Akzeptanz	◐	◐	●	◕	◔	◐
Bedienbarkeit	●	◐	◕	◕	◕	◐
Skalierbarkeit	◐	◐	●	◐	◔	◔
Anonymität	●	◐	○	◐	●	●
Wirtschaftlichkeit	◕	◕	◐	◔	◐	◐
Verfügbarkeit	●	●	◔	●	●	●
Gesamtbeurteilung	◕	◐	◕	◕	◕	◕
Perspektive	◕	◐	◐	◕	◕	◐

Legende: ● Anforderung voll erfüllt ○ Anforderung nicht erfüllt

Tabelle 10–7: Bewertung und Perspektiven ausgewählter ePayments auf einen Blick[269]

---

[269] Vgl. Wannenwetsch (2002b), S. 216

11. eSCM-Scorecard – Controlling im eSupply Chain Management

Die Globalisierung sowie der zunehmende Wettbewerbs- und Kostendruck haben Unternehmen veranlasst sich auf ihre Kerngeschäftsfelder zu konzentrieren. Mittlerweile liegt die Fertigungstiefe deutscher Unternehmen je nach Branche durchschnittlich bei gerade mal 10%. Diese Entwicklung hat heute weitreichende Einflüsse auf das Logistikmanagement jedes Unternehmens. eSupply Chain Management versucht die zunehmende Komplexität der Waren- und Informationsströme in den Lieferbeziehungen zwischen Supply Chain Partnern ganzheitlich zu planen, zu steuern und zu optimieren. Unternehmen, die ihre eSupply Chain Fähigkeit geprüft und ganzheitlich optimiert haben, sind häufig erfolgreicher als ihre Wettbewerber. Erfahrungsgemäß liegen die Nutzenpotenziale für Unternehmen in der Reduzierung der Logistikkosten zwischen 25 und 40%.

Zur Messung der tatsächlichen Effizienzsteigerung in den Prozessen müssen hierzu die eSupply Chain Strategien in ein Planungs-, Steuerungs- und Kontrollsystem eingebunden werden. Dabei dient die gemeinsam erbrachte Leistung der Lieferkette den Partnern als Steuergröße, um Verbesserungsmaßnahmen gezielt an den Schwachstellen der Supply Chain durchzuführen.[270] Das Controlling im eSCM stellt hierbei kein gänzlich neues Paradigma dar, sondern vielmehr ein bekanntes und bewährtes Spektrum von Instrumenten und Vorgehensweisen zur Entscheidungsunterstützung des Management.

Zweifelsohne sind Anpassungen an die spezifischen Anforderungen des neuen Umfeldes unausweichlich, wie u.a. angepasste Kennzahlensysteme. Dennoch stehen im Mittelpunkt des eSCM-Controllings die klassischen Funktionen der systematischen Planung, Steuerung und eng gekoppelter Kontrolle sowie hinreichender Informationsversorgung des Management.[271]

> Unter eSCM-Controlling versteht man die Beschaffung, Verdichtung und Bereitstellung entscheidungsrelevanter Informationen zur systematischen Planung, Steuerung und Kontrolle im eSupply Chain Management.

Der Controllingprozess im Aufgabenumfeld des eSupply Chain Management findet zyklisch für eine Planungsperiode statt. Abweichungen bei der Zielerreichung, gemessen an Soll-/Ist-Vergleichen, führen entsprechend zu Anpassungen in der Planung und Steuerung. Der Controllingzyklus im eSCM wird wie folgt in Abb. 11–1 dargestellt.

---

[270] Vgl. Jehle, Netzwerk-Balanced Scorecard als Instrument des Supply Chain Controlling (2002), In: Supply Chain Management, S. 19–25
[271] Vgl. Weber, Freise, Schäffer (2001), S. 3

```
┌─────────────────────────────────────────────────────────────────┐
│          Controlling im eSupply Chain Management                │
│                                                                 │
│                  SCM - Ziele definieren                         │
│              Leistungsfaktoren/Messgrößen ableiten              │
│                     (z.B. Kennzahlen)                           │
│                                                                 │
│                          Planung                                │
│                                                                 │
│                      Controllingzyklus                          │
│   Ableitung von    Reporting und Informations-   Steuerung      │
│    Maßnahmen       versorgung der Supply Chain                  │
│                    Partner bzw. des Management                  │
│                                                                 │
│                          Kontrolle                              │
│                      Ist-/Soll-Vergleich                        │
└─────────────────────────────────────────────────────────────────┘
```

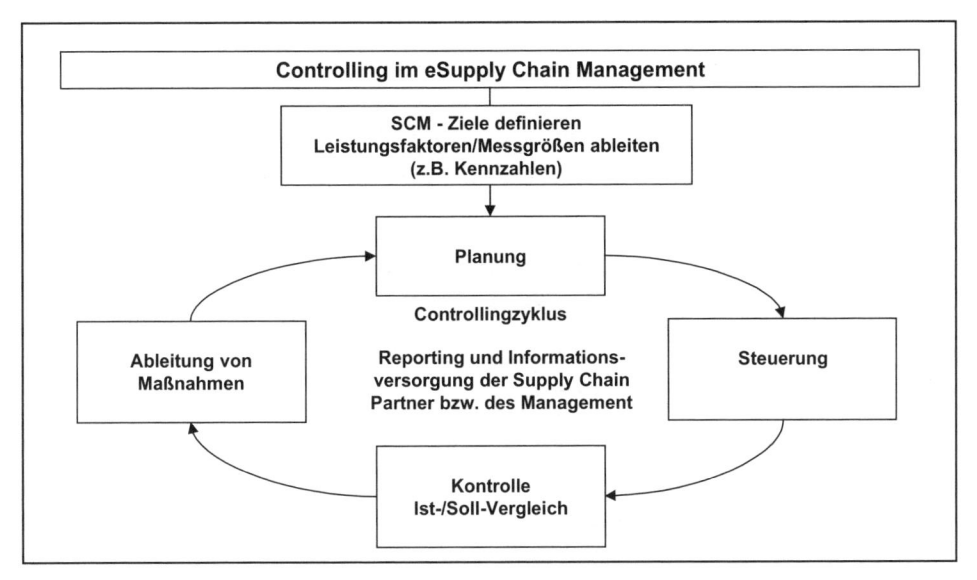

Abb. 11–1: Der Controllingzyklus im eSupply Chain Management

11.1 Status quo im eControlling

In der Vergangenheit waren erste eBusiness-Initiativen oftmals von geringen Budgets und mäßiger Erfassung von Kosten- und Nutzeneffekten sowie ungezielten Erfolgskontrollen gekennzeichnet. Heute implizieren die gewachsenen eBusiness-Aktivitäten im eSupply Chain Management sowie die kostenintensiven IT-Strukturen einen erhöhten Bedarf nach Budgetkontrollen und effizienten Controllinginstrumenten. Diese sollen entsprechende Effizienzsteigerungen in den Prozessen und resultierende Umsatz- und Gewinnsteigerungen durch eSCM-Strategien messen und abbilden können.

Das Unternehmen bei der Erfolgsmessung ihrer elektronischen Geschäftstätigkeit derzeit noch überwiegend auf finanzielle Messgrößen (Umsatz, Cashflow) fokussieren, belegt eine Untersuchung des Lehrstuhls für Controlling an der Wissenschaftlichen Universität für Unternehmensführung (WHU) in Vallendar, die dem derzeitigen Stand von eControlling-Lösungen in eBusiness-Unternehmen nachgegangen ist. Bei den befragten Unternehmen zeigte sich, dass diese mit vergleichsweise wenigen Kennzahlen operieren, die sich insbesondere an finanziellen Größen orientieren.[272] Die wichtigsten Kennzahlen werden in Abb. 11–2 zusammengefasst.

---

[272] Vgl. Weber, Freise, Schäffer (2001), S. 37 und FAZ, 21.01.2002, Nr. 17, S. 25

Wichtigste Kennzahlen von eBusiness-Unternehmen

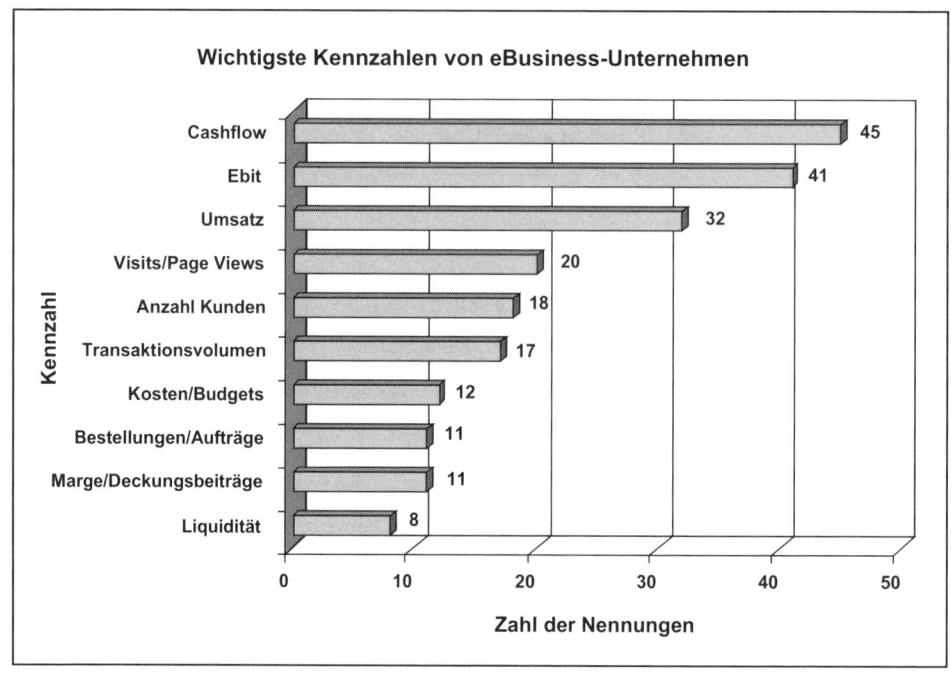

Kennzahl	Zahl der Nennungen
Cashflow	45
Ebit	41
Umsatz	32
Visits/Page Views	20
Anzahl Kunden	18
Transaktionsvolumen	17
Kosten/Budgets	12
Bestellungen/Aufträge	11
Marge/Deckungsbeiträge	11
Liquidität	8

Abb. 11–2: Wichtigste Kennzahlen im eControlling[273]

Für die Erfolgsmessung von eSCM-Strategien erscheint jedoch die derzeit praktizierte überwiegend monetäre Betrachtung nicht hinreichend, da im eSCM Ursache-Wirkungs-Ketten zu betrachten sind, welche die Kausalität der Gewinnsteigerung ganzheitlich in Kennzahlensystemen abbilden. D.h. die Auswirkungen auf das Unternehmensergebnis ist eine Folge vieler einzelner Maßnahmen und Optimierungen, die nicht immer in finanziellen Größen zu beziffern sind.

11.2 Anforderungen an das eSCM-Controlling

Die Erfolgsmessung von eSCM-Konzepten stellt, wie bereits geschildert, keine generell neuen Anforderungen an das Controlling. Dennoch induziert die Realisierung von eSCM-Strategien eine Reihe von besonderen Aspekten, die bei der Konzeption von Controllinginstrumenten beachtet und abgedeckt werden müssen. Diese werden in Tabelle 11–1 aufgezeigt.

---

[273] Quelle: Weber, Freise, Schäffer (2001), S. 37

Anforderungen an das eSCM-Controlling	
Bereich	Anforderungen
Planung	■ Gemeinsame Planung der Aktivitäten und Ziele für die gesamte Supply Chain muss eindeutig definiert sein ■ Das Controllingsystem muss flexibel sein. Aufgrund der hohen Umweltdynamik kann sowohl die strategische, als auch die operative Planung häufigen Änderungen unterworfen sein ■ Auf Basis der Planung werden quantifizierbare Ziele mit Angabe des zeitlichen Horizonts der Realisierung festgelegt ■ Die Ziele müssen verbindlich, erreichbar und messbar sein ■ Die Ziele sollen in einer kooperativen Win-Win Beziehung aller Supply Chain Partner stehen
Steuerung	■ eSCM-Strategie muss auf operative Ebenen heruntergebrochen sein ■ Das Controllingsystem muss in der Lage sein, die Strategieumsetzung ganzheitlich zu steuern und durch spezifische Kennzahlen messbar abzubilden ■ Die Kennzahlen sollten in einem ausgewogenem Verhältnis zwischen finanziellen und nicht-finanziellen Kenngrößen stehen ■ Gewährleistung einer Ist-Datenerfassung
Kontrolle	■ Die quantifizierten Ziele müssen regelmäßig mit den Ist-Werten verglichen werden ■ Abweichungen müssen identifizierbar sein ■ Gewährleistung zur Einleitung von zielorientierten Maßnahmen bei Abweichungen ■ Es muss eine Rückkopplung zur Planung und Steuerung stattfinden

Tabelle 11–1: Anforderungen an das Controlling im eSCM[274]

Aufgrund dieser interdependenten Anforderungen im Aufgabenumfeld des eSCM-Controllings erscheint es vorteilhaft, ein Controlling auf Basis des strategischen Managementinstrument „Balanced Scorecard (BSC)" aufzusetzen, welches sich insbesondere durch die Einbeziehung nicht monetärer Größen auszeichnet.

---

[274] Vgl. Nienhaus, Hieber, Supply Chain Controlling – Logistiksteuerung der Zukunft? (2002), In: Supply Chain Management, S. 27–33

11.3 Die Balanced Scorecard als Controlling-Instrument im eSCM

11.3.1 Historie und Hintergründe

Die Balanced Scorecard ist eine Methode zur erfolgreichen Umsetzung von Unternehmensstrategien, deren Kern darin besteht, die strategischen Ziele eines Unternehmens und seiner Bereiche zu konkretisieren und durch Kennzahlen und Maßnahmen steuerbar zu machen. Das strategische Managementkonzept wurde vor rund zehn Jahren von den Amerikanern David Norton und Robert Kaplan mit dem Hintergrund entwickelt, dass in weiten Teilen der Praxis ausschließlich finanzielle Messgrößen (Gewinn, Umsatz, ROI) als Indikatoren zur Performance-Messung der Unternehmensleistung herangezogen werden. Im Hinblick auf die derzeitig angespannte Wettbewerbssituation wurde deshalb im BSC-Konzept eine Erweiterung der Kennzahlensysteme um nicht monetäre Größen, wie Prozesse, Technologien, Mitarbeiter und Kunden berücksichtigt. Bis heute etabliert sich die Balanced Scorecard zunehmend nicht nur international, sondern auch in vielen deutschen Unternehmen wie z.B. Siemens, Bosch oder BASF.[275]

Eine Studie der Management-Beratung Horváth & Partners, bei der mehr als 100 große und mittelgroße Unternehmen in Deutschland, Österreich und in der Schweiz befragt wurden, ergab, dass Unternehmen, die mit der Balanced Scorecard (BSC) arbeiten, erfolgreicher sind als ihre Wettbewerber. Danach sind nahezu vier von fünf der befragten Unternehmen der Meinung, dass sie ihre Konkurrenz sowohl hinsichtlich Umsatzwachstum als auch Jahresüberschuss übertreffen. Die Hauptgründe für die Einführung der BSC waren:[276]

- Unterstützung einer erfolgreichen Strategierealisierung (94%),
- Schaffung eines gemeinsamen Strategieverständnisses (91%),
- Verbesserung der Strategiekommunikation (91%).

Die Antworten der befragten Unternehmen auf die Frage, welchen Einfluss die BSC auf die Kennzahlen und Ziele haben, sehen Sie in Tabelle 11–2.

---

[275] Vgl. Kaplan, Norton, The balanced scorecard – measures that drive performance, In: Harvard Business Review, January-February (1992), S. 71–79 und Werner (2000), S. 200
[276] Vgl. Horváth & Partners, In: www.horvath-partners.com vom 19.04.2004 und FAZ vom 15.03.2004, S. 28

Die Balanced Scorecard als Controlling-Instrument im eSCM

Welchen Einfluss hat die BSC auf die Kennzahlen und Ziele	
Positive Auswirkung auf die Qualität	67%
Senkung der Kosten	62%
Steigerung der Mitarbeiter- und Kundenzufriedenheit	61%
Positive Auswirkung auf die Rendite	58%
Steigerung der Marktanteile	39%
Auswirkung auf die Neuproduktquote	37%

Tabelle 11–2: Einfluss der BSC auf die Kennzahlen und Ziele

Die Fluktuations- und Krankheitsrate werden dagegen durch die Scorecard nur marginal beeinflusst (17%). Die Ergebnisse werden in Abb. 11–3 detaillierter dargestellt.

Auf welche Kennzahl hat die BSC-Anwendung einen positiven Einfluss?

Kennzahl	stimmt absolut	stimmt größtenteils	stimmt nur teilweise	stimmt gar nicht
Qualität	14%	53%	23%	11%
Kostensenkung	11%	51%	26%	12%
Mitarbeiterzufriedenheit	17%	44%	29%	10%
Kundenzufriedenheit	19%	42%	28%	11%
Rendite	12%	46%	16%	26%
Marktanteile	9%	30%	34%	28%
Innovation bzw. Neuproduktquote	8%	29%	35%	29%
Fluktuationrate	5%	12%	28%	56%
Krankheitsrate	4%	13%	23%	60%

Quelle: Horváth & Partners

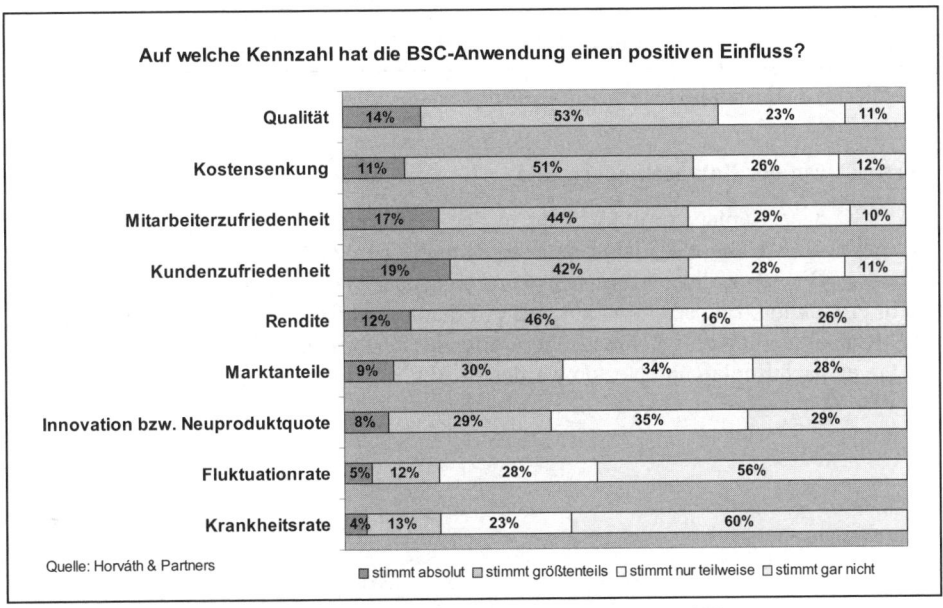

Abb. 11–3: Einfluss der BSC auf bestimmte Kennzahlenbereiche[277]

---

[277] Quelle: Horváth & Partners, In: www.horvath-partners.com vom 19.04.2004

11.3.2 Begriff und Konzept der BSC

Ausgangspunkt der BSC ist die Vision eines Unternehmens. Zur Realisierung dieser Vision werden Unternehmensstrategien formuliert, die in vier Perspektiven auf konkrete strategische Ziele und messbare Kennzahlen heruntergebrochen werden. Durch permanente Soll-/Ist-Kontrollen verspricht die BSC einen ausgewogenen Steuerungsansatz, welcher die einzelnen Perspektiven ins Gleichgewicht „Balance" bringt und auf einem übersichtlichen Berichtsbogen „Scorecard" abbildet. Um eine Überladung der BSC zu vermeiden, werden höchstens fünf bis sieben Kennzahlen pro Perspektive abgebildet.[278]

Bestandteile des BSC-Konzeptes	
Vision	Beispiel: Marktführer für eBusiness-Solutions
Strategien und Ziele	Beispiel: Ausbau des Marktanteils in Nordamerika um 5%
Perspektiven	Beispiel: Kunden, Know-how, Prozesse, Finanzen
Kennzahlen	Beispiel: Marktanteil, Neukundenakquisition, Umsatz etc.

Tabelle 11–3: Bestandteile des BSC-Konzeptes

Perspektiven der Balanced Scorecard

Die BSC nach Kaplan/Norton besteht in der Regel aus den vier folgend aufgeführten Perspektiven, welche die Vision und die strategischen Ziele in messbaren Kennzahlen abbilden. Die Kennzahlen werden in verschiedenen Abteilungen, wie Marketing, Vertrieb, Produktion, Logistik, Einkauf, EDV, Finanz- und Rechnungswesen generiert, was eine Konsolidierung unternehmensübergreifender Performance sicherstellt. Die vier Perspektiven nach Kaplan und Norton werden in Abb. 11–4 dargestellt.

---

[278] Vgl. Kaplan, Norton (1997), S. 7ff.

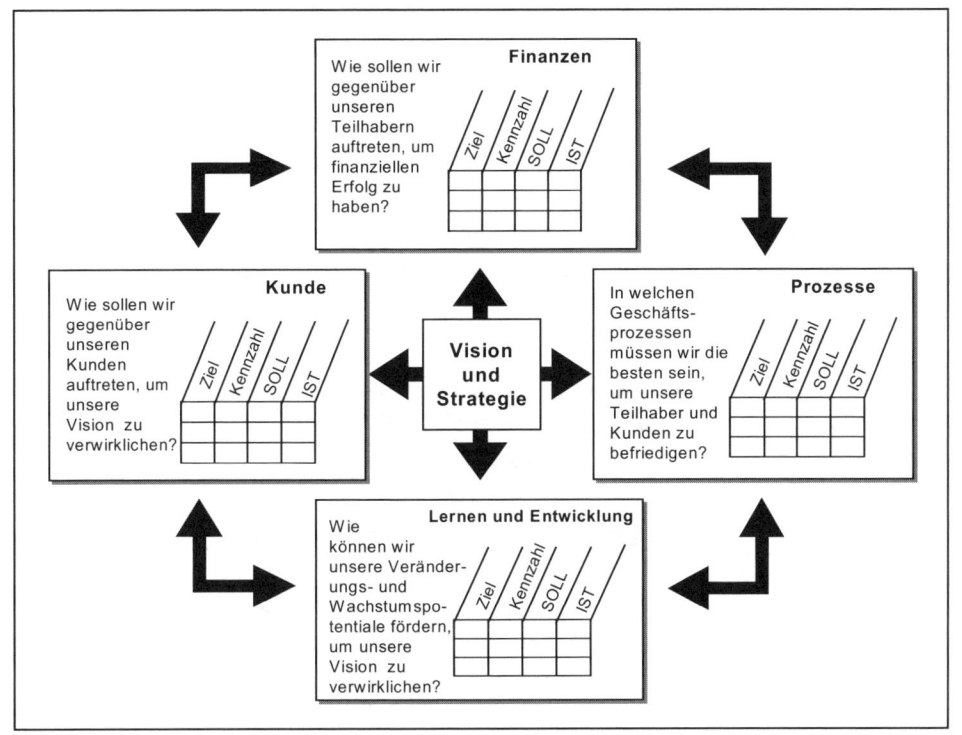

Abb. 11–4: Die vier Perspektiven der Balanced Scorecard[279]

11.3.3 Ursache-Wirkungs-Ketten

Eine weitere Besonderheit im BSC-Konzept sind die Ursache-Wirkungs-Zusammenhänge zwischen den einzelnen Perspektiven. Eine gut konstruierte Scorecard zeichnet die Strategie eines Unternehmens anhand einer Kette von Ursachen und Wirkungen in den Zielen der einzelnen Perspektiven durchgängig ab. Ist zum Beispiel die Strategie eines Unternehmens „Best in Class im eSupply Chain Management", so könnten die Ziele und Kennzahlen sich wie folgt darstellen.

---

[279] In Anlehnung an Kaplan, Norton (1997), S. 9

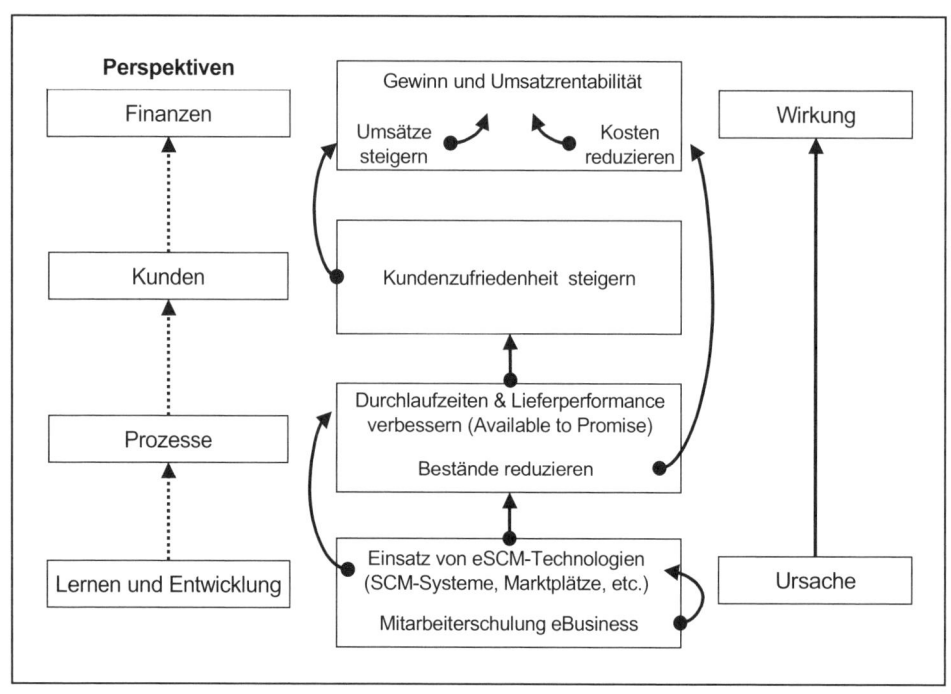

Abb. 11-5: Ursache-Wirkungs-Ketten im eSupply Chain Management[280]

- **Lern- und Entwicklungsperspektive**: Steigerung der Qualifikation der Mitarbeiter im Umgang mit eBusiness-Technologien, gemessen an Kennzahlen, wie Schulungsquoten oder Nutzungsraten von eBusiness- Lösungen.
- **Prozessperspektive**: Die Nutzung von eBusiness-Technologien wirkt sich anschließend fördernd auf die Prozessperspektive aus. Die Ziele können hierbei auf die Verkürzung von Durchlaufzeiten sowie Bestandsreduzierungen fokussieren.
- **Kundenperspektive**: Die optimierten Prozesse wirken sich wiederum auf strategische Ziele der Kundenperspektive aus, wie die Steigerung der Kundenzufriedenheit, gemessen an Kennzahlen, wie Kundenbindungs- oder Neukundenakquisitionsraten.
- **Finanzperspektive:** Die Ziele der Prozess- und Kundenperspektive schlagen sich anschließend in der Zielerreichung der Finanzperspektive nieder, wie Umsatzsteigerungen und Kostenreduzierung, gemessen an der Umsatzrentabilität.

---

[280] In Anlehnung an Hug, Konzeption und Implementierung eines kundenorientierten Controllings der Lieferantenbeziehung, In: Belz, Mühlmeyer (2001), S. 322

11.3.4 Vorgehensweise zur Umsetzung einer eSCM-Scorecard

Zur Umsetzung einer eSCM-Scorecard empfiehlt sich die dargestellte Vorgehensweise. Nach der Ableitung der Strategien und Ziele im eSCM-Umfeld müssen die Ziele klar und eindeutig definiert werden. Zur Steuerung der Strategieumsetzung werden operativ messbare Kennzahlen abgeleitet, welche die Zielerreichung jederzeit abbilden können.

Vorgehensweise bei der Umsetzung einer eSCM-Scorecard

1. Analyse und Planung der strategischen Ziele im eSCM / Modellierung der Ursache-Wirkungs-Beziehungen
   z.B. Umsatz, Kosten, Qualität

2. Ableitung operationalisierter Ziele und Kennzahlen zur Messung der Zielerreichung
   Beispiel: Steigerung der Rendite um 5%: $\frac{\text{Gewinn} \times 100}{\text{Umsatz}}$

3. Umsetzung und Monitoring der Ergebnisse durch effektive IT-Lösungen
   Management Information Systems, Tabellenkalkulation, etc.

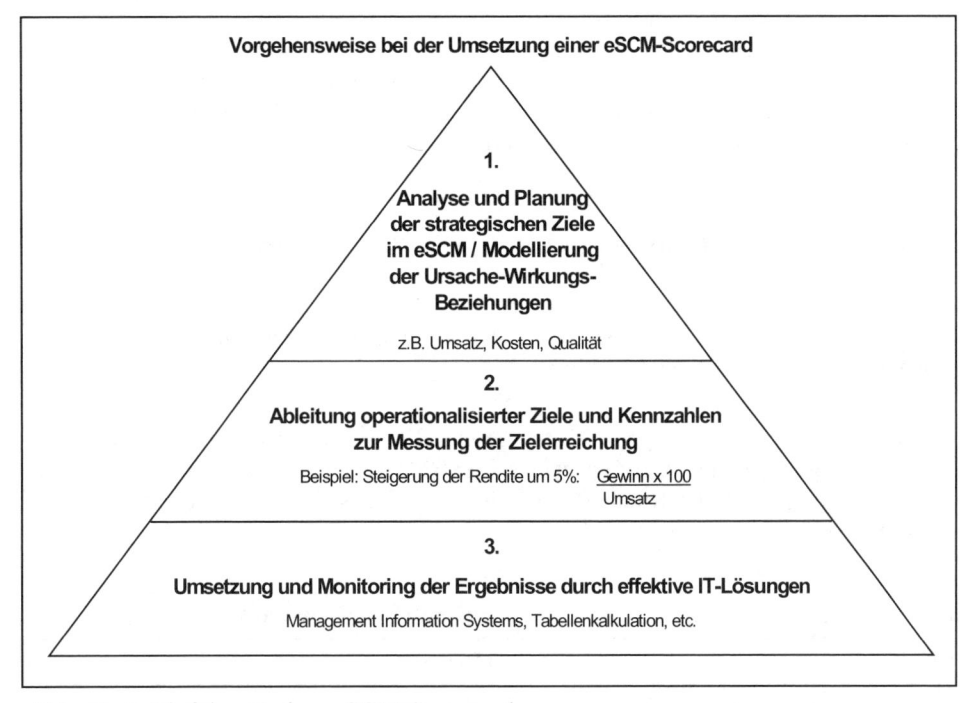

Abb. 11–6: Einführung einer eSCM-Scorecard

Der Einsatz von IT-Lösungen vereinfacht die Umsetzung und Erfolgsmessung der Zielerreichung. Hierzu können spezielle Management Information Systems (MIS) oder auch einfache Tabellenkalkulationslösungen dienen.

11.4 Kennzahlen und Anwendungsbeispiele für eine eSCM-Scorecard

Im Folgenden werden systematisch die einzelnen Perspektiven, strategische Ziele, geeignete Kennzahlen sowie deren zuständige Bereiche für die Erhebung der Kennzahlen in Bezug auf ein eSCM-Controlling mit Hilfe der BSC beschrieben. Zur Komplettierung wird in jeder Perspektive ein Beispiel für eine Scorecard mit entsprechenden Zielvorgaben, abgeleiteten Kennzahlen und konkreten Zahlenwerten vorgestellt, welches im Hinblick auf eine eSCM-Scorecard geeignet erscheint. Jede Scorecard wird zusätzlich mit einer Ampelfunktion ausgestattet, die je nach Abweichung in der Zielerreichung einen entsprechenden Handlungsbedarf signalisiert.

11.4.1 Die Kundenperspektive der eSCM-Scorecard

> Im Vordergrund steht die Frage: Wie sollen wir gegenüber unseren Kunden auftreten, um unsere Vision zu verwirklichen?

Die Kundenperspektive spiegelt die strategische Zielerreichung in Bezug auf Kunden- und Marktsegmente wieder, auf welchen mit eSCM-Strategien agiert wird. Die strategische Zielfokussierung der Kundenperspektive orientiert sich demnach überwiegend an Vertriebs- und Marketingzielen.

Strategische Ziele der Kundenperspektive	
Ziele	**Beispiel**
Steigerung der Kundenakquisition	Neukunden p.a. > 30%
Steigerung der eSales-Performance	Umsatz p.a. > 20%
Steigerung der Kundenbindung	Folgekäufe p.a. > 25%
Steigerung der Kundenzufriedenheit	Reklamationen p.a. < 10%
Steigerung der Servicequalität	Anfragen über Service Center > 40%

Tabelle 11–4: Ziele der Kundenperspektive

Aus der strategischen Zielvorgabe lassen sich entsprechend Kennzahlen ableiten, welche die Sichtweise der Kunden und des Marktes auf die eSCM-Strategien reflektieren. Hierbei werden neben klassischen Ergebniskennzahlen, wie Marktanteile, Umsätze, Neukundenakquisitionsrate, Kundenrentabilität, spezifische Leistungskennzahlen eingesetzt, welche die Kundenzufriedenheit und Servicequalität der eSCM-Initiativen abbilden.

Im Zeitalter der Digitalisierung von Geschäftsabläufen werden die Möglichkeiten der Erhebung und Verarbeitung von kundenspezifischen Daten erheblich vereinfacht. Über Logfile-Analysen und Data Warehouse-Analysetools können eine Vielzahl von Kundendaten aggregiert und u.a. folgende Kennzahlen erhoben werden (siehe Tabelle 11–5).[281]

Kennzahlen der Kundenperspektive	
Bereich	**Kennzahl**
Kundenakquisition	■ Anzahl der Kontakte (Hits) auf einzelnen Webseite pro Monat, etc. ■ Anzahl der Besucher (Visits) auf den Webseiten pro Monat, etc. ■ Anzahl der Seitenaufrufe (Page Views) auf einer Webseite pro Monat ■ Anzahl neu registrierter Kunden ■ Verhältnis Neukunden / Stammkunden ■ Anzahl der Zugriffe über Links von Partnern
eSales	■ Umsatz über eSales-Systeme pro Kunde, Transaktion, Monat ■ Anzahl erfolgreicher Transaktionen ■ Stornierquote von Transaktionen ■ Häufigkeit von abgebrochenen Transaktionen ■ Regionale Struktur der Kunden, Besucher ■ Anzahl der Besucher, die Umsatz generieren (Conversion Rate)
Kundenbindung	■ Attraktivität (Stickiness) einer Webseite gemessen an wiederkehrenden Besuchern ■ Durchschnittliche Verweildauer (Visit Length) auf einer Webseite ■ Anzahl von Besuchen bestimmter Supply Chain Partner ■ Anzahl von Kundenbindungsstrategien (Newsletter, Communities) ■ Anzahl von Wiederholungsbestellungen
Kundenzufriedenheit	■ Anzahl Beschwerden/Lob pro Monat, Quartal, etc. ■ Anzahl von Retouren pro Monat, Quartal, Kunde ■ Time-to-Market ■ Liefertreue (eingehaltener Liefertermine) ■ Lieferbeschaffenheit (gleichbleibende Qualität der Lieferung) ■ Responsetime auf Anfragen/Bestellungen

---

[281] Vgl. Weber, Freise, Schäffer (2001), S. 34f. und Müller, Von Thienen (2001), S. 223, S. 233f.

Kennzahlen der Kundenperspektive	
Servicequalität	■ Anzahl der Anfragen über Interaktionsmöglichkeiten (Service Center) ■ Anzahl von Service-, Informationsangeboten ■ Anzahl vorhandener themenbezogener Inhalte (Content) ■ Anzahl von Kontaktmöglichkeiten (E-Mail, Webformular, Interaction Center etc.)

Tabelle 11–5: Kennzahlen der Kundenperspektive

Zuständige Bereiche der Kennzahlenerhebung

Die zu ermittelnden Daten werden primär im Marketing- und Vertriebs-Controlling erhoben und zur Generierung der Kennzahlen für die Kundenperspektive der eSCM-Scorecard bereitgestellt. Die verteilten und inhomogenen Datenbestände aus eSales-Frontends, operativen ERP-Systemen und Logfile-Analysen sowie Marktforschungsberichten können hierbei über Data-Warehouse-Technologien und Analyseinstrumenten, wie Data Mining, OLAP, aufbereitet und aggregiert werden.

Beispiel: Kundenperspektive der eSCM-Scorecard

Kundenperspektive der eSCM- Scorecard				Performance Monat 04	
Zielbereich:	Operative Kennzahl	Soll	Ist	Abw	Ampel
Kundenakquisition	Anzahl registrierter Neukunden pro Monat	1.250	850	-32%	rot
eSales	Durchschnittlicher Umsatz pro Kunde über eSales-System pro Monat in EUR	400	435	9%	grün
Kundenbindung	Anzahl von Folgebestellungen pro Monat	1.000	1.250	25%	grün
Kundenzufriedenheit	Anzahl Reklamationen pro Monat	25	26	-4%	gelb
Servicequalität	Anzahl von Anfragen über Customer Interaction Center pro Monat	750	800	7%	grün

Abw: < -5% rot   = Abweichungsanalyse + Maßnahmen treffen
Abw: > -5% gelb = Beobachten
Abw: >=0%   grün = In Ordnung

Abb. 11–7: Kundenperspektive der eSCM-Scorecard

In der in Abb. 11-7 dargestellten Scorecard der Kundenperspektive wird durch die Ampelfunktion signalisiert, dass ein dringender Handlungsbedarf bei der Akquisition von Neukunden besteht (Ampel rot). Eine mögliche Maßnahme hierzu könnte die Erhöhung von Marketingaktivitäten sein. Daneben sind die Ziele der Kundenbindung, Servicequalität und dem eSales erreicht (Ampel grün). Hier müssen keine ungeplanten Maßnahmen eingeleitet werden. Die Ziele der Kundenzufriedenheit müssen dagegen beobachtet werden (Ampel gelb), denn es besteht bereits eine negative Abweichung bei den Reklamationen (Ist-Reklamationen sind leicht über dem Soll).

11.4.2 Die Prozessperspektive der eSCM-Scorecard

> In dieser Perspektive stellt sich die Frage: In welchen Geschäftsprozessen müssen wir die besten sein, um unsere Teilhaber und Kunden zu befriedigen ?

Die Prozessperspektive reflektiert die Zielerreichung von eSCM-Strategien in Bezug auf die Effizienzsteigerungen in den Prozessen.

Konkret werden die elektronisch unterstützten Wertschöpfungsprozesse der Versorgungskette über eBusiness-Lösungen, resultierende verkürzte Abwicklungs- und Durchlaufzeiten, Auswirkungen auf die Bestands- und Lieferperformanceentwicklung und der Nutzungsgrad von eBusiness-Anwendungen im Unternehmen beleuchtet. Denn gerade der Einsatz von eSCM-Technologien forciert die Optimierung von unternehmensübergreifenden Geschäftsprozessen. Die Prozessperspektive bildet somit das Schlüsselelement des eSCM-Controlling, da sich die Prozessperformance unmittelbar auf die Finanz- und Kundenperspektive auswirkt. Diese Verknüpfung äußert sich einerseits darin, dass die Prozessoptimierungen zu Bestandsreduzierungen führen (geringeres Umlaufvermögen) und die Teilautomatisierung von Geschäftsabläufen Transaktionskosten senkt, was sich mittelfristig in den finanziellen Erfolgsgrößen (Cash Flow, Umsatzrentabilität) abbilden wird. Andererseits erzeugt die Verschlankung der Prozesse kürzere Durchlaufzeiten, höhere Flexibilität und besseren Service, was sich unmittelbar in der Kundenperspektive äußert (Kundenzufriedenheit).[282] In Tabelle 11-6 sind die strategischen Ziele der Prozessperspektive aufgeführt.

---

[282] Vgl. Werner (2000), S. 170f.

Strategische Ziele der Prozessperspektive	
Ziele	**Beispiel**
Reduzierung von Durchlaufzeiten	Reduzierung um 40%
Reduzierung von Beständen (alle Stufen)	Bestandsreduzierung > 60%
Kostenreduzierung durch eProcurement	eBusiness-Nutzung > 90%
Steigerung der Lieferperformance	Lieferbereitschaft > 95%
Steigerung der Prozessintegration	eIntegrationsgrad > 60%

Tabelle 11–6: Ziele der Prozessperspektive

Zur Erfolgsmessung der Effizienzsteigerungen durch den Einsatz von eBusiness-Lösungen werden aus den Zielvorgaben entsprechende Kennzahlen abgeleitet, welche die Prozessperformance im Unternehmen ganzheitlich abbilden. Die Kennzahlen dienen hierbei nicht nur ausschließlich der Überwachung der Zielerreichung, sondern können ebenso zur Entscheidungshilfe über neue eSCM-Projekte herangezogen werden. Mögliche Kennzahlen werden in Tabelle 11–7 vorgestellt.[283]

Kennzahlen der Prozessperspektive	
Bereich	**Kennzahl**
Durchlaufzeit	■ Prozessdauer der internen Abwicklung einer Web-Transaktion ■ Durchschnittliche Auftragsabwicklungszeit in Tagen ■ Durchschnittliche Rüstzeit, Taktzeit in der Fertigung ■ Durchschnittliche Durchlaufzeit in der Supply Chain
Beständen	■ Durchschnittlich gebundenes Kapital (kalk. Zinskosten) ■ Durchschnittliche Reichweite des Lagers ■ Anzahl von Fehlteilen pro Monat/Jahr ■ Durchschnittliche Bestandsmenge/-wert pro Lager, Artikel, Gruppe

---

[283] Vgl. Müller, Von Thienen (2001), S. 223 und S. 233f. und Jahns (2004), S. 32

Kennzahlen der Prozessperspektive	
eProcurement	■ Beschaffungszeiten über eProcurement vs. Klassischer Prozess ■ Anzahl von eProcurement-Anwendungen (Desktop Purchasing, etc.) ■ Anzahl abgewickelter Transaktionen über eProcurement-Lösungen ■ Durchschnittliches Transaktionsvolumen, -kosten pro Bestellung ■ Durchschnittliche Einstandspreisentwicklung ■ Anzahl von Lieferanten ■ Auftragsvolumen pro Lieferant
Lieferperformance	■ Lieferbereitschaftsgrad ■ Lieferflexibilität der gesamten Supply Chain ■ Durchschnittliche Lieferzeit ■ Anzahl von Mängelrügen qualitativer Abweichungen ■ Anzahl nicht eingehaltener Liefertermine pro Monat ■ Anzahl zuverlässiger Auslieferungen ■ Lagerumschlagshäufigkeit pro Lager, Artikel, Warengruppe
eBusiness-Prozess-integration	■ Anteil der je Prozess eingesetzten eBusiness-Lösungen (Prozessintegrationsgrad) ■ Anzahl eingebundener eBusiness-Anwendung pro Prozessstufe (Einkauf, Vertrieb, Distribution etc.) ■ Anzahl manueller Schritte in der Abwicklung (Automatisierungsgrad) ■ Verhältnis manueller zu automatisierten Aktivitäten je Prozess ■ Anzahl der vorhandenen Medienbrüche in ausgewählten Prozessen (z.B. Medienbrüche in der Abwicklung über eProcurement-Lösungen) ■ Anzahl von Störungen in der Abwicklung ■ Anzahl von Schnittstellen zu externen Partnern (Kunden, Lieferanten)

Tabelle 11–7: Kennzahlen zur Prozessperspektive

Zuständige Bereiche der Kennzahlenerhebung

Die zu ermittelnden Daten werden in der Beschaffung, im Einkauf und in der Produktionsplanung sowie in der EDV-Abteilung und dem Vertrieb erhoben und zur Generierung der Kennzahlen in der Prozessperspektive für die BSC konsolidiert.

Beispiel: Prozessperspektive der eSCM-Scorecard

Prozessperspektive der eSCM- Scorecard				Performance Monat 04	
Zielbereich:	Operative Kennzahl	Soll	Ist	Abw	Ampel
Durchlaufzeit	Max. durchschnittliche Auftragsabwicklungszeit in Tagen	4	3	25%	grün
Bestände	Max. durchschnittlicher monatlicher Bestandswert in Tsd EUR	750	800	-7%	rot
eProcurement	Anzahl abgewickelter Transaktionen über eProcurement-Lösungen im Verhälnis aller Bestellungen pro Monat	75%	65%	-10%	rot
Lieferperformance	Lieferbereitschaftsgrad pro Monat	98%	96%	-2%	gelb
eBusiness-Prozess-Integration	Max. Anzahl von Medienbrüchen in der Auftragsabwicklung entlang der Supply Chain	4	3	25%	grün

Abw: < -5%   rot   = Abweichungsanalyse + Maßnahmen treffen
Abw: > -5%   gelb   = Beobachten
Abw: >=0%   grün   = In Ordnung

Abb. 11–8: Prozessperspektive der eSCM-Scorecard

Im Fall der Prozessperspektive der eSCM-Scorecard besteht ein dringender Handlungsbedarf bei der Zielerreichung im Bereich Bestände und eProcurement (Ampel rot). Eine Reaktion auf die Abweichung könnten hier die Überprüfung der Maximal-, Melde- und Sicherheitsbestände sowie zielgerichtete Schulungen der Mitarbeiter sein. Des Weiteren ist die Lieferbereitschaft verstärkt zu beobachten (Ampel gelb). Die Durchlaufzeit sowie die Ziele der Prozessintegration sind erfüllt (Ampel grün).

11.4.3 Die Lern- und Entwicklungsperspektive der eSCM-Scorecard

> Hier steht die Frage im Vordergrund: Wie können wir unsere Veränderungs- und Wachstumspotenziale fördern, um unsere Vision zu verwirklichen?

Die Ziele der beschriebenen Prozessperspektive lassen sich nur dann realisieren, wenn eine entsprechende Infrastruktur durch Informationstechnologien bereit gestellt wird oder bestehende Strukturen ausgebaut werden. Ergänzend müssen Mitarbeiterpotenziale vorhanden sein, welche die Enabling Technology beherrschen und anwenden können. Vor diesem Hintergrund forciert die Lern- und Entwicklungsperspektive auf die permanente Beleuchtung der eSCM-Fähigkeit eines Unternehmens. D.h. sie versucht kontinuierlich das angesammelte Know-How der Mitarbeiter/des Unternehmens (Intellectual Capital) sowie die Entwicklung der Informationssysteme im Zeitablauf abzubilden. Der gezielte Einsatz von Schulungs- und Weiterbildungsmaßnahmen und die Bereitstellung von entsprechenden Investitionsbudgets für IT-Strukturen sowie der Aufbau von Wissensdatenbanken in Unternehmensnetzwerken (Knowledge-Management) beeinflussen demnach mittelbar die Erzielung der strategischen Ziele der anderen Perspektiven.

Strategische Ziele der Lern- und Entwicklungsperspektive	
Ziele	**Beispiel**
eQualifikation von Mitarbeitern	Steigerung Know-how > 60%
Effektives Knowledge Management	Verbesserung der Systeme > 70%
Aufbau und Nutzung IT-Strukturen	Einsatz eBusiness-Systeme > 50%
Kapazitäten von IT-Ressourcen	Anzahl von Überlastungen < 2%

Tabelle 11–8: Ziele der Lern- und Entwicklungsperspektive

Zuständige Bereiche der Kennzahlenerhebung

Die zu ermittelnden Daten werden durch die Personalabteilung sowie durch die EDV-Abteilung erhoben und zur Generierung der Kennzahl bereitgestellt.

Zur Messung der Zielerreichung können u.a. nachstehende Kennzahlen eingesetzt werden, welche sich aus den strategischen Zielvorgaben ableiten lassen.[284]

---

[284] Vgl. Müller, Von Thienen (2001), S. 227f. und S. 236f.

Zielbereich	Operative Kennzahl
Mitarbeiterqualifikation	▪ Anzahl durchgeführter eBusiness Seminare pro Mitarbeiter ▪ Anzahl von eBusiness-Workshops pro Mitarbeiter ▪ Nutzungsquote des Internet pro Abteilung, Mitarbeiter ▪ Anzahl der eBusiness-Fachleute, Mitarbeiter mit eBusiness Kow-How
Knowledge Management	▪ Anzahl der Abrufe über das Knowledge-System pro Monat, Quartal ▪ Anzahl von abrufbaren Inhalten innerhalb eines Informationsmedium ▪ Anzahl bereitgestellter Informationsmedien
IT-Strukturen	▪ Nutzungsgrad der Kommunikationssysteme (Intranet, Chat, E-Mail) ▪ Anzahl an ein internes IT-System angebundene eBusiness-Lösungen ▪ Nutzungsintensität von SCM-Planungstools ▪ Anzahl der Informationsquellen die in ein Data Warehouse einfließen
IT- und E-Business-Ressourcen	▪ Anzahl, Auslastung von IT-Fachkräften ▪ Anzahl, Auslastung der IT-Infrastruktur (Netzwerke, Server, Systeme) ▪ Anzahl auftretender Systemausfälle, Störungen ▪ Anzahl von Kapazitätsüberlastungen

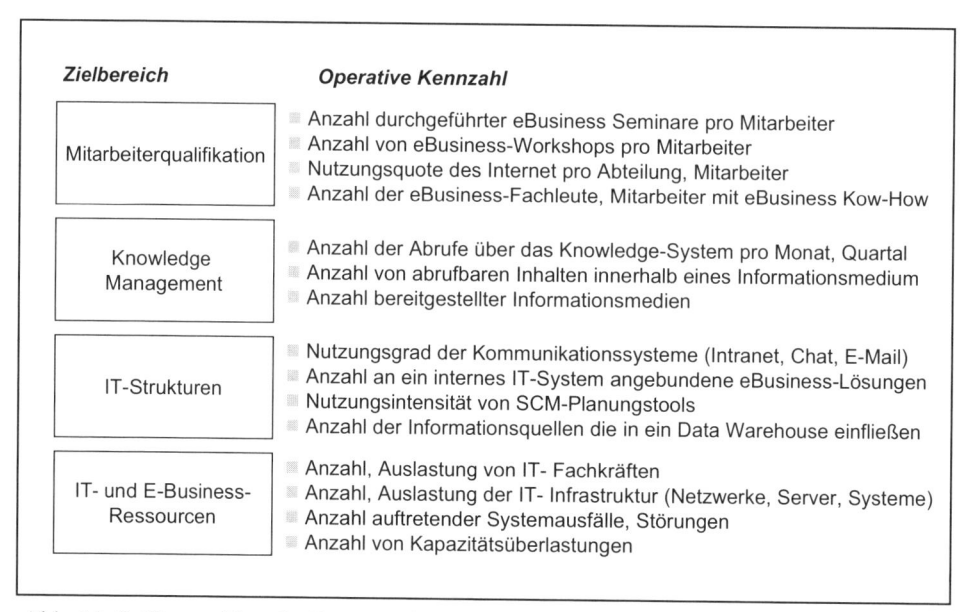

Abb. 11–9: Kennzahlen der Lern- und Entwicklungsperspektive

Beispiel: Lern- und Entwicklungsperspektive der eSCM-Scorecard

Entwicklungsperspektive der eSCM-Scorecard				Performance Monat 04	
Zielbereich:	Operative Kennzahl	Soll	Ist	Abw	Ampel
Mitarbeiter-qualifikation	Anzahl durchschnittlich durchgeführter Seminare pro Mitarbeiter	4	2	-50%	rot
Knowledge Management	Anzahl der Abrufe Intranet/ Portal pro Monat x 100	25	24	-4%	gelb
IT-Strukturen	Anzahl angebundener eBusiness-Lösungen an das ERP-System	5	6	20%	grün
IT-Kapazitäten	Max. Anzahl von Kapazitätsüberlastungen p.a. kumuliert	2	1	50%	grün

Abw: < -5%   rot   = Abweichungsanalyse + Maßnahmen treffen
Abw: > -5%   gelb = Beobachten
Abw: >=0%   grün = In Ordnung

Abb. 11–10: Lern- und Entwicklungsperspektive der eSCM-Scorecard

In der Lern- und Entwicklungsperspektive der eSCM-Scorecard zeichnet sich ab, was sich bereits in der Prozessperspektive angedeutet hat. Es besteht eine Abweichung im Bereich der Mitarbeiterqualifikation (Ampel rot). Die Mitarbeiter müssen auf die neuen Anwendungen geschult werden, um eine Steigerung in der Prozessperformance zu erzielen. Die Zielerreichung der anderen Bereiche sind erfüllt bzw. zu beobachten.

11.4.4 Die Finanzperspektive der eSCM-Scorecard

> Die Finanzperspektive beschäftigt sich mit der Frage: Wie sollen wir gegenüber unseren Teilhabern auftreten, um finanziellen Erfolg zu haben?

Der finanzielle Erfolg von eSCM-Strategien resultiert aus der Zielerreichung der Kunden-, Prozess- sowie der Lern- und Entwicklungsperspektive (vgl. Ursache-Wirkungs-Kette). Folglich spiegelt die Finanzperspektive die Effekte aller eBusiness-Initiativen auf die Rentabilität, die Umsätze und Kosten sowie die Vermögens- und Ergebnissituation der Unternehmung wieder.[285] Entsprechend subsummiert die strategische Zielfokussierung der Finanzperspektive die Ergebnissituation der einzelnen Perspektiven auf finanzieller Basis.

Strategische Ziele der Finanzperspektive	
Ziele	**Beispiel**
Positive Umsatzentwicklung	Umsatzsteigerung > 20%
Senkung der Beschaffungskosten	Senkung > 70%
Senkung des Umlaufvermögens (Bestände)	Senkung > 30%
Senkung der internen Prozesskosten	Senkung > 25%
Senkung der Logistik- und Vertriebskosten	Senkung > 30%
Performancesteigerung von IT-Investitionen	Steigerung > 15%

Tabelle 11–9: Ziele der Finanzperspektive

Mögliche monetäre Kennzahlen, welche sich aus den strategischen Zielen ableiten lassen und den finanziellen Erfolg von eSCM-Strategien über alle Perspektiven quantifizieren, stellen sich wie in Tabelle 11–10 dar.[286]

---

[285] Vgl. Werner (2000), S. 201
[286] Vgl. Müller, Von Thienen (2001), S. 221f. und S. 238f.

Bereich	Kennzahlen der Finanzperspektive
	Kennzahl
Umsatz-entwicklung	■ Umsatz über eSales-Systeme ■ Verhältnis der Umsätze über Sales-Systeme/Gesamtumsatz ■ Umsatz pro Kunde, Kundensegment, Produkt, Warengruppe ■ Deckungsbeitrag pro Kunde, Kundensegment, Produkt, Warengruppe ■ Umsatzrentabilität (Gewinn/Umsatz)
Beschaffungs-kosten	■ Verhältnis erzielte Einkaufspreise/traditionelle Einkaufspreise ■ Preisniveausenkung A-, B-, C-Teile ■ Einsparung durch eProcurement ■ Verhältnis Bestellkosten über eProcurement/ traditionelle Bestellkosten
Umlauf-vermögen	■ Durchschnittlicher Lagerbestandswert pro Lager, Artikel, Gruppe ■ Durchschnittliche Kapitalbindungskosten pro Lager, Artikel, Gruppe ■ Verhältnis Umlaufvermögen Vorperiode/Folgeperiode ■ Höhe des Umlaufvermögen ■ Cashflow ■ Cash-to-Cash Zyklus
Prozess-kosten	■ Kosten für Nacharbeit pro Abteilung, Produktgruppe ■ Herstellkosten pro Produkt, Warengruppe ■ Anteil der Administrationskosten an den Gesamtkosten ■ Abwicklungskosten pro Einkaufs- oder Verkaufsauftrag
Logistik- und Vertriebs-kosten	■ Vertriebskosten pro Produkt, Kundensegment, Warengruppe ■ Servicekosten pro betreutes Produkt, Kundensegment, Warengruppe ■ Frachtkosten pro Lieferung, Artikel, Warengruppe ■ Verhältnis Logistikkosten/Gesamtkosten ■ Einsparungen Logistik- und Vertriebskosten
IT-Inves-titionen	■ Direkt zurechenbare Kosten des eBusiness-Einsatzes je Produkt ■ Break-Even von IT-Investitionen ■ Durchschnittlicher Amortisationsdauer von eBusiness-Investitionen ■ Return on Capital employed (ROCE) =Ertrag aus investiertem Kapital ■ Verhältnis Investitionskosten/ Umsatz ■ Return on Investment (ROI) von IT-Investitionen

Tabelle 11–10: Kennzahlen der Finanzperspektive

Zuständige Bereiche der Kennzahlenerhebung

Die zu generierenden Kennzahlen werden durch die Finanzbuchhaltung, Bilanzierung und dem Controlling ermittelt. Hilfreich ist eine Erweiterung der bestehenden Kostenrechnung um eine Prozesskostenrechnung sowie eine Ergänzung des internen Kostenstellenplans um eBusiness-bezogene Kostenstellen.[287]

Beispiel: Finanzperspektive der eSCM-Scorecard

Finanzperspektive der eSCM-Scorecard				Performance Monat 04	
Zielbereich:	Operative Kennzahl	Soll	Ist	Abw	Ampel
Umsätze	Umsätze über eSales-Systeme in Tsd EUR pro Monat	1.170	1.300	11,1%	grün
Beschaffungskosten	Einsparungen durch eProcurement in Tsd EUR pro Monat	66	67	1,5%	grün
Umlaufvermögen	Max. Gesamtlagerbestandswert in Tsd EUR pro Monat	800	720	10,0%	grün
Interne Prozesskosten	Max. Nachbearbeitungskosten pro Monat in EUR	4.160	4.300	-3,4%	gelb
Logistik- und Vetriebskosten	Gesamte Einsparung Logistik und Vertriebskosten in EUR pro Monat	4.150	5.100	22,9%	grün
IT-Investitionsperformance	Gesamtertrag aus der Investition in eBusiness Lösungen pro Monat in EUR	1.500	1.100	-26,7%	rot
Abw: < -5% rot	= Abweichungsanalyse + Maßnahmen treffen				
Abw: > -5% gelb	= Beobachten				
Abw: >=0% grün	= In Ordnung				

Abb. 11–11: Finanzperspektive der eSCM-Scorecard

Die Finanzperspektive der eSCM-Scorecard reflektiert abschließend die Zielerreichung aller anderen Perspektiven in finanziellen Messgrößen. So gilt in diesem Beispiel in Bezug auf die IT-Investitionsperformance (Ampel rot) eine Abweichungsanalyse zu initiieren, die Ursachen herausfiltert (Ursache–Wirkung), welche für die Abweichung verantwortlich sind. Es müssen entsprechende Maßnahmen eingeleitet werden, welche die Zielerreichung verbessern. Alle anderen Kennzahlen sind erfüllt bzw. zu beobachten.

---

[287] Vgl. Müller, Von Thienen (2001), S. 218f.

Die monetäre Zielerreichung spricht für die gewählte Strategie sowie deren operative Umsetzung.

11.4.5 Ableitung neuer Strategien durch Kontrolle

Die eSCM-Scorecard ist ein Managementinstrument, das einer kontinuierlichen Erfolgskontrolle unterliegt. Zur Vereinfachung der Erfolgsbeurteilung verhilft eine grafische Aufbereitung von Soll-/Ist-Zuständen aller relevanten Messgrößen. Eine mögliche Visualisierungsform stellt das „Spinnendiagramm" dar, das nachstehend abgebildet wird.

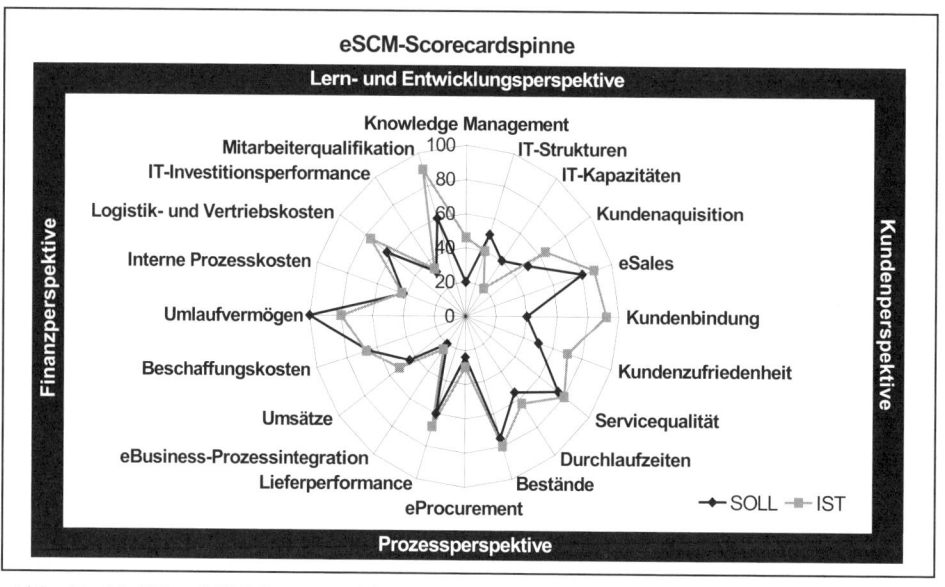

Abb. 11–12: Die eSCM-Scorecard im Spinnendiagramm

Auf Basis visualisierter Soll-/Ist-Abweichungen in den planungsrelevanten Kenngrößen können Planungsabweichungen schnell determiniert und umgehend neue Strategien abgeleitet oder Bestehende modifiziert werden. Ist zum Beispiel das Mitarbeiter eBusiness-Know-how zu gering, könnte die Erhöhung von Schulungsmaßnahmen eine strategische Reaktion sein. Die strategische Lücke zwischen den geplanten Zielgrößen und der tatsächlichen Entwicklung kann somit geschlossen werden (eng. closing the gap). Vor diesem Hintergrund beinhaltet das BSC-Konzept in Verbindung mit entsprechenden Visualisierungen (z.B. Spinnendiagramm) und der Durchführung permanenter Kontrollen ein strategisches Frühwarninstrument im eSCM-Controlling.

11.5 IT-gestützte Umsetzung durch Management Information Systems (MIS)

Ein wesentlicher Bestandteil für eine erfolgsversprechende Umsetzung einer eSCM-Scorecard ist die softwaretechnische Unterstützung des Instruments. Zurückzuführen ist dies einerseits auf die großen inhomogenen Datenbestände aus unterschiedlichen operativen Vorsystemen (ERP-System, eBusiness-Lösungen, Kalkulationstabellen etc.) und verschiedenen organisatorischen Bereichen (Marketing, Vertrieb, EDV etc.). Andererseits ist die Notwendigkeit einer IT-Unterstützung durch unzufriedenstellende Dokumentations- und Visualisierungsmöglichkeiten begründet. Eine breite Implementierung einer BSC bis auf Abteilungsebenen fordert daher nach Verwaltungsinstrumenten, die große Mengen unterschiedlicher Daten transformieren, aggregieren und aufbereiten können, um qualitativ hochwertige Ad-hoc-Informationen zur Verfügung zu stellen.

Deshalb sollten für die Informationsversorgung, Dokumentation und Aufbereitung der eSCM-Scorecard Informationstechnologien wie Management Information System (MIS) in Verbindung mit einem zentralen Datenpool (Data Warehouse) eingesetzt werden. Das Data Warehouse konsolidiert hierbei alle internen und externen Datenquellen und sichert mit Reporting- und Analyseinstrumenten (Data Mining, OLAP) die wichtige Datenqualität. Die MIS-Softwarelösung fungiert als Trägersystem der Balanced Scorecard. Hier können individuelle Reports, Ad-hoc-Fragestellungen und einfache grafische Visualisierung von Soll-/Ist-Zuständen der Kennzahlenbereiche erzeugt und über ein Monitoring überwacht werden, wie zum Beispiel das bereits vorgestellte Spinnendiagramm. Hieraus resultieren bestimmte Anforderungen an MIS-Systeme, die für eine IT-gestützte Realisierung einer eSCM-Scorecard eine entscheidende Rolle spielen.

Anforderungen an ein Management Information System (MIS)
■ Schnittstellen zu einer multidimensionalen Datenbank (Data Warehouse)
■ Einfache Bedienbarkeit (Anwenderfreundlichkeit)
■ Analyse Tools (OLAP, Data Mining)
■ Schnelligkeit bei der Datenanalyse (Ad-hock-Abfragen)
■ Soll-/Ist-Vergleichsfunktionen
■ Plattformunabhängigkeit (Unabhängig von bestehenden Strukturen)
■ Unterstützung von Tabellenkalkulationsprogrammen (z.B. MS Excel, Lotus)
■ Aufnahme und Pflegemöglichkeit von Kennzahlensystemen
■ Visualisierung von Kennzahlensystemen (z.B. eSCM-Spinnendiagramm)

Tabelle 11–11: Anforderungen an Management-Information-Systems (MIS)

Auf dem IT-Markt finden sich inzwischen zahlreiche Anbieter, die Softwarelösungen für eine IT-gestützte Realisierung der BSC vertreiben, wie u.a. SAS, Oracle, Peoplesoft, SAP. Zusammenfassend stellt sich die IT-Unterstützung der BSC wie in Abb. 11-13 dar.

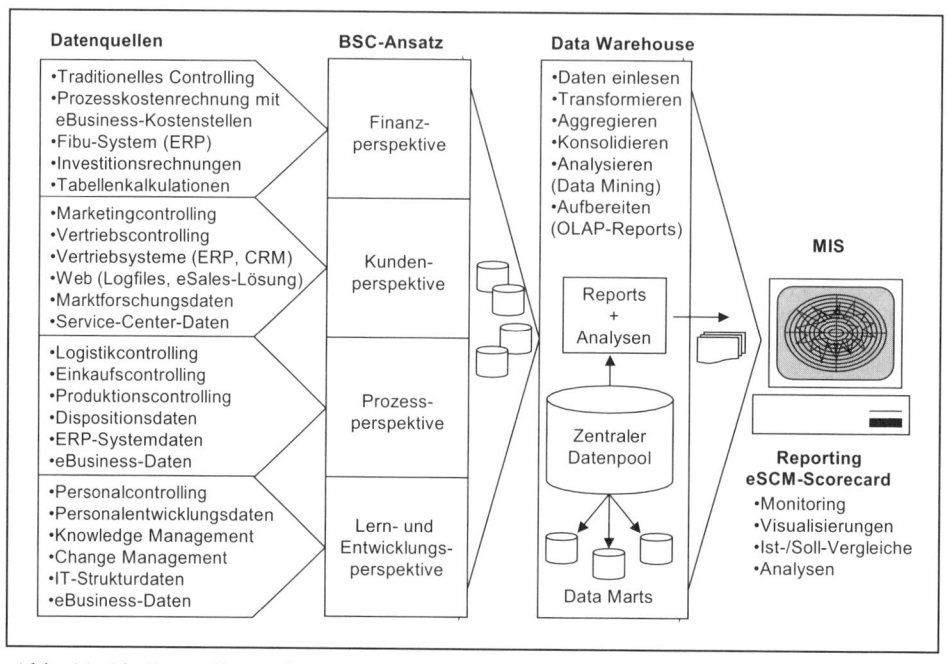

Abb. 11-13: Darstellung einer IT-gestützten eSCM-Scorecard

Insgesamt repräsentiert die Balanced Scorecard eine gelungene Symbiose aus Strategierealisierung, strategischer Planung, Steuerung sowie systematischer Kontrolle. Sie kann als Planungs-, Informations-, Frühwarn- sowie als Kontrollinstrument fungieren und in modernste Softwarelösungen eingebunden werden. Den Erfolg der BSC in der Unternehmenspraxis betont in diesem Zusammenhang eine Studie von Horváth & Partners. Danach schneiden diejenigen Unternehmen am besten ab, welche das vollständige BSC-Modell im Unternehmen umsetzen. Und je länger die BSC in einem Unternehmen eingesetzt wird, desto größer ist die Auswirkung auf dessen Leistung. Die Mehrzahl der befragten Unternehmen betonen, dass der Pay-Back deutlich höher ist als der Aufwand, den sie verursacht. Darüber hinaus zeigt sich der Trend hin zum Einsatz mehrerer Scorecards. So haben knapp zwei Drittel der befragten Unternehmen mehr als fünf BSCs im Einsatz, ein Drittel sogar mehr als zwanzig. Die BSC als Controllinginstrument in der Unternehmenspraxis wird sich demnach weiter etablieren und gerade im eSCM vermehrt zum Einsatz kommen.[288]

---

[288] Vgl. Handelsblatt vom 15.03.2004

Literaturverzeichnis

Ahlert, Becker, Kenning, Schütte (Hrsg.)., Internet & Co. im Handel. Strategien, Geschäftsmodellen, Erfahrungen. 2. Aufl., Springer Verlag, Berlin–Heidelberg–New York 2001

Albers, S.: Marketing mit Interaktiven Medien, Frankfurt 1998

Allensbacher Computer- und Technikanalyse ACTA 2003, Nielsen Netrating

Amor, D., Die E-Business (R)Evolution: Das umfassende Executive-Briefing, Bonn 2000

Andrews, K., Wannenwetsch, H., SAP Warehouse Management mit mySAP SCM, Mannheimer Beiträge zur Betriebswirtschaftslehre. Die Professoren der Berufsakademie Mannheim, University of Cooperative Education (Hrsg.), Mannheim 2004

Arnolds, H./Heege, F./Tussing, W., Materialwirtschaft und Einkauf: praxisorientiertes Lehrbuch, 8. Aufl., Wiesbaden 1993

Bahle, W., In die Karten geschaut: In: Industrielle Informationstechnik: E-Business-Strategien, Februar 2001

Barck, R., Eine übergreifende Integration ist gefordert, In Logistik Inside 04/2002

Bartsch, H., Bickenbach, P., Supply Chain Management mit SAP APO, Supply-Chain-Modelle mit dem Advanced Planner & Optimizer 3.1, 2. Aufl., Bonn 2001

BASF AG, unter: http://www.basf.de/basf/html/d/produkte/gebiete/detergents/970480431863.html

Baumgarten, H./Walter, S., Trends und Strategien in Logistik und E-Business 10/2000

Baumgarten, H., Logistik im E-Zeitalter, Die Welt der globalen Logistiknetzwerke, Frankfurt 2001

Baumgarten, H., Walter, S., Trends und Strategien in Logistik und E-Business, In: Logistik für Unternehmen 10/2000

Bayerischer Forschungsverband Wirtschftsinformatik. http://www.forwin.de

Belz, C., Mühlmeyer, J., Key Supplier Management, St. Gallen,Kriftel–Neuwied 2001

Berlecom Research: B2B-Marktplätze in Deutschland: Status quo – Chancen – Herausforderungen, Berlin 2000

Bernecker, M., Kundenbindung im Internet, In: Online-Marketing-Instrumente (Hrsg.: Conrady, R./Jaspersen, T./Pepels, W.), Neuwied–Kriftel 2002

Beschaffung Aktuell, 12/2001

Beschaffung Aktuell, Der Allianzvertrag; Innovativer Weg zur Abwicklung von Investitionen 1/2001

Beschaffung Aktuell, Recht im E-Commerce; E-Mails, Direct Purchasing, Virtuelle Marktplätze 12/2000

Beschaffung Aktuell 08/2004

Beschaffungswelt.de (Hrsg.), http://www.beschaffungswelt.de/firmendatenbank/firmendatenbank.html, 2002

Bliemel, F., Fassot, G., Theobald, A., Electronic Commerce: Herausforderungen – Anwendungen – Perspektiven, Wiesbaden 2000

BME.de, unter http://www.bme.de

Bogaschewsky, R., Electronic Procurement – Neue Wege der Beschaffung, In: Bogaschewsky, R. (Hrsg.), Elektronischer Einkauf: Erfolgspotentiale, Praxisanwendungen, Sicherheits- und Rechtsfragen, Gernsbach 1999

Bogaschewsky, R./Kracke, U., Internet–Intranet–Extranet – Strategische Waffen für die Beschaffung, Gernsbach 1999

Bogaschewsky, R./Müller, H., b2b-Marktplatzführer – Virtuelle Handelsplattformen für Deutschland, Frankfurt a. M. 2000

Boston Consulting Group (2001), Unveröffentlichte Unterlagen, zit. in: FAZ vom 19.07.2001

Bovet, D./Martha, J., Value Nets – das digitale Business Design für mehr Gewinn, Landsberg/Lech 2001

Budde, D., Schreiner, W., SAP-PM-Integration im EBP – Zwei Anwendungen, eine Lösung, Beschaffung Aktuell 3/2003

Budde D., Schreiner, W., Energiewirtschaftliche Tagesfragen, eProcurement für Instandhaltungsaufträge, 8/2003

Bullinger, H.-J., Berres, A., E-Business-Handbuch für den Mittelstand: Grundlagen, Rezepte, Praxisberichte, Heidelberg et al. 2000

Camelot IDPro AG, In: www.camelot-idpro.de vom 20.02.02

Cap Gemini Ernst & Young, e-Transformation-Studie: Hindernisse in der Umsetzung der e-Business-Ambitionen in Deutschland, o.O. 2001

Chip Online, In: www.chip.de vom 02.04.2002

Comcult Research (2001), Panel-Report: Online-Nutzung 2001, In: www.comcult.de vom 21.05.2002

Competence-Site, In: www.competence-site.de vom 20.01.02

Conrady, R./Jaspersen,T./Pepels, W. (Hrsg.), Online-Marketing-Instrumente, Neuwied–Kriftel 2002

Conrady, R./Orth, M., Der Lufthansa InfoFlyway im Rahmen der Direktvertriebsstrategie der Deutschen Lufthansa AG, In: Link, J./Tiedtke, D. (Hrsg.), Erfolgreiche Praxisbeispiele im Online-Marketing, Berlin–Heidelberg–New York, 2. Aufl. 2001

Conrady, R./Schuckert, M., One-to-One Web-Marketing in der Reisebranche (Forschungsbericht), veröffentlicht unter http://1to1webmarketing.fh-heilbronn.de, Heilbronn 2002

Conrady, R., Aktuelle Entwicklungen in der Vermarktung von Websites, In: Thexis 3/2000

Conrady, R., Einflüsse des Online-Marketing auf die Produktpolitik, In: Conrady, R./Jaspersen, T./Pepels, W. (Hrsg.), Online-Marketing-Instrumente, Neuwied–Kriftel 2002

Conrady, R., Skript zum One-to-One Web-Marketing, veröffentlicht unter: http://mitarbeiter.fh-heilbronn.de/~rconrady/, Heilbronn 2001

Conrady, R., Website-Controlling, In: Brecht, U. (Hrsg.), Praxis-Lexikon Controlling, Landsberg/L. 2001(b)

Data Mining Portal, In: www.data-mining.de vom 06.02.02

Demand Solutions GmbH, unter http://www.demandsolutions.de

Doege, M., Affiliate Networks, In: Conrady, R./Jaspersen, T./Pepels, W. (Hrsg.), Online-Marketing-Instrumente, Neuwied–Kriftel 2002

Dolmetsch, R., eProcurement: Einsparungspotentiale im Einkauf, München 2000

EBPP Info Portal, In: www.ebpp.de vom 05.04.2002

ECIN (Hrsg.), http://www.ecin.de/marktbarometer/b2b-b2c/, 2001

E-Commerce-Center Handel, unter http://www.ecc-handel.de

Electronic Commerce Info Net, http://www.ecin.de

e-procure-online Newsletter Nr. 37, 40, 41, 42, 47, 100 vom Januar/Juni 2002, August 2004

e-procure-online Newsletter 2001–2003

Ernst, E., In: Logistik Inside, Voll im Trend: Cross Docking, 04/2002

Evans, P. B./Wurster, T. S.: Web Att@ck – Strategie für de Internet-Revolution, München–Wien 2000

Forrester Research Inc., Highlight: Email Marketing is Losing Effect, Cambridge 2002

Frankfurter Allgemeine Zeitung, vom 02.09.99 u. vom 16.03.99 u. vom 28.05.02

Frankfurter Allgemeine Zeitung, vom 21.01.02

Frankfurter Allgemeine Zeitung, vom 12.08.02 u. vom 26.08.02 u. vom 19.09.02 u. vom 28.09.02

Frankfurter Allgemeine Zeitung, vom 14.04.03 u. vom 06.11.03 u. vom 17.11.03

Frankfurter Allgemeine Zeitung, vom 26.01.04 u. vom 09.02.04

Fraunhofer IML, Studie des Fraunhofer IML im Auftrag des Landes Nordrhein-Westfalen, Logistik und E-Commerce Konzepte für Ballungszentren, 2000

Fraunhofer Institut Materialfluss und Logistik, Jahresbericht 2000, Dortmund

Fraunhofer Institut Materialfluss und Logistik, Tower 24: System für dezentrale Pick-up-Points, Kurzpräsentation, Februar 2001

Fraunhofer IPA, In: eManager-Spezial 04/02

Furche, A., Wrightson, G., Computer Money, Zahlungssysteme im Internet, 1. Aufl., Heidelberg 1997

gedas GmbH, Tracking und Tracing; Sendungsverfolgung per Mausklick, 6/99

Gillies, C., Die modernste Autofabrik der Welt. In: Logistik inside, Ausgabe 09 vom 17. Mai 2002, Heinrich Vogel Verlag München

Godin, S., Permission Marketing: Turning Strangers into Friends and Friends into Customers, 1999

Greenspun, P.: Philip and Alex´s Guide to Web Publishing, San Francisco 1999

Hagel, J. III/Armstrong, A.G.: Net Gain – Profit im Netz: Märkt erobern mit virtuellen Communities, Wiesbaden 1997

Hamm, V./Brenner, W., Potentiale des Internet zur Unterstützung des Beschaffungsprozesses, In: Strub, M. (Hrsg.), Der Internet-Guide für Einkaufs- und Beschaffungsmanager, Landsberg/Lech 1999

Hammann, P./Lohrberg, W., Beschaffungsmarketing: eine Einführung, Stuttgart 1986

Hartmann, D., Wettbewerbsvorteile durch Electronic Procurement, In: Bogaschewsky, R. (Hrsg.), Elektronischer Einkauf: Erfolgspotentiale, Praxisanwendungen, Sicherheits- und Rechtsfragen, Gernsbach 1999

Hassmann, V., CRM ist Strategie, keine Software, In: Sales Business, Ausgabe 10/2001

Heilmann H. (Hrsg.), Elektronische Marktplätze, dpunkt.verlag, Heidelberg 2002

Heinrich, L.J., Thonabauer, C., Messung des EB-Potentials und der EB-Nutzung

Helmke, S., Dangelmaier, W., Effektives Customer Relationship Management, Wiesbaden 2001

Hermanns, A., Sauter, M., Management-Handbuch E-Commerce: Grundlagen, Strategien, Praxisbeispiele, München 2001.

Hernstein Management Report: Informationstechnik bereitet Managern zusätzlich Streß. In: FAZ vom 6. August 2001, S. 20, Nr. 180, FAZ Frankfurt

Hippner, H., Küsters, U., Meyer, M., Wilde, K., Handbuch Data Mining im Marketing: Knowledge Discovery in Marketing Databases, Wiesbaden 2001

Hossinger, P., Quantitative Methoden der Maßnahmenplanung., In: Pepels, W.: Integratives Marketing, Fortis Verlag, Köln 2000

Hurth, J., Multi-Channel-Marketing, In: WiSt, H. 9, Sep. 2001

In Medias Res, In: www.in-medias-res.de vom 24.03.2002.

Industrielle Informationstechnik, Informationstechnik und Logistik 09/2000

Industrielle Informationstechnik, IT-Konzepte für den Mittelstand 10–11/2000

Industrielle Informationstechnik, IT-Security; Wie sicher ist E-Manufacturing 03/2002)

Informationsmaterialen für Supply-Chain-Management-Software speziell auch für Kleine und Mittlere Unternehmen (KMU)

Jaspersen, T., Grundlagen einer optimierten Website-Gestaltung, In: Conrady, R./Jaspersen, T./Pepels W., (Hrsg.), Online-Marketing-Instrumente, Neuwied–Kriftel 2002

Kaplan, R., Norton, D., Balanced Scorecard – Strategien erfolgreich umsetzen, Stuttgart 1997

Kaplan, R., Norton, D., The balanced scorecard – measures that drive performance, In: Harvard Business Review, January–February 1992

Keller, G. et al., SAP R/3 prozessorientiert anwenden, Addison-Wesley, 3. Aufl., 1999

Kilger, C., Optimierung der Supply Chain durch Advanced Planning Systems; In: Information Management&Consulting, Ausgabe 13, 3/98

Kleineicken, A., E-Procurement – Front End Solutions, in: Wannenwetsch, H. (Hrsg.), E-Business und E-Logistik, Stuttgart 2002(a)

Kleineicken, A., Grundlagen des E-Business, In: Wannenwetsch, H. (Hrsg.), E-Business und E-Logistik, Stuttgart 2002(a)

Knolmayer, G./Mertens, P./Zeier, A., Supply Chain Management auf Basis von SAP-Systemen; Perspektiven der Auftragsabwicklung, Berlin–Heidelberg–New York 2000

Köglmayr, H.-G./ Dittmann, U./Triebenstein, R., Konzeption, Gestaltung und Umsetzung einer Homepage im Bereich Beschaffung, In: Strub, M. (Hrsg.), Der Internet-Guide für Einkaufs- und Beschaffungsmanager, Landsberg/Lech 1999

Köhler, T., Best, R., Electronic Commerce, Konzipierung und Nutzung in Unternehmen, 1. Aufl., Bonn et al. 1998.

Konhäuser, C., C-Artikelmanagement im Intranet/Internet, In: Bogaschewsky, R. (Hrsg.), Elektronischer Einkauf: Erfolgspotentiale, Praxisanwendungen, Sicherheits- und Rechtsfragen, Gernsbach 1999

Koppelmann, U., Beschaffungsmarketing, 3. Aufl., Berlin 2000

KPMG, In: www.kpmg.de vom 24.04.02

KPMG Consulting AG (Hrsg.), Electronic Procurement in deutschen Unternehmen, Frankfurt a. M. 2001

KPMG, In: www.kpmg.de vom 02.01.02

Kranke, A., Warum Europas Einzelhändler versagen, Logistik Inside 09/2002

Kranke, A., Wer ist ein Supply Chain Manager? In: LOGISTIK inside, Ausgabe 01/2002 Verlag Heinrich Vogel, München

Krause, J., Electronic Commerce und Online-Marketing: Chancen, Risiken und Strategien, München–Wien 1999

Large, R., Strategisches Beschaffungsmanagement: eine praxisorientierte Einführung, Wiesbaden 1999

Lawrenz, O., Hildebrand, K., Nenninger, M., Supply Chain Management: Strategien, Konzepte und Erfahrungen auf dem Weg zum E-Business Networks, Braunschweig, Wiesbaden 2000

Logistik Inside, Fahrzeugortung: Big Brother hilft mit, 11/2002

Logistik Inside, Im Trend: Die digitalen Begleiter fürs Cockpit, 11/2002

Logistik Inside, Blickpunkt Cebit 2002, 04/2002

Logistik Inside, Handel und Industrie: Hält die neue Verbindung? (02/2002)

Logistik Inside, Test: Was leisten Paketdienste?, 01/2002

Malone, T./Yates, J./Benjamin, R., Electronic Markets And Electronic Hierarchies, In: Communicatios of the ACM, 30. Jg., Nr. 6, 1987

Matejcek, K., E-Mail-Marketing, in: Online-Marketing-Instrumente (Hrsg.: Conrady, R./Jaspersen, T./Pepels, W.), Neuwied – Kriftel 2002, S. 154–171

Meding, M., In: Logistik Inside, Ausgereifte Technik wartet auf Praxiseinsatz, 05/2002

Meffert, H., Marketing, 8. Aufl., Wiesbaden 1998

Meier, Alexander: E-Commerce in Einkauf und Beschaffung unterschiedlicher Güterkategorien. In: Wannenwetsch, Helmut (Hrsg.), E-Logistik und E-Business, Kohlhammer Verlag, Stuttgart 2002(a)

Melzer-Ridinger, R., Materialwirtschaft und Einkauf, Bd. 1: Grundlagen und Methoden, 3. Aufl., München 1994

Mocker, H., Mocker, U., E-Commerce im betrieblichen Einsatz, 1. Aufl., Frechen-Königsdorf 1999

Modahl, M., Now or Never – How Companies Must Change Today to Win the Battle for Internet Consumers, New York 2000

Müller, A., Von Thienen, L., e-Profit: Controlling-Instrumente für erfolgreiches e-Business, Freiburg i. Br., München, Berlin 2000

Müller, H., Elektronische Märkte im Internet, In: Bogaschewsky, R. (Hrsg.), Elektronischer Einkauf: Erfolgspotentiale, Praxisanwendungen, Sicherheits- und Rechtsfragen, Gernsbach 1999

Newell, F., Customer Relationship Management im E-Business – Neue Zielgruppen optimal erschließen, individuell ansprechen, mit E-Strategien langfristig binden, Landsberg/Lech 2001

NEW media nrw vom 29.01.03

Nielsen, J., Designing Web Usability, München 2001

Nua (2001), Nua Inc., Consumer Spending at German Sites 1997–2002. http://www.nua.ie/surveys/analysis/gra...arisions/consumer_spending_german.html vom 24.05.02

o.V. Ein Beruf mit Karriere-Chancen. In: Beschaffung Aktuell, Ausgabe Februar 2002, Konradin-Verlag, Stuttgart S. 76 ff

o.V., In: Beschaffung Aktuell, Berührungslose Datenübertragung, 3/1999)

o.V., In: Beschaffung Aktuell, Telematik im Transportwesen, 8/2000

o.V., In: Beschaffung Aktuell, Tower 24 – Logistik für B2C, 8/2001

o.V., Diverse Beiträge in einer Sonderbeilage des Wall Street Journal vom 17.07.2000 zum Thema „E-Commerce: The bricks fight back"

Obermaier, A., unter http://www.a-obermaier.de/fert.htm vom 11.05.02

Oeldorf, G./Olfert, K. (Hrsg.), Materialwirtschaft, 9. Aufl., Ludwigshafen 2000

Paybox, In: www.paybox.de 26.03.2002

Peppers and Rogers Group and PhoCusWright Inc., One to One in Travel, 2001

Peppers, D./Rogers, M./Dorf, B., The One to One Fieldbook – The Complete Toolkit for Implementing a 1 to 1 Marketing Program, New York–London–Toronto et al. 1999

Peppers, D./Rogers, M., The One to One Future, New York 1993

Peters, A., E-Procurement: Durch Dickicht der Plattformen, in: Logistik inside, Heft 2, 2002

Pfohl, H.-C., Supply Chain Management: Logistik plus?, Berlin 2000

Picot, A./Reichwald, R./Wigand, R., Die grenzenlose Unternehmung – Information, Organisation und Management, 4. Aufl., Wiesbaden 2001

Piller, F. (o.J.), Mass Customization – einen Deckel für jeden Topf, In: Klietmann, M. (Hrsg.): Kunden im E-Commerce – Verbraucherprofile, Vertriebstechniken, Vertrauensmanagement, o.J., in: www.symposion.de

Piller, F. T., Kundenindividuelle Massenfertigung: Die Wettbewerbsstrategie der Zukunft, München 1998

Piller, F., Mass Customization. Ein wettbewerbsstrategisches Konzept im Informationszeitalter, 2. Aufl., 2001

Pirron, J., Reisch, O., Kullow, B., Hezel, H., Werkzeuge der Zukunft, In: Logistik Heute, 11/98

Polster, R., Goerke, S., Strategischer Nutzen des Supply Chain Management, In: Beschaffung Aktuell 1/02

Preuß, T., In: Industrie Anzeiger, Mit Telematik Fuhrpark und Sendungen im Blick (26/2001)

Renner, T., Produktkataloge und kostengünstige Beschaffungsprozesse im Intranet und Internet, In: Strub, M. (Hrsg.), Der Internet-Guide für Einkaufs- und Beschaffungsmanager, Landsberg/Lech 1999

Rheinpfalz Nr. 269 vom 20.11.03

Richter, M. (2000): E-Business: Wo ist die Strategie?, In: www.webagency.de vom 04.05.02

SAP AG (Hrsg.), Functions in Detail – Accelerated SAP and Business Engineer, Walldorf 1998

SAP AG, SAP Advanced Planner an Optimizer Collaborative Planning, Walldorf 1999

SAP AG, Supply Network Planning and Deployment, Walldorf 2000

SAP Info Net, In: www.sapinfo.net vom 22.02.02

SAPAG, Funktionen im Detail – PP; SAP Advanced Planner and Optimizer; Demand Planning, Walldorf, 01/2000

SCENE-Supply Chain Management Network des Fraunhofer Instituts IAO, In: www.scene.iao.fhg.de/scm vom 20.01.02.

Scheer, A.-W., Ein Logistikkonzept, das die MRP-II-Philosophie ablöst, In: Logistik Heute 3/99

Schinzer, H., Supply Chain Management, in: Das Wirtschaftsstudium, 28. Jahrgang, Heft 6, 1999

Schmidt, **H.,** Nach der Begeisterung über Branchenplattformen konzentrieren sich die Unternehmen jetzt auf private Online-Marktplätze, In: Frankfurter Allgemeine Zeitung, Nr. 51, 1. März 2001

Schuster, R., Färber, J., Eberl, M., Digital Cash, Zahlungssysteme im Internet, Heidelberg et al. 1997

Schwetz, W., Customer Relationship Management, Mit dem richtigen CAS/CRM-System Kundenbeziehungen erfolgreich gestalten, Wiesbaden 2000.

SCM Competence & Transfer Center des Fraunhofer Instituts IML, In: www.iml.fhg.de vom 10.02.02.

Siemens AG, Automation and Drives (2002), unter http://www.ad.siemens.de/fea/html_00/fhlueneburg.htm

SKYVA International, unter http://www.skyva.de/index.html, vom 11.5.2002

Stolpmann, M., Kundenbindung im E-Business. Loyale Kunden – nachhaltiger Erfolg; Bonn, 2000

Stölzle, W., Heusler, K. F., Karrer, M., Erfolgsfaktor Bestandsmanagement, Zürich 2004

Stratman, J., Gläserne Prozesse bei den Lieferanten? In: Beschaffung Aktuell, Ausgabe Juni 2002, Konradin-Verlag, Stuttgart

Strub, M., Der Internet-Guide für Einkaufs- und Beschaffungsmanager: Das World Wide Web optimal nutzen – Angebote weltweit kennen und analysieren – Schneller und günstiger einkaufen, Landsberg, Lech 1999

Strub, M., Der Einkaufsprozess und sein Internet-/Intranet-Potential, In: Strub, M. (Hrsg.), Der Internet-Guide für Einkaufs- und Beschaffungsmanager, Landsberg/Lech 1999

Studium Duale, Berufsakademie Mannheim 2004

Supply Chain Council, In: www.supply-chain.org vom 19.12.01

Tews, H.-R., GPS Technology GALILEO, unter http://www.hr-tews.de/GPS/galileo.htm

Thome, R., Schnitzer, H., Electronic Commerce: Anwendungsbereiche und Potentiale der digitalen Geschäftsabwicklung, München 2000

Universität Karlsruhe (IZV4), In URL: www.iww.uni-karlsruhe.de/izv4.html vom 01.04.2001

VISA, In: www.visa.de vom 08.04.2002

Walther, J., Bund, M., Supply Chain Management: Neue Instrumente zur kundenorientierten Gestaltung integrierter Lieferketten, Frankfurt 2001

Wannenwetsch, H. (Hrsg.), E-Logistik und E-Business. Kohlhammer-Verlag, Stuttgart 2002(a) ???

Wannenwetsch, H. (Hrsg.), Erfolgreiche Verhandlungsführung in Einkauf und Logistik, Berlin–Heidelberg–New York 2004(a)

Wannenwetsch, H. (Hrsg.), Integrierte Materialwirtschaft und Logistik. Springer-Verlag, Berlin–Heidelberg–New–York, 2002

Wannenwetsch, H. (Hrsg.), Integrierte Materialwirtschaft und Logistik. Springer-Verlag, Berlin–Heidelberg–New–York, 2. Aufl. 2004

Wannenwetsch, H., Kostensenkungspotentiale durch E-Business und E-Logistik, In: Wannenwetsch, H. (Hrsg.), E-Business und E-Logistik, Stuttgart 2002(a)

Wannenwetsch H. (Hrsg.), E-Supply-Chain-Management, Wiesbaden 2002(b)

Wannenwetsch H. (Hrsg.), Integriertes Supply Ch@in Management, Berlin–Heidelberg–New York, 2005

Webagency, In: www.webagency.de vom 11.02.02

Weber, J., Freise, H.-U., Schäffer, U., E-Business und Controlling, Reihe: Advanced Controlling, 4. Jahrgang, Band 22, Vallendar 2001

Weiber, R., Handbuch Electronic Business: Informationstechnologien – Electronic Commerce – Geschäftsprozesse, Wiesbaden 2000

Werner, H., Supply Chain Management: Grundlagen, Strategien, Instrumente und Controlling, Wiesbaden 2000

Wildemann, H., Hämmerling, A., „Neue Konzepte müssen her". In: CYbiz, Heft 10/2001 Seite 24 ff., Deutsche Fachverlag GmbH, Frankfurt 2001

Wildemann, H., E-Technologien – Wertsteigerung durch E-Technologien in Unternehmen, TCW-Report Nr. 26, München 2001

Wirtz, B.W., Electronic Business, Wiesbaden 2001

Wöhe, G., Einführung in die Allgemeine Betriebswirtschaftslehre, 19. neubearbeitete Auflage, München 1996

www.baexpert.de

www.beschaffung-aktuell.de

www.bme.de, Mittelstand will erhebliche Mittel in die Ausbildung investieren, In: Beschaffung Aktuell, Ausgabe Mai 2002, Konradin-Verlag, Stuttgart

www.ecin.de/news/2004/05/26

www.presseportal.de/story vom 09.09.2004

www.supply-chain.org

www.versandhandel.org vom 08.03.2004

Zeff, R./Aronson, B., Advertising on the Internet, 2. Aufl., New York–Chichester–Weinheim u.a., 1999

Zeier, A., Identifikation und Analyse branchenspezifischre Faktoren für den Einsatz von Supply-Chain-Management-Software. Teil III: Evaluation der betriebstypologischen Anforderungsprofile auf Basis des SCM-Kern-Schalen-Modells in der Praxis für die Branchen Elektronik, automobil, Konsumgüter und Chemie/Pharma. Mertens P.(Hrsg.) Bayerischer Forschungsverbund Wirtschaftsinformatik, Bamberg, Bayreuth, Erlangen-Nürnberg, Regensburg, Würzburg. FORWIN-Bericht Nr. FWN-2002-004

Stichwortverzeichnis

A
3rd-Party Katalog 115
Added Value 9
Advanced Planner and Optimizer ... 136
Agenten, virtuelle 106
Anbieter 272
APO .... *Siehe* Advanced Planner and Optimizer
Auktion 102
Ausschreibung 102
Available to Promise *Siehe* Global ATP

B
B2B 171
- Lagerkonzept 221
- Manufacturing 120
B2C 178
- Lagerkonzepte 223
Balanced Scorecard 252
- Kennzahlen 254
- Perspektiven 255
- Trägersystem 271
Barcode 209
Barcoding .... *Siehe* Barcode
Beschaffung
- operative 113
- strategische 97
Beschaffungs-Homepage 108
Beschaffungsmarketing 108
Beschaffungsmarktforschung
- elektronische 98
Best Practices 228
BSC .... *Siehe* Balanced Scorecard
Bull-Whip-Effekt 4
Business Design 124
Business Warehouse 89
Business-to-Business .... *Siehe* B2B
Business-to-Consumer .... *Siehe* B2C
Buyer Managed Inventory 219
Buy-Side Katalog 114

C
C-Artikel 241
C-Commerce .... *Siehe* Collaborative Commerce
Chatroom 42
CIC. *Siehe* Customer Interaction Center
CIM .... *Siehe* Computer Integrated Manufacturing
CMI .... *Siehe* Co-Managed Inventory
CNC 129
Collaborative Commerce 9
Collaborative Planning, Forecasting and Replenishment .... *Siehe* CPFR
Co-Managed Inventory 218
Communities 42
Computer Integrated Manufacturing 125
Content Management
- Systeme 45
Controllingzyklus 249
Corporate Design 44
CPFR 133
CRM 185
- analytisches 192
- kollaboratives 193
- operatives 193
Cross Docking 221
Customer Care 201
Customer Interaction Center 200
Customer Relationship Management
.... *Siehe* CRM

D
Data Mining 88, 191, 271
Data Warehouse 84, 185, 271
- Analysepotentiale 86
- Technologien 188
Datenaustausch 131
- Standards 61
Datenschutz 26

Datenübertragung...............................
................Siehe Datenaustausch
Demand Planning........................... 137
Desktop Purchasing 117
Desktop Purchasing System............ 113
Desktop Receiving.......................... 116
Diskussionsforum 41
Domainname..................................... 49
DP .... Siehe Demand Planning

E
EBP .... Siehe Enterprise Buyer Professional
EBPP ...... Siehe Electronic Bill Payment and Presentment
eBusiness 29
eCollaboration........ Siehe Collaborative Commerce
eCommerce 168, 203
- Interaktionsmatrix 171
- Teilnehmerbereiche.................. 170
- Zahlungsmethoden 239
eControlling 248
- Kennzahlen............................... 250
ECR.............. Siehe Efficient Consumer Response
eCRM.... Siehe eCustomer Relationship Management
eCRM-Systeme.............................. 188
- Komponenten 191
eCustomer Relationship Management ..
.... 9, 168, 178, 187
EDI.. Siehe Electronic Data Interchange
EDIFACT.. 61
eDistribution 7, 8, 203
Efficient Consumer Response......... 213
Efficient Replenishment.................. 214
- Strategien................................. 219
eFulfillment........................ 8, 204, 229
eInformation................................... 198
eKanban 7, 145
Electronic Bill Payment and Presentment...................... 242, 244

Electronic Commerce...........................
.... Siehe eCommerce
Electronic Customer Care 202
Electronic Data Interchange...... 61, 243
Electronic Procurement..................... 90
- Bedeutung 95
- Beschaffungsobjekte 97
- Definition 93
- Vorteile....................................... 92
Elektronische Marktplätze 65, 100
eLogistik 7, 8, 142, 203
E-Mail 40
E-Mail Newsletter .... Siehe Newsletter
eManufacturing............................... 120
eMarketing............................... 7, 9, 38
- Erfolgsmessung 57
- Web-Controlling 58
eMarketing-Mix................................ 39
- Distributionspolitik..................... 50
- Kommunikationspolitik.............. 40
- Kontrahierungspolitik................. 51
- Produktpolitik............................. 39
eMass Customization 7, 195
Enterprise Buyer Professional......... 150
Enterprise Resource Planning-Systeme
.... Siehe ERP-Systeme
ePackaging...................................... 219
ePayments 8, 228, 247
- Anforderungsprofil................... 230
- Bewertung 246
- Eignungsprofil.......................... 246
- Kategorisierung........................ 235
- Perspektiven 246
- Sicherheitsanforderungen......... 232
- Sicherheitsverfahren................. 231
eProcurement 7, 8
eProcurement-System 150
eProduction................................ 7, 119
- Plattformstrategie 121
ERP-Systeme 73
eSales 7, 168, 169
- Erfolgsfaktoren......................... 183

Stichwortverzeichnis

eSCM .... *Siehe* eSupply Chain Management
eSCM-Scorecard 248
- Finanzperspektive 267, 269
- IT-gestützt 272
- Kennzahlen 258
- Kontrolle 270
- Kundenperspektive 258, 260
- Lern- und Entwicklungsperspektive 265, 266
- Nutzenpotenziale 248
- Prozessperspektive 261, 264
- Spinnendiagramm 270
- Umsetzung 257
eSCM-Systeme
- Bestandteile 78
- Systemarchitektur 89
eService 7, 198
eSRM ...... *Siehe* eSupplier Relationship Management
eStorehousing 220
eSupplier Relationship Management 9, 109
eSupply Chain
- Analyse des Potenzials 12
- Einführung 36
- extern 7
- Fähigkeit 12, 16
- Implementierungsphasen 27
- intern 7
- Kosten 34
- Potenziale 16, 30
- Wertschöpfung 8
- Wettbewerbschancen 29
eSupply Chain Management 1, 6, 29
- Anforderungen 21
- Anwendungsbereiche 7
- Controlling 9, 248, 250
- Einsatzmöglichkeiten 21
- Erfahrungen der Lieferanten 25
- Erfolgsmessung 250
- Grundvoraussetzungen 31
- Kommunikationsfluss 31

- Konzept 8
- Praxisinstrumente 60
- Prozesskette 229
- Transaktionsabwicklung 229
- Ursache-Wirkungsketten ... 250, 256
- Zahlungssysteme 236
eSupply Chain Management-Systeme .... *Siehe* eSCM-Systeme
eSupply Chain-Manager 7, 18, 20
Extensible Markup Language 62
Extranet 70

F
FAQ ....
 .. *Siehe* Frequently Asked Questions
Finanzperspektive 256, 267
- Kennzahlen 268
- strategische Ziele 267
Frequently Asked Questions 42
Front-Ends 63
Frühwarninstrument 270
FTP 62

G
GALILEO 211
Global ATP 139
Global Navigation Satellite System 211
GLONASS 211
GPS 211

H
High-Level Transaction Payments .. 241
HTTP 62

I
Informationssicherheit 121
Informationssysteme 8
Informationstechnologie ....
 .... *Siehe* IuK-Technologien
Instandhaltung 148
- saufträge 152
Instandhaltungsmaßnahmen
- geplante 153

- ungeplante 153
Internet 50, 107
- Beschaffungsmarketing 108
- Gefahren 120
- Marktforschung im 98
- Protokolle 62
Internetportal .... Siehe Portal
Intranet 69, 106
- Beschaffungsinformationen 107
IT-Security 121
IT-Unterstützung 272
IuK-Technologien 60

J
Just-in-Sequence 142
Just-in-Time 9, 142

K
Katalog
- Buy-Side Katalog 114
- elektronischer 104, 114
- Sell-Side Katalog 114
Katalog-System 153
Kennzahlen 254, 259, 262, 268
- Bereiche 260, 263, 265, 269
Kommunikationstechnologie
 .... Siehe IuK-Technologien
Komponentenplanung 156
Kostensenkungspotentiale 175
Kreditkartenzahlung 240
Kunden-Lieferanten-Beziehung 3
Kundenperspektive 256
- eSCM-Scorecard 258
- Kennzahlen 259

L
Lean Manufacturing .... Siehe Lean
 Production
Lean Production 142
Lern- und Entwicklungsperspektive 256
- eSCM-Scorecard 266
- Kennzahlen 266
- strategische Ziele 265

M
Mailingliste 41
Makropayments 236, 241
Management Information Systems . 271
Manufacturing Executive Systeme . 139
Manufacturing Ressource Planning 127
Marktplätze .... Siehe Elektronische
 Marktplätze
Mass Customization 123, 195
Massenmarketing 54
Material Requirement Planning-
 Systeme .... Siehe MPR I-Systeme
Maverick-Buying 177
Mediumpayments 236, 239
MES ...... Siehe Manufaturing Executive
 Systeme
Messgrößen
- finanzielle 249
Mikropayments 236
MIS ..... Siehe Management Information
 Systems
Modul- und Systemlieferanten 5
Monitoring 271
MRO-Material 241
MRO-Waren 177
MRP II-Systeme 72
MRP I-Systeme 72
Multi Channel Management 42

N
net900 237
Newsgroup 41
Newsletter 40

O
ODETTE 61
Offline-Werbung 49
OLAP 191, 271
One-to-One Marketing 52, 178, 185
- Methoden 56
- Philosophie 54
- Umsetzung 55

Online Analytical Processing........*Siehe* OLAP
Online-Kommunikation 40
Online-Shop 64
Online-Werbung 45
Optimal Shelf Availability ...*Siehe* OSA
OSA 226
Out-of-Stock 226, 227

P
Paybox 237
Peitscheneffekt 4
Pick-Up-Point 223
Point of Sale 8, 229
Pop up 47
Portal 67
PP/DS ... *Siehe* Production Planning and Detailed Scheduling
PPS-Systeme 127
Production Planning and Detailed Scheduling 138
Prozessperspektive 256, 261
– Kennzahlen 262
– strategische Ziele 262
Pull-Produktion 9
Purchase-to-Pay-Prozess 152
Purchasing Card 244
Purchasing Card System 116

Q
Quick Response 216

R
Radio Frequency Identification............. ....*Siehe* RFID
Reverse Auction 102
RFID 189
– als Zahlungsmittel 191
– Chip 190
– Entwicklungspotenzial 189
– Smartlabel 189

S
SAP EBP 150
SAP R/3 MM 152
SCC .... *Siehe* Supply Chain Cockpit
SCD ....*Siehe* Supply Chain Design
SCE ....*Siehe* Supply Chain Execution
SCM 5, 189
SCM-Systeme 73
– Planungssystematik 74
– Software 76
Scorecard .... *Siehe* eSCM-Scorecard
SCOR-Modell 148
SCP ....*Siehe* Supply Chain Planning
Secure Electronic Transaction 233
– Kreditkartentransaktion 234
Secure Socket Layer 232
Sell-Side Katalog 114
SET ....*Siehe* Secure Electronic Transaction
Shopping Mall 64
Simultaneous Engineering 131
Smartlabel 189
SMTP 62
SNPD . *Siehe* Supply Network Planning and Deployment
Soll-/Ist
– Abweichungen 270
– Kontrollen 254
Spinnendiagramm .... *Siehe* eSCM-Scorecard
Sponsoring 48
SSL ....*Siehe* Secure Socket Layer
Staging Area 153
strategische Lücke 270
Suchmaschinen 48
Supply Chain 5, 6
Supply Chain Cockpit 137
Supply Chain Execution 82
Supply Chain Management .... 90, 136 *Siehe* SCM
Supply Chain Management-Systeme ....*Siehe* SCM-Systeme
Supply Chain Planning 79

Supply Network Planning and
  Deployment 138

T
Target Costing 195
TCP/IP 62
Telematik 206
Time to Market 131
Tower 24 223
Tracking .... *Siehe* Tracking and Tracing
Tracking und Tracing 207
Trading Community 10
Transaktionskosten 228
Transaktionsvolumen 228, 229
Transponder 189, 210
– -technik 191

U
Uniform Resource Locator 49
Unternehmensstrategien 254
URL .. *Siehe* Uniform Resource Locator
Ursache-Wirkungs-Ketten 255

V
Value Net 122

Vendor Managed Inventory 217
Vision 254
Visualisierung 271
VMI. *Siehe* Vendor Managed Inventory

W
Websites
– Gestaltung 43
– Optimierung 58
– Usability 45
Werbebanner 46
Wertschöpfung
– -sprozess 50
Wertschöpfungs
– -prozess 3
Win-Win-Beziehung 5
Wissensmanagement 106

X
XML .... *Siehe* Extensible Markup
  Language

Z
Ziele
– strategische 252

Mehr wissen – weiter kommen

Logistik verständlich und interessant

Die Beherrschung logistischer Prozesse entwickelt sich zunehmend zum entscheidenden Wettbewerbsfaktor. Ausgehend von Methoden zur Analyse des Ist-Zustandes und zur Definition von Zielsystemen werden in diesem didaktisch gut konzipierten Lehrbuch alle wichtigen Konzepte des Logistikmanagements konkret, ausführlich und leicht verständlich erklärt. Zwei handlungsorientierte Planspiele und zahlreiche Diskussionsanregungen und Übungen ermöglichen ein lebendiges und vertieftes Durchdringen zentraler unternehmerischer Fragestellungen.

Holger Arndt
Supply Chain Management
Optimierung logistischer Prozesse
2004. XII, 251 S.
Br. EUR 24,90
ISBN 3-409-12558-2

Umfassendes Steuerungsinstrument für Logistiker

Die Logistik-Bilanz stellt eine Innovation dar. Die Bilanzierung der aktuellen Logistik-Situation bildet dabei den Ausgangspunkt für zukünftige Strategien, Konzepte und Maßnahmen. Mit dem Konzept der Logistik-Bilanz wird die Performance-Messung logistischer Strategien und Anwendungen in neuer Qualität ermöglicht. Vor dem Hintergrund der Kernkompetenzen eines Industrie- und Handelsunternehmens wird dabei auch die Messung des Nutzens von Outsourcing-Entscheidungen in die Bilanzstruktur eingebaut.

Andreas Froschmayer/
Ingrid Göpfert
Logistik-Bilanz
Erfolgsmessung neuer Strategien, Konzepte und Maßnahmen
2004. XIV, 180 S.
Br. EUR 29,90
ISBN 3-409-12723-2

Modelle für Weltklasse-Logistik

Führende Logistikpraktiker aus Industrie, Dienstleistung und Handel stellen zusammen mit Wissenschaftlern Grundlagen zur Zukunftsforschung und zum Visionsmanagement vor. Mit einem neuartigen Konzept zur angewandten Logistik werden umsetzungsorientierte Praktiker angesprochen.

Ingrid Göpfert (Hrsg.)
**Logistik der Zukunft –
Logistics for the Future**
3., akt. u. erw. Aufl.
2001. XVIII, 356 S.
Br. EUR 49,00
ISBN 3-409-33311-8

Änderungen vorbehalten. Stand: Oktober 2004

Gabler Verlag · Abraham-Lincoln-Str. 46 · 65189 Wiesbaden · www.gabler.de

GABLER

Logistik-Management von A bis Z

Das Logistik-Lexikon
für Ihr Management

Professor Peter Klaus D.B.A./Boston University ist Inhaber des Lehrstuhls für Allgemeine Betriebswirtschaftslehre, insbesondere Logistik, an der Universität Erlangen-Nürnberg. Er ist außerdem Leiter der Fraunhofer Arbeitsgruppe für Technologien der Logistik-Dienstleistungswirtschaft (ATL).
Professor Dr. Winfried Krieger lehrt Allgemeine Betriebswirtschaftslehre mit dem Schwerpunkt Logistik und Informationsmanagement am Kompetenzzentrum "Beschaffung, Verkehr & Logistik" der Fachhochschule Flensburg. Er leitet darüber hinaus das Beratungsbüro für Logistik und E-Business in Flensburg und Hamburg.

Die Dynamik der Entwicklung der Logistik hat in den letzten Jahren stetig zugenommen. Das liegt nicht zuletzt daran, dass es kaum einen Aufgabenbereich in Unternehmen gibt, der nicht von der Querschnittsfunktion Logistik beeinflusst wird. Zusätzlich rückt dabei das Beziehungsmanagement entlang der gesamten Supply Chain in den Vordergrund. Das Gabler Lexikon Logistik bietet in dieser turbulenten Situation höchst aktuelle, kompetente Orientierung. Es zeigt in wissenschaftlich fundierter, dabei zugleich praxisgerechter Weise Wege, wie die Zukunftsfähigkeit der Logistik sicherzustellen ist.

Peter Klaus/
Winfried Krieger (Hrsg.)
Gabler Lexikon Logistik
Management logistischer
Netzwerke und Flüsse
3. Aufl. 2004. XXIV, 600 S.
Geb. EUR 49,90
ISBN 3-409-39502-4

Änderungen vorbehalten. Stand: Juli 2004.

Gabler Verlag · Abraham-Lincoln-Str. 46 · 65189 Wiesbaden · www.gabler.de

GABLER